蜀学文库

蔡方鹿 著

巴蜀哲学与文化探讨

中国社会科学出版社

图书在版编目（CIP）数据

巴蜀哲学与文化探讨/蔡方鹿著. —北京：中国社会科学出版社，2020.1
（蜀学文库）
ISBN 978-7-5203-5972-6

Ⅰ.①巴…　Ⅱ.①蔡…　Ⅲ.①巴蜀文化—文化哲学—研究　Ⅳ.①K871.3

中国版本图书馆 CIP 数据核字（2020）第 022811 号

出 版 人	赵剑英
责任编辑	郝玉明
责任校对	张　婉
责任印制	王　超

出　　版	中国社会科学出版社
社　　址	北京鼓楼西大街甲 158 号
邮　　编	100720
网　　址	http://www.csspw.cn
发 行 部	010-84083685
门 市 部	010-84029450
经　　销	新华书店及其他书店
印　　刷	北京明恒达印务有限公司
装　　订	廊坊市广阳区广增装订厂
版　　次	2020 年 1 月第 1 版
印　　次	2020 年 1 月第 1 次印刷
开　　本	710×1000　1/16
印　　张	22.75
插　　页	2
字　　数	358 千字
定　　价	118.00 元

凡购买中国社会科学出版社图书，如有质量问题请与本社营销中心联系调换
电话：010-84083683
版权所有　侵权必究

《蜀学文库》编委会

学术顾问（按姓氏笔画排序）：

　　　王中江　朱汉民　刘学智　杜泽逊　李存山　李晨阳
　　　李景林　吴　光　张新民　陈　来　陈祖武　陈　静
　　　单　纯　郭齐勇　景海峰　廖名春

编 委 会（按姓氏笔画排序）：

　　　王小红　王智勇　王瑞来　尹　波　刘复生　杨世文
　　　吴洪泽　张茂泽　郭　齐　黄开国　彭　华　粟品孝
　　　舒大刚　蔡方鹿

主　编：舒大刚

总　　序

　　岷山巍巍，上应井络；蜀学绵绵，下亲坤维。
　　蚕丛与鱼凫，开国何茫然？《山经》及《禹记》，叙事多奇幻。往事渺渺，缙绅先生难言；先哲谭谭，青衿后学乐道。班孟坚谓："巴蜀文章，冠于天下。"谢耑庵言："蜀之有学，先于中原。"言似夸诞，必有由焉。若乎三皇开运，神妙契乎天地人；五主继轨，悠久毗于夏商周。天皇地皇人皇，是谓三皇；青赤白黑黄帝，兹为五帝。三才合一，上契广都神坛；五行生克，下符《洪范》八政。
　　禹兴西羌，生于广柔，卑彼宫室，而尽力于沟洫；菲吾饮食，而致孝乎鬼神。顺天因地以定农本，报恩重始而兴孝道。复得河图演《连山》，三易因之肇始；又因洛书著《洪范》，九畴于焉成列。夏后世室，以奠明堂之制；禹会涂山，乃创一统之规。是故箕子陈治，首著崇伯；孔子述孝，无间大禹。
　　若乎三星神树，明寓十日秘历；金沙赤乌，已兆四时大法。苌弘碧珠，曾膺仲尼乐问；尸佼流放，尝启商君利源。及乎文翁化蜀，首立学校，建国君民，教学为先；治郡牧民，德礼莫后。蜀士鳞比，学于京藩；儒风浩荡，齐鲁比肩。七经律令，首先畅行蜀滇；六艺诗骚，同化播于巴黔。相如、子云，辉映汉家赋坛；车官、锦官，衣食住行居半。君平市隐，《老子指归》遂书；儒道兼融，道德仁义礼备。往圣述作，孔裁六艺经传；后贤续撰，雄制《太玄》《法言》。"伏牺之易，老子之无，孔子之元"，偕"扬雄之玄"以成四教；"志道据德，依仁由义，冠礼佩乐"，兼"形上形下"而铸五德。落下主《太初》之历，庄遵衍浑天之说。六略四部，不乏蜀人之文；八士四义，半膺国士之选。涣涣乎，文章冠冕天下；济济焉，人材充盈河汉。

· 1 ·

自是厥后，蜀学统序不断，文脉渊源赓连。两汉鼎盛，可谓灵光鲁殿；魏晋弘宣，堪比稷下学园。隋唐五代，异军突起；天下诗人，胥皆入蜀。两宋呈高峰之状，三学数蜀洛及闽。蒙元兵燹，啼血西川；巴蜀学脉，续衍东南。明有升庵，足以振耻；清得张（问陶）李（调元），可堪不觍。洎乎晚清民国，文风丕振，教泽广宣。玉垒浮云，变幻古今星汉；锦江风雨，再续中西学缘。尊经存古，领袖群伦；中体西用，导引桅帆。于是乎诵经之声盈耳，文章之美绍先。蜀学七期三峰，无愧华章；蜀勒六经七传，播名国典。

　　蜀之人才不愧于殊方，蜀之文献称雄于震旦。言经艺则有"易学在蜀"之誉，言史册而有"莫隆于蜀"之称，言文章则赞其"冠于天下"，言术数则号曰"天数在蜀"。人才不世出，而曰"出则杰出"；名媛不常有，犹称"蜀出才妇"。至若文有相如、子瞻，诗有太白、船山，历有落下、思训，易有资中、梁山，史有承祚、心传，书有东坡、啬庵，画有文同、大千。博物君子，莫如李石、杨慎；义理哲思，当数子云、南轩。开新则有六译、槐轩，守文则如了翁、调元，宏通有若文通、君毅，讲学则如子休、正元。方技术数，必举慎微、九韶；道德文章，莫忘昌衡、张澜。才士尤数东坡、升庵，才女无愧文君、花蕊，世遂谓"无学不有蜀，无蜀不成学"矣！宋人所谓"蜀学之盛，冠天下而垂无穷"云云者，亦有以哉！

　　蜀之经籍无虑万千，蜀之成就充斥简编。石室、礼殿，立我精神家园；蜀刻石经，示彼经籍典范。三皇五帝，别中原自为一篇；道德仁义，合礼乐以裨五典。谈天究玄妙之道，淑世著实效之验。显微无间，体用一源。

　　至乎身毒偎人爱人，已见《山经》；佛法北道南道，并名《丹铅》。蜀士南航，求佛法于瀛寰；玄奘西来，受具足于慈殿。若夫蜀人一匹马，踏杀天下；禅门千家宗，于兹为大。开宝首雕，爰成大藏之经；圭峰破山，肇启独门之宗。菩萨在蜀，此说佛者不可不知也。

　　至若神农入川，本草于焉始备；黄帝问疾，岐伯推为医祖。涯涯水浃，云隐涪翁奇技；莽莽山峦，雾锁药王仙迹。经效产宝，首创始于昝殷；政和证类，卒收功乎时珍。峨眉女医，发明人工种痘；天回汉简，重见扁鹊遗篇。雷神火神，既各呈其神通；川药蜀医，遂称名乎海外矣。

又有客于此者，亦立不世之名，而得终身之缘。老子归隐青羊之肆，张陵学道鹤鸣之山；女皇降诞于广元，永叔复生乎左绵；司马砸缸以著少年之奇，濂溪识图而结先天之缘。横渠侍父于涪，少成民胞物与之性；蠋叟随亲诞蜀，得近尊道贵德之染。是皆学于蜀者大，入于蜀者远也。

系曰：巴山高兮蜀水远，蜀有学兮自渊源。肇开郡学兮启儒教，化育万世兮德音宣。我所思兮在古贤，欲往从之兮道阻艰。仰弥高兮钻弥坚，候人猗兮思绵绵。

舒大刚

序

　　巴蜀哲学思想是巴蜀文化的精髓，是巴蜀文化精神的体现。巴蜀文化历史悠久，别具特色，是整个中华民族文化和国学的重要组成部分。巴蜀文化内涵十分丰富，包括巴蜀哲学、巴蜀神话、巴蜀宗教、巴蜀文学、巴蜀艺术、巴蜀考古、巴蜀历史、巴蜀经济、巴蜀科技、巴蜀少数民族文化、巴蜀方言等诸多文化领域。在源远流长的巴蜀文化发展史上，巴蜀大地不仅创造出独具特色、光辉灿烂的地域性文化，而且以其自身的特点，深刻地影响了其他地区的文化，为整个中华文明的发祥创建和中华文化的持续发展作出了重大贡献。所谓巴蜀哲学思想，是指巴蜀文化中形而上的哲学思维，是巴蜀文化各个历史发展阶段时代精神的精华，充分体现了巴蜀文化的本质特征。

　　四川学人对巴蜀哲学与文化的研究具有悠久的历史和深厚的人文传统。近百年来，前有老一辈学者文史哲兼通，谢无量、蒙文通、刘咸炘、徐仁甫、贺麟、唐君毅、杜道生、屈守元等先生耕耘耙梳，后有王文才、萧萐父、钟肇鹏、贾顺先、胡昭曦、谢桃坊、谭继和、陈德述与舒大刚、李远国、黄开国、刘俊哲、杨世文、粟品孝、金生杨等诸多学者辛勤劳作，为巴蜀哲学与文化研究打下了坚实的学术基础，取得了丰硕的成果。

　　20世纪80年代初我开始研究著名蜀籍理学家张栻，参与陈德述先生主持的四川省社会科学"七五"规划重点项目"四川思想家研究"，从事对张栻、魏了翁、赵蕤、费密等蜀人的研究。

　　21世纪初我主持承担了四川省社会科学规划项目、四川省巴蜀文化研究中心研究项目"宋代四川理学研究"，从事四川断代思想史研究。2005—2006年，我主持了四川省巴蜀文化研究中心科研规划重点项目"蒙文通经学与理学思想研究"，与刘兴淑博士共同完成了该项目。从

2007年起，我主持承担了四川省繁荣发展哲学社会科学协调小组重点项目"巴蜀文化通史·哲学思想卷"，与刘俊哲教授、金生杨教授共同开展系统的巴蜀哲学思想研究。2011年，我又主持承担了国家社会科学基金项目"蜀学与经学研究"，侧重从经学与蜀学结合的视角开展对巴蜀思想文化的研究。

这些年来，在巴蜀哲学与经学等研究领域，我们系统研究了巴蜀哲学的起源和发端，文翁化蜀，严遵与《道德指归》，扬雄的哲学与经学，汉代巴蜀经学及道教哲学，蜀汉时期的巴蜀哲学与经学，两晋南北朝时期巴蜀哲学，陈寿、常璩的史学与蜀学，唐李荣、王玄览的道教"重玄"哲学，唐马祖道一、宗密的佛学理论与佛教哲学，赵蕤与《长短经》，李鼎祚与《周易集解》，五代及北宋续刻的蜀石经，杜光庭的学术思想，宋代蜀学之"学统四起"，宋代巴蜀理学的兴起，周敦颐及程颢、程颐父子入蜀活动、著述及其影响，"易学在蜀"，三苏蜀学及其与洛学的关系，张商英三教"鼎足之不可缺一"的思想，南宋巴蜀理学的大发展，张栻、魏了翁的学术成就及影响，虞集融贯博通、会归于道的思想，杨慎对理学的批评及开一代学术新风，熊过的经学思想及其特点，来知德对理学的疑辨及其易学的特点，费密的实学思想与弘道论，唐甄的社会批判与心本经末的思想，刘沅以儒为本、融合三教的思想，廖平经学及其影响与贡献，尊经书院与近代蜀学的复兴，马一浮与复性书院，谢无量的蜀学与经学研究，蒙文通经学及其特点，刘咸炘之蜀学与经学，贺麟新儒家思想的展开，唐君毅的新儒家思想与哲学等从古到今巴蜀哲学的相关内容。在巴蜀哲学与文化研究领域，涌现出了一系列成果。并参与组织召开了一系列关于巴蜀哲学与文化的国际、国内会议，如1983年9月15—17日在杨慎的家乡四川新都召开了"杨升庵学术思想讨论会"。1986年10月7—11日在唐甄的家乡四川达县召开了"唐甄学术思想讨论会"。1991年11月5—8日在张栻故里四川绵竹召开了"首届张栻学术讨论会"。1995年8月21—25日在四川成都和宜宾召开了"第二届唐君毅学术思想国际研讨会"。2007年11月17日在四川师范大学召开了"巴蜀哲学研讨会"。2008年12月20日在四川师范大学召开了"巴蜀哲学与朱熹研讨会"。2010年11月1—4日在四川蒲江召开了"纪念鹤山书院创建800周年国际论坛暨宋明理学与东方哲学"国际学术研讨会。2011年4

月 4 日在四川师范大学召开了"萧萐父先生与蜀学研究"学术研讨会。2012 年 10 月 12—13 日在四川师范大学召开了"蜀学与中国哲学"学术研讨会。2013 年 10 月 18—20 日在四川师范大学召开了"张栻思想与现代社会"国际论坛，并于 10 月 20 日下午在四川师范大学广汉校区举行了张栻塑像揭幕仪式，"张栻思想与蜀学研究中心"也在四川师范大学设立。2013 年 12 月 28 日在四川师范大学召开了"巴蜀哲学与巴蜀文献"学术研讨会。2015 年 9 月 26—27 日在四川德阳召开了"张栻思想与民族复兴"学术研讨会等。

总的来讲，通过以上会议及其他学术活动、学术交流，巴蜀学人与全国各地及海外学者一起，积极参与研究和探讨巴蜀哲学、巴蜀文化及其与中国哲学、中华文化之间的关系，推动了巴蜀哲学、巴蜀文化在四川乃至全国范围内的进一步传播与发展。通过对巴蜀哲学、巴蜀文化的深入挖掘和探讨，我们可以从中吸取可供借鉴的思想成分和积极因素，充分发挥地方文化资源的优势，立足巴蜀，面向全国，突出地方特色，为包括巴蜀文化在内的中华文化与中国社会的持续发展和现代化服务，为建设文化强省、弘扬优秀民族精神、全面建成小康社会服务，这亦是我们研究巴蜀哲学思想的重要目的。

今有国家社会科学基金重大项目"巴蜀全书"首席专家、著名蜀学研究学者，四川大学古籍整理研究所所长、博士生导师，四川省中国哲学史研究会会长舒大刚教授为传承发掘巴蜀优秀文化遗产，发扬光大巴蜀文化，特主持出版一套巴蜀文化研究丛书。承蒙关照，我的这本《巴蜀哲学与文化探讨》收入其中，得以与读者见面。书中不当之处在所难免，敬请各位读者批评指正！

在此，我谨向舒大刚教授深表敬意和谢意！也祝国内外的巴蜀文化研究欣欣向荣，取得新成果，嘉惠学林，由此促进巴蜀文化研究与推广传播工作取得新的更大成绩！

是为序。

蔡方鹿

2018 年 2 月于成都

目 录

蜀学与经学相结合之发展脉络 …………………………………… (1)
巴蜀哲学之特色 …………………………………………………… (53)
巴蜀哲学对中国哲学发展的贡献 ………………………………… (59)
扬雄的道统思想及其在道统史上的地位 ………………………… (80)
蜀汉经学发展的趋势、特点和历史地位 ………………………… (95)
赵蕤与其《长短经》 ……………………………………………… (108)
李鼎祚与其《周易集解》 ………………………………………… (128)
宋代蜀学与宋代理学
　　——地域文化与时代思潮的互动及其意义 ………………… (148)
北宋蜀学三教融合的思想倾向 …………………………………… (160)
三苏蜀学探讨 ……………………………………………………… (174)
张商英三教"鼎足之不可缺一"的思想 ………………………… (192)
首届张栻学术讨论会综述 ………………………………………… (202)
张栻反对"四风"的思想及其现实意义 ………………………… (206)
魏了翁集宋代巴蜀理学之大成 …………………………………… (213)
融贯博通，会归于道
　　——从虞集思想看元代理学的走向 ………………………… (226)
来知德对理学的疑辨及其易学的特点 …………………………… (245)
费密的中实之道与弘道论 ………………………………………… (256)
唐甄的社会批判与革新求实思想 ………………………………… (267)
刘沅对理学的批评 ………………………………………………… (280)
廖平与蒙文通
　　——以经学为中心 …………………………………………… (292)

· 1 ·

蒙文通经学思想探析 …………………………………………（324）
贺麟先生论失节 ……………………………………………………（340）
蔡方鹿巴蜀哲学与文化研究成果目录 ………………………（344）

蜀学与经学相结合之发展脉络

一 蜀学的起源

所谓蜀学，是指巴蜀地区自古迄今以儒为主、融贯诸学的学术文化。蜀学乃巴蜀文化之结晶，巴蜀文化思想理论之核心，中华学术之宝藏。蜀学有狭义和广义之分，狭义的蜀学指由北宋苏洵开创，由苏轼、苏辙兄弟加以发展的学派即三苏蜀学；广义的蜀学是指巴蜀地区起源于先秦，主要自西汉迄今以儒为主、贯通诸子和三教等意识形态领域的学术文化。国学大师蒙文通先生作《议蜀学》，肯定蜀学不同于伊洛、吴越之学的特点，要求蜀中之士应阐发自己的乡土之学，以济道术之穷，使蜀学传统得以弘扬。并从不同时代蜀学的广泛流传上，揭示蜀地精神文化的强大生命力和深远影响，使蜀学精神愈益彰显。[①] 哲学史家谢无量先生作《蜀学原始论》，提出"蜀有学，先于中国"，"儒之学蜀人所创"的观点，并指出道教亦为蜀人所创，而佛教经西域"自蜀以达于中国"，其中蜀人所传者二宗：禅宗由马祖道一传，华严宗由宗密传；并且"文章惟蜀士独盛"[②]。认为儒、道、释、文章四者构成蜀学之内涵，充分肯定蜀学在中华学术中的地位。胡昭曦先生认为，"传统的蜀学，是以儒学为主的学术文化"。所谓"蜀学，是指四川地区的学术，其重点在文、史、哲，其核心是思想、理论"。指出"'蜀学'一词，早在陈寿（233—297 年）所撰《三国志·蜀书》就已出现"[③]。其所指是西汉景帝时文翁任蜀郡守，

[①] 蒙文通：《经史抉原·议蜀学》，《蒙文通文集》第 3 卷，巴蜀书社 1995 年版，第 101—103 页。
[②] 谢无量：《蜀学原始论》，载《蜀学》第 5 辑，巴蜀书社 2010 年版，第 272—274 页。
[③] 胡昭曦：《蜀学与蜀学研究榷议》，《天府新论》2004 年第 3 期。

兴学化蜀，培养人才，又遣蜀士东受七经，还教吏民，于是"蜀学比于齐鲁"①。关于蜀学起源的时间上限，胡昭曦先生认为，"既然蜀学的研究内容主要是巴蜀地区的文学、史学、哲学，那么蜀学研究的时间上限，应是出现文学、史学、哲学的时期。因此，其时间上限可考虑大体自蜀国、巴国开始，即古蜀文化和巴文化，包括蚕丛、柏灌（一作濩）、鱼凫、杜宇、开明时期和巴国，直到公元前316年秦举巴蜀前后"②。谢桃坊先生则认为，蜀学是"以四川自西汉迄今的学术为研究对象，重点是经学、哲学、史学和文学，而以它们体现的学术思想的研究为核心，包括蜀学理论、蜀学史、蜀中学者、蜀学文献等方面的研究，是四川文化中高层次的理论研究。从文化渊源看，蜀学是中国学术的一部分，它与'巴蜀文化'是毫无关系的"③。指出："蜀学从西汉绵延于今，形成了颇具特色的传统。纵观蜀学的发展，其主要成就在文学、史学、哲学和经学方面，其学术思想既体现了中原学术传统，又有相异之处；既有时影响着主流文化，又往往遭到正统学者的批评；既有地方学术的滞后性，又比时尚文化更富于传统精神。"④ 认为"蜀学兴起于西汉初年"，而与巴蜀文化没有关系。"蜀学的文化渊源绝非来自古代的巴蜀。""我们从蜀学的文化渊源看，它与'巴蜀文化'是毫无关系的。'巴蜀文化'本是考古学的概念。""蜀学即是中国学术文化史的一个分支学科。""学术属于社会的上层建筑，它必然是在人类社会文明达到一定程度才产生的。中国的学术思想发端于《周易》，它乃儒家'六经'之首，约产生于西周初年（前1027年），此后春秋战国时期相继出现了道家、儒家、墨家、法家学说，构成丰富多彩的中国文化。中国古代巴蜀远离中原文明社会，处于闭塞的蒙昧状态，距学术的产生尚十分遥远。蜀学的文化渊源绝非来自古代的巴蜀。"⑤ 可见对蜀学产生于何时，它的来源，蜀学与古代巴

---

① （晋）陈寿：《三国志》卷三八《蜀书》八《秦宓传》，中华书局1959年版，第973页。
② 胡昭曦：《蜀学与蜀学研究刍议》，《天府新论》2004年第3期。
③ 谢桃坊：《蜀学的性质与文化渊源及其与巴蜀文化的关系》，《西华大学学报》（哲学社会科学版）2009年第4期。
④ 谢桃坊：《蜀学的性质与文化渊源及其与巴蜀文化的关系》，《西华大学学报》（哲学社会科学版）2009年第4期。
⑤ 谢桃坊：《蜀学的性质与文化渊源及其与巴蜀文化的关系》，《西华大学学报》（哲学社会科学版）2009年第4期。

蜀文化的关系等问题，存在着不尽相同的看法。

从历史和思想文化发展的角度来看，巴蜀地区自古迄今，由西汉成为地方显学而兴旺起来的蜀学，主要指儒学传播之意，后因其能凝聚蜀地的精神文化，遂得到广泛的认同。历经发展演变，以汉代、宋代、近现代的发展为盛，终成为古代四川学术文化的统称，凡是蜀人所创造的学问皆可称为蜀学。近代维新变法时期，一些进步的四川学者提出重振"蜀学"，给蜀学注入时代新意，成立"蜀学会"，创办《蜀学报》，以宣传变法思想。梁启超先生也出了《试述蜀学》的试题来检测报考清华的学子[1]，可见梁启超对蜀学的重视。刘咸炘作《蜀学论》，认为"统观蜀学，大在文史"，"蜀学崇实"[2]，一定程度上揭示了蜀学的内容和特点。萧萐父先生对蒙文通、唐君毅、刘沅、刘咸炘等蜀学人物作了积极的研究，为蜀学研究的深入发展和推广发扬作出了很大贡献。钟肇鹏先生研究了严君平、廖平、蒙文通等蜀学大家，充分肯定其历史地位和学术价值。贾顺先、戴大禄二位先生主编《四川思想家》，主要从哲学的角度对蜀学的演变作了探讨。台湾学者林庆彰先生等带领晚清蜀学考察团深入四川进行考察访问，对清代蜀学展开研究。舒大刚先生主编《巴蜀全书》重大项目，结合巴蜀文献的产生对蜀学的起源作了探讨，指出："广义的蜀学，几乎包括了蜀中的各种文化，其内涵和外延均相当于巴蜀文化，体现于巴蜀的物质文明、制度文明和精神文明三方面；而狭义的蜀学是指巴蜀人士的学术思想，是以儒学为主体兼容其他流派的学术文化。蜀学经历了先秦、两汉、魏晋南北朝到隋唐五代、两宋、元明及清初、晚清至近代六个发展阶段，出现过先秦古蜀文化的繁荣、两汉蜀学初盛、两宋蜀学极盛、晚清及近代高峰等四大高潮，对中华学术的繁荣产生了深远影响。"[3] 并作《晚清蜀学的影响与地位》，对近代蜀学的成就、影响与历史地位作出了评价。

以往学者对蜀学及蜀学起源的研究已经取得了可喜的成绩，在此基

---

[1] 参见姜亮夫《忆清华园国学研究院》，载《学术集林》第1卷，上海远东出版社1994年版。

[2] 刘咸炘：《蜀学论》，载《存古尊经，观澜明变》，四川文艺出版社2012年版，第489、490页。

[3] 舒大刚、尤潇潇：《"蜀学"主体精神论》，《孔学堂》2017年第2期。

础上，应进一步把整个蜀学从点、线、面联系起来作等系统研究，把个案研究、断代研究和蜀学史的研究结合起来，尤其把整个蜀学与经学联系沟通，作系统性、综合性的研究。

　　蜀学的起源与巴蜀地区文化的形成有一定的关系，谢无量先生的《蜀学原始论》关于儒、道、释、文章由蜀人所创所传的言论可参考借鉴。巴蜀地处中国西南一隅，独特的地理人文环境孕育出奇特的巴蜀文化，与中原文化交相辉映，互相补充。在秦统一巴蜀以前，蜀地已先后经历了蚕丛、柏灌、鱼凫、杜宇、开明等王朝。宝墩、三星堆、金沙、十二桥、上汪家拐等遗址遗存，显示了古蜀文化的兴衰更迭。古代巴蜀人很早便对天人关系做出了自己的思考与探索，崇尚巫术，沟通天人。巴蜀地区自古巫术流行，"信巫鬼，重淫祀……与巴蜀同俗"①。早在三星堆古蜀文明时代，巴蜀就盛行以萨满为特征的巫术。古巴蜀人有着自己的神灵崇拜，对天人、天神关系有着特殊的理解。三星堆、金沙遗址出土了大小立人、跪坐、奉璋、顶尊人物、人头像、黄金面罩、金杖，还有祭坛、青铜动植物、象牙、海贝、玉器等。这些东西都与降神、通神、祈神降祸福于人间的巫术有密切关系，像三星堆出土的"神坛怪兽"，是古蜀崇拜的能飞扬上下、通达天地的"神羊"，三星堆的"鸟"与金沙的"凤"则是下界派遣上天言事的使者。《淮南子·地形训》记载"建木在都广，众帝所自上下"②。而此"建木在都广"，即今成都平原。可见，"建木"就是古蜀诸神"上天还下"的天梯。亦是上古巴蜀先民崇拜的一种圣树，位于天地中心，是沟通天地人神的桥梁。建木是传说众神登天时当作梯子用的树，连接天界与凡间，传说为黄帝所制作。

　　扬雄《蜀王本纪》称蚕丛、柏濩、鱼凫、开明时期的蜀地，"椎髻左衽，不晓文字，未有礼乐"③。张仪、司马错甚至以"西辟之国而戎狄之长"④ 称之。《荀子·强国》也有"巴戎"之称。汉初的蜀地虽经秦李冰父子开凿都江堰，"溉灌三郡，开稻田"⑤，成都平原"水旱从人，不知

---

① （汉）班固：《汉书》卷二八下《地理志》第八下，中华书局1962年版，第1666页。
② （汉）刘安：《淮南鸿烈解》卷四《墬形训》，影印文渊阁《四库全书》本。
③ （宋）李昉等：《太平御览》卷一六六《州郡部十二·益州》引，中华书局1960年版。
④ 缪文远：《战国策新校注》卷三《秦一》，巴蜀书社1998年版，第89页。
⑤ （晋）常璩：《华阳国志》卷三《蜀志》，齐鲁书社2010年版，第30页。

饥馑，沃野千里，世号陆海，谓之天府"①，但在文教方面较为落后，"蜀地僻陋，有蛮夷风"②，而与礼乐文明有别。

巴蜀的神仙、黄老思想较为浓厚。蒙文通先生说："词赋、黄老、律历、灾祥是巴蜀固有的文化。"③ 亦有悠久的历史传说。《华阳国志·序志》称古寿星"彭祖本生蜀，为殷太史"，而高诱注《淮南子·齐俗训》又说："王乔，蜀武阳人，为柏人令，得道而仙。"④ 彭祖、王乔都成为后世道家、道教崇重的传说人物。在《列仙传》中，刘向还记载有周成王时蜀地羌人葛由，"好刻木羊卖之。一日骑羊而入西蜀，蜀中王侯贵人追之，上绥山。绥山在峨嵋山西南，高无极也。随之者不复还，皆得仙道"⑤。"马头娘"传说故事所称蜀中蚕女化仙亦复如此。⑥ 东汉应邵《风俗通义》引《楚辞》云："鳖令尸亡，溯江而上，到岷山下苏起，蜀人神之，尊立为王。"是说楚国鳖令人亡，而他的尸体则逆江上行到蜀地岷山，他的尸体复活过来，蜀人信服他的神奇，尊奉其为蜀王。《山海经》中保存了大量的神话传说，其地域涉及西南巴蜀一带，体现了巴蜀神仙学的盛行及其与南方楚文化的关系。除此而外，扬雄《蜀王本纪》、常璩《华阳国志》所记载的古蜀历史文化也充满了神仙家的色彩。段渝先生指出："从商代三星堆蜀都发达的巫术，到整个古蜀历史体系中无处不在的方术神仙家言，再到饮誉于世的方士神仙家苌弘、王乔、彭祖，可以清楚地看到蜀地巫术、方术、神仙之术从先秦到汉晋连续发展的历史陈迹，它们构成了古蜀文化最突出的特色要素。"⑦ 这与神仙道教起源于东汉蜀地鹤鸣山有一定的关系。

《蜀王本纪》称老子为关令尹喜著《道经》之后，告诫他到成都青羊肆相会⑧，以致后来形成了今日之青羊宫。实际上，先秦还确有黄老著作传

---

① 陈桥驿校释：《水经注校释》卷三三《江水》，杭州大学出版社1999年版，第577页。
② （汉）班固：《汉书》卷八九《文翁传》，第3625页。
③ 蒙文通：《巴蜀古史论述》，四川人民出版社1981年版，第111页。
④ （明）周婴：《卮林》卷八《王侨王子乔》引，福建人民出版社2006年版。
⑤ （汉）刘向：《列仙传》卷上《葛由》，影印文渊阁《四库全书》本。
⑥ 参见（宋）李昉等《太平御览》卷四七九引《原化传拾遗》；曹学佺《蜀中广记》卷七一引《仙传拾遗》，影印文渊阁《四库全书》本。
⑦ 段渝：《巴蜀文化与汉晋文明》，《巴蜀文化研究》第1期，巴蜀书社2004年版。
⑧ 参见（宋）李昉等《太平御览》卷一九一引。

世。《汉书·艺文志》于《诸子略》"道家者流"著录有"《臣君子》二篇",注称"蜀人"所作。列在被韩非称道的"六国人"《郑长者》一书之前。蒙文通先生引清张澍之说:"'臣'是姓,'君子'是尊敬之称。"并认为"六国时蜀人臣君子远在韩子之前已有著述,并传于汉代,书在道家,这可能是严君平学术的来源"①。表明在韩非子之前的战国时期,蜀地的人臣君子好道家思想,并著书立说,在巴蜀地区传播流行。西汉蜀人严遵《老子指归》、扬雄《太玄》接受道家思想的某些影响应该说远有所承。

春秋战国时期,天下分崩离析,百姓流离失所,而策士谋臣、诸子之士,也游走于各地。当时的巴蜀便有来自其他诸侯国的士人,来此传学。《汉书·艺文志》"杂家者流"记载有"《尸子》二十篇",乃秦相商君之师鲁人尸佼所作。商鞅变法失败,车裂而死,尸佼避难,逃入蜀国,从而将法家思想传播至蜀地,并在此长期流传。刘向《别录》称:"商君被刑,佼恐诛,乃流亡入蜀,自为造此二十篇,六万余言。卒,因葬蜀。"② 蒙文通先生认为:"尸佼逃蜀,能在蜀著书,这必须有一定的环境和条件。如蜀人不尊重他,不了解他,他著书就不能得到蜀人的支持。他死后葬蜀,他的书也必定是蜀人为他传下来,这绝不是在一个文化毫无关联而又落后的地区所能实现的。"③ 这表明蜀地之人也受到法家思想的一定影响。

《汉书·艺文志》又于阴阳家类著录:"《苌宏》十五篇。"注云:"周史。"班固称:"阴阳者,顺时而发,推刑德,随斗击,因五胜,假鬼神而为助者也。"④ 苌弘,资中(今属四川)人,为周灵王时大夫,以方术(鬼神之术)事灵王。孔子适鲁,曾学乐于苌弘。苌弘通天数,为"周室之执数者"⑤,与史佚并为周室"昔之传天数者"之人⑥。他于"天地之气,日月之行,风雨之变,律历之数,无所不

---

① 蒙文通:《古族甄微·巴蜀史的问题》,《蒙文通文集》第 2 卷,巴蜀书社 1993 年版,第 251 页。
② (南朝宋)裴骃:《史记·孟子荀卿列传·集解》引,载《史记》卷七四,中华书局 1959 年版,第 2349 页。
③ 蒙文通:《古族甄微·巴蜀史的问题》,《蒙文通文集》第 2 卷,第 251 页。
④ (汉)班固:《汉书》卷三〇《艺文志》,第 1760 页。
⑤ (汉)刘安:《淮南鸿烈解》卷一三《氾论训》,影印文渊阁《四库全书》本。
⑥ (汉)司马迁:《史记》卷二七《天官书》,中华书局 1959 年版,第 1343 页。

通"①，是通晓阴阳术数的大家，在巴蜀文化史中占有重要地位，他通晓天人、尤重人事的思想对后世巴蜀学术，尤其是天文历法学产生了深远影响。《庄子·外物》记云："苌弘死于蜀，藏其血，三年而化为碧。"可见苌弘虽是周史，后来也葬于蜀，其学亦应传于蜀。蒙文通先生说："这可说是洛下闳一派学术的来源。"② 西汉的洛下闳、扬雄乃继之而起的天文历法大家。

此外，秦罪人入蜀，也带来了杂家思想，尤其是吕不韦门人被徙入蜀，带来了《吕氏春秋》。司马迁云："不韦迁蜀，世传《吕览》。"③《吕览》通传于世，蜀人受到《吕氏春秋》杂家思想的影响。秦统一中国后，迁豪杰入蜀，不仅改变了巴蜀人的风俗，也改变了其形而上的礼乐文明。

秦统一巴蜀后，中原文化逐渐流传入蜀，巴蜀文化与秦朝崇尚的法家、杂家思想，以及未被禁止的医药、卜筮之学相结合，并发扬了天文律历、阴阳术数之学。

西汉初文翁（前156—前101年）在蜀兴学，促使（并影响）了蜀学一词的形成。后世所称"蜀学"一词与蜀学内涵的结合即是指西汉文翁兴学。《三国志·蜀志》云："蜀本无学士，文翁遣相如东受七经，还教吏民，于是蜀学比于齐鲁。故《地里志》曰：文翁倡其教，相如为之师。汉家得士，盛于其世，仲舒之徒，不达封禅。相如制其礼，夫能制礼造乐，移风易俗，非礼所秩有益于世者乎！"④ 汉初景帝时，文翁为蜀郡太守。他看到当时蜀地风俗粗鄙，没有学士。认为要改变这种情况，移风易俗，只有加强教育。于是遣蜀士东受七经，赴京师长安学习经传、法律。还归教授吏民，于是"蜀学比于齐鲁"，"蜀学"之名始见于此，即"蜀学"一词最早出现于《三国志·蜀志》。

在文翁教化的熏陶下，蜀地尚文好学之风蔚然兴起，蜀地文化在全国的地位因此得到提高，以致"蜀地学于京师者比齐鲁焉"。据《汉书·文翁传》记载：

---

① （汉）刘安：《淮南鸿烈解》卷一三，影印文渊阁《四库全书》本。
② 蒙文通：《古族甄微·巴蜀史的问题》，《蒙文通文集》第2卷，第251页。
③ （汉）司马迁：《史记》卷一三〇《太史公自序》，第3300页。
④ （晋）陈寿：《三国志》卷三八《蜀书》八《秦宓传》，第973页。

文翁，庐江舒人也，少好学，通《春秋》。以郡县吏察举。景帝末，为蜀郡守，仁爱好教化。见蜀地辟陋，有蛮夷风，文翁欲诱进之。乃选郡县小吏开敏有材者张叔等十余人亲自饬厉，遣诣京师，受业博士，或学律令。减省少府用度，买刀布蜀物，赍计吏以遗博士。数岁，蜀生皆成就还归，文翁以为右职。……蜀地学于京师者比齐鲁焉。至武帝时，乃令天下郡国皆立学校官，自文翁为之始云。文翁终于蜀，吏民为立祠堂，岁时祭祀不绝。至今巴蜀好文雅，文翁之化也。师古曰："文翁学堂于今犹在益州城内。"①

文翁本人就重儒学，通《春秋》，入蜀传播儒学。在成都南修建石室校舍，称为"石室"，号为"玉堂"。招收各县优秀子弟入学，入学者免去赋役，学成优秀者可以为官吏或为师。于是蜀风大化，比于齐鲁。汉武帝时令郡国设立学校，文翁是开创地方官学的第一人。文翁终于蜀，蜀人纪念他，为之立祠。文翁石室自汉以来两千多年皆为成都学府，流传至今，故址就是今天的石室中学。

以上《汉书·文翁传》记载的是文翁遣张叔等郡县小吏赴京师受业，而《三国志·蜀志》则记云："文翁遣司马相如去京师受七经，又回蜀地教授吏民，两书在文翁派何人去京师问题上记载有不同。"据蒙文通《巴蜀的文化》考证，应是《汉书》记载可靠，不可能是《三国志·蜀志》所说的遣送司马相如东受七经。蒙文通先生引徐仁甫先生《司马相如与文翁先后辨》一文，认为"文翁尚未到蜀，相如早已游宦在外。文翁所遣的是郡县小吏，绝不是游宦京师诸侯、以文辞显于世的司马相如"②。并指出，尽管文翁遣张叔等赴京师受业，数岁后，蜀生皆成就学业还归，文翁又修起学官于成都，招县子弟学之，使得县邑吏民见而荣之，争相欲成为学官弟子，于是蜀地学者比于齐鲁。然而也有人认为："如果巴蜀前此没有一定的文化基础，在短短时期之间就比于齐鲁，是不可想象的。"③ 即文翁化蜀，使蜀地学者比于齐鲁，这有一个在此之前的文化积

---

① （汉）班固：《汉书》卷八九《文翁传》，第3625—3627页。
② 蒙文通：《古族甄微·巴蜀史的问题》，《蒙文通文集》第2卷，第247页。
③ 蒙文通：《古族甄微·巴蜀史的问题》，《蒙文通文集》第2卷，第248页。

累的过程。

常璩《华阳国志》亦云:"叔文播教,变《风》为《雅》。道洽化迁,我寔西鲁。张宽,字叔文,成都人也。蜀承秦后,质文刻野,太守文翁遣宽诣博士,东受七经,还以教授。于是蜀学比于齐、鲁。巴、汉亦化之。景帝嘉之,命天下郡国皆立文学,由翁唱其教,蜀为之始也。"[①] 即汉初蜀郡太守文翁在成都创办地方官学,使蜀地文风发生了质的飞跃。蜀生张宽等十八人被派往京师学习七经,数年后归蜀,标志着中原学术文化引进蜀地。在此,《华阳国志》亦以"蜀学比于齐鲁"誉之。《华阳国志》另一处又云:"孝文帝末年,以庐江文翁为蜀守,穿湔江口,溉灌繁田千七百顷。是时,世平道治,民物阜康;承秦之后,学校陵夷,俗好文刻。翁乃立学,选吏子弟就学。遣俊士张叔等十八人东诣博士,受七经,还以教授。学徒鳞萃,蜀学比于齐、鲁,巴、汉亦立文学。孝景帝嘉之,令天下郡国皆立文学。因翁倡其教,蜀为之始也。"[②] 此处所论与前略同,更肯定了文翁治蜀的经世致用之功,兴修水利,灌溉农田,使社会环境安定而有秩序、百姓富足安康。在发展经济的同时又兴办学校,培养人才。这体现了儒学富而教化的思想。

由西汉开先河而兴起的蜀学,原本指儒学传播之意,后因其能凝聚蜀地的精神文化,遂得到了广泛的认同。再经过发展演变,最终成为广义的古代四川学术文化的统称,凡是蜀人所创造的学问都可以统称为蜀学。蜀学是一个开放的体系,在历史的进程中,不断摄取着各地各家各派的思想,增添新的营养,经历了多个发展阶段,而走向成熟定型和繁荣鼎盛。

二 蜀学与经学的结合

蜀学与经学有着密切关系,二者不可分割地联系在一起,对蜀学和经学及其相互关系的研究,推动着蜀学与巴蜀地域的经学及中国传统文化研究的进一步深入。

---

① (晋)常璩:《华阳国志》卷一〇上《先贤士女总赞》,第131页。
② (晋)常璩:《华阳国志》卷三《蜀志》,第31页。

（一）蜀学

所谓蜀学，指巴蜀地区自古迄今以儒为主、贯通三教的学术文化。蜀学乃巴蜀文化之结晶，中华学术之宝藏。蜀学有狭义和广义之分，狭义的蜀学指由北宋苏洵开创，由苏轼、苏辙兄弟加以发展的学派即三苏蜀学；广义的蜀学即作为本书研究对象的蜀学，是指巴蜀地区自古迄今（主要是西汉以来）以儒为主、贯通三教的学术文化。学术界在对蜀学的研究中，对蜀学做了相应的探讨和界定。国学大师蒙文通先生作《议蜀学》，肯定了蜀学不同于伊洛、吴越之学的特点，要求蜀中之士应阐发自己的乡土之学，以济道术之穷，使蜀学传统得以弘扬。并从不同时代蜀学的广泛流传上，揭示蜀地精神文化的强大生命力和深远影响，使蜀学精神愈益彰显。哲学史家谢无量先生作《蜀学原始论》，提出"儒之学蜀人所创造"的观点（此为人所议），并指出道教亦为蜀人所创，而佛教经西域"自蜀以达于中国"，其中蜀人所传者二宗：禅宗由马祖道一传，华严宗由宗密传；并且"文章惟蜀士独盛"。认为儒、道、释、文章四者构成蜀学之内涵，充分肯定蜀学在中华学术中的地位。胡昭曦先生认为，"传统的蜀学，是以儒学为主的学术文化"。"所谓蜀学，是指四川地区的学术，其重点在文、史、哲，其核心是思想、理论。"指出"'蜀学'一词，早在《三国志·蜀书》就已出现"[①]。其所指是西汉景帝时文翁任蜀郡守，兴学化蜀，培养人才，又遣蜀士东受七经，还教吏民，于是"蜀学比于齐鲁"[②]。由西汉而兴盛的蜀学，原本指儒学传播之意，后因其能凝聚蜀地的精神文化，遂得到广泛的认同。历经发展演变，以宋代为最盛，终成为古代四川学术文化的统称，凡是蜀人所创造的学问可统称为蜀学。近代维新变法时期，一些进步的四川学者提出重振"蜀学"，给蜀学注入时代新意，成立"蜀学会"，创办《蜀学报》，以宣传变法思想。梁启超先生也出了《试述蜀学》的试题来检测报考清华的学子们，可见梁启超对蜀学的重视。刘咸炘先生作《蜀学论》，认为"统观蜀学，大在文史""蜀学崇实"，一定程度上揭示了蜀学的内容和特点。以往学者对

---

① 胡昭曦：《蜀学与蜀学研究刍议》，《天府新论》2004年第3期。
② （晋）陈寿：《三国志》卷三八《蜀书》八《秦宓传》，第973页。

蜀学的研究取得了可喜的成绩，现应在此基础上，进一步把整个蜀学从点、线、面联系起来作系统研究，把个案研究、断代研究和蜀学史的研究结合起来，尤其把整个蜀学与中国哲学、经学联系沟通，作系统性、综合性的研究。

（二）巴蜀经学

巴蜀经学是整个中国经学的重要组成部分。所谓巴蜀经学，是指经西汉文翁化蜀，经学传入，至近现代，在巴蜀地区流传发展演变的训解、阐释和研究儒家经典、经说的学问。

在巴蜀经学发展史上，巴蜀经学经历了若干重要的发展阶段，有汉学发展阶段，包括汉至唐的巴蜀经学；有宋学发展阶段，包括宋元明时期的巴蜀经学；有清代新汉学发展阶段，包括清初至清中后期的巴蜀经学；还有近现代巴蜀经学的流传演变。各个时期的巴蜀经学既一脉相承，又改造创新，其内涵丰富，颇具特色，形成巴蜀经学发展的总体，其对各个时期蜀学和中国哲学的发展作出了重要贡献，值得认真探讨和进一步深化研究。

两汉时期，在儒家经典经学流传入蜀后，巴蜀地区出现了如扬雄、杨终等一批有全国影响的经学家，为经学尤其是今文经学的发展作出了巨大贡献，也促进了经学在汉代及汉代以后的发展。蜀汉时期，虽然巴蜀古文经学占据官学优势，但巴蜀今文经学仍然兴盛，图谶流行，对当时的学术政治产生了重要的影响。两晋南北朝时期，巴蜀经学与史学结合，在解史中体现经学思想。唐朝李鼎祚集三十五家之易说，撰《周易集解》，存汉代象数易学一脉于后，影响甚大。后蜀宰相毋昭裔刊刻蜀石经。在孟昶、毋昭裔的主持下，后蜀又雕版印制了"九经"，对儒学及经学的发展作出巨大贡献。

巴蜀经学在宋元明时期走过了其发展的重要阶段。宋代理学创始人之一周敦颐在蜀任地方官期间，与蜀中学者吕陶、傅耆、蒲宗孟、张宗范等多人交往，使其学在四川得到传播。周敦颐离开合州以后，其思想仍然在蜀地流传，对宋代蜀学及易学的发展演变产生了重要影响。其后，理学代表人物程颐两度入蜀。首次入蜀，他通过与箧匠论《易》之《未济》卦，而得出"易学在蜀"的著名论断。第二次入蜀，程颐在编管地涪州北岩撰成其义理易学代表著作《伊川易传》，这在中国经学史和宋明理学史上均产生了重要影响。与朱熹齐名的著名理学家张栻通过治经阐发义理，其经学思想促进了理学的发展。宋代蜀学的集大成者魏了翁站在宋学的立场，对汉学流弊提出批评，又汲取汉学训诂考释的方法，把义理的获得建立在训诂考释的基础上，表现出兼容汉宋的倾向；并批评宋学兴起后出现的弊病，超越朱熹，直接求之于"圣经"，体现了其勇于创新的思想特色。其兼采汉、宋，把义理与训诂结合起来，开明末清初"舍经学无理学"思想之先河。明代杨慎主张恢复两汉经学的考证方法，提倡一种多闻、多见、尚实、重传注疏释的学风，以纠正理学流弊。明末来知德提出了自己独特的"舍象不可以言易"，假象以寓理，"理寓于象数之中"[①] 的易学思想；并错综取象以注《易》，用象数释义理，对《周易》予以新解，发展了传统易学。

清初巴蜀著名学者费密提出"舍经无所谓圣人之道"[②] 的思想，主张不受宋儒说经的束缚，从汉唐诸儒对儒家经典的注疏中求得圣门本旨。这对清代新汉学产生了重要影响，并由此得到胡适的赞赏。清代刘沅对儒家经典进行注解，其目的是求经书中的道，而不拘泥于文字训诂，名物度数。他对宋儒和清儒之说都提出批评且有所超越。

近代廖平以礼制区分今、古文经学，又尊今抑古，不囿于传统旧说。现代蒙文通主张超越两汉，向先秦讲经；破弃今、古文家法，而宗周秦儒学之旨。其后又提出汉代经学乃融会百家，而综其旨要于儒家而创立的新儒学的见解，推崇西汉今文经学。

以上这些巴蜀著名学者在经学研究上深有造诣，他们的经学思想，构成了巴蜀经学的丰富内涵。为促进中国经学乃至蜀学和巴蜀哲学的发展产生了重要影响。

（三）蜀学与经学的关系

蜀学与经学具有相互影响、相互结合、融会贯通的关系。蜀学

---

① （明）来知德：《周易集注》卷一三《系辞上传》，张万彬点校，九州出版社2004年版，第645页。

② （清）费密：《弘道书》卷上《道脉谱论》，怡兰堂丛书1920年刊本。

从西汉绵延至今，形成了颇具特色的传统。纵观蜀学的发展，其学术思想既吸收了中原学术传统，又有相异之处，同时又深刻影响着各历史时期的主流文化和时代思潮。我国新时期以来学术昌明繁盛，地域文化发展迅猛，蜀学已成为现代学人研究的重点。蜀学是一个开放的体系，在历史演变发展的进程中，不断摄取着新的营养，促进了蜀学的繁荣和巴蜀社会的发展。蜀学与经学之间存在着相互影响、相互结合之关系也应通过研究加以认真清理，做出时代的总结和反思。

学术界对蜀学的研究往往是对著名思想家或有重要影响的学术流派的研究，而全面和整体性的研究尚有一定的欠缺。我们的研究应是全方位的，而且运用比较学的方法，既通过与全国及其他地区学术思想的横向比较，概括出蜀学的精神和基本特征；又以纵向发展的视角，深入揭示蜀学发展的内在规律和理路。尽管学术界对蜀学与经学的关系作了一定的研究，但多处于个案研究的状态，为此，本文将侧重对整个蜀学与经学的关系作综合性的系统研究。在注重历史评价和以往成果的基础上，重新审视相关学派、人物的思想及成就，如文翁的成就与历史贡献，扬雄思想的挖掘，宋代蜀学与理学的关系，刘沅思想与以往学术的差异，刘咸炘思想的价值，对贺麟、唐君毅现代新儒学思想的审视和评价等。既全面掌握，将蜀学发展的整体面貌作系统描绘和阐述；又突出重点，深入探讨主要人物的思想成就，并联系和把握全国学术发展的背景，将其共性与巴蜀地区蜀学发展的特殊性及其异同点相结合来展开研究。

1. 蜀学与儒学的结合

经学乃儒学的重要组成部分，与儒学密不可分，研究经学不可脱离儒学。巴蜀文化历史悠久，别具特色，是整个中华民族文化的重要组成部分。古代巴蜀人很早便对天人关系作出了自己独到的思考与探索，广泛流传着阴阳术数、天文历法之学。然早期巴蜀文化的流传，并没有多少儒学的成分。经文翁以儒化蜀，崇儒重法，将中原儒学与经学引入蜀中，使巴蜀文化得以系统化，并在各个历史时期得到长足的发展。汉代扬雄挺立其中，大批经学大师倡明儒道，其儒学和蜀学相结合，使蜀学发展进入繁荣时期。

其后，蜀学从西汉绵延至今，形成了独具特色的传统。"蜀学之盈，冠天下而垂无穷"①，"蜀学之盛，古今鲜俪"②。虽然蜀学发展演变的主要成就在于经学、文学、史学、哲学等诸方面，但蜀学与儒学联系紧密，体现了蜀学的基本精神和本质特征。正因为蜀学具有巴蜀地域性文化的特征，所以蜀学思想与中国哲学各个发展阶段的时代思潮相联系，自汉以后体现了中华学术传统以儒为主的特征。

自儒学传入巴蜀，与蜀学相结合，具有地域性文化的特色和丰富多样的个性，不断以其特色和个性影响着中华主流文化与儒学的发展演变，并成为中华学术和中国哲学内在结构的重要组成部分。其地域学术的特色及与主流文化的互涵互动，推动了巴蜀地域文化和中国哲学的持续发展。

2. 蜀学与巴蜀经学

研究和探讨蜀学与巴蜀经学的关系具有重要意义。首先，蜀学是中华学术文化的重要组成部分和内在结构的体现，离开了对蜀学的深入系统研究，对中华学术文化的整体把握就会受到影响；同时，巴蜀经学亦是整个中国经学不可分割的组成部分，对蜀学和巴蜀经学的探讨均具有重要意义和价值。其次，对中国文化影响甚巨的经学与蜀学不可分割地联系在一起，蜀学的发展促进在一定程度上体现了经学的发展，所以研究经学不能脱离蜀学。最后，从地域性文化与时代思潮的互涵互动关系看，把蜀学与经学包括巴蜀经学结合起来进行系统研究具有重要意义，以蜀学融合三教、融贯博通、重人情、崇实重躬行践履、重经学、批判专制、积极进取不因循守旧等鲜明特色而与齐学、鲁学、楚学、湘学、闽学、岭南学等地域性学术文化存在着相同相异之处，中华学术文化正好体现了这种融合差异的包容性。蜀学作为地域性文化，在其产生、发展演变的过程中，深受中华学术文化各个历史发展阶段之时代思潮的影响。从思潮与地域性文化的关系看，时代思潮充分体现在地域性文化之中，并通过各地域性文化的本质特征表现出来；地域文化的发展演变不能脱离时代思潮的影响，并以其鲜明的个性最终融入时代思潮之中，二者的相同相异之处存在着相互影响和渗透、相互体

---

① （宋）吕陶：《净德集》卷一四《府学经史阁落成记》，影印文渊阁《四库全书》本。
② 《四库全书〈方舟集〉提要》，影印文渊阁《四库全书》本。

现、相互促进的互动关系。通过探讨蜀学与经学的相互关系，可从一个侧面把握地域性文化与时代思潮的互动及其意义。蜀学作为中华学术文化史的一个重要分支和巴蜀地域文化精神的体现，已成为现代学人研究的重要对象。因此蜀学与经学研究具有重要意义和广阔的前景，值得深入探讨。

3. 巴蜀经学与巴蜀哲学

巴蜀哲学虽然在中国哲学史和经学史上占有重要地位，产生了重要影响，但往往通过巴蜀经学体现出来，即通过历代蜀学人物对儒家经典、经说的阐释而提出丰富多彩、别具特色的哲学思想。所以巴蜀哲学与巴蜀经学密不可分。

巴蜀哲学在中国经学史上占有重要地位，产生了深远影响。巴蜀哲学与经学的关系十分密切，对二者及其相互关系的研究具有重要意义，可从一个侧面把握地域性哲学文化与时代思潮的互动及其意义。概括来讲，巴蜀哲学本身与巴蜀经学紧密相连，在中国经学史上占有重要地位，产生了深远影响。

文翁化蜀，首创地方官学，派遣生员东受七经，还教吏民，除了对中国哲学产生重要影响外，亦对中国经学和巴蜀经学的发展产生了重要影响，使得儒家经典经学得以流传入蜀。后世的巴蜀学人，依据这些经典经说加以哲学理论的创造和阐发，促进了巴蜀哲学的发展。

巴蜀哲学史上的著名人物大多在经学研究上深有造诣，他们的经学研究富于哲学思辨，而他们的哲学研究又常常以经学的形式出现，由此使得巴蜀哲学思想与巴蜀经学相互交融、互涵互动，促进了巴蜀哲学思想与巴蜀经学的持续发展，对促进中国哲学与经学的发展，产生了重要影响。

巴蜀哲学作为中国哲学史的一个重要分支和巴蜀地域文化精神的体现，不可分割地与中国经学联系在一起；巴蜀经学作为中国经学内在结构不可或缺的组成部分，也与中国哲学密切相连。巴蜀哲学、巴蜀经学在中国哲学史和经学史上均占有重要地位，深刻影响并促进了中国哲学与经学的持续发展，值得认真总结和探讨。

三 蜀学与经学相结合的发展脉络

蜀学与经学相结合，在巴蜀学术文化上，经历了发展演变的历程，巴蜀大地人杰辈出，他们的蜀学和经学思想体现了各个时代思潮的丰富内涵，为巴蜀文化及整个中国学术文化的创新发展作出了巨大贡献。梳理蜀学与经学的发展脉络，可知其发展经历了三次兴盛时期，即汉代蜀学与经学发展的兴盛、宋代蜀学与经学发展的高潮和近现代蜀学与经学的转型与发展的高峰。蜀学与经学的结合，经历这三个阶段而形成、并发展为高潮。另有在其他阶段的流传演变和持续而不间断的发展。

（一）两汉时期蜀学与经学发展兴盛

西汉景帝时文翁任蜀郡守，兴学化蜀，引进儒学与儒家经学，推行教化，培养人才，使蜀学开始走向兴盛，堪与齐鲁之学相比。提升了其在全国文化中的地位，为日后蜀学的持续发展奠定了基础。又经过后世的流传演变，蜀学最终兴盛发达，地域性文化与时代思潮相互促进，互动发展，并与经学相结合，经历了若干历史阶段的发展，蔚为大观，成为中华民族传统文化中的显学，与其他各地域性文化交相呼应，互动交流，共同促进并体现了中国文化的大发展。

文翁兴学化蜀，促进了儒学在蜀地的流传。文翁本人通《春秋》，其兴学和引进的内容主要是儒家经学，以及律令之学。经过文翁化蜀，使儒学在蜀地广泛流传开来，把中原儒学主流文化与蜀地固有文化结合起来，形成别具特色的"蜀学"。

文翁化蜀以前，蜀地文化中儒学并不是主要成分。蒙文通认为，蜀地文化在文翁兴学化蜀之前，有一套自己的固有的系统和特色，并未笃信儒家的学说，比较爱好文学。如西汉一代的司马相如、王褒长于辞赋，严遵、李宏、扬雄是道家，同时扬雄也长于辞赋。司马相如的《大人赋》受到屈原道家思想的影响。由此蒙文通先生断定，在西汉时，名、法、儒、墨和六经的经师，巴蜀找不出来。所以得出："辞赋、黄老、律历、灾祥是巴蜀固有的文化，司马、洛下都是值得研究的人物，严君平自然也值得研究。"① 也就是说蒙文通探求了文翁化蜀前后，延续到西汉之时，巴蜀固有的传统文化中儒学比较欠缺。尽管文翁兴学化蜀，传播了儒家思想，引进了儒家经学，但儒学在西汉之巴蜀，其影响仍然有待于推广发扬。这正是文翁化蜀的结果所致。蒙先生提到扬雄，认为他既受道家的影响，也长于辞赋。不过除此以外，扬雄作为巴蜀学者，蜀郡成都人，亦受到文翁兴学化蜀的影响，而以儒学为宗，又善于借鉴、吸收道家等其他思想来丰富发展儒家思想，不只是道家和辞赋家。

在文翁兴学化蜀的熏陶下，巴蜀之地尚文好学的风气蔚然兴起，蜀地文化在全国的地位由此也得到了提升，以致"蜀地学于京师者比齐鲁焉"，《华阳国志》也以"蜀学比于齐鲁"称誉之。

文翁兴学化蜀把巴蜀地域文化与整个汉代儒家经学思潮的兴起紧密联系起来，因而其影响和意义不局限于蜀地，而是地域性文化与时代思潮紧密相连的表现。其影响和价值之所以重要，是因为它与中国思想文化史上儒学从诸子百家争鸣中脱颖而出，成为中国封建社会的统治思想这一进程直接相关，并为此作出了自己的贡献。

儒学经文翁的兴学流入巴蜀之地，表现在文翁本人讲求持守儒学的基本价值仁爱，又好学，通《春秋》。在治蜀期间，文翁以儒学的思想观念指导社会的治理。并派遣明达敏捷的张叔等蜀士到京师受业于经学博士。这几乎与汉武帝接受董仲舒的建议尊崇儒术同步。并将学成归来的蜀生安排担任重要职务，通过他们的理政、教化活动，儒学在当时亦成为巴蜀地区治理和求学的指导思想，并培养了一批学者，尚学尊儒，蔚然成风，致使蜀地风气为之一变，由原来的重辞赋、黄老、律历、灾祥，到逐步重视儒术，教化大行。并且汉武帝诏令天下郡国均设立学校，使得文翁开创的地方官学模式流行天下，促进了儒学的推广流行，其影响不仅限于巴蜀之地。由此可见文翁兴学化蜀，不仅促进了儒学在蜀地的流传，而且扩大了其在全国的影响。此后，蜀中文化氛围浓郁，杰出人物辈出，学风朴实淳厚，以儒为主，融合诸家学术的蜀学得到长足发展。

扬雄作为巴蜀学者，西汉儒学家、辞赋家、语言学家、经学家、哲

---

① 蒙文通：《古族甄微·巴蜀史的问题》，《蒙文通文集》第2卷，第268页。

学家,受到文翁兴学化蜀的影响,以儒学为宗,又善于借鉴、吸收道家等其他思想来丰富发展儒家思想。扬雄早年师事严遵(字君平,西汉蜀郡人),受到道家思想的一定影响。"君平卜筮于成都市,以为'卜筮者贱业,而可以惠众人。有邪恶非正之问,则依蓍龟为言利害。与人子言依于孝,与人弟言依于顺,与人臣言依于忠,各因势导之以善,从吾言者,已过半矣。'裁日阅数人,得百钱足自养,则闭肆下帘而授《老子》。博览亡不通,依老子、严周之指著书十万余言。扬雄少时从游学,以而仕京师显名,数为朝廷在位贤者称君平德。"① 严遵是巴蜀道家代表人物,本姓庄,班固作《汉书》时因避汉明帝讳,更"庄"为"严"。严遵好老庄,隐居不仕,在成都以卜筮为生。著有《老子指归》,使道家学说更条理化。扬雄少时以严遵为师,他称赞严遵"不作苟见,不治苟得,久幽而不改其操,虽随、和何以加诸?"② 后人为纪念严遵,把他居住的街道命名为"君平街"(在今成都市区)。

扬雄少时好学,博览多识,酷好辞赋。口吃,不善言谈,而好深思。家贫,不慕富贵。四十岁后,始游京师。后召为大夫。著有语言学著作《方言》等。早年常作辞赋,名声远播。后来认为辞赋乃"雕虫篆刻",不过是"少而好赋","壮夫不为也"③,转而研究儒家经学。仿《易经》作《太玄》,仿《论语》作《法言》。在其所著《太玄》一书里,扬雄以"玄"为最高范畴,建立天地人合一的哲学体系。在《法言》一书中,极力推崇孔子和"五经"。他说:"视日月而知众星之蔑也,仰圣人而知众说之小也。"④ 认为儒家圣人之道一脉相传而众说不足为言。或问:"五经有辩乎?"曰:"惟五经为辩。说天者莫辩乎《易》,说事者莫辩乎《书》,说体者莫辩乎《礼》,说志者莫辩乎《诗》,说理者莫辩乎《春秋》。舍斯,辩亦小矣。"⑤ 认为儒家经典各有其侧重,《易》侧重说天,《尚书》侧重论史事,《礼》侧重正百事之体,《诗》重在言志,《春秋》则通过属辞比事以说理。表现出对"五经"的重视。扬雄认为天降生民,

---

① (汉)班固:《汉书》卷七二《王贡两龚鲍传》,第3056页。
② 汪荣宝:《法言义疏》九《问明》,中华书局1987年版,第200页。
③ 汪荣宝:《法言义疏》三《吾子》,第45页。
④ 汪荣宝:《法言义疏》一《学行》,第21页。
⑤ 汪荣宝:《法言义疏》十《寡见》,第215页。

往往无知顽愚,"恣于情性,聪明不开",所以当"训诸理"①。通过学理明道,以开民之聪明,导人入正途,而不为辞赋和辩说所惑。并提出以孔子的思想作为判断是非的标准,"万物纷错则悬诸天,众言淆乱则折诸圣"②。以礼义伦理作为人禽之分的根本,强调孝与仁义礼智信五常的作用;并提出人性善恶混的人性论。同时扬雄也推崇孟子,"窃自比于孟子"③。排斥儒家以外的学说。

对于道家,扬雄亦加以取舍。他说:"老子之言道德,吾有取焉耳……及搥提仁义,绝灭礼学,吾无取焉耳。"④ 他欣赏老子所言之道德而有所取,但反对老子"搥提仁义,绝灭礼学"。体现出扬雄重仁义,崇礼学的儒家思想本质,亦是对道家之学的批评。

后人对扬雄给予较高的评价。桓谭在《新论》里赞曰:"扬子云才智开通,能入圣道,卓绝于众。汉兴以来,未有此人。"⑤ 司马光《读玄》亦云:"孔子既殁,知圣人之道者,非子云而谁?孟与荀殆不足拟,况其余乎。"⑥ 表明扬雄对宋代学术产生了深远影响。

程颐站在理学家的立场,在不看好汉唐诸儒的情况下,却对扬雄评价较高。他说:"自汉以来,惟有三人近儒者气象,大毛公、董仲舒、扬雄。"⑦ 把扬雄与董仲舒等并列,予以适当的肯定。

《太玄》是扬雄拟《易》之作,同时又吸收了老子的思想,因而是会通《易》《老》,是反映扬雄思想的代表作。扬雄以三分法取代《周易》的二分法,丰富了对天地万物普遍性的认识。在本体论上,以玄范畴丰富了《周易》的太极论,以"玄"为"幽摛万类"的宇宙本原,从内容和形式上对《周易》哲学加以发展,体现了太玄的价值。并对经学和蜀学产生了重要影响。

扬雄以儒为宗,又取法于道,将《易》《老》相结合。对《周易》

---

① (汉)班固:《汉书》卷八七下《扬雄传下》,第3580页。
② 汪荣宝:《法言义疏》四《吾子》,第82页。
③ 汪荣宝:《法言义疏》四《吾子》,第81页。
④ 汪荣宝:《法言义疏》六《问道》,第114页。
⑤ 郑文:《论衡析诂·超奇》引,巴蜀书社1999年版,第609页。
⑥ (宋)司马光集注:《太玄集注·读玄》,刘韶军点校,中华书局1998年版,第1页。
⑦ (宋)程颢、程颐:《河南程氏遗书》卷一八,《二程集》,王孝鱼点校,中华书局1981年版,第232页。

加以重构，既从形式上加以模仿，又从内容上进行改造，构筑起以玄为核心的哲学体系，继承发展了儒家哲学体系，而具有自身独到的特点。

扬雄仿《论语》而作《法言》，针对汉代经学定于一尊后出现的流弊，扬雄批评异于孔子的诸子之说，以及当时经学的流弊。表达其尊儒宗孔的诠释路向，坚守和发扬正统儒家学说的立场，并初步提出儒学道统的承传说。在人性论方面，扬雄提出了"善恶混说"。主张通过修身来去恶从善，求为君子，最终是为了辞辟利禄之欲加于经学的时弊，自觉奉行儒家圣人之道。

扬雄的经学思想既是整个儒家经学的组成部分，作为蜀人，其经学又是蜀学的重要内容，并对蜀学的发展演变产生了重要影响；扬雄思想的独特之处也引起了后世蜀人对其评价研究，其中包括某些批评之处。

扬雄作为汉代不囿于今、古文经学，谶纬神学而具独立思想的哲学家，在哲学领域建构起了以"玄"为本的哲学体系。他继承其师严遵，借鉴吸收了老庄之学，又以孔孟后继者自居，儒、道相兼，具有较强的融通性。其儒、道融合对蜀学产生了一定的影响。

通过对扬雄经学展开研究并探讨其对蜀学的影响，可知扬雄是一位在蜀学和巴蜀经学史上均占有重要地位的思想家。

两汉时期，经文翁化蜀，巴蜀文风大盛，在汉武帝独尊儒术的进一步推动下，巴蜀地区出现了众多的经学家，巴蜀经学甚盛，主要是今文经学盛行，术数学、图谶依附而行，十分流行，古文经学则较为冷落。当时出现了如杨终等一批在全国有影响的经学大师。汉代巴蜀今文经学的繁盛主要体现在其所涉及内容遍及群经，以独研一经居多，如对今文易学、今文尚书学、今文诗学、今文春秋学、今文礼学的研习颇为盛行，兼习众经的情况也并不少见。两汉时期的巴蜀，不仅经学兴盛，还往往子承父业，世代相传，如扬雄、翟酺、赵典、来敏、张皓、周舒、杨仲续等，都传学于家人，形成了各经学派别。两汉巴蜀经学中蕴涵着较为丰富的哲学思想，从一个方面促进了巴蜀哲学的发展，同时也丰富了中国哲学的内涵。

两汉巴蜀经学以今文经学为主流，今文经学对巴蜀地区的影响是主要的。但古文经学也并非不传，它仍流传存在于巴蜀地区，只不过只有少数学者在传古文经学，是两汉巴蜀经学的次要组成部分。

据缪荃孙《蜀两汉经师考》[①]记载两汉巴蜀经师共有六十五人，而治古文古学者仅有林闾、李弘、张楷、杨充、李仁、尹默、李譔等数人，除去兼跨三国蜀汉的李仁、尹默、李譔等学者外，两汉时期巴蜀地域治古文经学者更不多见。

通过对两汉时期的巴蜀经学发展演变的情形加以探讨和分析，可知汉代巴蜀经学兴起于文翁任蜀郡守兴学化蜀的景帝之时，其时儒家学说及其经学传入巴蜀，与蜀地原有文化相结合，形成以儒为主，融合诸家学术的蜀学，形成了蜀学的繁盛。概括起来，这一时期巴蜀经学的发展演变具有四方面特点和规律。

一是今文经学在两汉时期的巴蜀地区颇为流行，一定程度上体现了今文经学的特点，即与占卜、谶纬相结合，讲阴阳灾异之说，倡天人感应，以符合当时统治者的需要。也就是说，今文学的盛行和易学的流行，使两汉时期巴蜀的众多学者，大多讲阴阳灾异和谶纬之学，而形成风气。

二是古文经学较为冷落，传习者较少，后来到了东汉末才从荆州传入而流行起来。《三国志》的作者陈寿在其所著《三国志·尹默传》里言"益部多贵今文"，这反映了今文经学在汉代巴蜀为人们所看重的情形。后来古文经学兴起，对"贵今文"之学提出批评，而不崇章句之学，因章句之学与今文经学相关。

三是巴蜀著名学者不仅对巴蜀学术，而且对全国学术，以及域外文化的发展也产生了重要影响。如扬雄仿《易经》作《太玄》，仿《论语》作《法言》。在《太玄》里，扬雄以"玄"为最高范畴，建立天地人合一的哲学体系。扬雄亦推崇孔子和"五经"，批评谶纬之学等，这些都产生了重要影响。又如杨终提议召开并参与了汉章帝在白虎观组织的考论经义活动，讨论五经异同，表明他在当时的儒林中占有重要地位。

四是两汉巴蜀地域的学术也在一定程度上受到了黄老之学的影响。除严遵好老庄，又结合讲儒家的孝、顺、忠而外，其弟子扬雄对道家思想也加以取舍。另有东汉翟酺除传习《诗经》学外，还"好《老子》"，主张俭德。大儒杨厚晚年辞官归家后，修黄老之术，教授门生。杨厚弟子冯颢辞官隐居，晚年修黄老之学，恬然终日，怡然自得。折像既通今

[①] 参见《续修四库全书·集部·蜀两汉经师考》，上海古籍出版社2002年版。

文易学之《京氏易》，又受到黄老思想的一定影响。可见在蜀地经学流行的同时，亦有黄老之学的影响存在。这与巴蜀的文化底蕴有关，也与道教产生于汉末蜀地相关。这表明汉代巴蜀地域黄老之学并没有缺失。这一时期的蜀学除以儒家经学为主外，亦受到黄老道家思想的影响。

（二）蜀汉至五代蜀学与经学的流传

蜀汉至五代是蜀学与经学的流传时期。这一时期，经历了三国时蜀汉经学的流行和转向，由今文经学盛行，到逐步有古文经学的传入和流行，以及今、古文经学融合的发展。并经历了两晋时期，以陈寿和常璩为代表的著名史家以儒学和儒家经学的观点来分析评判历史上兴衰存亡的时代变迁。唐代李白之师赵蕤以儒为主，综合各家的思想，反映了当时的社会文化面貌。唐代著名易学家李鼎祚以象数易学为主，融合象数与义理，促进了易学尤其是象数易学的发展。此后五代蜀石经的出现，表明蜀学对儒家经学的演变发展作出了贡献。以上蜀学人物的创造性活动及著述讲学，为这一时期蜀学与经学的流传演变和持续发展提供了源流和动力。

巴蜀地区的经学，在两汉时期的发展，以今文经学的流行为盛，并与谶纬灾异之说相结合，形成了两汉巴蜀经学发展的局面和特色。进入三国蜀汉时期，今文经学仍然在蜀地流行，出现了孟光、何宗、何随、周群、杜琼、杜微、张裔等研习今文经的学者。

与今文经学在两汉时期的巴蜀地区颇为流行，产生较大影响相比，古文经学在两汉时期的巴蜀之地则较为沉寂。除少数学者传习外，古文经学主要是到了东汉末才从荆州传入巴蜀而开始流行起来。《三国志》的作者陈寿在其所著《三国志·尹默传》里提到"益部多贵今文"，这反映了今文经学在汉代巴蜀为人们所看重的情形。后来古文经学兴起，对今文经学提出批评，不单讲章句，形成了今、古文经学等多元并存的局面。古文经学传入巴蜀之地，并在蜀汉时期得以兴起和流传，涌现出了不少如向朗、来敏、来忠、许慈、李譔等研习古文经的学者。

秦宓和谯周是蜀汉著名的蜀学与经学人物。以往有把秦宓、谯周说成古文经学者的，也有人把二人说成今文经学者的。但从目前掌握的材料看，尚不能下定论，依据都有所不足，需要进一步挖掘。故对二人经

蜀学与经学相结合之发展脉络

学的性质尚不作定论,而是着重探讨他们具有哪些今文经学和古文经学的思想。其中秦宓在致人书中首次提出了"蜀学"二字,这是他对蜀学的贡献。谯周也是融合今、古文经学的重要学者。

在《三国志·秦宓传》里,秦宓首先提出了"蜀学"这一概念。他说:"蜀本无学士,文翁遣相如东受七经,还教吏民,于是蜀学比于齐、鲁。故《地里志》曰:'文翁倡其教,相如为之师。'"[①] 秦宓认为,蜀地本来就缺少文人学士,当年文翁派遣司马相如去东方学习七经[②],回蜀后教化吏民,于是蜀学可与齐、鲁之学相比。所以《汉书·地理志》说,"文翁提倡教化,而以司马相如为师。"汉室得到才士,在那时为最盛。

需要指出,这里《三国志·秦宓传》所记秦宓致王商的书中提到的"蜀本无学士,文翁遣相如东受七经,还教吏民,于是蜀学比于齐、鲁"这段话,其中提出了"蜀学"二字,乃"蜀学"一词最早见之于文献,可以说这是秦宓对蜀学的贡献。

刘备称帝时,谯周与蜀汉政权众多大臣上书刘备,引述图谶之言,为刘备在成都称帝作论证。表明谯周也具有今文经学之重视图谶的倾向。这也说明今文经学经过在两汉蜀地的流行,与谶纬相结合,直到三国蜀汉初期仍然盛行,直接与政治相结合,为刘备称帝作论证,这也体现了蜀汉时期经学的一个特点。

蜀汉经学的发展演变,经历了由今文经学到古文经学,再到今、古文经学渐趋融合这样一个发展演变的趋势。

首先是蜀汉时期的经学接续了两汉巴蜀地域经学演变发展的过程而得到进一步的流行传衍。继两汉今文经学在蜀地的流行,进入蜀汉,今文经学仍然十分兴盛,虽有东汉末至三国蜀李仁、尹默从学于荆州司马德操、宋仲子受古学,学成后回蜀地传授古文经学,并产生了重要影响,但今文经学经孟光、何宗、何随、周群、杜琼、杜微、张裔等人的研习传授,影响仍较大。孟光喜今文经的《公羊春秋》而讥古文经的《左氏传》,常与来敏就此二传展开争论。

[①] (晋)陈寿:《三国志》卷三八《蜀书》八《秦宓传》,第973页。
[②] 这里《三国志·秦宓传》记述秦宓所说的"文翁遣相如东受七经",似为不确,应是《汉书·文翁传》所记载的文翁遣张叔等郡县小吏十余人赴京师受业为可靠。

蜀汉时今文经学的影响不衰，但随着古文经学的传入，并产生了较大的影响，形成与今文经学并存的局面。

三国蜀汉时期经学发展的趋势，除今文经学兴盛，古文经学流传之外，发展到后来，今、古文经学的结合，也是其重要的方面。蜀汉经学由今文独尊向今、古文经学兼容并蓄发展，这成为流传演变的趋势。

谯周的经学倾向，于今、古文经学较难区分，从其父治《尚书》，兼通诸经及图、纬的家学渊源，以及谯周本人多次引述图谶之言来看，较为倾向于今文经学。但随着古文经学传入蜀地，谯周又受到古文经学的影响和浸染，具有兼容今、古文经学的倾向，从而体现了巴蜀学术的传统有所改变。

除谯周外，当时的学者文立蜀汉时游于太学，专《毛诗》、"三礼"，兼容今、古文经学。据《华阳国志·后贤志》记载："文立，字广休，巴郡临江人也。少游蜀太学，治《毛诗》、'三礼'，兼通群书。州刺史费祎命为从事。"① 从文立治《毛诗》而言，被视为古文经学；就文立治"三礼"来讲，则今、古文经学均有涉及，故文立可视为融合今古、文经学的学者。

任熙也是一位兼容今、古文经学的学者。《华阳国志·后贤志》记云："任熙，字伯远，蜀郡成都人也。汉大司农任昉后也。世有德彦。父元，字秀明，犍为太守，执金吾。熙治《毛诗》《京易》，博通五经，事亲至孝。"② 任熙治《毛诗》乃为古文经学，其治《京易》，则为今文经学，可见其融合今、古文经学，而博通五经。

以上可知，三国蜀汉经学的流传演变呈现出：继两汉今文经学在巴蜀地域的盛行，进入蜀汉，今文经学仍然兴盛，今文经学经孟光、何宗、何随、周群、杜琼、杜微、张裔等人的研习传授，影响仍较大。但古文经学在这一时期经向朗、来敏、来忠、许慈、李譔等学者的传习，也产生了重要影响。这一时期，今、古文经学渐趋融合，秦宓、谯周、文立、任熙、王长文、寿良等均具有融合今、古文经学的倾向。这反映了三国蜀汉时期经学的发展演变的大致趋势。

---

① （晋）常璩：《华阳国志》卷一一《后贤志》，第179页。
② （晋）常璩：《华阳国志》卷一一《后贤志》，第187页。

三国蜀汉时期经学的发展演变，具有谶纬学盛行及儒道融合等特点。

谶纬学盛行是这一时期经学发展演变的重要特点。这与两汉时期巴蜀今文经学与占卜、谶纬相结合的特点相关。蜀汉经学谶纬学盛行的特点沿袭了两汉巴蜀经学的特点：今文经学在两汉时期的巴蜀地区颇为流行，与占卜、谶纬相结合，讲阴阳灾异之说，提倡天人感应，以符合当时统治的需要。即易学和今文经学的盛行，使得汉代蜀地经学中占卜、谶纬之学的成分较为浓厚。易学与占卜、感应、应验之说紧密联系，这与今文经学的特点相关。两汉时期，巴蜀学者多学卜筮和谶纬，学术思想中的迷信和宗教成分比较突出。如新都杨氏之学精于图谶，讲阴阳灾异，与当时的谶纬之学相联系。当时的巴蜀学者多讲阴阳灾异和谶纬之学，形成风气。进入蜀汉以后，巴蜀学者继承了两汉时期讲灾异、祥瑞，重谶纬之学，并与政治相结合，使其得到流传，产生重要影响。

蜀学历来有儒道融合的特点，这在蜀汉时也有表现，而主要体现在秦宓的思想里。尽管如此，秦宓还是以儒家思想为主来兼容道家。

秦宓对道家的自然思想有所认同，具有以儒为主，儒道融合的思想倾向。体现了秦宓对道家知足寡欲、顺应自然，提倡清静无为思想的吸取。并认为《洪范》对灾异的记载，源于客观实情，而与《战国策》中的奸诈权谋没有相干之处。这体现了巴蜀士人崇实的治学态度。

秦宓明显吸取道家的自然思想，具有某种儒道相兼的思想倾向，这可以说在一定程度上开魏晋玄学儒道融合之先河。

蜀汉经学对后世蜀学与经学产生重要影响，任何思想文化的产生与流传，都是一定社会意识对社会存在的反映，蜀汉时期经学的发展演变，是对当时巴蜀地域的社会经济、政治发展程度、水平的反映，既有巴蜀地域社会文化的特色，又受到中国思想文化发展到三国蜀汉时期的时代思潮包括经学发展的影响。

受蜀汉经学盛行谶纬学的影响，西晋学者陈寿在其所著《三国志》中，多处将天占、候气、灾异、祥瑞等与政权转移、社会现象相连，这充分说明了谶纬学的影响。这既是蜀汉学术思想的一个特点，也是陈寿思想的特点之一。以人物传记的方式记载了蜀学的儒学、经学及其师承流变的情形，是陈寿对于蜀学和经学的重要贡献。

此外，受其师谯周主张以魏国代汉统一天下，而劝后主刘禅降魏的影响，陈寿在分别为魏、蜀、吴三国修史的同时，由于西晋政权由魏而来的历史原因，采取了以魏为帝纪正统，蜀、吴二主"传名而纪实"的撰史布局。需要说明，陈寿是以蜀汉被魏国所灭的亡国之臣的身份进入魏晋政权统治的，采取这种方式处理历史上魏、蜀、吴复杂的政治关系，顾及西晋司马氏政权统治者当时的正统地位与三国时期的历史渊源，从而将魏作为正统。《三国志》作为断代史，共六十五卷，由《魏书》三十卷、《蜀书》十五卷和《吴书》二十卷组成。后人将《三国志》与司马迁的《史记》、班固的《汉书》和范晔的《后汉书》并称为"前四史"。

陈寿精通经学、擅长史学，他的经学、儒学和蜀学思想集中体现在其所撰《三国志》中。《蜀书》又是经陈寿自己长期收集材料编撰而成的，深受其师谯周史学和经学的影响，以人物传记的方式记载了蜀汉时期的蜀学之儒学、经学及其师承流变的情形，是陈寿对蜀学和经学所作出的重要贡献之一。陈寿从史学的客观史实出发，以魏国政权为正统；以极浓的笔墨记载了三国时期统治者恢复儒学，推动经学建制和以儒学取士的倾向与变化。魏王曹丕称帝改"建康"年号为"黄初"，于黄初二年（221）"令鲁郡修起旧庙，置百户吏卒以守卫之，又于其外广为室屋以居学者"，树立孔子"命世之大圣，亿载之师表"的崇高地位。

蜀汉经学对《华阳国志》的作者常璩也产生了一定的影响，这对保存蜀学与经学的历史文献具有重要意义。常璩乃蜀郡江原县人，与蜀汉古文学者常勖及其族人、弟子为同乡同族，因此受到其治学倾向的影响，是自然而然的事。常璩撰写的《华阳国志》，是我国最早的一部地方志，对研究两汉、蜀汉时期巴蜀地区的蜀学具有重要的史料价值。

常璩修《华阳国志》，对蜀学有重要贡献。首先，常璩特别重视巴蜀开国与华夏文化肇始的关联性，从而强化巴蜀与中华文化的根源联系；其次，从两汉至晋以来，《本纪》与"名注史录"虽蔚为大观，但关涉益、梁、宁三州的传记士风，尤为不足；最后，《汉书》的《地理志》对巴蜀之地的地理沿革变迁，缺乏详尽完备的记录。常璩从自先秦以来的典籍《左传》《战国策》《史记》《汉书》《东观汉记》《三国志》，从来自当代和前代人的巴蜀史志，谯周、扬雄等八家的《蜀本纪》、陈寿、陈述等三家的《益部耆旧传》、郑伯邑等三家的《巴蜀耆旧传》、常宽的

《蜀后志》，以及司马相如等人，以及"成汉政权的传藏文献档案"及其"实地调查获得的一手资料"①，从翔实、丰富和实践的第一手史料入手，撰写了"集地理志、编年史、人物传三结合"的地方志。② 如刘琳所言，从现代文献体裁的视角看，确实如此。由于《华阳国志》集地理、人物、历史于一体的复合体裁，对其性质的讨论，也成为当前研究《华阳国志》的一个学术热点。跳出以体裁论《华阳国志》性质的认识。

常璩在《华阳国志·序志》的最后感叹说："总括道检，总览幽微。选贤与能，人远乎哉？"③ 这即是常璩点出自己的思想，表明所著《华阳国志》的志向乃在于把握道的根本，将其贯彻到具体事物之中，总览天下幽微之事。如果治理国家，欲选贤举能，贤人的出现还会远吗？常璩晚年壮志未酬，在其身后，给世人留下这部在其看来"总括道检，总览幽微"，即综括圣人之道和法度，通观幽深精微之事理，可资政治乱的《华阳国志》。

常璩受到的家族治学之风影响，也与当时的时风有关，在综合前人著述侧重于蜀地人、史、志、事的基础上，创造性地形成了集志、事、人于一体的综合、立体式的新的著述体例，这是常璩对于蜀学的贡献，亦是蜀汉经学影响的表现。

唐代赵蕤，乃李白之师，是当时四川有名的人物。赵蕤博考六经诸家异同之旨。玄宗屡征不就。著有《长短经》和《关朗易传注》，这是研究赵蕤思想的主要资料。

赵蕤提到他著《长短经》的宗旨是："宁固根蒂，革易时弊，兴亡治乱，具载诸篇。为沿袭之远图，作经济之至道，非欲矫世夸俗，希声慕名。"④《四库全书总目提要》说，"此书辨析事势"，"大旨主于实用"，"其言故不悖于儒者"⑤。这几句评语是中肯的。赵蕤的《长短经》以儒家思想为主，博采各家之言，其特点是把儒家六经，与治道相结合，而不是停留在书册上。赵蕤虽作为隐士，但也积极总结历史上兴衰存亡的

---

① 刘重来、徐适端：《〈华阳国志〉研究》，巴蜀书社2008年版，第11—13页。
② (晋)常璩撰，刘琳校注：《华阳国志校注·前言》，巴蜀书社1984年版，第2页。
③ (晋)常璩：《华阳国志》卷一二，第203页。
④ (唐)赵蕤：《长短经·长短经序》，影印文渊阁《四库全书》本。
⑤ 《四库全书〈长短经〉提要》。

经验，提出了他的政治主张和治国方法。他强调经世致用，批判封建专制，其思想含有不少积极的、有价值的东西。

赵蕤提出六经与治道相结合的思想，主张把六艺之文即六经与治道即社会发展的实践相结合，以解决社会发展的实际问题。而不是把六经束之高阁，仅停留在书本上而脱离社会发展的实际。

赵蕤借鉴司马谈对儒家利弊得失的评价，对儒家的得失做出述评并加以己见。虽对儒家的"博而寡要"、支离烦琐的弊端提出批评，但对儒家的主要价值，包括维护社会稳定，在乱世中维系社会的价值和原则还是充分肯定的。其重要特点是联系实际，不囿于空谈。

赵蕤在蜀学史上占有重要地位，蜀学历来重视社会发展实际，经世致用，重践履，赵蕤提倡儒家的修齐治平之道，重视民生，把六经与治道相结合，以除人害而足其衣食作为"王道之治"的基础，强调应满足百姓衣食的需要，决不能荒废农业和纺织业，否则必然带来饥寒。其对经世致用、社会生活实际的重视，体现出蜀学的特色，很值得肯定。

兼容诸家的会通性也是蜀学的重要特点，赵蕤具有开阔性眼光，对各家思想均加以吸收。并结合社会发展的实际融会贯通，而不限于一家一派，对各家的长处和流弊都客观指出。这种思想体现了蜀学兼容诸家的特点。赵蕤认为"数子之言"即诸子百家的学说，虽然论述了当世政治的得失与功过是非，但都有各自的弊病，也有相互之间的指责。对此赵蕤提出了批评。

从经世致用、兼容各家、批判专制等各方面表现出赵蕤的思想具有自己的特点，因而在蜀学史上占有重要地位。赵蕤把经学与蜀学结合起来，对巴蜀文化的发展产生了一定的影响，并影响到诗人李白。其兼容会通，释经与治道相结合，重视践履，批判专制的思想在一定程度上体现了蜀学精神。

唐代著名易学家李鼎祚集三十五家之易说，撰《周易集解》，存汉代象数易学一脉于后，影响较大。其易学思想在总结前人和时人易学成果的基础上，重象数、擅筮占，把象数和义理结合起来，兼重天道与人事，兼容儒学与易学，在一定程度上体现了当时易学和学术发展的趋向，并具有李鼎祚本人以《易》为三教的起源、根本，来综合统领九流诸家思想的特色。在易学史上占有重要地位，并对后世易学的发展产生了重要影响。其兼容儒道、兼收并蓄的思想也体现了蜀学多元会通，兼容互补的特色。

李鼎祚易学的指导思想是以《易》来"权舆三教，钤键九流"，即以《易》为三教的起源、根本，以《易》来综合统领九流。总的来讲，李鼎祚是以《易》作为儒佛道三教、诸子百家的根本和统领。不仅如此，他还以《易》及易学作为治国理政、修身齐家治国平天下的正确原则。可见他对《易》及易道的重视。在当时佛道盛行，宗教冲击人文，儒门冷淡的社会背景下，具有重振儒家修身伦理，以儒学易道回应宗教冲击的意义，并通过将易道置于三教之上，作为儒释道三教的起源、根本，来提振易道乃三教之本，又超越三教的本原地位，即《易》既是儒之六经之首，又是统合三教的根本。以此作为易道的定位，这在思想史和易学发展史上也是很难达到的高度。

李鼎祚既重象数汇集各家注释，又把象数与义理相结合。其易学以象数学为主，擅长筮占，同时也不废义理，其义理的阐发以象数为依据，而把象数与义理结合起来。

李鼎祚以儒为本，"共契玄宗"，表现出他在一定程度上受玄学义理的影响，这与当时儒道、儒玄融合的思想相关。可见李鼎祚的易学具有兼容儒道、沟通汉易之象数学与王弼玄学之义理易学的特色。其兼收并蓄的思想也体现了蜀学多元会通，兼容互补的特征。这对蜀学的流传演变也产生了一定的重要影响，应客观地指出。

五代时始刻的蜀石经在蜀学，以及经学发展史上占有重要地位。蜀石经亦称广政石经，五代十国蜀后主孟昶始刻，到宋代统一后，在宋徽宗宣和年间才完成。石经立在成都学宫，后人亦称为孟蜀石经。

蜀石经与以往所刻石经的区别是，以往的石经只刻经文，而蜀石经兼刻注解。《孟子》一书刻入石经，无疑是儒学和经学史上，值得关注的大事。由于《孟子》入经，本身就标志着北宋以来学术范式的重大转变，因此发现与考证《孟子》确切的刊刻时间，同样是一件值得重视的大事，因为这在很大程度上回应了何时尊孟和尊《孟子》较为确切的时间界限。

正因为《孟子》入经对于儒学与经学的重要性，对《孟子》何时刻入石经的断语也就必然要求更为审慎细致。

与此相关，广义上的蜀石经即宣和五年（1123）《孟子》在蜀地刻石入经，问题在于，此时《孟子》入经，与孟蜀石经应是怎样的学术关联。此外，由于孟蜀石经和宣和五年的《孟子》刊成石经，两者均在蜀地，也必然面临要如何评价宣和五年蜀地儒学与经学的影响。

孟蜀石经在宋统一之前没有刻《孟子》，如果把此时的蜀石经与北宋后续在成都所刻的增补了《孟子》的石经统称为蜀石经的话，那么也应指出《孟子》在何时刻入蜀石经。所以从狭义的孟蜀石经，到包含五代后蜀与北宋广义的蜀石经，宣和五年的《孟子》刻石入经，应是北宋经学对蜀地经学影响的结果。北宋刻石《孟子》，恰恰是顺应了当时北宋的尊孟思潮，又因其刻石入经，从而影响和刺激了当时这一尊孟思潮的激荡，这应是蜀石经在当时产生过的重要影响和贡献。可见蜀石经的《孟子》入经，与北宋尤其是王安石等对于孟子的推崇有直接的关系，加之蜀学自身的特点，将《孟子》刻入石经，既受到了当时学术思潮的影响，而随着对《孟子》的这一儒家经典的刊刻，反过来又在很大程度上推动了兴孟思潮的高涨，这为孟子的升格运动，无疑从传播发扬的角度，蜀学做出了重要的推动。

总的来讲，五代后蜀刻制蜀石经，表现出当时蜀地的统治者对儒家经学和经典的重视，也是蜀学重经学的反映。但当时《孟子》并未刻石，谈不上尊孟，与《孟子》由子入经，而形成"十三经"没有多大关系。到北宋皇祐元年（1049）孟蜀石经的续刻，增补了五代后蜀时尚未刻石的经书，也表明此时蜀地对儒家经学的重视，但还不能说是重视《孟子》，因为此时《孟子》不在续刻的北宋蜀石经内。又过了七十多年，直到北宋末的徽宗宣和五年（1123）《孟子》在蜀地刻石入经，才谈得上对《孟子》的尊崇。这主要是受到了王安石改革科举制度，将《孟子》作为"兼经"，使其由子入经的影响，以及与当时的人们包括理学家对孟子及《孟子》书的推崇相关。这种尊孟思潮影响到巴蜀之地，使之在蜀地将《孟子》刻石入经，从而对"十三经"的形成产生了影响。

（三）两宋时期蜀学与经学发展形成高潮

蜀学与经学历经西汉至隋唐五代的流传演变，到宋代进入一个新的发展时期而形成高潮。这与理学思潮的兴起蔚为大观和在蜀地的发展传播有关，并为时代思潮的发展作出了重大贡献。

蜀学与经学相结合之发展脉络

北宋初以来,宋代蜀学的发展呈现出一个"学统四起"的局面,这与全国各地域文化发展演变的情形大体相当,即相对于汉学在汉唐时期的发展演变,经学思想在宋代的发展,兴起了重义理的宋学各流派,巴蜀学术的演变也出现了由重训诂注疏的汉学向重义理发挥的宋学转向的趋势,以及儒释道兼容,而不局限于一家的状况。

北宋初,四川经历五代乱俗,人们未向儒,尚未更多地接受儒学教化,而石洵直的祖父石昌龄则筑书台以储书籍,以儒家经术教化子弟,而里人化之。使得儒家思想得以传播开来。这反映了北宋初,蜀地由"五代乱俗"到接受儒家思想的变化过程。宋初蜀学的"学统四起"主要表现在龙昌期、章詧、范镇、范百禄、黎錞、鲜于侁、吕陶和宇文之邵等人融合各家,杂用佛老,重视儒学,提倡义理,讲求伦理的治学实践和学术思想里,为宋代巴蜀哲学的进一步发展提供了多元的思想环境和文化背景。

宋初学者龙昌期注解《易》《诗》《书》《论语》《孝经》《阴符》《道德经》等,这里面包括了儒家和道教、道家的经典。龙昌期崇尚老佛,融贯三教,诋毁周公,体现了当时蜀学学者杂糅诸家的思想。

北宋隐士、蜀学学者章詧博通经学,尤长于《易》《太玄》。著有《太玄经发隐》三篇,《太玄图》一卷,《太玄讲疏》四十五卷。章詧治学,好扬雄《太玄经》,明用蓍索道之法,知玄以数寓道之用、三摹九据始终之变。即通过占卜来探索事物的规律,明白玄以数来体现道的作用,以三摹九据表现自然之道的始终变化。具有儒道相兼的治学倾向,以及调和自然与名教的思想。体现了宋初蜀学"学统四起"的情形和特色。

范镇、范百禄乃北宋华阳范氏家学的代表人物,蜀学著名学者。范镇之学本于六经,以儒为本,口不道佛、老、申、韩之说。批评科举考试只看文而不重行,认为应以行的善与不善决定一个人的取舍,如此使天下之士皆以善行为取向,至于诗赋策论,则放在第二位。

范百禄重道义,轻功利;爱民,重人情;提倡道德自律,批评统治者和帝王贪图享乐,放纵物欲的不良行为。体现了当时思想家重视伦理,重整儒家伦理纲常的学术思想。

范镇和范百禄在学术上均重视儒家经学和讲经教育,主张"游心经史""学本于六经";以儒家伦理为本,批评"导人主以功利"。二人的思想体现了宋代蜀学以儒为本的思想特征。然当时亦有兼容诸家、崇尚老佛的蜀学人物。

北宋蜀学学者黎錞以经术闻名于世,在当时的蜀士中与苏洵齐名。其平生重视经学,尤致力于《春秋》。其治《春秋》,以经为主,易简明白,认为"思之不必深,求之不必过"。并能"专经而信道",在一定程度上把治经与信道结合起来。

鲜于侁治经术有法,论者多出新意。作诗平淡渊粹,长于楚辞,作《九诵》,苏轼读之,谓近屈原、宋玉,自以为不可及也。其思想以儒为主,重道乐道,提倡儒家伦理。于《易》批评老庄思想和象数派观点,虽其易学著作《周易圣断》不可得见,但通过当时人们对它的评价,仍可知其易学的基本倾向,每卦为一篇,皆斥王弼之失,且云众言淆乱,则折诸圣,故名曰"圣断"。

吕陶对汉唐训诂章句之学提出了一定的批评,主张舍繁就简,以简易为宗。认为圣人之道即是以简易为宗,以融摄天下之理,所以读六经典籍也应去章句烦琐之习,而以简要明切为本。这表明吕陶在当时章句训诂之学仍然流传的情况下,提倡与其不同的讲义理、以简易为宗的学问。这正是宋学与汉学的区别所在。吕陶提出"经者所以载道"的思想,重经典之道而非局限于经典之文,这与当时宋代义理之学崛起的时代精神相一致。

蜀学史上经常被人们所称引的出自吕陶的"蜀学之盛,冠天下而垂无穷"① 这句话,反映了北宋时人们对蜀学的看法,可见当时蜀学的影响之大。吕陶指出,后蜀孟氏在战乱之中仍能刊刻蜀石经,至宋朝蜀守田况又加以补刻,使得九经齐备。当时吕陶所论的蜀石经中,尚未包括《孟子》,可知《孟子》是在吕陶之后补刻入蜀石经的。从吕陶所述蜀学之盛,表明在当时即吕陶写作的北宋熙宁年间蜀学产生了较大影响。

宇文之邵在理学形成之前就有重要影响,其与全国各地的名儒一起,形成了"学统四起"的局面,促进了全国学术的兴旺和发展。而宇文之邵还开著名蜀籍学者范祖禹之先,《宋元学案·士刘诸儒学案》祖望谨

---

① (宋)吕陶:《净德集》卷一四《府学经史阁落成记》,影印文渊阁《四库全书》本。

案："蜀有宇文止止，实开范正献公之先。"这直接促进了宋代蜀学的兴盛。此外，二程之父程珦于治平四年（1067）至熙宁四年（1071）知汉州，程颐入川随侍。正值大兴州学之际。为此，程颐两次代父撰写《为家君请宇文中允典汉州学书》与《再书》，特邀宇文之邵出典州学。在程珦的邀请下，宇文之邵出典了汉州州学，当地士人从学者甚众，其思想也得到了传播。表明宇文之邵在蜀学中有相当的影响力和知名度。

以上可知，从北宋初到北宋中叶，蜀学的发展呈现出一种"学统四起"的局面，诸学并进的主流虽然是儒学，但也呈现出融贯三教、调和儒道的思想。这些蜀学人物虽与宋学有相关处，大多可纳入讲义理的宋学范畴之中，即重视义理和儒家伦理，而轻视训诂考据，体现出与汉唐经学家不同的学术特色。但他们与随后兴盛的同属于宋学的理学思潮也不完全一样，而是存在着相同相异之处。一方面，宋代早期的蜀学和理学都讲义理和儒家伦理，批评汉学之训诂考据、烦琐释经的学风，由此同属于宋学；另一方面，宋代早期蜀学对佛、道的"异端"色彩比较淡化，如龙昌期、章詧主张融贯三教，调和儒、道；而理学家则公开批评佛、道二教，将其视为甚于杨朱、墨翟的异端。此外，宋代早期蜀学的哲学思辨性不如理学，尚有待于发展，如鲜于侁虽然乐道重道，但未能深究道的深层本质，道与主体之心是什么关系？不如理学家把道与心性联系起来展开论述，其理论更为精致，哲学思辨性更强，这为鲜于侁等北宋早期蜀学学者所不及。虽然以上蜀学人物均未把宋学提升为重视哲理的理学，但宋代蜀学也有向理学进一步发展演变的倾向，如吕陶早年与理学家周敦颐相交，后提出"经者所以载道"的思想，这与理学家二程"经所以载道"的思想相近，均重视对经典之道的诠释，而不满足于对经典文字的训释。

周敦颐曾入蜀四年，在蜀地讲学，传道授业，传播了他的理学思想。由此周敦颐在宋代蜀学和理学发展史上占有重要地位，其思想亦是宋代蜀学的组成部分之一。

三苏蜀学是一个别具特色的学术流派，在全国和巴蜀学术思想史中都占有重要地位。而与当时王安石新学、二程洛学等同属提倡义理、批评汉学的宋学阵营，均对汉学流弊提出批评。在儒、佛、道三教关系问题上，三苏蜀学具有融贯三教的治学倾向，这与唐宋以来中国文化的发展出现儒、佛、道三教融合的趋势相关，与同时代的理学以儒为本，既批评佛、道二教，又加以吸取融合三教的思想有同有异。虽然三苏蜀学属于宋学阵营，但因其自身特点而与理学有别，并对理学提出批评，这体现了蜀学的特点。在三苏蜀学的人物中，其重视人情的思想体现在其经学与蜀学思想之中，这不仅是三苏蜀学的特点，而且在很大程度上亦体现了整个蜀学的重要特点。

程珦、程颐父子入蜀活动，尤其是程颐入蜀期间提出"易学在蜀"的论断，反映了易学在蜀地发展的盛况。著名理学家、易学家程颐在蜀地撰著其代表作《伊川易传》，对巴蜀易学产生了重要影响，也应视为蜀学的组成部分。其后，程颐弟子尹焞入蜀寻找并印制传播《伊川易传》。蜀人张栻、魏了翁等理学家，继承程颐的易学思想，使蜀地易学得到进一步的流传和发展，沟通了理学与巴蜀学术的联系，通过蜀内外学者之间的交流，宋代蜀学及易学得到长足发展，并为全国理学及易学的发展作出了重大贡献。

北宋蜀学著名人物范祖禹以司马光为师，又受到二程的影响，认同道学，并重视经学，从中发挥义理。他对道学的认同，客观上起到了扩大二程学说在巴蜀的影响，并会合蜀、洛之学的作用。范祖禹崇道重经，深刻批评前代统治者违背儒家纲常伦理的行为，为宣传理性，维护社会稳定作论证，体现了巴蜀地域文化与时代思潮的结合。

洛学代表人物程颐在蜀地著书立说，教学授徒，通过其蜀中弟子谯定、谢湜等在蜀地传播其理学思想，这促进了洛学在蜀地的流传，对蜀学的发展演变产生了重要影响。后来程颐的蜀中后学如张浚、李石等也继承了程颐的学说，使理学在蜀地进一步流传，为南宋时期巴蜀地域文化与理学思潮的融合起到了铺垫作用。

张栻是南宋时与朱熹齐名的著名理学家、哲学家、教育家，对宋代理学和蜀学的发展作出了突出贡献。其主要表现在：张栻通过治经阐发义理，其经学思想促进了理学的发展；张栻哲学发展了宋代理学；张栻对理学道统论作了发展，与朱熹"交须而共济"，共同发展了二程理学，并对宋代蜀学与理学的发展产生了深远影响；其蜀中弟子如陈概、范仲黼等人回到蜀地，在二江讲学，其盛况超过长沙。张栻的私淑弟子虞刚简等也传播南轩之学，促进了蜀学的发展。张栻著名弟子吴猎入川就任安抚制置使兼知成都府，传播张栻理学，也扩大了理学在蜀地的影响。

朱熹晚年著名弟子蜀人度正在继承程朱道统论的同时，提出了容纳汉唐诸儒的道统论，比起程朱的道统论，其包容性更强一些，且别具特色。度正不仅入闽求学于朱熹，努力弘扬理学，而且亲撰《周敦颐年谱》，在蜀地大力传扬理学，扩大了理学在巴蜀的影响，使之在社会上流传，亦丰富了宋代蜀学。

魏了翁是南宋末与真德秀齐名的著名理学家，他提出兼容汉宋、义理与训诂相结合、求之于"圣经"的经学思想。并超越朱学，折中朱陆，又倾向于心学，预示着理学和学术发展的趋向。除重视义理外，魏了翁亦重视功利，并认为欲有善与不善，主张限制君权，这些方面表现出魏了翁是一位具有独立思考能力的理学家，并对理学流弊有所修正。魏了翁通过创办鹤山书院、传播义理之学、确立鹤山学派这一过程，融合蜀、洛之学，集宋代四川理学之大成，也是对宋代蜀学的发展。

以上表明，两宋时期蜀学与经学的发展形成了高潮。不仅对巴蜀文化，而且对整个中国学术文化的发展都产生了重要影响。

（四）元明清时期蜀学与经学的演变

尽管在两宋时期，作为地域性文化的蜀学与作为时代思潮的理学及经学的理学化的发展相结合，使蜀学得到长足发展而形成高潮，但社会变迁、改朝换代和战争摧残带来危害等原因，使得蜀学人物凋零，文化遭到严重破坏。元明清时期，蜀学与经学继两宋发展的高潮之后，转入平缓发展，然也继续得以演变流传。

元代著名学者虞集在崇道宗朱的过程中，表彰和传播巴蜀理学，在元代大力提倡将心性义理与传注训诂相结合的巴蜀魏了翁之学。虞集学术思想的特色是融贯博通，会归于道，体现了元代理学的走向，扩大了理学在元代社会的影响。虞集不囿于朱陆之争，而对心学较为重视，预示着学术发展的趋向。虞集融贯博通的思想除调和朱陆外，还表现在他主张融通三教，"博涉于百氏"，而不重区别对待上，这是对理学排他性流弊的修正和对宋元以来各派学说流传发展的总结和综合，体现了元代学术的特色，对后世产生了重要影响，也使巴蜀地域学术文化得以流传。

杨慎是明代中期独具新风的思想家。他站在实学的立场上，把实学作为"虚谈"的对立面,对正宗的程朱理学和后起的王阳明心学展开批判。并在对宋学流弊的批评中,大力主张恢复两汉经学的考证方法,提倡一种多闻、多见、尚实、重传注疏释的学风。为纠正理学流弊,促进学风的转向作出了贡献,在巴蜀思想史和明代学术史上占有重要地位,对后世产生了重要影响。杨慎开一代学术新风,主要表现在:一是对理学流弊的批评;二是提倡实学,反对虚谈;三是肯定情欲,主张性情不离;四是反对"束书不观,游谈无根",提倡考据、训诂。总而言之,在当时宋明理学居于统治地位的时代,杨慎敢于批判程朱理学和陆王心学,并在批判反思的过程中,大力主张对古文的考证与研究,提倡一种多闻、多见、尚博、尚实的治学新风,这对于打破当时学术界的旧传统,对于以后的"经世致用"之学和考据学的兴起和发展,都产生了一定的影响,体现出杨慎是一位开创一代学术新风的思想家,在巴蜀思想史和中国学术史上,占有重要地位。

熊过是明代知名学者,曾与杨慎交往。对易学和春秋学深有研究,对明代中期以后的易学和春秋学的发展产生了重要影响。西蜀熊过不仅以文章著名,而且研思经训,发明易象,颇有成就。他早年读宋易不合,转而为汉易,复就读中秘书,尽求古易说,以深沉之思,神悟妙契,又亲近师友,重加讨索,三十余年后而成《周易象旨决录》一书。全书以易本在象,将象分为有象之象、无象之象,而务求明象之旨。其方法是综汇众说,以心体悟,融会贯通而尽其蕴。复以象为主,义必考古,订正今文,辨证经传。在辨析象旨中,融通三教,阐发义理,为当世、后世所重,成为明代"易学在蜀"的代表人物之一。

熊过另撰有《春秋明志录》一书,其讲《春秋》,则多以事明"国政""大义""人伦""礼乐",评述鲁国二百四十二年之史事,事按《左传》,义采《春秋公羊传》《春秋谷梁传》,并以明代当时的理论规范褒贬经文,评价人物,对《左传》《春秋公羊传》《春秋谷梁传》皆有新的阐发。熊过借《春秋明志录》一书阐发其拨乱世,匡正义,发挥"尊王""攘夷"之大旨,而不主先儒旧说,对《左传》《春秋公羊传》《春秋谷梁传》、胡安国《春秋传》、赵汸的春秋学及明代《春秋大全》等具有辩驳,依据经典,加以考证得之,其中凿空之说,抵牾之处,臆断之说虽不能尽免,但熊过在对"三传"作阐释时,纠正旧说,考证"三传",有据可循，并非摭拾空谈，所论亦颇出新裁，阐释了许多春秋学之己见，对当时的时事亦多有警醒之策。

熊过经学思想，无论其易学思想，还是其春秋学思想，不仅对宋以前的易学和春秋学有所考辨，对宋及宋以后的易学和春秋学也有所考辨，有兼采汉、宋诸家之说的特点，广采博引众家之说，评断其是非，通过融会折中，扬弃诸儒之说，以达到"明志"和"决录"的效果。另外就是重考据训诂之学。

明代巴蜀重要学者来知德对宋明理学既有批评和疑辨，亦有所肯定。总体来讲，是对理学的扬弃、超越和批判性自我反思，以孔子为源头，认为孔子所强调的躬行就是实学。在当时产生了较大影响，时人予以较高的评价。曾任桂林知府的傅时望，为来氏《日录》作序，认为来知德直接继承了孔子的绝学，使之在明代得以大明，即使程朱复生，也必屈服于来氏。给来知德以充分肯定。

来知德的易学别具特色，针对宋儒不言象只言理，象数与义理相脱节的弊端，来知德客居万县求溪注《易》，通过累年的探讨，提出了自己独特的"舍象不可以言易"，假象以寓理，"理寓于象数之中"的易学思想；又提出"太极不过阴阳之浑沦耳"的观点，认为太极之理以气的聚散、流行为其存在的根据；并错综取象以注《易》，对象、错、综、变、中爻等加以说明，把"错综中爻"的理论与卦、爻辞紧密结合，用象数释义理，对《周易》予以新解，发展了传统易学。对易学的发展作出了贡献，也是对蜀地易学的发展。

明末清初著名学者费密饱经战乱，经历了明朝灭亡的社会大变动，他把批判的目标指向居官学统治地位的理学。并在批判理学的过程中，提出了一系列革新思想、革新学术的主张。其思想影响正如胡适先生所说，费氏父子既提倡实事实功，开颜李学派的先声，又尊崇汉儒，提倡古注疏的研究，开清朝二百余年"汉学"的风气。[①]

作为当时著名实学家的费密肯定"七十子"以来汉唐诸儒"相传共守之实学"，提出中实之道的思想，这成为当时实学思潮的重要组成部分，体现了明清之际的时代精神。费密主张"欲不可禁"，也不可纵，批

---

① 参见胡适《胡适文集》第3卷，欧阳哲主编，北京大学出版社1998年版。

评"专取义理",压制人欲的倾向。他的弘道论别具特色,主要提出了帝王道统的"道脉谱论",以代替理学道统论;并提出"舍经无所谓圣人之道"的思想,主张不受宋儒说经的束缚,从汉唐诸儒对儒家经典的注疏中求得圣门本旨。由此尊崇汉儒,重视训诂注疏,开清朝汉学之风气,给后来汉学的复兴以重要影响。

费密之所以以汉唐为是,而以宋学为非,是因为他认为汉唐诸儒的年代皆在宋儒之先,尤其是汉儒"去古未远",其对经典的注释比起后世宋儒妄改古经,以己意说经的解说来,更为真实可信。费密以汉代"去古未远",先秦遗书尚传等为理由,反宋复汉,给后来的"汉学"运动带来一定的影响。费密在考据学和古注疏方面,作出了自己的贡献。他和顾炎武的考据学都对清代乾嘉考据学产生了相当大的影响。可见费密的学术思想是明清实学思潮的重要组成部分。他为明清之际实学思潮的高涨以取代理学作出了贡献,并具有自己鲜明的特色。因而在巴蜀哲学史、明清实学思潮史上占有重要地位,对清代乾嘉汉学的崛起也产生了重要影响。

明清之际著名思想家唐甄在治学中,批判封建帝王专制;他重视事功,批评程朱理学,主张道不离欲,把道德原则建立在实事实功和客观物质欲望的基础上。其对理学的批判和反省,反映了时代的变迁和社会风尚的变化,由重道德自律转向事功之学和关注人生日用。

就中国经学的发展演变的脉络分为五经学系统和四书学系统而言,五经学系统的汉唐学者比较重视训诂考据,而四书学系统的宋明学者则比较重视义理和天理,以己意解经。但对于重四书轻五经的唐甄来说,他又对宋明儒的以己意说经的治学倾向提出批评。既崇汉儒,肯定其在传授儒家经典中的作用,批宋明儒以己意解经,又重四书,重心性,推崇阳明心学,而阳明心学即是以己意解经,不重视经典文本的典范。在对五经学和四书学的评价中,唐甄既批评以五经为解释对象的穷经之学,认为四书重于五经,四书与心体有着较为直接的关系,又批评宋明儒以己意解经,妄断百世以上之事,这表现出唐甄思想有矛盾之处。亦是当时思想界汉宋杂陈、朱王对峙局面在唐甄思想中的反映。

唐甄在当时明末清初社会大动荡的时代背景中,以儒家仁政思想批判封建帝王专制,颠覆三纲观念,强调以君下于臣、夫下于妻为德,表现出对君主权威的挑战、对妇女的同情和男女平等的思想。他重视事功，批评程朱理学，主张道不离欲，把道德原则建立在实事实功和客观物质欲望的基础上。提出以心为本，以经为末，五经不过是明心之助，四书重于五经的经学思想，批评以五经为对象的穷经之学。反映了时代的变迁和社会风尚由重心性之学向事功之学和关注人生日用的转移，而具有时代和自己思想的特点。这些方面体现了唐甄的启蒙、社会批判和求实思想，这在当时思想界产生了重要影响，亦对后世产生了深远影响，在蜀学发展史上占有重要地位，值得认真探讨和深入研究。

清中叶巴蜀著名学者刘沅的学术思想别具特色，主要表现在他提出"经以载道"的思想。在道与经典的关系问题上，以道为主，经以载道，并强调道在力行，贯彻到实践之中，反对脱离实际的空谈、注疏。刘沅结合时代和思想的发展，提出以儒为本，融合三教的思想，肯定佛、道思想与儒学的联系与沟通，而不是仅把佛、道视为异端而加以排斥，这对于中国文化的发展融合具有重要意义。刘沅对儒家经典十分重视，著有《四书恒解》（包括《论语恒解》《孟子恒解》《大学恒解》《中庸恒解》）、《易经恒解》、《诗经恒解》、《书经恒解》、《礼记恒解》、《春秋恒解》、《周官恒解》、《仪礼恒解》等。但他对经典的重视，不是停留在对经典的文字训诂、抉摘字句上，也不是把注意力放在经书中的仪文节目、名物度数上，拘泥于古礼古乐，而是强调应随时代发展而变通之，目的是求经书中的道。

刘沅本人作为清中叶的儒家学者，却与乾嘉汉学的观点不同。他既对汉学、宋学提出一定的批评，又借鉴吸取汉学和宋学，并以此阐发自己的新思想。在治《尚书》学问题上，刘沅认为汉学、宋学都有各自的短长，为此，刘沅主张最终以义理为标准来判断是非得失。尽管朱熹的《尚书》学和蔡沈的《书集传》均有不足，汉儒也有其曲说，但刘沅的指导思想，只要符合义理而无害，诸说都可折中取之，而"惟求其不谬于圣人"，以求圣人之心、圣人之道为治经学的最高原则而不与之相悖。刘沅以义理为标准来判断是非得失，不以《大禹谟》等《古文尚书》新增篇目为伪，这是单纯从文献学的角度对清儒来从事训诂辨伪之治学倾向的批评和修正，自有其一定的道理和独到的见解。

刘沅除受儒家思想影响外，也通过接触道、佛，受到二氏的影响。刘沅早年遇静一道人，通过谈论修养之道，认为道教的修养之道与儒家有相同之处。后又从野云老人李果圆先生处受教，这对他影响很大，不仅通过存心养性练功，治好了自己的病，而且李果圆先生的穷理尽性之学也使刘沅受教匪浅。刘沅年轻时涉猎佛老典籍、出入佛老的经历，为他日后以儒为本，融贯三教打下了思想基础。刘沅结合时代和思想的发展，从整个中国文化儒、释、道相互联系、融会贯通的视野出发，提出以儒为本，融合三教的思想，肯定佛、道思想与儒学的联系与沟通之处，不把佛老视为异端而加以排斥，这对于中国文化的融通发展具有重要意义。

以上元明清时期蜀学与经学的演变，形成了这一时期蜀学与经学发展的特色。这就是折中朱陆，向心学转向，预示着学术发展的倾向；融合儒、佛、道三教而以儒学为本，不以佛、道为异端；纠正理学与心学的流弊，主张道不离欲，由重道德自律转向事功之学和关注人生日用；注重实学，强调力行；重视训诂和考据，将义理与训诂结合起来，又逐步转向是汉非宋，以汉宋为是非的标准；批判封建专制，批判君为臣纲，强调以君下于臣、夫下于妻为德，表现出对君主权威的挑战。元明清时期蜀学与经学随时代变迁而演变，为晚清近现代蜀学与经学的大发展奠定了基础。

（五）近现代蜀学与经学转型和发展的高峰

自晚清转入近现代以来，中国社会发生了深刻变化，思想文化也随之转型，由传统社会逐步进入近现代社会。蜀学与蜀地经学的发展也随之发生了深刻变化，这与中国社会和巴蜀地域的社会文化转型相适应，而进入发展的高峰。这一时期涌现出的各位蜀学大家不仅为蜀学和巴蜀地区社会文化的发展作出了贡献，而且在全国也很有影响和名气，基本适应了社会发展与变革的潮流，为全国的思想文化与社会的发展作出了重要贡献，值得深入研究和系统总结。

廖平作为晚清近代著名经学家、蜀学代表人物，名垂后世。一生潜心于学术，著作达数百种之多。内容广泛涉及经、史、子、集等各个方面和学术领域。

廖平生于晚清、民国，勤奋治学，对康有为思想产生重要影响。考察廖平经学"六变",较有意义的是前两变。第一变"平分今古",认为今文经学与古文经学区分的根本在礼制,以《王制》《周礼》平分今、古,《今古学考》为此期代表著作。廖平认为,今文经为孔子所创,古文经为周公所作;今文之礼制出于《王制》,古文专用《周礼》。提出以礼制之别来区分今、古,这是廖平对经学及经学史的贡献。第二变是"尊今抑古",廖平认为只有今文经学才是孔子真传,中国学术从战国到西汉哀平以前,全是今文经学的派别,尊孔子,宗《王制》,无有不同。古文经则是刘歆在西汉末年的伪纂,《周礼》是刘歆作伪的主要经典,目的在迎合王莽篡汉,刘歆作伪后,才有所谓的古文经学,而今存《汉书》等书中有关古文经的记载,实为刘歆及其弟子的改窜。第二变即是变"平分今古"为"尊今抑古",以《知圣篇》《辟刘篇》(后改名《古学考》刊行)为代表作。廖平认为古文家渊源,皆出许慎、郑玄以后之伪撰,所有古文家师说,则全出刘歆以后据《周礼》《左氏》之推衍。以尊今者作为《知圣篇》、辟古者作为《辟刘篇》。

而廖平经学对思想史的重要影响主要有两点:一是认为孔子"微言大义"的真谛是"托古改制";二是认为古文经乃刘歆等所伪造。这两点见解的政治意义要大于它的学术价值。古文经学在历史上长期占统治地位,是构成清代汉学的主体,也是清王朝专制统治的重要理论基础,一旦被廖平宣布为伪造,这对打破两千年来无人敢疑、无人敢违的旧传统,把人们的思想从禁锢中解放出来,具有思想启蒙的积极作用。廖平根据时代的要求,强调"托古改制",因时救弊,是具有重要政治意义的。既然历史上的圣人孔子都可以对传统的礼制进行改革,那么后世的人们为什么不可以这样做呢?于是廖平把春秋时改周礼之弊与现实的政治改革联系起来,相提并论。这样,现实社会改革弊政、"改弦更张"的政治要求就与孔子"改制救弊"的主张相符合。今文经学经过廖平的这一改造,孔子就不是两千多年前的孔子,而是近代的孔子了。廖平所提出来的孔子"托古改制",以及"改制救弊"的思想,只不过是借孔子这个历史权威来表达现实的政治主题罢了。

康有为作为清代今文经学的代表人物,深受廖平思想的影响。康有为受《辟刘篇》的影响而作《新学伪经考》,受《知圣篇》的影响而作《孔子改制考》,以宣传"托古改制"思想,为维新变法运动制造舆论。

并把《春秋公羊传》的"三世"之说与《礼运》的"大同"思想结合起来,作为变法维新的理论根据。梁启超曾说:"康先生之治《公羊》,治今文也,其渊源颇出自井研(指廖平),不可诬也。"① 这说明康有为受到了廖平思想的影响。

尊经书院作为近代四川著名的书院之一,培养了大批蜀学人才,推动了近代蜀学复兴,并对中国近代经学、教育的发展产生了深远影响。

尊经书院创立的目的除了改变四川教育落后的局面外,也在于"绍先哲,起蜀学",接续蜀地自汉代文翁以来的儒学传统,重振蜀学在整个学术发展史上的地位。尊经书院以经学为主要教学内容。虽重视汉学,但并不否定宋学,而是主张融合汉、宋之学,认为汉、宋之学各有短长,不可偏废,以培养通儒。

著名经学家王闿运入蜀,任尊经书院山长,在教学上实行改革,在教学中重视经典,推崇《春秋公羊传》。王闿运在教学中对于经典的重视并不局限于训诂、词章、性理、考据、经义、演说等方面,还联系社会实际,强调通经致用。在张之洞、王闿运二人的努力下,蜀地学风为之一变,"一时人文蔚起,比于齐鲁"②。

尊经书院的建立培养了大批蜀学人才,在四川各府州县都有分布。并培养出以廖平为代表的一批经学学者。在尊经书院培养的上千名院生中,出现了不少影响中国近代社会发展与历史进程的人物。

在尊经学子中,有一批对中国近代政治产生了较为深远影响的人物。如杨锐等积极支持参与康有为的维新变法运动,并参加了"公车上书",对近代中国的政治及思想解放产生了深远影响。又如维新志士吴玉章,他不仅热心于新学,积极参加同盟会,而且建立了国内第一个县级反清独立政权——荣县军政府。此外,还有参加保路运动,并当选为保路同志会副会长的顺庆人张澜;通过《蜀学报》宣传维新变法的名山县人吴之英等。后张澜推动南充独立,支持蔡锷讨袁,担任了民盟主席、国家副主席。

尊经书院的学生对于近代四川乃至中国的教育产生了深远影响,

---

① 梁启超:《论中国学术思想变迁之大势》,上海古籍出版社2001年版,第128页。
② 廖宗泽:《六译先生行述》,载廖幼平编《廖季平年谱》,巴蜀书社1985年版,第85页。

如吴之英、宋育仁、徐炯、骆成骧等，这些尊经学子积极从事教育活动，促进了近代四川教育的兴起。正如徐仁甫所说："四川高等学堂教师，多为尊经书院之高才生。尊经沉静好学、崇实去浮之学风，直接影响当时的高等学堂。四川高等学堂毕业的学生，散布全川，许多人成为中等学校的教师，为我省的教育事业作出了很大的贡献。"[1] 不仅如此，尊经书院学子的教育活动还影响了中国教育事业的发展。如任中国人民大学校长的吴玉章，先后在北京大学、北京师范大学等国内知名高校任教的吴虞等。这些尊经学子为中国教育事业的发展都作出了重要贡献。

此外，尊经书院的学子中还涌现出了一批文学家、军事家、思想家。这些尊经学子在各自的领域传承着尊经书院的精神，促进了蜀学的复兴。

尊经学人的蜀学研究，还体现在《蜀学编》的写作与刊刻上。他们具有明确的蜀学意识，意在彰显蜀地学术与文化。这在蜀学研究史上具有开拓创新与承先启后的意义。

当年尊经书局的刻书有利于蜀学的保存与传播。为了更好地教学，尊经书院于光绪五年（1879）成立了尊经书局。尊经书院刻书以经部书为主，也涉及史部、子部和集部，很大一部分是尊经学者的作品。这在一定程度上有利于尊经学者著作的保存与传播。书籍的刊刻不仅保存了大量蜀学研究的相关材料，而且扩大了蜀学的影响。可以说，尊经书院不仅培养了大批的蜀学人才，促进了蜀学在四川的复兴，而且让蜀学的影响扩大到全国，乃至在一定程度上影响到近代中国的发展。

马一浮作为中国现代儒学的代表人物之一，他一生中最重要的一件事就是在四川乐山创立复性书院，将"六艺"为本的思想付诸教育实践。复性书院的教学内容，马一浮在《书院之名称旨趣及简要办法》一文中作过说明，他说："宗趣既定。则知讲明性道当依六艺之教，而治六艺之学，必以义理为主。六艺该摄一切学术，不分立诸科，但可分通治、别治二门。通治明群经大义，别治可专立一经。凡诸子、史部、文学之研

---

[1] 徐仁甫：《振兴蜀学人才辈出的尊经书院》，载《四川文史资料选辑》第35辑，四川人民出版社1985年版，第10页。

究，皆以诸经统之。"① 虽然马一浮主张以六经为根本来进行教学，但他并不排斥一些非六经的内容。如他主张在六经之外另设立玄学、义学、禅学三讲座。② 除此之外，马一浮亦列出了通治群经的书目，据《复性书院讲录·通治群经必读诸书举要》一文可知，马一浮列出的书目包括了四书类、孝经类、诗类、书类、礼类、乐类、易类、春秋类、小学类、群经总义类、子部儒家类、诸子异家类、史部诸史选读类、诗文类十四个部类的书籍。之所以列出以上十四个部类是因为："书院意在养成通儒，并非造就学究。时人名学，动言专门。欲骛该通，又成陵杂。此皆不知类之过。今略示'通治门'必读诸书，以为嚆矢，非谓遂止于此也。勿惮其难，勿病其寡，随分量力，日知其所无，月无忘其所能，优而柔之，餍而饫之，涣然怡然之效可期矣。别治门当稍求广博。今且先毕此书，然后乃议其他耳。"③ 可见，虽然马一浮主张以"六艺"作为复性书院教学的根本内容，但他并不排斥其他门类的知识，相反他主张学生通观博览，只有这样才能培养出通儒。

复性书院是马一浮以"六艺"为本的学术思想在教育中的一次实践。虽然复性书院存在了约十年的时间，但书院的主要活动教学，则是在四川乐山进行的。马一浮在复性书院的教学活动，不仅传播了自己的学术思想，而且在一定程度上推动了儒家教育，是儒家教育的一次大胆尝试，也促进了四川教育的开展。

哲学史家谢无量肯定了蜀学的地位，认为"蜀有学先于中国"④，蜀学肇始于"人皇之际"，天下之学，盖由蜀也。据《蜀学会叙》载："天造蜀国，于万斯年。垂学播文，圣哲代作。传曰：'蜀肇人皇之际，爰及神农降巴黔。禹兴乎广柔，名施焕诸夏。制作侔天地，蔑以加已。'然余所闻，邃古之先，天下有学，盖由蜀。"⑤ 对蜀学先于中国的说法，谢无

---

① 马一浮：《书院之名称旨趣及简要办法》，《马一浮集》，浙江古籍出版社、浙江教育出版社1996年版，第2册，第1168—1169页。
② 马一浮：《书院之名称旨趣及简要办法》，《马一浮集》，第2册，第1169页。
③ 马一浮：《通治群经必读诸书举要》，《马一浮集》，浙江古籍出版社、浙江教育出版社1996年版，第1册，第147页。
④ 谢无量：《蜀学原始论》，《四川国学杂志》1913年第6期。
⑤ 谢无量：《蜀学会叙》，《独立周报》1912年第1卷第8期。

量主要从儒学、道家、释家、文章进行了讨论。

首先，谢无量认为，儒、道皆蜀人所创。即认为出生于蜀地的大禹乃"儒学之祖"。并认为，道家亦蜀人所创，道家变化之"三宗"亦始于蜀地。

其次，谢无量认为，释家蜀所传有二宗，即马祖道一传禅宗，宗密传华严宗。

最后，谢无量认为，文章之学唯蜀独盛。这主要体现在南音、赋、古文与词曲四个方面。

可见，蜀学在中国学术发展史上起到了重要的作用。正如谢无量自己所说："若夫其学，不自蜀出，得蜀人始大；及蜀人治之独胜者，并著以为型，而衍众人遗说。"①

谢无量把儒学作为蜀学研究的重要内容。从他的《蜀学原始论》一文中可知，谢氏从儒学、道家、释家与文章之学来讨论蜀学发展的源流与演变过程，勾勒蜀学发展历程，进而肯定了蜀地儒学、道家、释家及文章之学在中国学术发展史上的地位与价值。这不仅是谢氏蜀学研究的重要内容，而且是谢氏的整个学术体系的重要组成部分。谢无量的学术体系由此拓展为经学研究、宗教研究，以及文学研究等。虽然儒学研究只占谢无量蜀学研究的四分之一，但就其受重视程度与研究深度而言，可以说儒学研究是其蜀学研究中最为重要的一个内容。这是因为儒学在蜀学中"最古"，他说："儒之学，蜀人所创。其最古经典，蜀人所传。"② 谢无量认为儒学乃蜀人所创，并且蜀人所作经典为儒家最古之经典。从这一点看，儒学在蜀学中具有先导地位。

另外，从研究的深入程度来看，蜀地易学亦被谢无量所重视。谢氏不仅在《蜀学原始论》一文中，勾勒了蜀地易学思想的发展脉络，而且撰文详细地梳理了蜀地易学思想的发展及其演变过程。从《蜀易系传》中，我们可以看到谢无量清楚地勾勒出来蜀地易学思想的发展变化过程。

谢无量的经学研究，不仅包括蜀学研究中的易学研究，还包括了对

---

① 谢无量：《蜀学会叙》，《独立周报》1912年第1卷第8期。
② 谢无量：《蜀学原始论》，《四川国学杂志》1913年第6期。

以《诗经》为代表的儒家经典及以孔子等人为代表的儒家学者及学派的研究。谢无量还对历代《诗经》学的流传及发展进行了梳理，并对发展阶段进行了评价。他说：

> 汉唐训诂的弊病，流为穿凿；宋明理学的弊病，又流为空疏。到清朝考据学大兴，复古派又标汉学的旗帜，以与宋学对抗，于是说《诗》者竞尚古义，乾嘉以来尤甚。然在清初，已经有这种渊源了。①

谢无量对于《诗经》学发展的评价颇有道理，抓住了汉唐、宋，以及乾嘉《诗经》研究的特点。

谢无量不仅解释了哲学与科学的区别，而且从中国传统文化的角度分析了哲学的定义。将产生于西方的"哲学"一词与中国传统文化联系起来，为中国哲学的研究打下了理论基础。在中国学术范围内，谢无量认为"道术即哲学""儒即哲学"，以及由儒发展出的儒学、道学、理学都是中国哲学的研究内容。

虽然谢无量的学术研究涉及"六艺""九流"等，但却有着"兼总百家，必归于儒"②的特点。他注重从历史的角度来研究蜀学与经学的发展演变过程。以易学为代表的经学研究是他蜀学研究的重要内容。他不仅清理了蜀地易学思想的发展演变过程，而且肯定了以易学为代表的蜀学在中国经学思想发展史上的历史地位与价值，从而将蜀学与经学有机地结合了起来。此外，作为近代蜀学代表人物的谢无量亦对儒家经典，以及儒家学派进行了研究，这体现了谢无量学术体系中的经学特点。

谢无量将西方哲学思想与中国哲学研究相结合，撰写了我国第一部《中国哲学史》专著，该书系统地梳理了远古以来中国哲学思想的发展历程，初步建立起中国哲学写作的基本结构，对后来哲学史的写作产生了一定影响。此外，谢无量还对老子、王充、朱熹、王阳明等人进行了专门研究，撰写了《老子哲学》《王充哲学》等书籍，其中不乏对中国哲学的

---

① 谢无量：《诗经研究》，《谢无量文集》第7卷，中国人民大学出版社2011年版，第278页。

② 马一浮：《书院之名称旨趣及简要办法》，《马一浮集》，第2册，第354页。

讨论。

著名学者蒙文通对经学之今、古文经学做了研究，对今文经学的评价比古文经学更高。但对今、古文经学的流弊也提出批评。在蒙文通看来，与先秦孔孟儒学相比，孔孟思想比汉代经学更为重要。所以他提出破弃今古文家法，上追晚周儒学之旨。这体现出蒙文通经学思想不同于他人的特点，值得认真研究，以发掘、探究其学术之旨。

蒙文通经学思想的特点，大致可归纳出以下几个方面：继承廖平，阐发师说；重视传记，经表传里；因经以明道，义理与证据不偏废；经学与政治紧密联系；随时代发展而变化。其中的某些特色，即使在整个中国经学发展史上也是很鲜明的。由此体现出蒙文通经学在中国经学史上占有重要的地位，是值得认真探讨和深入发掘的思想文化遗产。

此外，蒙文通充分肯定经学的重要性，认为经学是两千年来中国学术、文化之中心，乃中华民族的最高法典，整个民族的思想行为、政治风习均以经学为指导。它的宏伟力量和深广影响远非诸子、史学和文学所能比拟。他说：

> 由秦汉至明清，经学为中国民族无上之法典，思想与行为、政治与风习，皆不能出其轨范。虽二千年学术屡有变化，派别因之亦多，然皆不过阐发之方面不同，而中心则莫之能异。其力量之宏伟、影响之深广，远非子、史、文艺可与抗衡。自清末改制以来，昔学校之经学一科遂分裂而入于数科，以《易》入哲学，《诗》入文学，《尚书》《春秋》《礼》入史学，原本宏伟独特之经学遂至若存若亡，殆妄以西方学术之分类衡量中国学术，而不顾经学在民族文化中之巨大力量、巨大成就之故也。其实，经学即是经学，本为一整体，自有其对象，非史、非哲、非文，集古代文化之大成、为后来文化之先导者也。①

蒙文通充分肯定经学的整体性，认为经学本来就是一个整体，因而主张

---

① 蒙文通：《经史抉原·论经学遗稿三篇·丙篇》，《蒙文通文集》第3卷，第149—150页。

把经学作为统一整体来进行研究,反对人为地将经学这种综合性的学问分门别类地割裂开来,使得经学对中国文化的指导作用大大降低。蒙文通强调,经学既然作为一个整体,就有它的研究对象,它非史学、非哲学、非文学,是超越文、史、哲,在文、史、哲之上,对中国社会和中国文化起指导作用的学问。这体现出蒙文通治经学的指导思想,亦在于客观地肯定经学对中国文化和中国学术的重要性、指导意义和价值。表明蒙文通非为治经学而治经学的一般学问家,而是用宏观眼光来发扬经学中所蕴涵着的民族精神。从而批评以西学之学科分类法来衡量经学,而不顾经学在民族文化中的巨大力量和巨大成就。由此体现出蒙文通经学在中国经学史上占有重要地位,为中国经学的发展作出了贡献。

著名学者刘咸炘乃槐轩派创始人刘沅之孙。纵览四部,统合儒道,横通中西,治学以"为前人整其散乱,为后人开其途径"为己任,被誉为民国时期天才学者。虽英年早逝,却留下皇皇巨著《推十书》[①]。虽足不出川,其学术成就却备受张尔田、陈寅恪、梁漱溟、蒙文通、吴芳吉、唐迪风等大家的推崇。"推十"之学日益引起学界重视。

刘咸炘的治学旨趣表现在以《论语》所谓学文,其学乃儒家兼道家,其学之对象可一言以蔽之曰史,亦可名之曰"人事学"。强调认识六经本体,受章学诚影响。他佩服章先生之识见,认为分出"六艺"与诸子,即分出史与子,官与私,实事与虚理,合一与分散。因此论学便分博约,论道便分自然与识见。又因分清"六艺",便分出文与质,圆与方。

在继承章学诚思想的基础上,刘咸炘进一步阐发师说。其发明体现在:以"六艺"为统,并及文学、子、史等方面。他深入分析"六艺"精神及"六艺"形体;论文学,则以《诗》《礼》分文质;论子之宗旨,似无关"六艺",而仍从"六艺"分出微显,以官学之合衡私说之分;论史之观风气,似无关"六艺",而仍从疏通知远出。强调论"六经"体用

---

① 刘咸炘短暂的三十六岁生涯中,著书凡二百三十五部,四百七十五卷,总为《推十书》。以"推十"名其书斋及著作,盖取《说文》"推十合一为士"之意,并借以表明自己由博趋约、综万理于一源、以合御分之微旨。无论在哲学、诸子学、史学、校雠学、方志学、文学,以及道教研究领域,均有重要创获。现有《推十书》,上海图书馆、上海科学技术文献出版社2009年版,凡本文引《推十书》内容,皆引自此书,不再另注。

之文，即为吾学之门径。认为"统莫大于'六艺'"（从体上分），"六艺"遍该诸科（从内容和用上分），"凡文皆本六经"，"六经可该学术之流变"。

刘咸炘儒学之要略表现在，老、孔不与诸子并立，"六艺"与儒非二，儒学大义在于《四书》加《孝经》。

刘咸炘阐发了自己的治经要义和经学观点。认为经学不能独成一门，主"经皆史"论，汉学、宋学皆非真经学。对于近世汉、宋两家之争，刘咸炘认为，汉儒非不言义理，宋儒非不言考据；帖括狂禅，非程、朱之所有；掇拾考订，亦非许、郑之所有。刘咸炘认为，历史上真正阐发经义、通晓治经之道的经学家不多。在他看来，陆象山言六经注我，我注六经，是荒诞之论；而汉学家虽因矫正宋儒末流而起，但其琐琐于一名一物，不惮繁称，以圆奇说，"岂非六经凿我，我凿六经乎"？"吾谓古今言经学者，大都借经为门面"。汉学与宋学一样，具有偏执一端之弊。他说，宋学欲自圆其虚锋，汉学欲自矜其丑博，不自甘为虚锋丑博之学，"乃依附于经而自命经学"。他认为，宋学标致良知、慎独、诚意、格物、尊德性、道问学等"弄话头"，汉学的博考名物，皆非经义。既非以经义为主旨，自然非真经学。由此，刘咸炘不专主今文经、古文经。其治经方法据经以求义，考据、义理皆为己所用。

刘咸炘对蜀学的贡献表现在纳浙东史学之法治蜀学，他撰修蜀志，阐扬蜀学。亦撰《蜀学论》，展现蜀地学术之盛，人文之重。"《大易》之传，蜀为特盛"，"唐后史学，莫隆于蜀"，"文化江汉，庸蜀先从"。刘咸炘认为蜀学的特征是，"蜀学崇实，虽玄而不虚"，"统观蜀学，大在文史"，亦探讨了包括"蜀学"在内的各地域文化的特征；撰《双流足征录》八卷，说双流县古志无考，"撰述成书，固非吾任，将待其人。今之采录，本为记注，备资料而已"。包括地域考、货殖考、士女考、宋世族表、著述考、文征，即四考一表及文征；还撰《赵宋四川长吏表》《赵宋四川世族表》《赵宋四川人文补考》《通志私议》等。

贺麟学贯中西，思想丰富而深刻，是当代新儒家中倾向于新心学一派的代表人物。他在社会动荡时期，坚守中国文化的本体地位，积极探讨儒家思想的新开展，重视学习借鉴西方文化，以促进儒学现代化的学术特色，而值得认真探讨，发扬光大。

贺麟提出心体物用的思想，提倡新心学；继承道统，发扬儒学；论经学史上的汉学与宋学之别。在经学史上汉学、宋学之分的基础上，贺麟指出宋儒中既有反对汉学，不讲传注的陆氏心学一派；也有把宋学性理与汉学训诂考据相结合的朱熹理学一派，这是宋儒相互区别的两派。

近代以来，随着资本主义的入侵，西方文化大量输入中国，如此产生了严重的社会危机和理论危机，中国社会与文化的发展受到了极大的挑战。贺麟在治学过程中，密切联系社会发展的实践，主张面对西学的输入，要勇于应对，在逆境中求生存。提出儒化西洋文化，充实儒学的思想。

贺麟以复兴中国文化，复兴儒学为己任，其所谓"儒化西洋文化"也就是"华化、中国化西洋文化"，他力图以儒家学说为主体，以西洋文化为主体的作用来吸收、融合、会通西学，这涉及儒家文化新开展的问题。也就是说，在文化交流和吸取外来文化优长的过程中，存在着文化交流的主体问题。即以本民族的文化为主体来融合、吸收西洋文化，并在文化交流中起着主导的作用，这须结合时代发展的社会实践来进行。在贺麟看来，中华民族在悠久的历史发展长河中所创造出来的灿烂文化应视为中外文化交流中的主体。而儒家思想即是中国文化的主要体现，它对中国文化的形成、发展和演变，产生了深远影响，在中国文化发展史上占有重要的地位。由此，贺麟提出儒化西洋文化是必要的也是可能的，批评失去民族文化的主体性，盲目效法西方的殖民地文化。这充分体现了贺麟先生对中国文化的坚守。

虽然贺麟对近代以来，伴随着资本主义的入侵，西方文化大量输入中国，而造成的民族危机和文化危机非常关切，而主张面对西方文化的输入，要勇于应对，在逆境中求生存。并以中国儒家文化为主体，来儒化西洋文化，但他对猛烈冲击传统儒学的新文化运动仍持肯定态度，以此来推进现代化和儒学新发展。

贺麟重视气节，保持人格。在饿死与失节问题上，贺麟力排众议，从民族大义和保持民族气节着眼，肯定程颐提出的"饿死事极小，失节事极大"[①] 这一理学名言的价值。同时也批评程颐误认妇女当夫死后再嫁

---

① （宋）程颢、程颐：《河南程氏遗书》卷二二下，《二程集》，王孝鱼点校，第301页。

为失节。探讨贺麟对这一议题的评价及所反映出来的思想，对于既克服理学流弊，又弘扬理学思想中蕴含着的中华民族精神具有重要意义。

对此，贺麟指出，程颐"饿死事极小，失节事极大"之论与儒家成仁取义的思想是一脉相承的。所以就其超越和普遍性原则而言，程颐的思想与儒家的伦理原则互涵互动，一以贯之。

贺麟作为现代著名哲学家、西方哲学研究专家、现代新儒家新心学代表人物，亦是现代蜀学的著名人物，在儒学式微、外敌入侵、西方文化输入、中国社会发生剧烈变革的社会动荡时期，坚守中国文化的本体地位，积极探讨儒家思想的新开展，重视学习借鉴西方文化，以促进儒学的现代化。为此，贺麟提出心体物用，提倡新心学。这种吸收了西方哲学的新心学，既有继承陆王心学的地方，也有区别于宋明理学之心学派的思想，富有新时代之特色。这体现了贺麟新儒学的"新"之所在。

唐君毅是20世纪中国著名的人文学者之一。他不仅是中国近代著名的哲学家、哲学史家，现代新儒家的代表人物，也是现代蜀学的重要代表。牟宗三称其学术研究"弘大而辟，深闳而肆"，"彼其充实而不可以已"，"其于宗也，可谓调适而上遂矣"，并赞誉其为"文化意识宇宙中之巨人"。[①]

受蜀学与传统文化的影响，唐君毅的思想中也具有了传统根底深厚、兼容并包等现代蜀学的特色。具体而言，唐君毅儒学思想的特点主要表现在以下几个方面：一是在阐释哲学思想时重视儒家经典；二是融解中西以"反本开新"；三是对儒家心性之学的发展；四是肯定儒学的地位。

作为现代新儒家与现代蜀学代表的唐君毅，其思想形成不仅受到了经学与蜀学的影响，而且受到了西方学术的影响。他从西方学术入手反观中国传统文化，在融合中外思想的同时，始终坚持中国传统文化，以儒家传统思想为本，以期达到"返本开新"，发展以儒家思想为代表的中国文化的目的。从他的思想中，我们能够感受到他强烈的文化使命感，与拯救中国传统文化的责任感。正如牟宗三所说："一生志愿，纯在儒宗，典雅宏通，波澜壮阔，继往开来，智慧容光昭寰宇；全幅精神，注

---

① 牟宗三：《哀悼唐君毅先生》，载《时代与感受》，鹅湖出版社1984年版，第271、272页。

于新亚,仁至义尽,心力瘁伤,通体达用,性情事业留人间。"①

以上可见,蜀学与经学在历史发展的长河中相互影响,相互渗透融合,适应社会发展的客观实际,不断提出新思想,促进了巴蜀文化和中国传统思想文化的持续发展,在历史上产生了重大影响和作用。是历史积淀下来的珍贵文化遗产,也是推动社会历史发展的思想文化资源,值得深入研究和总结并认真反思与借鉴。

---

① 牟宗三:《悼唐君毅先生》,《华侨日报》1978年第2期。

巴蜀哲学之特色

巴蜀文化历史悠久，别具特色，是整个中华民族文化的重要组成部分。巴蜀文化内涵十分丰富，其中巴蜀哲学反映了巴蜀文化各个历史发展时期时代精神的精华，充分体现了巴蜀文化的本质特色，是历史流传下来的珍贵文化遗产。

在源远流长的巴蜀文化发展史上，巴蜀哲学以其开阔恢宏的气度，与中华民族其他地域的哲学相互交流、相互促进、取长补短、善于吸取和融合外来哲学思想文化的优长，创造出独具特色、光辉灿烂的地域性哲学。并以其自身的特点，深刻影响了其他地区的哲学思想，为整个中华文明的发祥创建和中国哲学的持续发展作出了重要贡献。

在巴蜀哲学史上，历代杰出人物辈出，各自为不同时期巴蜀文化的发展作出了贡献。其中包括巴蜀哲学的起源、文翁化蜀、严君平与《老子指归》、扬雄儒道兼有的哲学思想、五斗米道在巴蜀的形成与发展、王玄览的道教学说、宗密的佛教理论、赵蕤与他的经世哲学、陈抟的图书象数学、苏轼的哲学思想、张栻和魏了翁的理学、虞集的穷理正心之学、杨慎批评理学的实学观、来知德的易学、费密的批判理学思想、唐甄的反对封建君主专制的启蒙思想、刘沅的哲学思想、廖平与经学的终结、邹容与《革命军》、吴虞对封建君主专制理论的批判、蒙文通的经学与哲学思想等重要内容。巴蜀哲学纵贯古今，有三次发展的高峰，即汉唐巴蜀哲学、宋代巴蜀哲学和近现代巴蜀哲学。

如果不是孤立地研究巴蜀哲学史上一个个具体的哲学家，而是把具体的、具有鲜明特色的每一位哲学家、思想家置于中国哲学及巴蜀哲学发展的大背景下，以哲学家为点，以时代思潮为面，以整个中国哲学思想及巴蜀哲学的发展为线,通过点、线、面三者的结合,多层次、多角度、全方位地审视巴蜀哲学史上的每一位哲学家、思想家,从各个方面来展开研究和探讨的话,就可得出:越是具有地域特点的哲学,越是具有全国性的影响,可以说,通过对巴蜀哲学及其特色作深入系统的研究,就是为中国哲学史的研究作出应有的贡献。

一 融会儒、道、佛三教,具有较强的哲学思辨性

巴蜀思想家具有融合黄河流域的齐鲁文化和长江流域的楚文化的特色,使富于伦理道德的孔孟思想与浑然朴实富于哲理的老庄思想融为一体,后又吸取佛教的思想,创造出巴蜀思想文化的独特风貌。汉代巴蜀著名的思想家有严君平和扬雄。严君平是扬雄的老师,著有《老子指归》,继承老庄的哲学,讲由无生有的过程,但也受到儒家思想的一定影响,主张德刑并用,并提出顺民、重民的思想。扬雄是融合儒、道的思想家,在哲学上,他上承《易经》《老子》,下启王充、张衡乃至魏晋玄学;在政治思想上,扬雄上继孔孟和董仲舒,提倡德治,主张以礼义教化人民,反对为政先杀后教,并影响了后来的思想家。宋代著名的以苏洵、苏轼、苏辙为代表的三苏蜀学具有典型的融合三教的学风,他们既提倡儒家政治伦理思想,又对老子的道论加以吸取,并明显受到佛教思想的影响,这体现了巴蜀哲学具有包容性、开放性的特征,吸取诸家之长,而具有较强的哲学思辨性。

二 重躬行践履、实事实功

早在西汉之初,文翁为蜀守,便兴修水利,灌溉旱田一千七百顷,使民物阜康,然后施之以教,开巴蜀躬行践履之风。唐代赵蕤,乃李白之师,著《长短经》[①],提出经世哲学,洞察"农事伤则饥之本,女工害

[①] 参见(唐)赵蕤《长短经》,影印文渊阁《四库全书》本,凡本文引用相关内容,皆引自此书,不再另注。

则寒之原",而主张兴农事,重女红,以保障百姓基本生活需求。至宋代,张栻超越理学,吸取功利之学,重躬行践履,留心经济之学,指出:"若如今人之不践履,直是未尝真知耳。"这成为张栻南轩之教的学术特征,而与永嘉学派重实事实功的思想相吻合,然与正统理学有别,故遭到朱熹的批评。魏了翁继承张栻,既重功利,讲求实事实功,又主张义利统一,"趋事赴功",重视功利与实效,强调"一寸有一寸之功,一日有一日之利,皆实效也,事半功倍,惟此时为然"。表明他不仅重视功利和实效,而且认为功利须平时一点一滴地讲求,才能收到事半功倍的效果。张栻、魏了翁对事功的重视,在整个理学中都是别具特色的,由此体现出巴蜀哲学的一大特色。

三 重经学,超越旧说,勇于创新

巴蜀哲学有重经学的传统,文翁是一位深通《春秋》的儒家人物,他在任蜀郡太守期间,大兴教育,提倡儒学,选拔蜀中俊杰之士如张宽等赴京城学五经。在文翁的倡导下,蜀地学子始治经学,为巴蜀学术在西汉跻身全国先进之列,打下了坚实的基础。两汉三国时期,蜀中学人在治经学上取得了不少成就。

宋代蜀学的集大成者魏了翁著有《九经要义》《经史杂抄》等,在经学史上占有重要地位。其经学思想以宋学为主,但又兼采汉学,实开明末清初"舍经学无理学"思想之先河。魏了翁的经学思想特色不在于他以宋学为主而批评汉学,其在经学史上之所以占有重要地位,主要是由于他在宋学内部对宋学加以扬弃,而对汉学加以吸取。其对宋学的扬弃表现为他批评宋学学者只讲义理,而不讲义理的来源根据,脱离训诂考据,流于"束书不观,游谈无根"的弊端,使所讲义理毫无根底。由此他主张义理从考据出,把义理与训诂考据的方法结合起来。

近代今文经学大师廖平在经学史上占有十分重要的地位,其思想甚至影响到康有为。廖平经学思想凡六变,较有意义的是第一变以礼制区分今、古文经学和第二变尊今抑古,表现出他不囿于传统的以今、古文字的不同来区分今、古文经学之旧说。廖平经学对思想史的重要影响主要有两点：一是认为孔子"微言大义"的真谛是"托古改制"；二是认为古文经乃刘歆等所伪造。这两点见解的政治意义要大于它的学术价值。廖平根据时代的要求，强调"托古改制"，因时救弊，是具有重要政治意义的。古文经学在历史上长期占统治地位，也是清王朝专制统治的重要理论基础，一旦被廖平宣布为伪造，这对打破两千年来无人敢疑、无人敢违的旧传统，把人们的思想从禁锢中解放出来，具有思想启蒙的积极作用。

现代国学大师蒙文通继承廖平，阐发师说，并提出己见，加以发展。主张超越两汉，向先秦讲经；批评汉学流弊，倡鲁、齐、晋之学，以地域分今、古；破弃今、古文家法，而宗周秦儒学之旨。其后，蒙文通又提出汉代经学乃融会百家，而综其旨要于儒家而创立的新儒学的见解，推崇西汉今文经学。后于晚年著《孔子与今文学》，又对今文经学提出批评与评价，认为今文经学乃变质之儒学。蒙文通的经学思想内涵丰富，深刻而富于创见，深深地打上了时代发展的烙印，值得认真总结与探讨研究。

四　重人情

在中国思想发展史上，儒家尚仁义，道家崇自然，形成中国思想文化对应的两端，然也相互影响沟通，它们之间的相互关系成为两千多年来中国哲学与文化发展的主线之一。与宋代理学家偏重伦理相比，三苏蜀学在一定程度地认同儒家伦理的基础上，较为重视自然之人情，这体现了蜀学乃至巴蜀哲学的特征。苏洵作《六经论》，贯穿着重人情的思想线索。他认为，礼所代表的道德规范建立在人情的基础上，圣人因人情而作礼。苏轼继承苏洵，认为六经之道近于人情，而在孔子之后则散而不可解，其原因是后世之迂学责义太深，歪曲了圣人作经之近于人情的原义。从而提出要把经典之义建立在人情的基础上。舍人情而言义，则为苏轼所反对。苏辙指出礼皆是"因人之情而为之节文"，即礼皆为人情而设，所以礼以养人为本。把礼与世俗人情紧密结合起来，而不仅限于礼义道德等抽象概念，这体现了三苏蜀学重人情的特征。

不仅三苏如此，魏了翁受道家思想的一定影响，也重视自然之人情。在伦理观上，魏了翁肯定人欲有善的一面，认为欲分为善与不善两种，指出饮食男女等人欲是人不可避免的欲望，它是自然而然、不可抹杀的。对此自然之人情，魏了翁主张采取客观承认的态度，不要求去灭绝它，认为仁义道德不能脱离人们的物质欲望和利益即人之情而孤立存在，道就存在于欲之中，圣人也是"使人即欲以求道"，可见道不离欲，在对人欲即人之情的适当满足并加以节制的过程中，就体现了道，说明道与人欲是不能分离的，这体现了其对人情的重视。

五 批判专制，与时俱进

在巴蜀思想史上，唐甄、邹容与吴虞等均对封建君主专制主义提出了批判，这体现了巴蜀哲学的一大特色，为近代民主提供了借鉴。唐甄作《潜书》，提出批判君主专制的惊世骇俗之论，"自秦以来，凡为帝王皆贼也"，把批判的矛头直指封建专制的最高权威，而强调统治者应从人民的利益出发，做到"皆为民也"。邹容著《革命军》，产生了很大的影响。他阐明革命的原因在于清王朝的封建专制，剥夺了人民应有的"天赋人权"。强调革命是不可抗拒的"天演公例"，要摆脱清封建专制的统治，成为具有平等、自由等民主权力的国民，就需要革命。这种以革命手段推翻封建专制统治建立资产阶级民主共和国的思想，把历史上对封建专制主义的批判提高到一个新的阶段，产生了重大社会影响。吴虞则把封建君主专制、家族制度与儒家学说联系起来进行批判，继邹容之后，在当时产生重大影响。

以上巴蜀哲学之特色体现了巴蜀文化的博大精深与融会贯通，是历史流传下来的珍贵文化遗产，值得今天的人们认真整理和总结研究。当前党中央、国务院实施的西部大开发战略正在四川加紧贯彻落实。巴蜀哲学研究也要服务于这个战略，为西部大开发提供丰富的历史经验和借鉴。四川古为巴蜀之地，有着悠久的历史和独特的文化与哲学，它们对四川历代政治、经济的发展，产生了极为重要的影响，也是值得整理、借鉴、继承和发扬的珍贵历史文化遗产。通过深入研究巴蜀哲学，充分发挥地方文化资源的优势，立足巴蜀，面向全国，突出地方特色。这就要求我们从事巴蜀哲学研究的人们，自觉地把研究工作与现代化事业结合起来，古为今用，服务于西部大开发和地方经济文化建设，为促进四川经济、文化和社会主义三个文明建设作出贡献。

（原载《文史哲》2005年第1期）

巴蜀哲学对中国哲学发展的贡献[*]

　　巴蜀文化历史悠久，别具特色，是中华文化的重要组成部分。巴蜀文化内涵十分丰富，其中巴蜀哲学可以说是巴蜀文化各个历史发展时期时代精神的精华，充分体现了巴蜀文化的本质特征，是历史流传下来的珍贵文化遗产。

　　在源远流长的巴蜀文化发展史上，由最初的原始思维逐渐转化为形而上的哲学思维，使巴蜀哲学得以形成和演变发展。巴蜀哲学以其开阔恢宏的气度，与中华民族其他地域的哲学相互交流会通、相互促进、取长补短、善于吸取和融会外来哲学思想文化的优长，创造出独具特色、光辉灿烂的地域性哲学。

　　在巴蜀哲学史上，历代杰出人物辈出，他们的哲学理论和思想观点体现了各个时代思潮的丰富内涵，各自为不同时期的中国哲学的发展作出了贡献。巴蜀哲学纵贯古今，有三次发展的高峰，即汉代巴蜀哲学、宋代巴蜀哲学和近现代巴蜀哲学并形成高潮。

　　然而，作为地域性的巴蜀哲学是整个中国哲学的有机组成部分，并以其自身的特点，深刻影响了其他地区的哲学思想，乃至它在某个时期的哲学思想对全国哲学的发展具有全局性的重大影响。从而为整个中国哲学的持续发展作出了重要贡献，在中国哲学史上占有重要地位，而这又是通过不同时期的巴蜀哲学的持续不断地丰富发展体现出来的。

　　巴蜀哲学是巴蜀文化精神的体现，而巴蜀文化有着深厚的历史渊源和独特的演进轨迹。至秦汉时期，巴蜀文化逐渐与中原文化密切交融，

---

[*] 本文系四川省繁荣发展哲学社会科学协调小组重点项目"巴蜀文化通史·哲学思想卷"（2007编12号）和国家社会科学基金项目"蜀学与经学研究"（11BZX044）的阶段性研究成果。

并以自身的地域性特色而成为蜀学。蜀学是巴蜀文化之结晶,中华学术之宝藏。本书所说的蜀学是指巴蜀地区自古迄今的以儒为主、会通三教的学术文化。

一 汉代巴蜀哲学对中国哲学发展的贡献

先秦时期巴蜀哲学与齐鲁、荆楚等地哲学相比,发展较为缓慢,尚未出现有全国影响的人物和学派。而蜀学真正兴起于西汉文翁化蜀之举。文翁(前156—前101年)以儒学教导蜀民,在成都立文学精舍、讲堂,作石室,招收蜀郡所属各县子弟以为学官学生,创办起中国历史上第一所地方官办学校。同时,文翁又筑造周公礼殿,教授儒家礼仪。选派司马相如等"东受七经,还教吏民,于是蜀学比于齐鲁"[①]。这对巴蜀乃至对全国也产生了深远的影响。使得蜀学在文化上特异挺立,与齐鲁媲美。因此,巴蜀哲学又与蜀学密不可分。蜀学在西汉兴盛之后,蜀郡成都人严遵(即严君平)、扬雄挺立其中,而大批经学大师倡明儒道,使巴蜀哲学进入首次繁荣时期。

两汉时期的巴蜀哲学是黄老道家与儒家今文经学、谶纬神学的繁荣,是黄老学与儒学相结合的重要时期,流传至今的重要代表作品《道德指归》(亦称《老子指归》)、《太玄》、《法言》都带有这样的特色。到东汉末年,蜀地鹤鸣山,道教开源,独树一帜,为汉以来儒、佛、道三教交融为主要内涵的中国哲学的发展作出了突出贡献。

先秦时期的巴蜀盛行神仙学、道学思想,将此传统发扬光大而荣显于后世者,首先是严遵。严遵是汉代融会《易》《老》的重要代表人物,无论对老庄道家思想的发展,还是对易学的发展,都作出了重要贡献。也体现了汉代巴蜀哲学的发展。严遵作《道德指归》,在继承先秦老庄思想、稷下学术、汉初黄老之学的基础上,对道家思想作了进一步阐发。严遵提出虚玄为宗,由无入有的宇宙演化论和无为而成的生成论,认为宇宙由"道——德——神明——太和——万物"层层演化发展,而实现宇宙到万物的演化。他发挥老子"天地不仁"、道常自然的思想,主张天

[①] (晋)陈寿:《三国志》卷三八《蜀书》八《秦宓传》,中华书局1959年版,第973页。

道无为，认为万物的产生是一种自然的演化，没有特殊的背后推动与支配的力量。严遵还提出无为而治、君民一体的政治哲学；主张性命自然论；并提出反初归始的认识论，认为道是可知的，而人也有能力认识道。他甚至提出"以有知无，由人识物"，由形象到抽象，"见微知著，观始睹卒"①，推类而及的认识方法。严遵继承前代道家学说，将老子有生于无思想与《淮南子》气化论相结合，在对道之"虚无"及"无实生有"的宇宙演化方面，论述精致深微，思辨性强，从而开启了魏晋玄学先声，成为汉代道家思想到何晏、王弼玄学思想的中间环节，在中国哲学思想发展史上具有承前启后、继往开来的重要作用。

严遵弟子扬雄（前53—18年）拟《易》而作《太玄》，在融会《易》《老》方面更向前迈进了一步。扬雄的哲学思想亦是巴蜀哲学在汉代发展形成高峰的重要表现。扬雄作为汉代具有不囿于今、古文经学，谶纬神学而具独立思想的哲学家，在哲学领域建构起了以"玄"为本的哲学体系。他继承其师严遵，借鉴吸收了老庄之学，又作《法言》，而不失儒家立场，以孔孟后继者自居。他既坚持儒家的伦理思想，又采用了道家的处世哲学，在人性论上又自出新意，提出"善恶混"的人性学说，融会儒、道，自立新说。扬雄的哲学具有重要的历史地位，产生了深远的历史影响。

文翁化蜀后，巴蜀文风大盛。在汉武帝独尊儒术的进一步推动下，两汉时期，巴蜀地区出现了众多的经学家，巴蜀经学甚盛，主要是今文经学盛行，图谶、术数学依附而行，十分显著，古文经学则较为冷落。当时出现了如杨终等一批全国一流的经学大师。汉代巴蜀今文经学的繁荣主要体现在其所涉及内容遍及群经，以独研一经居多，如对今文易学、今文尚书学、今文诗学、今文春秋学、今文礼学的研习颇为盛行，兼习众经的情况也并不少见。两汉时期的巴蜀，不仅经学兴盛，还往往子承父业，世代相传，如扬雄、翟酺、赵典、来敏、张皓、周舒、杨仲续等，都传其学于家人，形成了各经学派别，深深影响了两汉乃至三国、晋代的巴蜀经学。两汉巴蜀经学中蕴含着丰富的哲学思想，从一个方面促进

---

① （汉）严遵：《老子指归》卷三《道生篇》，《道藏》，文物出版社、上海书店、天津古籍出版社1988年版，第12册，第45页。

了巴蜀哲学的发展,同时也丰富了中国哲学的内容。与两汉巴蜀经学取得长足发展相关联,巴蜀哲学也有了新的变化。这主要表现在阴阳五行、灾异、图谶、术数学的盛行,黄老道家思想的持续推衍,儒家忠孝观念的加强等方面。

汉代巴蜀哲学的形成发展是整个巴蜀哲学发展的第一个高峰,其重要表现是影响中国哲学甚大的道教在东汉末年产生于巴蜀鹤鸣山。道教滥觞于蜀地先秦时期,巴蜀出现了王乔、彭祖等神仙方术。汉兴以来,神仙方术持续发展。此外,汉代的巴、蜀、汉中承先秦遗风,普遍信奉巫鬼。东汉末年,张陵等人便因巴蜀阴阳五行、灾异图谶传统,以民间巫术结合黄老崇拜,创建了五斗米道①,使得道教得以产生。并在汉末出现了《老子想尔注》这部道教早期教派五斗米道的经典,是我国哲学思想史上第一次站在宗教立场,以宗教神学诠释《老子》的著名作品,成为早期道教哲学的重要代表作之一。如此道教开源,独树一帜,其中蕴含的双重性的道本论、以道为治的政治和伦理观、遵行道诫的修养论等思想,促进了中国哲学的发展。

二 蜀汉至隋唐五代巴蜀哲学对中国哲学发展的贡献

继在汉代形成发展的第一个高峰,巴蜀哲学经历了由蜀汉至隋唐五代时期在流传演进中崛起的发展阶段。在一定意义上可以讲,三国、两晋、南北朝、隋唐、五代时期是巴蜀哲学由兼容儒、道向兼容三教、融会百家发展的重要时期。

蜀汉时期,巴蜀儒学体现为迁蜀儒士与土著儒士并隆,传统今文经学与荆州传入的古文经学并兴。这一时期,学术巨变,今文经学渐次让位于古文经学,而巴蜀今文经学仍然兴盛,对当时的学术政治产生了重

---

① 按:蒙文通称"五斗米道,又称天师道","盖原为西南少数民族之宗教","原行于西南少数民族"(《蒙文通文集》第1卷,巴蜀书社1987年版,第315—316页)。又:江玉祥对五斗米道发生于蜀的背景有具体论述,参见《试论早期道教在巴蜀发生的文化背景》,载陈鼓应主编《道家研究》第7辑,上海古籍出版社1995年版。

要影响。其中最重要的一支是杨厚、任安学派，加之与秦宓学术的融会，更是声势浩大。三国之际，随着刘备军事集团入蜀，迁入大批以荆州之士为主的外地儒士，他们弘扬古文经学，形成与今文经学抗衡之势。蜀汉经学呈现出土著儒家今文经学与迁蜀儒家古文经学并兴的局面，"豫州入蜀，荆楚人贵"①。古文经学明显占据着官学优势。不过，"蜀、吴地僻，今学尚未尽漓"②，今文经学仍有较大的势力。迁蜀儒士弘扬古文经学，又将儒家与兵家相结合，后者具有很强的经世致用的特色。两晋南北朝时期，巴蜀经学向多元化方向演进。

南北朝时期，巴蜀经学衰落，道教在张鲁北迁后，又出现了以陈瑞、范长生、李八百等为代表的变异的天师道。道教延续汉末三国时的天师道，向上层化方向发展。自张鲁投降曹操而北迁后，继任的第四代天师张盛前往江西龙虎山传教，留在巴蜀的有阳平、鹿堂、鹤鸣三大治的祭酒，同时又在各地逐渐产生了一批脱离三大治而自行传道的道教徒。其中最引人注目的有陈瑞天师道、范长生天师道和李八百李家道。这时道教中又有哲学思想的新阐发。如范长生对卦变、升降、卦气等传统易学思想进行新阐释，在卦变系统化和条理化方面作出了贡献。

巴蜀佛教在晋以后逐渐兴盛起来。然亦有排佛者，如卫元嵩南朝梁末出家，居成都野安寺。由梁入周，出入儒、释、道三教，宣扬文质互变，以质代文，力劝周武帝排佛。两晋南北朝时期的巴蜀佛教兼容南北，出现了卫元嵩排佛论，但又有力主融会三教的倾向。

巴蜀哲学的演变进入隋唐，产生了以蜀人李荣（唐绵州巴西，今四川绵阳人，唐太宗贞观年间：627—649 年，出家为道士）、王玄览（唐广汉绵竹，今四川绵竹人，626—697 年）为代表的道教"重玄"哲学，对道教义理化作出了重要贡献，使道教哲学日趋精微。李荣、王玄览既是此时期巴蜀地区出现的著名的重玄学大师，也是全国一流的重玄学者。李荣与成玄英齐名，他与佛教徒有过激烈的论辩，却又主张与佛、道会通，并通过借鉴吸收佛学思想，著《道德真经注》四卷，极力阐发重玄

---

① （晋）常璩：《华阳国志》卷九《李特雄期寿势志》，载任乃强《华阳国志校补图注》，上海古籍出版社 1987 年版，第 501 页。

② （清）唐晏：《两汉三国学案》卷首《凡例》，中华书局 1986 年版，第 5 页。

思想，与成玄英一道，共同推进了道教思想的重玄学化。王玄览撰《老经口诀》《老子注》，门人纂集《玄珠录》，更为深入地融会佛、道二教思想，大量使用佛学思想语言，使其重玄思想充满了佛学的味道。李荣在本体论上的"道本虚玄论"、修道方法上的"玄之又玄论"；王玄览对道进行多角度阐发的"可道"与"常道"、"道体虚寂"与"体用不相是"，以及"道在智境中间"与"知见灭尽即得道"、空有和有无相因相违、双遣空有与有无、修道正心等思想，既是对佛教性空和中道观的吸取，更是对道家思想的丰富发展。

除李荣、王玄览外，还有一批隋唐学者、道士有力地推动着道家道教和易学哲学向前发展。如隋代蜀郡郫县（今四川郫县）著名学者何妥、唐初梓州射洪（今四川射洪）著名文学家陈子昂、中唐绵州昌隆县（今四川江油）李白及窦子明、成都道士黎元兴和张惠超、通义郡（今四川眉山）道士任太玄、岷山道士张君相等皆对道家道教哲学或易学哲学的发展起过或多或少的推到作用。因此，蒙文通总括巴蜀道教，以为重玄之学始于梁、陈，盛于唐初，"天宝以后，流风余韵，犹存蜀中，任太玄、黎元兴之流是也。李白《送蜀僧晏入中京》诗有'黄金狮子乘高座，白玉麈尾谈重玄'之句，是时蜀中倡重玄者犹多"[1]。"重玄一宗，创肇江东，入唐后犹余响于西蜀。"[2] 唐中后期资州盘石（今四川资中）著名易学家李鼎祚对巴蜀哲学的发展作出了贡献。他兼重象数、义理易学，撰《周易集解》一书，"刊辅嗣之野文，补康成之逸象"[3]，以象数为主，适当采集义理易学，体现了其象数、义理兼重的本意。其易学哲学兼重天道、人事，而尤契于玄学，比较尊重易学旧传统，对王弼、崔憬等学者改作新说予以批评。对于《周易》经典的解释，李鼎祚关注其玄理，而尤在于其指归，赞同道家无为而治的思想。这也是对易学哲学发展的贡献。

隋末唐初，中原动乱，大批僧人入蜀，佛法兴盛，以至玄奘也入蜀

---

[1] 蒙文通：《道书辑校十种·辑校成玄英〈道德经义疏〉》卷首《校理〈老子成玄英疏〉叙录》，巴蜀书社2001年版，第367—368页。

[2] 蒙文通：《道书辑校十种·辑校成玄英〈道德经义疏〉》卷首《校理〈老子成玄英疏〉叙录》，第354页。

[3] （唐）李鼎祚：《周易集解》卷首《原序》，影印文渊阁《四库全书》本。

问疑求学。唐朝安史之乱时，玄宗、僖宗入蜀，进一步促进了巴蜀佛教的兴盛。随着巴蜀与中原、江南的联系和交流进一步加强，巴蜀佛学在此时期取得了长足的发展，南北交融、综合三教的色彩日益明显，佛学典籍激增，大德高僧辈出。唐朝时期，巴蜀地区禅教尤盛，据宗密《禅源诸诠集都序》，当时国内有十大禅修派别，而巴蜀就有马祖道一开创，其后成为禅宗主流的洪州；禅宗五祖圭峰宗密所传荷泽；五祖弘忍十大弟子之一，与六祖慧能齐名的资州德纯寺智诜的南诜；成都保唐寺无住所传的保唐；以及在果州、阆州传布，也是五祖弘忍下的宣什五派。加之宗密所说的天台、稠那并非禅宗，巴蜀在当时禅宗八家中独占五家，只有北秀、牛头、石头三派于蜀中无传，显见在全国禅宗力量中，巴蜀最为雄厚。

隋唐时期，巴蜀佛学中思想深邃，影响后世极大的要数马祖道一、圭峰宗密两位禅师。此二人的佛学理论与佛教哲学集中体现了巴蜀哲学在唐代的崛起，不仅在蜀地，而且在全国都产生了重要影响。

唐代汉州什邡（今四川什邡）著名佛学大师马祖道一（709—788年）深入阐释"自心是佛"，独创"四层次接引法"，提出"任心为修法"等。马祖道一在佛教理论、教育方法、典籍文献、寺院寺规等方面均作了革新，全面确立禅宗"不立文字，教外别传，直指人心，见性成佛"的风格，从而真正地实现了佛教中国化。其中，他在哲学本体论、修养论上提出了"自心是佛""心外无别佛""四层次接引法""任心为修法"等佛学理论，产生了重要影响。

唐果州西充（今四川西充）宗密（780—841年）提出教禅与三教"和会"之论，多角度阐释真心本体等。宗密被尊为荷泽五祖，同时他又是华严四祖澄观的弟子，是华严宗内杰出的人物，被尊为华严五祖。他以华严教、荷泽禅为主，"和会"三教、教禅、禅之顿渐。宗密以此闻名于世。他总结、综汇了各宗思想，所以宗密的佛教哲学以融会为突出特色。作为"唐代中后期最大的禅宗学者"[1]，"唐代最后一位理论大师"[2]，

---

[1] 任继愈总主编：《佛教史》，中国社会科学出版社1991年版，第302页。
[2] 冯学成：《四川禅宗史概述·巴蜀禅灯录》章首"导言"，成都出版社1992年版，第10页。

宗密集隋唐佛学理论之大成，其思想"代表了中国佛家最高峰的思想"[①]。宗密"显已有自宗教折入于哲学之倾向"，"在哲学思维上，则实能有所组织，自寻一系统"[②]。其宗教哲学思想承前启后，在本体论、心性论、修养论等方面对宋明理学也产生了深刻影响。

五代时期的巴蜀哲学呈现出儒、佛、道三教均得到流传演变的趋势，这一三教并存、各自发展的局面在北宋前期得到延续，出现了"学统四起"，又走向会通的格局。

五代前后蜀统治下的四川相对安定，基本上保持了唐代以来的承平。前后蜀统治者重视学术，兴建学校，开科取士，后蜀宰相毋昭裔更刊刻石经，雕版印刷九经，对儒学的发展作出了重要贡献。前后蜀时期，统治者对佛教极为礼敬，伴随着一大批僧人入蜀，四川佛教有了进一步的发展，为宋代四川禅宗的全盛奠定了基础。道教在前后蜀时期也得到了很大的发展，与江西一道，成为"素崇重"道教的两大地区。蒙阳（今四川彭州）道士强思齐，字默越，王建赐号"玄德大师"，乾德二年（920）编撰《道德真经玄德纂疏》二十卷，以唐明皇《道德经》御注并疏为主，集河上公、严遵、李荣注，成玄英疏，并加以自己所作的疏，"言明道无为，显德有用，以道德二字为一篇之关键"[③]，对唐代兴起的重玄学作了进一步的发挥。唐末五代处州缙云著名道士杜光庭（850—933年）三次入蜀，弘道五十余年，作为"道门领袖"，对巴蜀道教哲学作出了重要贡献。同时对道教进行了全面的梳理，以道教融会诸教，阐发有无双遣的重玄思想，对道论进行了理论创新。永康（今四川崇州）道士彭晓著《参同契分章通真义》，也对道教发展产生了重要影响。

综上所述，蜀汉至隋唐五代，巴蜀哲学儒、释、道三教交融体现了其多元会通，兼容开放的特色，其中以宗密、马祖道一为代表的佛教哲学，以及以李荣、王玄览、杜光庭为代表的道教哲学影响甚大，为促进中国哲学的持续发展作出了重要贡献。

[①] 吕澄：《华严原人论通讲》，《社会科学战线》1990年第3期。

[②] 钱穆：《读宗密〈原人论〉》，《中国学术思想史论丛》第4卷，安徽教育出版社2004年版，第179、189页。

[③] （明）白云霁：《道藏目录详注》卷三《洞神部·玉诀类》，影印文渊阁《四库全书》本。

三　两宋巴蜀哲学对中国哲学发展的贡献

两宋时期是巴蜀哲学发展的高峰,继从汉代的发展,并经历了三国、两晋、南北朝至隋唐五代的流传演变,至宋代,巴蜀哲学进入发展的高潮期。其时,与全国学术发展的潮流相适应,重义理的宋学逐步取代重训诂的汉学而居于学术发展的主导地位。由儒、释、道三教鼎立到三教融合,巴蜀哲学和宋代蜀学也走过了"学统四起",而进一步发展为以儒为主,吸取佛、道,由汉学向宋学、由重训诂考释向重义理进而到重思辨性的哲理的转型,即由宋学到理学之演变。并且,蜀、洛融合,理学至南宋中后期逐渐成为巴蜀哲学与蜀学发展的主要趋势。①

北宋蜀学之"学统四起"主要表现在,北宋初,巴蜀经历五代乱俗,三教并存,人们尚未更多地接受儒学教化。从北宋初到北宋中叶,宋代蜀学的发展呈现出诸学并起的局面:宋初龙昌期崇尚老、佛,融贯三教,诋毁周公,杂糅诸家;章詧(993—1068年)隐居不仕,调和儒、道;北宋范氏家学之范镇(1008—1089年)、范百禄(1030—1094年)以儒为本、重视义理,游心经史,清心寡欲,批评功利主义和王安石新学;黎錞(1015—1093年)将《春秋》"三传"融于心,提出以经为主,易简明白,"专经而信道"的思想;鲜于侁(1019—1087年)以儒为主,重道乐道,提倡儒家伦理,谨守孔子之道,批评老庄思想和象数派观点;吕陶(1028—1104年)从"经者所以载道"②、重视义理的思想出发,批评当时蜀地仍然流传的章句训诂之学,提倡讲义理、以简易为宗的学问,其"经者所以载道"的思想与同时代的理学家二程"经所以载道"③的思想比较接近。吕陶还提出"蜀学之盛冠天下而垂无穷"④的见解,表明当时蜀学的影响非常之大;宇文之邵(1029—1082年)以儒家的政治伦理思想作为治国理政的基本原则,与当时思想家们复兴儒学、重整伦理

---

① 参见胡昭曦《宋代蜀学的转型》,《胡昭曦宋史论集》,西南师范大学出版社1998年版。
② (宋)吕陶:《净德集》卷二〇《策问》,影印文渊阁《四库全书》本。
③ (宋)程颢、程颐:《河南程氏遗书》卷六,《二程集》,王孝鱼点校,中华书局1981年版,第95页。
④ (宋)吕陶:《净德集》卷一四《府学经史阁落成记》,影印文渊阁《四库全书》本。

纲常，以维护社会治理与稳定的努力相一致，也体现了当时蜀地"学统四起"，诸学并进的主流仍然是儒学。但以上蜀学人物均未把宋学提升为重视哲理的理学。宋代蜀学的"学统四起"表明这一时期的巴蜀哲学呈现出融会各家，杂用佛、老，重视儒学，提倡义理，讲求伦理的治学实践和思想现状，这为宋代巴蜀哲学的进一步发展提供了多元的思想环境和文化背景。①

在经历"学统四起"，杂用诸家的演变过程中，与全国性的理学思潮的兴起相适应，理学也在宋代巴蜀地区悄然兴起。这主要表现在，宋初陈抟（871—989年）在四川游访，他继承象数学之传统，且把黄老清静无为思想、儒家修养、道教修炼方术及佛教禅观融为一体，其易学思想不仅对整个理学，而且对巴蜀理学的兴起和发展都产生了重要影响。其后，著名理学家周敦颐（1017—1073年）入蜀活动，教授学者，促进了宋代巴蜀理学的兴起。此外，程氏父子入蜀活动，尤其是北宋理学的代表人物程颐（1033—1107年）两度入蜀，在蜀著书立说，撰理学及义理易学的代表著作《伊川易传》于涪州（今重庆涪陵区），传道授业，产生了重要影响，直接促进和推动了宋代理学的兴起与发展。著名蜀学学者范祖禹（1041—1098年）认同理学，赞成二程的学问，亦是沟通蜀、洛的重要人物，客观上为宋代巴蜀理学的兴起和发展起到了促进作用。宋代巴蜀哲学的发展与三苏蜀学有着密切关系，不仅二程洛学在其形成和发展的过程中与三苏蜀学有着相互交往的关系，二者存在着相同相异之处，在相互辩难中促进了各自学术的发展，而且理学与蜀学的相互关系也影响了北宋以来巴蜀哲学的演变和发展。周敦颐、程颐的理学思想对巴蜀理学和蜀学产生了重要影响：一方面，宋代理学的代表人物周敦颐、程颐在蜀的学术活动和讲学、著述，就直接体现为宋代巴蜀理学的一部分，并通过程颐的蜀中弟子谯定、谢湜等影响了巴蜀理学；另一方面，程颐的著名弟子尹焞也入蜀活动、讲学，传播程颐的理学和易学思想，扩大了其在巴蜀的影响。此外，程颐的蜀中后学张浚、李石等也继承、传播了二程的学说，为南宋巴蜀理学的大发展起到了承上启下的作用。

---

① 蔡方鹿：《北宋蜀学三教融合的思想倾向》，《江南大学学报》（人文社会科学版）2011年第3期。

与北宋蜀学的"学统四起"和理学在巴蜀悄然兴起相联系，宋代蜀学出现了三教融合的思想倾向。从地域性文化与时代思潮的互涵互动关系来看，蜀学与儒释道三教联系紧密。以蜀学会通三教、融贯博通、重经学、积极进取不因循守旧等鲜明特色而与齐鲁学、楚学、吴越学、晋学、闽学、湘学、岭南学、徽学、赣学等地域性学术文化存在着相同相异之处，中华学术思想正好体现了这种融合差异的包容性。同时，三苏蜀学儒释道三教融通合一的学风与蜀籍宰相张商英（1043—1121年）三教"鼎足之不可缺一"[①]的思想相互映衬，体现了北宋时期巴蜀哲学的一个特点，并在一定程度上反映了整个中国哲学在当时的一个走向。

继北宋时期蜀学和理学等各派学术的发展，巴蜀哲学至南宋发展到一个高峰，这主要体现在：南宋时与朱熹齐名的著名蜀籍理学家张栻（1133—1180年）通过与朱熹等的交往和辩难，在中国哲学史上首次提出"心主性情"[②]的命题及其他重要思想，对理学的理论建构及促进宋代理学之集大成者朱熹思想的确立与成熟，产生了重要影响，直接为宋代理学的发展作出了突出贡献，而且也对宋代巴蜀理学的发展产生了深刻影响，促进了巴蜀理学的大发展。张栻父亲张浚，曾受学于程颐的蜀中门人谯定，为程颐在蜀后学。二程理学经由张浚在蜀中得昌，又得到其子张栻的发展，使理学在巴蜀大盛。张栻讲学于湖湘，蜀人多从之。不少蜀中学者从学张栻后，又回到巴蜀讲学，传播了张栻的理学思想。另一些巴蜀学者则私淑张栻，以求南轩之学为己任，在这个过程中，也传播和发展了张栻的思想，这就促进了宋代巴蜀理学的进一步发展。张栻著名弟子吴猎（1143—1213年）入蜀传播张栻理学，他在四川安抚制置使兼知成都府任上，命知成都府华阳县度正在成都府学汉文翁石室建"三先生祠堂"，以祠周敦颐、程颢、程颐三先生，并配祠朱熹和张栻，积极宣扬理学。又揭朱熹白鹿洞书院学规教诲之，请魏了翁记其事。从而使包括张栻思想在内的理学在宋宁宗嘉定之初得以流传于蜀，扩大理学在

[①]（宋）张商英：《护法论》，《大藏经》，台湾：新文丰出版公司1983年版，第52册，第643页。

[②]（宋）朱熹：《朱熹集》卷七三《胡子知言疑义》引，四川教育出版社1996年版，第3858页。

巴蜀学界的影响，为促进理学在巴蜀的发展作出了贡献。

此外，朱熹的蜀籍高足度正（1166—1235年）不仅通过入闽求学于朱熹数月，努力弘扬周敦颐、二程、邵雍、张载、朱熹等人的理学，而且亲撰《周敦颐年谱》，在蜀中大力宣扬理学，扩大了理学在巴蜀的影响。度正并发挥改造朱熹的思想，提出更具包容性的道统论，充分肯定汉唐诸儒费直、伏生、申公、戴德、董仲舒、韩愈、柳宗元在传儒家圣人之道及经典传授过程中的作用，指出汉儒所传《易》《书》《诗》《礼》《春秋》等经典，皆出自于孔子，由于他们的传授，使得"孔子之书赖之以存"，而韩愈、柳宗元则"驾两汉而追三代者"①，使圣人之道得以流传。认为汉代经学盛行，其徒众多，其列高官者不在少数，使其师道盛而不衰。下而相传至唐代，韩愈、柳宗元两人出而扶持斯道，使之振起。度正这种对汉唐儒者的肯定与正统理学家所宣扬的汉唐诸儒未能接续儒家圣人之道，致使圣人之道失传、道晦而不明的观点相区别，而具有兼采汉宋的特色。亦是对理学的改造和创新。

著名理学家魏了翁（1178—1237年）继承并发展了张栻、朱熹的思想，在四川创办当时藏书为全国书院之首（达十万卷）的鹤山书院，在巴蜀大力传播理学，扩大了理学在巴蜀的社会影响。他在朱熹、陆九渊之后不停留于朱学，折中朱陆，而又倾向于心学，预示着理学及整个学术发展的方向；魏了翁一再上疏，为周敦颐、程颢、程颐三人请谥，认为这关系到"学术之标准，风俗之枢机"，强调应以周程的思想来"风厉四方，示学士大夫趋向之的，则其于崇化善俗之道，无以急于此者"②，为确立理学正统地位发挥了重要作用。由此，魏了翁不仅在理学史上占有重要地位，而且他提出超越朱学，通过原典求得活精神，"不欲于卖花担上看桃李，须树头枝底方见活精神"③；重视事功，"欲以振天下趋事赴功之心"④；肯定人欲有善的一面，"欲虽人之所有，然欲有善、不善存

---

① （宋）度正：《性善堂稿》卷七《上费尚书书》，影印文渊阁《四库全书》本。
② （宋）魏了翁：《鹤山集》卷一五《奏乞早定程周三先生谥议》，影印文渊阁《四库全书》本。
③ （宋）魏了翁：《鹤山集》卷三六《答周监酒》，影印文渊阁《四库全书》本。
④ （宋）魏了翁：《鹤山集》卷二一《答馆职策一道》，影印文渊阁《四库全书》本。

焉"① 等一系列有价值的思想，促进了宋代学术和巴蜀理学的发展与创新，集宋代蜀学及巴蜀理学之大成。魏了翁不仅是南宋后期著名理学家，而且是继张栻之后宋代巴蜀理学的著名人物。他确立了具有巴蜀地域文化特色的理学之鹤山学派，而成为该学派的理论代表，不仅对整个理学，而且对宋代巴蜀理学的发展作出了突出贡献，由此对当时中国政治和理学的发展产生了不可忽视的影响。

以上巴蜀理学的代表人物张栻、度正、魏了翁等的学术思想和学术活动不仅促进了南宋理学的大发展，而且其精致的思辨性哲理也使两宋巴蜀哲学得到长足的发展，使得整个巴蜀哲学在宋代达到一个新的高度，也为促进宋代中国哲学的大发展作出了重要贡献，从而在中国哲学史上占有重要地位，对全国学术文化的发展产生了重要影响。

四 元明清巴蜀哲学对中国哲学发展的贡献

元明清时期巴蜀哲学发生了转型，并在转型中继续得以流传演变和发展。所谓元明清时期巴蜀哲学的转型，是指对理学的批判性自我反省。作为社会意识形态指导思想、官方哲学的理学，随着时代的变迁和社会的发展，其适应社会发展的必然性逐渐消减，而其流弊日渐显露，遭到了人们的批判。人们纷纷把批判的目标指向理学及各流派，而提倡以经世致用、思想启蒙、批判专制、重考据训诂为主要内涵的实学。这主要表现在由正统理学向融贯博通，提倡实事，崇实黜虚，通经致用，重视考辨训诂，肯定情欲，重视人情，提倡理欲结合，情理结合，批评理学流弊，批判封建专制主义，重视事功和功利等的实学思潮转型。使巴蜀哲学在转型中得到持续发展，并为中国哲学和近现代巴蜀哲学的进一步发展打下了坚实的基础。

元代蜀籍思想家虞集（1272—1348 年）一方面崇道宗朱，表彰和传播巴蜀理学和魏了翁之学；另一方面不囿于朱陆之争，而重视心学，预示着学术发展的趋向。虞集还融通三教，"博涉于百氏"②，集中体现了元

---

① （宋）魏了翁：《鹤山集》卷三二《又答虞永康》，影印文渊阁《四库全书》本。
② （元）虞集：《道园遗稿序》，《虞集全集》，天津古籍出版社 2007 年版，第 1176 页。

代学术的特色。就虞集的理学思想而言，他调和朱熹、陆九渊之学体现了其学术思想融贯博通的特色；就他的整个学术思想而言，他融通三教，涉猎于百家，又是他融贯博通，不重区别对待的学术思想特点的表现。这也是在理学思潮兴起和发展的过程中，中国哲学及思想文化儒、释、道三教融合的反映；亦是虞集对宋元以来各家各派学说流传发展的总结和综合，体现了元代学术所具有的融通、包容之特色。[①]

明代巴蜀著名学者杨慎和巴蜀著名隐士学者来知德均对理学提出了批评和疑辨，并重视和提倡实学，体现了巴蜀哲学的发展趋向。状元杨慎（1488—1559年）是明中叶独具新风的思想家，他站在实学的立场，在当时宋明理学居统治地位的时代，对正宗的程朱理学和后起的王阳明心学展开了尖锐的批判。并在批判中，大力主张恢复两汉经学的考证方法，提倡一种多闻、多见、尚博、尚实、重传注疏释的学风和治学方法。为纠正理学流弊，促进学风的转向做出了贡献，在巴蜀哲学史和明代学术史上占有重要地位。这对于打破当时学术界的旧传统、旧思想，对于以后整个中国的"经世致用"之学和考据学的兴起和发展，都产生了重要影响，亦体现了杨慎是一位开一代学术新风的思想家，其在中国学术史上占有重要地位。

来知德（1525—1604年）对宋明理学既有批评和疑辨，亦有所肯定，总的来讲是以孔子为源头，而对理学的超越。他强调继承发扬孔子思想，并贯彻到躬行实践中，认为言行一致，躬行践履就是"实学"。并以气本论批评了朱熹的理本论和太极论。同时，来知德提出了自己独特的"舍象不可以言易"，假象以寓理，"理寓于象数之中"[②]的易学思想和"太极不过阴阳之浑沦"[③]的观点，认为太极之理以气的聚散、流行为其存在的根据；并错综取象以注《易》，对象、错、综、变、中爻等加以说明，把错综中爻的理论与卦爻辞紧密结合，用象数释义理，对《周易》予以新解，发展了传统易学，而在易学史上占有重要地位。

---

① 蔡方鹿：《融贯博通，会归于道——从虞集思想看元代理学的走向》，载北京大学《哲学门》第22辑，北京大学出版社2011年版。

② （明）来知德：《周易集注》卷一三《系辞上传》，张万彬点校，九州出版社2004年版，第645页。

③ （明）来知德：《周易集注》末卷《古太极图说》，张万彬点校，第843页。

明清之际四川新繁（今成都新都区）的费密和四川达州的唐甄都是巴蜀哲学史上的著名思想家，在全国也占有重要地位。费、唐二人进一步丰富和发展了实学思想，为实学思潮的兴起和蔚为大观，以及巴蜀乃至整个中国哲学的转型作出了重要贡献。

费密（1625—1701年）提出"中实之道"的思想，提倡实事实功，成为当时实学思潮的重要组成部分，体现了明清之际的时代精神。费密主张"欲不可禁"也不可纵，批评"专取义理"而压制人欲的倾向。他的弘道论别具特色，主要是提出了帝王道统的"道脉谱论"，以代替理学儒生统道的道统论；并提出"舍经无所谓圣人之道"① 的思想。主张不受宋儒说经的束缚，从汉唐诸儒对儒家经典的注疏中求得圣门本旨。由此尊崇汉儒，重视训诂注疏，开清朝汉学之风气，给后来的汉学复兴以重要影响。为此，胡适指出："费氏父子一面提倡实事实功，开颜李学派的先声；一面尊崇汉儒，提倡古注疏的研究，开清朝二百余年'汉学'的风气。"② 给予费密很高的评价。

唐甄（1630—1704年）提出"凡为帝王者皆贼也"③ 的思想，其对封建帝王专制主义的批判，在全国产生了很大的影响，是其思想的一大亮点；唐甄在治学中，重视事功，批评程朱理学，主张道不离欲，把道德原则建立在实事实功和客观物质欲望的基础上。其对理学的批判，反映了时代的变迁和社会风尚的转移，由重道德自律转向事功之学和关注人生日用。唐甄还提出心为本，经为末，五经不过是明心之助，四书重于五经的思想，具有自己的特色。这些方面体现了唐甄的社会批判、启蒙和实学、心本经末的思想，在当时的中国思想界和巴蜀哲学史上占有重要位置。

清中叶四川双流的著名思想家刘沅（1768—1855年）的学术思想集中反映了那个时代蜀学的面貌。其对理学的扬弃，对三教的融合，对经学的"恒解"，既具时代精神，又呈现个人特质。由此表现出既与理学、清代汉学不同，并对二者提出批评，又不完全舍弃二者，确有自己独到

---

① （清）费密：《弘道书》卷上《道脉谱论》，怡兰堂丛书1920年刊本。
② 胡适：《胡适文存》二集，上海亚东图书馆1924年版，第138页。
③ （清）唐甄：《潜书·室语》，吴泽民编校，中华书局2009年版，第196页。

的见解和深厚的理论积淀。

刘沅创造性地提出先天、后天说,这是对理学的扬弃和发展。他不仅批评理学流弊,这是他思想日新的表现而具有时代性,而且在此基础上,也对其继承发展,并非一味反对。刘沅重视人情,又以天理为指导,是在价值观上一定程度认同于理学的表现;刘沅对理学的经学观也基本认同和肯定,在这个过程中他阐发自己的新思想。同时,不论自觉与否,刘沅都不能完全摆脱一代学术思潮理学对他的深刻影响,客观上对理学有所承袭和发展,使之具有了新的时代特色。①

这一时期巴蜀思想家杨慎、费密、唐甄、刘沅等大力提倡实学,强调实事实功,为中国哲学在批评理学流弊的基础上,向肯定情欲,重视事功和经世致用方向转型作出了重要贡献。

五　近现代巴蜀哲学对中国哲学发展的贡献

近现代巴蜀哲学在批判传统中走向兴盛而具有新的时代特点,并对中国近现代哲学的发展作出了贡献。

近现代巴蜀哲学思想的发展线索是在批判传统中走向兴盛。鸦片战争以来,中国社会发生了深刻变动,西方列强利用坚船利炮打开了中国的大门,使有古老传统的中国一步步地沦为半殖民地半封建社会,中华民族遭受到前所未有的掠夺和劫难。先进的巴蜀有识之士为了救亡图存,一方面学习和借鉴西方的先进思想文化,寻求救国救民的道理;另一方面批判传统的思想文化观念,并在批判传统中提出自己的新思想,使巴蜀哲学得以兴盛。最终马克思主义的中国化为巴蜀地区社会文化和哲学发展指明了方向。

四川井研的廖平(1852—1932年)的经学思想中包含着对封建主义的批判,他在"经学二变"中提出"尊今抑古"的思想,认为古文经乃刘歆等所伪造,并认为孔子"微言大义"的真谛是"托古改制"。这两点见解的政治意义要大于它的学术价值。古文经学在历史上长期占统治地位,也是清王朝专制统治的重要理论基础,一旦被廖平宣布为伪造,对

---

① 蔡方鹿:《刘沅对理学的批评》,《中国哲学史》2011年第4期。

打破两千年来无人敢疑、无人敢违的旧传统,把人们的思想从禁锢中解放出来,具有思想启蒙的积极意义。廖平根据时代的要求,强调托古改制,因时救弊,是具有重要政治意义的。他说:"《周礼》到晚末,积弊最多。孔子以继周当改,故寓其事于《王制》。……凡其所改,专为救弊。此今学所以异古之由。"① 他指出,孔子面对"春秋时礼坏乐崩"的局面,深感不安,"乃思垂教","笔削《春秋》",对《周礼》进行因革损益,以成《王制》,"孔子意在改制救弊"②。既然历史上的圣人孔子都可以对传统的礼制进行改革,加以"增减",那么后世的人们为什么不可以这样做呢?于是廖平把春秋时改周礼之弊与现实的政治改革联系起来,甚至相提并论。他说:"春秋时,有志之士皆欲改周文,正如今之言治,莫不欲改弦更张也。"③ 这样,现实社会改革弊政、"改弦更张"的政治要求就与孔子"改制救弊"的主张相符合。今文经学经过廖平的这样一改造,孔子就不仅是两千多年前的孔子,而且是近代的孔子了。廖平所提出来的孔子"托古改制",以及"改制救弊"的思想,主要是借孔子这个历史权威来表达现实社会政治改革的主题罢了。这对康有为以《新学伪经考》《孔子改制考》为代表的、具有全国性意义的维新变法哲学产生了重要影响。

出生巴蜀的青年才俊以极大的热忱接受新思想,以强烈的历史责任感积极投身到变法革新的运动之中。有的走出偏僻的巴蜀之地,到全国政治文化的中心学习先进思想和参加革新斗争,甚至远涉日本等地留学,这其中包括在中国近代史上有着重要影响的三位重要人士:被称为"六君子"之一的变法志士杨锐,有清末"新学巨子"之称的维新改良思想家宋育仁,以及被喻为"革命军中马前卒"的民主革命者邹容。他们都接受了西方民主、自由、法制、进化等新思想,为中国的社会革新作出了积极的贡献,尤其是出生于四川巴县(今重庆市巴南区)的邹容(1885—1905年)既倡导民主革命,又痛恨西方列强的侵略扩张,主张进行反对帝国主义的民族斗争。但中华民族的危难是由于腐败无能的清朝

---

① 廖平:《今古学考》卷下,《廖平学术论著选集》(一),巴蜀书社1989年版,第78页。
② 廖平:《今古学考》卷下,《廖平学术论著选集》(一),第75页。
③ 廖平:《今古学考》卷下,《廖平学术论著选集》(一),第85页。

政府造成的。因此他主张"欲御外辱,先清内患",推翻清王朝的统治才是当务之急。邹容撰写的《革命军》,集中体现了他反封建专制制度和他的自由、民主、革命等思想。这对于后来进行的辛亥革命有着积极的推进作用。

四川新繁(今成都市新都区)的吴虞(1872—1949年)对孔孟之道展开了激烈批判,被胡适称为"只手打倒孔家店的老英雄"。他以西方平等观与法治思想批判儒家礼教,以西方三权分立与学术自由思想批儒家专制主义,以西方独立、自由、平等观批判儒家孝本论,以西方男女平等思想批判儒家男尊女卑论,在当时产生了全国性的影响。我们以马克思主义的辩证方法和历史唯物论观点,以及现代阐释学的原理,来审视吴虞对孔孟之道或儒学的批判便可看出,其批判是合理性和局限性并存的,而不应作片面的理解。

四川乐山的郭沫若(1892—1978年)通过对孔子思想批判的反思,得出了与批判者不同的结论。他认为孔子的立场是顺乎时代潮流与同情人民解放的,孔子大体上是代表人民利益的,孔子的"仁"是人道精神,孔子主张开发民智,孔子所讲之"命"是自然界的必然性,从而对孔子思想做出肯定性的价值评价。但逆历史发展的规律而动,宣扬复古思想,郭沫若则是坚决反对的。直到今天,郭沫若对孔子思想批判的反思也还有一定的启发意义。

四川盐亭的蒙文通(1894—1968年)以理气分合的哲学观对朱熹、王阳明提出批评。蒙文通又认为陆象山准确地理解了孟子关于本心、思诚和择善三者之间的关系,所以是得到了思孟学派的真传,对象山加以赞扬。蒙文通在服膺列宁哲学后对理学有了新的评价。具有调和程朱理学与陆王心学的思想倾向,并肯定罗钦顺等的唯物主义气本论和气化论,又批评"先天论",契心于陈乾初、王船山的"发展论"。此外,应该看到,不管蒙文通先生前后思想如何变化,但是对孔孟思想的推崇却是一以贯之的。

巴蜀现代新儒家代表人物贺麟和唐君毅先生均是我国学贯中西的著名哲学家。贺麟(1902—1992年)在本体论上,构建了一个新心论体系。他在文化哲学观上,提出了具有等级式结构的文化体用观;指出要对西学进行华化、儒化,尤其是提出了中国的复兴实质上就是文化的复兴,而文化的复兴主要就是儒家文化的复兴；主张中国文化与西方文化融通，其根本途径就是大规模地、无选择地输入西洋文化学术，以西方的哲学发挥儒家的理学，以基督教的精华以充实儒家的礼教，以西洋的艺术以发扬儒家的诗教。唐君毅（1909—1978年）构建起一个关于哲学、道德、文化思想的庞大理论体系。它是以中国传统的人文精神，包括以儒家的心性哲学、伦理道德等为根基，融合中西印文化而成。在文化意识方面，唐君毅不仅进行了深入研究和系统阐发，而且有着他自己的生命体验和开拓性的创新，还有意识地把人们引向那生命存在和心灵境界的圣处，使其有一个安身立命之所。所以，他被牟宗三赞誉为"文化意识宇宙中之巨人"。无论是贺麟还是唐君毅的哲学思想都对中国思想界产生了重要影响。

整体而言，巴蜀近现代哲学思想是中国近现代哲学的重要组成部分。其产生、发展与全国近现代哲学的产生与发展是基本同步的。主要表现在：除实证论之外，几乎所有的中国近现代思想，包括维新变法哲学观、民主革命的政治哲学思想、马列主义哲学、新儒家哲学，以及对孔孟之道的批判，对西方哲学，特别是对黑格尔哲学、新黑格尔主义、康德哲学等的批判吸取等，无不在巴蜀哲学家、思想家那里体现出来。出现这种状况的原因是多方面的：第一，近现代巴蜀地区同全国大多数地区一样，有着半殖民地半封建社会和受外敌的侵略掠夺的历史背景；第二，在巴蜀之地，经历着与全国一样的维新变法、辛亥革命、新民主主义革命的洗礼；第三，出生在巴蜀之地的大多数哲学家或思想家都到过我国思想文化发达的地区，有的甚至漂洋过海，从而接受了新的哲学观，掌握了新的研究方法，开阔了哲学研究的视野。这样，巴蜀哲学思想的产生、发展与全国基本同步就在情理之中。

与此同时，巴蜀近现代哲学思想还具有自己的特质。主要表现在四个方面。

一是黑格尔哲学、新黑格尔主义研究成就突出。在这方面，贺麟先生是黑格尔哲学和新黑格尔主义研究大家，唐君毅先生也是研究黑格尔哲学至深的哲学家。此外，张颐对黑格尔伦理学有着独到的研究。

二是现代新儒家思想凸显。中国现代新儒家主要人物有梁漱溟、熊十力、冯友兰、贺麟、唐君毅、牟宗三、徐复观、方东美、杜维明等，其中巴蜀出生的就有贺麟、唐君毅两人，他们都建立了自己的现代新儒学体系。如果加上生于四川成都，又于1939年在四川乐山乌尤寺创建复性书院，任院长兼主讲的现代新儒学大师马一浮（1883—1967年），那就有三位现代新儒家代表人物出生于巴蜀。

三是中西哲学思想融会贯通。其主要表现为吴虞批判孔孟之道时所运用的思想武器是西方近现代思想与先秦道法两家的思想并用，尤其是贺麟、唐君毅先生的哲学思想有着典型的中西融会贯通的色彩。

四是批判孔孟之道方面涌现出了在全国有较大影响的学者。这就是吴虞先生。我们暂且不评论这种批判的价值。当时全国对孔孟之道批判最为激烈的除胡适、陈独秀外，就是巴蜀的吴虞。胡适称他是"只手打倒孔家店的老英雄"。

巴蜀近现代哲学思想的发展经历了一个先经学哲学，再政治哲学，后凸显哲学的学术性的理论哲学的过程（但这个发展过程中三个不同的哲学阶段是以各个阶段的主要哲学特征来划分的，并不是说每一个阶段只有这个主要哲学思想）。经学研究的代表人物是廖平。他既是巴蜀地区，又是全国范围内近代经学研究的典型代表。其经学研究经过"六变"之后，致使其经学思想越变越无前途，这标志着旧时代经学的终结。紧接着，在巴蜀地区出现了变法维新和旧民主主义革命的政治哲学思想的代表人物杨锐、宋育仁、邹容等，他们提出并且实践着变法维新思想和资产阶级的旧民主主义革命思想。此后，吴虞对孔孟之道的批判及郭沫若对孔子思想的批判性反思虽然具有哲学思想的属性，但是又无不具有浓厚的政治色彩。再后来，蒙文通、贺麟、唐君毅的哲学思想同政治有一定的瓜葛，但是他们的哲学思想无疑有着非常强的学术性，包括理论性、方法论、逻辑性、说理性等均十分凸显，而且其思想理论愈来愈丰富，愈来愈具有开拓性和创新性。这就是巴蜀近现代哲学发展的内在逻辑。

总之，近现代巴蜀哲学家和思想家的哲学思想古今中西会通，促进了近现代巴蜀哲学的发展兴盛，他们在联系社会发展实际所做出的理论创造，体现了巴蜀哲学的独特魅力，为促进中国哲学在近现代的持续发展创新，作出了积极的理论思维的贡献，对今天中国哲学的创新发展，也具有重要的意义和价值。

不仅如此，马克思主义哲学也在近现代巴蜀大地得到了广泛的传播。就马列主义的学习与传播来讲，在五四运动的推动之下，1919年夏天，从日本留学归来的王右木（1887—1924年）在成都成立了马克思读书会，于是马列主义开始在巴蜀传播。此后，创办了宣传、学习马列主义的刊物；在巴蜀各地建立了共产党的组织，马克思主义在巴蜀之地逐渐深入人心。抗日文化主将、马列主义者郭沫若运用马列主义思想对先秦诸子哲学思想进行考察批判，并且运用辩证唯物论、历史唯物论的方法研究历史、文学、戏剧等，均取得了丰硕的成果且影响深远。

（原载《哲学动态》2013年第1期，蔡方鹿、刘俊哲、金生杨三人合著，笔者为第一作者。）

扬雄的道统思想及其在
道统史上的地位

扬雄（前53—18年），西汉儒学家、辞赋家、语言学家、经学家、哲学家。字子云，蜀郡成都（今四川省成都市郫都区）人。学术界对扬雄的太玄哲学、经学、辞赋学、人性论等做了大量研究，取得了丰硕成果。而对其道统思想展开进一步的探讨，亦可丰富对扬雄思想的研究。

扬雄少时好学，博览多识，酷好辞赋。口吃，不善言谈，而好深思。家贫，不慕富贵。早年常作辞赋，名声远播。后来认为辞赋乃"雕虫篆刻"，不过是"少而好赋"，"壮夫不为也"[①]，转而研究儒家经学。仿《易经》作《太玄》，仿《论语》作《法言》。在其所著《太玄》一书里，扬雄以"玄"为最高范畴，建立天地人合一的哲学体系。在其《法言》一书中，极力推崇孔子和"五经"。扬雄在批评诸子，尊孔崇圣，重视五经，五经济道，自比于孟子的基础上，初步提出了儒学道统思想，以回归和传承儒家圣人之道为己任。认为儒家圣人之道一脉相传而众说不足为言，由此坚守圣人之道，对诸子提出批评。这对后世儒家道统思想的提出产生了一定的影响，并在道统思想发展史上占有一定的重要地位，而值得探讨总结。

一 扬雄的道统思想

所谓道统，一般指儒家圣人之道的传授统绪。道统是维系道存续的形式，道是道统所传授的内容。道统是以传道为目的，为道的存续而形

[①] 汪荣宝：《法言义疏》三《吾子》，中华书局1987年版，第45页。

扬雄的道统思想及其在道统史上的地位

成的。道统本身不是原则或尺度，它包含了道的原则，是为道的思想、道的原则和精神服务的系统和形式。儒家为了论证圣人之道的精神和道的传授系统，便形成了道统论。道统论可视为体现儒家圣人之道传授系统的理论。道统思想影响广泛，一脉相传，至现代而不绝，成为儒学理论的重要组成部分，对维系民族精神、保持文化传统发挥了重要作用，但也存在着流弊。

以往对扬雄在儒家道统中的地位注意不多，其实扬雄本人提出了类似道统的思想，值得关注和探讨。他说："学之为王者事，其已久矣。尧、舜、禹、汤、文、武汲汲，仲尼皇皇，其已久矣。"[1] 认为学之为王者之事，相传甚久。从尧、舜、禹、汤、文、武，以及于孔子，而"孔子习周公者也"[2]，所谓"学之为王者事"，是指把儒学思想贯彻于外王事业。即把儒家的"内圣外王"之道传承下来，也就是指儒家之道经历代圣王一脉相传，流传至今。其中孔子的作用很重要，"天之道不在仲尼乎？仲尼驾说者也，不在兹儒乎"[3]？是说孔子继承周公，接续了圣人之道，如此肯定孔子的重要地位。而且扬雄也指出，孔子潜心于文王，而继承了文王之道。"'敢问：潜心于圣？'曰：'昔乎仲尼潜心于文王矣，达之。'"[4] 也就是说孔子效法文王，使道得以通达。

扬雄肯定伏羲在文明起始中的作用。他说："鸿荒之世，圣人恶之，是以法始乎伏羲，而成乎尧。匪伏匪尧，礼义哨哨，圣人不取也。"[5] 认为圣人之法始创于伏羲，而成于尧。指出如果违背了圣人之法，就会导致礼义不正，因而为圣人所不取。

关于道的性质，扬雄认为，道即为通，无所不通。但道须与圣人结合才为正道，否则即非正道。"或问道。曰：'道也者，通也，无不通也。'或曰：'可以适它与？'曰：'适尧、舜、文王者为正道，非尧、舜、文王者为它道，君子正而不它。'"[6] 通达之谓道，表述了道的一般性质。

---

[1] 王荣宝：《法言义疏》一《学行》，第22页。
[2] 王荣宝：《法言义疏》一《学行》，第13页。
[3] 王荣宝：《法言义疏》一《学行》，第6页。
[4] 汪荣宝：《法言义疏》七《问神》，第137页。
[5] 汪荣宝：《法言义疏》六《问道》，第118页。
[6] 汪荣宝：《法言义疏》六《问道》，第109页。

但扬雄所谓的正道,是指尧、舜、文王圣人之道,与之不同的则为它道,即为扬雄所批判的诸子之学等。扬雄强调"君子正而不它",正指正道,其对立面则为它道。表现出扬雄崇圣尊儒,辟异端,维护孔子儒家正统的思想。

与此相关,扬雄提出了道的因革问题,以及无为与否的问题。"或问:'道有因无因乎?'曰:'可则因,否则革。'或问:'无为。'曰:'奚为哉?在昔虞、夏袭尧之爵,行尧之道,法度彰,礼乐着,垂拱而视天民之阜也,无为矣。绍桀之后,纂纣之余,法度废,礼乐亏,安坐而视天民之死,无为乎?'"①认为有道则因,无道则革。就如当年舜、禹继承尧的事业,推行尧之道,使得法度章明,礼乐盛行,百姓富有,安居乐业,这就是无为而治。而夏桀、殷纣则倒行逆施,使得法度废弃,礼乐丧失,百姓死于非命,这难道是无为?表明"可则因"是指继承延续尧、舜、禹圣人之道,"否则革"则指革桀、纣暴君之命。这反映了扬雄提倡道统的针对性在于清除与儒家圣人之道相悖的桀、纣等暴君的失道、乱道作为。亦是对诸子等异端思想的清理,具有一定的排他性。而以是否符合、认同和推行儒家圣人之道作为判断是非和是否与儒家圣人保持一致的标准。

扬雄在断断续续的论述中,先后提出了伏羲、尧、舜、禹、汤、文、武、周公至孔子等儒家人物,他们学之为王者事,传圣人之道。扬雄又抬高孟子的地位,以孟子继承孔子而与孔子无异。扬雄又自比于孟子。"窃自比于孟子",批评不良学风,以尊儒宗孔,回归孔子儒学本身。

扬雄之所以把自己比作孟子,其直接目的是继承孟子辟异端,弘扬孔学的事业,将孔孟之学发扬光大。他说:"古者杨、墨塞路,孟子辞而辟之,廓如也。后之塞路者有矣,窃自比于孟子。"②指出古代杨朱、墨翟之学堵塞了孔子圣人之路,孟子出来辞而辟之,批判杨墨之学,使得孔子之道彰显。但孟子之后,又有塞孔子之道者。所以扬雄以继承孟子,弘扬孔学为己任,力辟诸子之学,表现出扬雄传承道统的弘道精神。

扬雄高度评价了孟子勇于追求仁义道德的价值观。"'请问孟轲之

---

① 汪荣宝:《法言义疏》六《问道》,第125页。
② 汪荣宝:《法言义疏》四《吾子》,第81页。

勇。'曰：'勇于义而果于德，不以贫富、贵贱、死生动其心，于勇也，其庶乎！'"① 赞扬孟子能够做到见义勇为，不以贫富、贵贱、死生来动摇其对儒家仁义道德的追求，而非"见义不为，无勇也"。表现出他对孟子的推崇。

扬雄盛赞孟子，将孟子与诸子区别开来，抬高孟子的地位，开后世韩愈、程朱重视孟子之先河。并对荀子也做出评价。

> 或问："孟子知言之要，知德之奥？"曰："非苟知之，亦允蹈之。"或曰："子小诸子，孟子非诸子乎？"曰："诸子者，以其知异于孔子也。孟子异乎？不异。"或曰："孙卿非数家之书，侻也；至于子思、孟轲，诡哉！"曰："吾于孙卿与？见同门而异户也，惟圣人为不异。"②

认为孟子不仅能够掌握要言和奥德，而且还能信而行之，将知行结合起来。当回答学者提问难道孟子不是诸子的问题时，扬雄以是否异于孔子作为划分诸子与否的标准，诸子与孔子相异，所以为诸子，而扬雄强调，孟子不异于孔子，所以不是诸子。在当时学术界把孟子视为诸子的情况下，扬雄不人云亦云，而是把孟子视为与孔子无异、脱离诸子的人物，这实乃后世将《孟子》由子入经的先导。对于荀子，扬雄有所肯定，也有所不满。认为荀子的《非十二子》非数家之说尚可，但对子思、孟子的责难则为诡异之说。扬雄评价自己与荀子的关系是"同门而异户"，二人虽有差异，但就同属于圣人之门而言则无异。可见扬雄并未把荀子排除在外，相异的只是户，而非门。只是相对而言，扬雄更为认同孟子。这也对后世崇孟抑荀产生了一定的影响。

这样，在扬雄的论述中，初步形成了由伏羲始创圣人之法，经尧、舜、禹、汤、文、武、周公至孔子、孟子，至扬雄这样一个儒家圣人之道传授的统绪。

扬雄初步提出道统思想的针对性在于诸子之学的流传和受诸子之学

---

① 汪荣宝：《法言义疏》一六《渊骞》，第419页。
② 汪荣宝：《法言义疏》一八《君子》，第498—499页。

影响而产生的经学流弊，这也是对西汉后期打着孔子旗号，标榜孔学正统，而实则混入诸子之学，阴阳灾异学说盛行，谶纬迷信泛滥之经学弊端的批判。认为董仲舒、夏侯胜和京房具有共同的推知灾异的思想倾向。他说："灾异，董相、夏侯胜、京房。"① 这显然是受到了阴阳家的影响，而与儒学正统有别。扬雄并指出，受诸子影响就会出现驳杂的不良学风，它们与圣人之学不同，圣人不杂，而它们相杂，所以为病。"或曰：'淮南、太史公者，其多知与？曷其杂也！'曰：'杂乎杂！人病以多知为杂，惟圣人为不杂。书不经，非书也；言不经，非言也。言、书不经，多多赘矣。'"② 指出淮南王和太史公以其多知不纯为杂，其书、言不以儒家经典为归依，所以为杂，多余而无用，而圣人则不杂。

总的来讲，虽然扬雄提出的道统思想还不那么系统、完备和深入，但与他的尊儒宗孔，批评诸子学和汉学流弊的思想相联系，具有一定的排他性，强调回归儒学正统，发扬传承儒家圣人之道。对后世的道统论产生了一定的影响，也体现了扬雄尊孔崇儒的诠释路向。

二 坚守圣人之道，批评诸子

扬雄在提出道统思想，并初步叙述儒学道统的承传说的基础上，认为儒家圣人之道一脉相传而众说不足为言，针对汉代经学定于一尊后出现的流弊，扬雄批评异于孔子的诸子之说，以及当时经学的流弊。表达其尊儒宗孔，坚守和发扬正统儒家学说的立场，最终是为了自觉奉行儒家圣人之道。

扬雄坚守儒家正统学说，其针对性便是异于孔子学说的诸子之说。扬雄所处时代，虽经汉武帝采纳董仲舒"罢黜百家，独尊儒术"的建议，但当时的士人并未完全认同于儒术儒经，并由于经学在其流传演变的过程中，出现了各种流弊，学者严守师法家法门户之见，经学与利禄之学相结合，失去了五经乃济道的宗旨，以至于阴阳灾异、天人感应、谶纬神学盛行于世，使得众说淆乱，莫衷一是。

---

① 汪荣宝：《法言义疏》十七《渊骞》，第450页。
② 汪荣宝：《法言义疏》八《问神》，第163—164页。

面对思想界的混乱局面,扬雄以传扬儒家圣人之道为己任,既重视五经,亦尊崇孔子,维护和推行孔子之道,纠正异于孔子学说的诸子之说和经学之流弊。他说:"委大圣而好乎诸子者,恶睹其识道也。"① 指出,如果尊崇儒家圣人,却喜好诸子,那怎么能表明你识其道?可见在扬雄看来,尊崇儒家圣人与喜好诸子是不能并存的。实际上扬雄是把诸子视为异于孔子学说的异端。他说:"诸子者,以其知异于孔子也。"② 这即是扬雄对"诸子"下的定义。由此扬雄展开对诸子的批判,这包括对道家、法家、墨家等各家的批评,目的在于通过贬抑诸子来回归儒学,重新树立儒家圣人的权威。可以说,扬雄坚守圣人之道,批评诸子的目的就在于辟异端,维护孔子儒家正统地位。

(一) 对道家的批评

扬雄云:"庄、杨荡而不法。"③ 认为道家人物庄子和杨朱放荡而非法。对于道家的神怪观念,扬雄提出批评:"神怪茫茫,若存若亡,圣人曼云。"④ 认为神怪无实,其存亡无法证明,是不能明确验证的事,所以圣人不谈论怪力乱神,这表现出扬雄具有一定的无神论倾向。

与此相关,扬雄也批评了道家长生不死的修仙之说:"有生者必有死,有始者必有终,自然之道也。"⑤ 认为生死乃自然规律,不可能有所谓长生不死的神仙,即使圣人也是要死的。"或问:'人言仙者,有诸乎?'他说:'虙羲、神农殁,黄帝、尧、舜殂落而死,文王,毕;孔子,鲁城之北。'"⑥ 指出伏羲、神农、黄帝、尧、舜、文王、孔子这些圣人也难逃一死,表明世上没有长生不死之人,所谓神仙也是不存在的。并驳斥有仙之说。"或曰:'世无仙,则焉得斯语?'曰:'语乎者,非嚣嚣也与?惟嚣嚣为能使无为有。'"⑦ 有人对无仙之说提出质疑,认为如果说无

---

① 汪荣宝:《法言义疏》四《吾子》,第67页。
② 汪荣宝:《法言义疏》一八《君子》,第498页。
③ 汪荣宝:《法言义疏》一一《五百》,第280页。
④ 汪荣宝:《法言义疏》一三《重黎》,第327页。
⑤ 汪荣宝:《法言义疏》一八《君子》,第521页。
⑥ 汪荣宝:《法言义疏》一八《君子》,第517页。
⑦ 汪荣宝:《法言义疏》一八《君子》,第518页。

仙，那为何有神仙的说法？扬雄反驳说，所谓神仙的说法，不过是道家神仙方士的嚣嚣虚语，正是由于嚣嚣虚语的流传，才导致"使无为有"，使得原本没有的神仙被臆造出来。扬雄坚持天地之间本无神仙的观点是针对当时托名于神仙，力图证明预言事后必有应验的谶纬神学的一种批判，而与经学的谶纬化有别。这对后来桓谭、王充反对神仙迷信之说和谶纬神学，批评经学庸俗化和神秘化产生了一定的影响。

扬雄并对道家抛弃仁义的思想提出批评。他说"老子之言道德，吾有取焉耳……及搥提仁义，绝灭礼学，吾无取焉耳"①。他对老子讲道德的言论较为欣赏且有所取，但对老子抛弃仁义，绝灭礼学的思想则提出批评，体现了扬雄虽融合儒道，但以儒家思想为本位的学术特征。

需要指出，扬雄以儒为宗，又取法于道，将《易》《老》相结合。对《周易》加以重构，既从形式上加以模仿，又从内容上进行改造，构筑起以玄为核心，玄乃"幽摛万类"的宇宙本原的哲学体系，继承发展了儒家哲学，具有自身独到的特点。而他尊儒宗孔，又继承其师严遵，作《太玄》，借鉴吸收了老庄之学，儒、道相兼，具有较强的融通性。但他对道家的神仙之说和抛弃仁义、灭绝礼学的思想也提出了批评，表明他对儒家圣人仁义之道的坚守。

（二）对法家的批评

扬雄指出："申、韩险而无化。"② 认为申不害、韩非等法家人物专任刑法，犯险而无教化。并对申、韩之法提出批评："或曰：'申、韩之法非法与？'曰：'法者，谓唐、虞、成周之法也。如申、韩！如申、韩！'"③ 申、韩之法虽也是法，但扬雄所提倡的法，却是指唐、虞、成周以仁义礼乐为指导的法，而申、韩之法何足为法。

扬雄进一步批评缺乏仁义的申、韩法家之术。他说："申、韩之术，不仁之至矣。若何牛羊之用人也？若牛羊用人，则狐狸、蝼螾不腰膂也与？""或曰：'刀不利，笔不铦，而独加诸砥，不亦可乎？'曰：'人砥，

---

① 汪荣宝：《法言义疏》六《问道》，第114页。
② 汪荣宝：《法言义疏》——《五百》，第280页。
③ 汪荣宝：《法言义疏》六《问道》，第134页。

则秦尚矣。'"① 正因为申不害、韩非之术不行教化,专任刑法,被指为不仁之至。扬雄反对法家行严刑峻法,把人民当牛羊一样,制民如牛羊临之以刀俎,任其宰割。故人亦像狐狸蚯蚓一样,活不过多久就会死掉。对于刀钝砺之以砥,笔秃铦之以刀,申、韩行法以救乱,就像用砥磨刀一样,也是有利之事的说法,扬雄回答说,像这种以严刑来制民,以刀割肉,把人当磨刀石的严刑峻法只有秦朝才崇尚,何其不仁。表现出扬雄反对法家把百姓看作牛羊一样供人驱使的暴政。

而扬雄所提倡的则是先教而后刑的儒家之德政。"或曰:'人君不可不学律令。'曰:'君子为国,张其纲纪,谨其教化。导之以仁,则下不相贼;苞之以廉,则下不相盗;临之以正,则下不相诈;修之以礼义,则下多德让。此君子所当学也。如有犯法,则司狱在。'"② 扬雄主张,君子以纲纪教化治国,行仁政,修礼义,只有在犯法时,再动用司狱刑法,而不是像法家那样以严刑来制民。所以他说:"不合乎先王之法者,君子不法也。"③ 一切法度须符合先王之法,即要符合前面所言之唐尧、虞舜、周公的仁义之法,除此之外的所谓法,如儒家以外的诸子之法则不可效法。

从以上分析也可看出,扬雄在批判法家,推行德政的同时,亦不完全抹杀法的价值,他主张在"导之以仁""修之以礼义"的前提下,如有犯法,要以司狱加之,以制止犯法的行为。这实际上反映了扬雄礼法兼用、刑德并举的主张。

(三) 对墨家、纵横家、阴阳家、名家的批评

扬雄云:"墨、晏俭而废礼。"④ 认为墨子和晏婴俭而不中礼,即指墨家尚俭而难以遵礼。不仅如此,扬雄还赞赏孟子对墨家的批评。他说:"古者杨、墨塞路,孟子辞而辟之,廓如也。后之塞路者有矣,窃自比于孟子。"⑤ 扬雄自比于孟子,他辟墨子等诸子的目的在于明道。

---

① 汪荣宝:《法言义疏》六《问道》,第130页。
② 汪荣宝:《法言义疏》一二《先知》,第295—296页。
③ 汪荣宝:《法言义疏》四《吾子》,第63页。
④ 汪荣宝:《法言义疏》一一《五百》,第280页。
⑤ 汪荣宝:《法言义疏》四《吾子》,第81页。

扬雄在辟墨子的同时，也注意吸取墨家的"兼爱"思想，用以丰富儒家的仁爱思想。他说："理生昆群兼爱之谓仁也，列敌度宜之谓义也，秉道德仁义而施之之谓业也。"① 把墨家的兼爱视之为仁，即仁包含了兼爱的内容。并主张将道德仁义加以实施推广付诸事业。在这里扬雄将儒家以血缘亲疏为纽带，从爱敬自己的亲人入手，然后推己及人，由亲及疏，由近及远，老吾老以及人之老，幼吾幼以及人之幼的仁爱思想与墨家爱无差等，主张不分远近亲疏的兼爱思想结合起来。这虽在一定程度上丰富了儒家的仁爱思想，但却未能解决人们所诟病的将父母子女视为路人的问题。人们能够做到把对父母子女的亲情之爱随便放到任何一个与己不相干的路人身上吗？如果我们能够像爱自己的父母子女兄弟姐妹那样去爱一个路人，就可以高谈阔论地提倡墨家"兼爱"了。相信这是大多数人都难以做到的，所以墨家"兼爱说"在一定程度上是一种空想和不切实际的。当然，人们可以去宣传它，爱总比恨好。而扬雄站在儒家的立场上，把兼爱纳入儒家仁爱的范畴，这与单纯墨家的兼爱是不同的。

扬雄对纵横家提出批评，将张仪、苏秦视为谋求富贵的诈人。"或问：'仪、秦学乎鬼谷术，而习乎纵横言，安中国者各十余年，是夫？'曰：'诈人也，圣人恶诸。'"② 扬雄不认同张仪、苏秦行纵横之术而能安中国的说法，他认为张仪、苏秦不过是尚权变，从事诈辩的诈人而已，圣人对此是不取的。即孔子之言与张仪、苏秦等纵横家之行是不同的。《法言》云：

曰："孔子读，而仪、秦行，何如也？"曰："甚矣！凤鸣而鸷翰也。"曰："然则子贡不为与？"曰："乱而不解，子贡耻诸；说而不富贵，仪、秦耻诸。"或曰："仪、秦其才矣乎？迹不蹈已。"曰："昔在任人，帝曰难之，亦才矣。才乎才，非吾徒之才也。"③

---

① （汉）扬雄著，（宋）司马光集注：《太玄集注》卷七《玄摛》，刘韶军点校，中华书局2003年版，第186页。
② 汪荣宝：《法言义疏》一六《渊骞》，第442页。
③ 汪荣宝：《法言义疏》一六《渊骞》，第442—448页。

扬雄的道统思想及其在道统史上的地位

在回答读孔子之书而做张仪、苏秦那样的纵横家之事会如何的问题时，扬雄说，这太过分了，就像凤凰鸣叫却长着鹰隼的羽翼，表明这是完全不同的两件事，而不可混同。又问，那么子贡不是这样做的吗？子贡不也是到各国去游说吗？扬雄回答说：子贡是为了解除纠纷而游说各国，以国家之间的冲突战乱得不到解决而羞愧，而张仪和苏秦游说各国，则是为了谋求富贵，其游说诸国而得不到富贵，是二人感到羞耻之处。可见在游说各国的目的上，子贡与张仪、苏秦这样的纵横家是不同的。又问：张仪、苏秦不重蹈前人走过的足迹，也算是有才能之人吧？扬雄回答说：上古帝王选用人才，是很难的事，难就难在要任用有才之人。尽管有各种各样的人才，但却不是儒家认可的人才。即在对人才的认定上，各家有各家的观点和价值取向，纵横家认定的才，不一定就是儒家所认同的人才。即纵横家的口才并不是君子所看好的。从对人才的评价中，可见扬雄是站在儒家的立场。

扬雄对阴阳家提出批评。他说："邹衍迂而不信。"① 认为阴阳家的代表人物邹衍的阴阳之术迂回而不可承信。并批评谶纬，视阴阳家之学为"巫鼓"之说，其害尤甚。"或曰：'甚矣，传书之不果也。'曰：'不果则不果矣，又以巫鼓。'"② 批评不仅传书不果，而且又将巫鼓杂入其中。其巫鼓渗透影响了阴阳学说。

扬雄《解嘲》记云："是故邹衍以颉颃而取世资，孟轲虽连蹇，犹为万乘师。"③ 是说邹衍讲了一些游移不定的奇怪之辞而取得世资，即一定的社会地位；而孟子虽然遭遇艰难和坎坷，却能为万乘师，即孟子不遇而为万乘师，国君尊敬孟子若弟子之问师。表现出扬雄对孟子的尊崇，而对邹衍不以为然。

《法言》记云："或曰：'庄周有取乎？'曰：'少欲。邹衍有取乎？'曰：'自持。至周罔君臣之义，衍无知于天地之间，虽邻不覿也。'"④ 除对庄子的"少欲"表示赞同外，扬雄对邹衍的"自持"也有所取。但认

---

① 汪荣宝：《法言义疏》十一《五百》，第280页。
② 汪荣宝：《法言义疏》十八《君子》，第508页。
③ 郑文：《扬雄文集笺注》卷四《解嘲》，巴蜀书社2000年版，第194页。
④ 汪荣宝：《法言义疏》六《问道》，第134—135页。

为庄子昧于君臣大义，而邹衍作怪迂之变，无知于天地之间，所以虽然相邻但也不愿意相见。

扬雄对名家提出批评。"或问：'公孙龙诡辞数万以为法，法与？'曰：'断木为棋，梡革为鞠，亦皆有法焉。不合乎先王之法者，君子不法也。'"① 认为公孙龙所谓诈伪之辞、诡辩之法不过是断木为棋、刮摩皮革以为鞠这种技法而已，它不符合尧舜禹汤文武先王之法，所以君子不以为之法。以此把儒家之法与名家之法区别开来。

以上扬雄对道家、法家、墨家、纵横家、阴阳家、名家等诸子各家的批评，其宗旨是识道，识孔子儒家之道，识先王圣人之道。他认为如果要效法圣人，而喜好诸子，那是不可能识得圣人之道的。反映了扬雄提出道统思想的初衷就是辟异于孔子学说的异端，以维护儒学正统。《汉书·扬雄传》云："雄见诸子各以其知舛驰，大氐诋訾圣人，即为怪迂，析辩诡辞，以挠世事，虽小辩，终破大道而或众，使溺于所闻而不自知其非也。及太史公记六国，历楚汉，讫麟止，不与圣人同，是非颇谬于经。故人时有问雄者，常用法应之，譔以为十三卷，象《论语》，号曰《法言》。"② 扬雄指出，诸子的通病是各家都以其知识系统而与儒学相悖，基本都是诋毁周公、孔子等圣人，而发为怪迂之言，行诡辩之术，以扰乱世事，虽不成大器，但与大道背道而驰以惑众。甚至司马迁所记也有与圣人不同者，而与经典相谬。针对诸子各家与儒学相背离而诋毁儒家圣人的学说，扬雄模仿《论语》而撰《法言》，展开了对诸子各家批判，其目的是为了维护儒学正统，坚守和传扬儒家圣人之道。

三　在道统思想史上的地位

扬雄的道统思想及其坚守圣人之道，批评异于孔子的诸子之说，对后世产生了一定的影响，在道统思想发展史上占有一定的重要地位。

后人给予扬雄以较高的评价。东汉著名学者桓谭在其《新论》里赞

---

① 汪荣宝：《法言义疏》四《吾子》，第63页。
② （汉）班固：《汉书》卷八七下《扬雄传下》，中华书局1962年版，第3580页。

曰:"扬子云才智开通,能入圣道,卓绝于众。汉兴以来,未有此人也。"① 认为扬雄能入于圣人之道,汉以来未有如扬雄这样超凡入圣之人。桓谭并把扬雄视为孔子。"张子侯曰:'扬子云西道孔子也,乃贤如此。'吾应曰:'子云亦东道孔子也。昔仲尼岂独是鲁孔子?亦齐楚圣人也。'"② 桓谭不同意仅把扬雄看作西道孔子,他认为,扬雄亦是东道孔子。就像孔子不仅是鲁国的孔子,而且还是齐楚的圣人一样。在这里,桓谭将扬雄推举为整个东、西道的圣人,而不仅限于是西部地区的孔子。

王充亦把扬雄比作文武周公。他说:"近世刘子政父子、扬子云、桓君山,其犹文武周公并出一时也。"③ 认为刘向父子、扬雄、桓谭就像文武周公一样,并世同出,将扬雄与儒家道统崇尚的圣人相提并论,予以高度评价。并以"行与孔子比穷,文与扬雄为双"④ 为荣,表现出对孔子和扬雄的尊崇。

唐代韩愈提出道统论,认为儒家圣人之道的传授由来已久,这区别于佛教、道教所谓的道。但尧、舜、禹、汤、文、武、周公、孔子相传授受之道到孟子死后不得其传,而荀子和扬雄"大醇而小疵",未能完全担当传道的重任,但也属于圣人之徒。他说:"晚得扬雄书,益尊信孟氏。因雄书而孟氏益尊,则雄者亦圣人之徒欤。"⑤ 韩愈把扬雄视为儒家圣人之道系统的传承者。而自己提出的道统就是对孔、孟、扬雄之道的传承。他说:"己之道乃夫子、孟轲、扬雄之所传之道也。"⑥ 明确把扬雄作为孔孟之道的传人,并且韩愈自称接过了这个道统,使其道由韩愈得到传承。

"宋初三先生"之一的孙复把扬雄视为道统中的传人。他说:"吾之所为道者,尧、舜、禹、汤、文、武、周公、孔子之道也,孟轲、荀卿、扬雄、王通、韩愈之道也。"⑦ 孙复表彰扬雄,肯定他在传圣人之道中的

---

① (汉)桓谭:《新论·正经篇》,朱谦之校辑,中华书局2009年版,第41页。
② (汉)桓谭:《新论·闵友篇》,朱谦之校辑,第62页。
③ (汉)王充:《论衡》卷一三《超奇篇》,影印文渊阁《四库全书》本。
④ (汉)王充:《论衡》卷三〇《自纪篇》,影印文渊阁《四库全书》本。
⑤ (唐)韩愈:《五百家注昌黎文集》卷一一《读荀子》,影印文渊阁《四库全书》本。
⑥ (唐)韩愈:《五百家注昌黎文集》卷一四《重答张籍书》,影印文渊阁《四库全书》本。
⑦ (宋)孙复:《孙明复小集·信道堂记》,影印文渊阁《四库全书》本。

功绩，而将其列入道的传授系列之中。指出自西汉至李唐间，虽然学者儒生摩肩而起，以文章传世之人甚多，但大都受到杨墨佛老之说的影响，沉湎于虚无报应之事，而少有言及于教化。尽管汉唐以文名世者多受到异端之说的干扰和影响，但孙复肯定扬雄等人"始终仁义，不叛不杂"，能够坚守儒道，不受佛老异端的影响。这也是对扬雄在道统中的地位的肯定。

另一位"宋初三先生"之一的石介提出系统的道统传授谱系，也把扬雄列为其中。他说："道始于伏羲而成终孔子。……伏羲氏、神农氏、黄帝氏、少昊氏、颛顼氏、高辛氏、唐尧氏、虞舜氏、禹、汤、文、武、周公、孔子者，十有四圣人，孔子为圣人之至。孟轲氏、荀况氏、扬雄氏、王通氏、韩愈氏五贤人。"① 石介明确把道统的起源上溯到伏羲氏，并自伏羲起，至韩愈止，系统地提出了多达十九人的圣人之道传授的谱系，正式肯定扬雄在道统中的地位。石介不仅提出了道统相传的形式，而且对道统传授的内容也作了阐述。他说："周公、孔子、孟轲、扬雄、文中子、吏部之道，信义忠孝，乃其天性，中庸正直，厥从气禀，精诚特达，操履坚纯，不以利动心，不以穷失节。"② 这些儒学的价值与扬雄思想有关，也是圣贤相传之道的内涵。欧阳修在评价石介时，也称石介"所谓尧、舜、禹、汤、文、武、周公、孔子、孟轲、扬雄、韩愈氏者，未尝一日不诵于口"③，指出石介终日执着于包括扬雄在内的圣人之道的授受，这客观反映了扬雄在宋初时的重要影响和在道统中占有一席之地。

北宋政治家、史学家司马光在其《读玄》里云："扬子云真大儒者邪！孔子既殁，知圣人之道者非子云而谁？孟与荀殆不足拟，况其余乎！"④ 认为孔子之后，能够掌握圣人之道的人非扬雄莫属，即使是孟子和荀子也不能与扬雄相比。表明在司马光看来，在传圣人之道的系统中，扬雄的地位在孟、荀之上，也表明扬雄对宋代学术产生了影响。

---

① （宋）石介：《徂徕石先生文集》卷七《尊韩》，中华书局1984年版，第79页。
② （宋）石介：《徂徕石先生文集》卷一三《上范思远书》，第152页。
③ （宋）欧阳修：《徂徕石先生墓志铭》，载（宋）石介《徂徕石先生文集》附录二，第261页。
④ （宋）司马光集注：《太玄集注·读玄》，刘韶军点校，中华书局1998年版，第1页。

扬雄的道统思想及其在道统史上的地位

程颐站在理学家的立场，在不看好汉唐诸儒的情况下，却对扬雄评价较高。他说："自汉以来，惟有三人近儒者气象，大毛公、董仲舒、扬雄。"① 把扬雄与董仲舒等并列，认为他们保持了儒者气象，予以适当的肯定。

北宋学者范祖禹在认同道学，肯定程颢道统思想的同时，也充分肯定了扬雄在道统中的地位和作用。他说："扬雄曰：'适尧舜文王者为正道'，后世学尧舜而及之者惟文王，故孔子祖述尧舜，宪章文武，而习周公，其他皆非道也。"② 范祖禹引用扬雄《法言·问道》篇"适尧舜文王者为正道"之语，以坚持圣人之道统，以尧、舜、文王、武王、周公、孔子一脉相承为正道，与此相悖的则为非道，实际上是对扬雄尊儒崇圣思想的认同。进而，范祖禹对扬雄的道统论有所吸取和借鉴。他说：

> 臣祖禹拜手稽首曰：三皇之时，至质略矣。伏羲始开人文，神农以下皆有师，圣人之德莫大于学。……扬雄曰："学之为王者事，其已久矣，尧、舜、禹、汤、文、武汲汲，仲尼皇皇，其已久矣。"学始于伏羲，至于成王。《易》《诗》《书》所称，圣人所述，为万世法。由汉以下，其道不纯，故可称者鲜。自古以来，治日常少，乱日常多，推原其本，由人君不学也。……今臣所录八篇，上起伏羲，下讫神宗。伏惟陛下宪道于三皇，稽德于五帝，轨仪于三代，法象于祖宗，集群圣之所行，体乾健之不息，则四海格于泰和，万年其有永观矣。③

在这里，范祖禹引用扬雄之言并加以发挥，以伏羲、神农、尧、舜、禹、汤、文、武、成王等构成了圣人之道的传授系统，而圣人之道载之于《易》《诗》《书》等儒学经典，其经典中的圣人所述，足以为万世所效法。然而，自汉以下，其圣人之道不纯，即汉以后的人君不学圣人之道，

---

① （宋）程颢、程颐：《河南程氏遗书》卷一八，《二程集》，王孝鱼点校，中华书局1981年版，第232页。
② （宋）范祖禹：《帝学》卷一，影印文渊阁《四库全书》本。
③ （宋）范祖禹：《帝学》卷八，影印文渊阁《四库全书》本。

故乱世多,治世少。这与二程所讲道统在孟子之后失传的说法类似。范祖禹要求宋代君主效法于古代圣王,"宪道于三皇,稽德于五帝",即求道于三皇五帝,把圣人之道接续下来。这可视为对二程道统论的认同,并受到扬雄道统思想的影响。

南宋理学家张栻对扬雄之学也有所肯定,认为其《法言》有可取之处,对于掌握圣门之学也是有所帮助的。他说:"某己卯之岁,尝裒集颜子言行为《希颜录》上下篇。……又采《家语》所载颜子之言有近是者,与夫扬子云《法言》之可取者,并史之所纪者,存之于后,盖亦曰学者之所当知而已。……则圣门之学,其大略亦可见矣。"① 张栻撰《希颜录》,收集有扬雄《法言》之可取者。表明对扬雄一定程度的认同,并将扬雄《法言》的可取之言与圣门之学联系起来。

尽管程颐、朱熹对扬雄提出批评,而程朱理学成为学术界主流后,扬雄声名进一步下降,但亦有学者对于扬雄加以肯定。如学以程朱理学为主的金学者赵秉文对扬雄大加肯定。他说:"刘向、扬雄皆经国之大儒。"② 另有明学者宋濂云:"自秦焚书之后,孔子之学不绝如线,雄独起而昌之,故韩愈以其与孟荀并称,而司马光好扬雄学。"③ 宋濂肯定扬雄继承孔子之学的作为,所以韩愈也把扬雄与孟荀并列,这实际上是对道统论中孔子之后其学不绝,而扬雄加以继承和体察的一种赞扬。

以上可见,扬雄的道统思想对后世产生了一定的影响,在道统思想发展史上占有一定的重要地位。虽其早期的道统思想还不够完善,有待丰富和发展,但毕竟对后世产生了相应的影响,也表现出道统思想在历史上传承不绝。

[原载《四川师范大学学报》(社会科学版) 2017 年第 7 期]

---

① (宋)张栻著:《新刊南轩先生文集》卷三三《跋希颜录》,《张栻集》,杨世文点校,中华书局 2015 年版,第 1276—1277 页。
② (金)赵秉文:《滏水集》卷一四《西汉论》,影印文渊阁《四库全书》本。
③ (明)宋濂:《文宪集》卷二七《诸子辩》,影印文渊阁《四库全书》本。

蜀汉经学发展的趋势、特点和历史地位

根据三国蜀汉经学发展演变的历史,大致可以归纳出以下的发展趋势、特点及其历史地位。

一 发展趋势:由今文经学到古文经学,再到二者结合

三国蜀汉时期的经学接续了两汉巴蜀地域经学演变发展的过程而得到进一步的传衍。其发展演变的趋势大致是,由汉代巴蜀经学的今文经学盛行,到古文经学的传入流行,再到今古文经学的融合,不纯为一派的独立门户。继两汉今文经学在蜀地的流行,进入蜀汉,今文经学仍然十分兴盛,虽有东汉末至三国蜀李仁、尹默从学于荆州司马德操、宋仲子受古学,学成后回蜀地传授古文经学,并产生了重要影响,但今文经学经孟光、何宗、何随、周群、杜琼、杜微、张裔等人的研习传授,影响仍较大。其后,今古文经学渐趋融合。

(一)蜀汉今文学的兴盛

两汉时期的巴蜀地区,今文经学开始流行。直到蜀汉时期,尽管巴蜀古文经学较前有了发展,但巴蜀今文经学仍然兴盛,并对当时的学术政治产生了重要影响。

据《三国志·尹默传》记载:"益部多贵今文,而不崇章句。"[①] 即

[①] (晋)陈寿:《三国志》卷四二《蜀书》十二《尹默传》,中华书局1959年版,第1026页。

认为益州的学者大多重视今文经学而不崇尚章节句读的剖析。

两汉时期巴蜀地区今文经学流行主要表现在，新都杨氏之学与今文《尚书》学流行，影响较大。当时，今文经学之《尚书》学与图谶学相结合，得到统治者的推崇。今文经学在巴蜀的流行，还表现在今文易学在蜀地的传习上。汉代施、孟、梁丘、京氏易学以象数解易，列于学官，为今文易。其中孟喜、京房建立象数易学体系，影响较大。西汉蜀人赵宾传孟喜今文易学，使得蜀地易学得以展开。此外，今文诗学亦在巴蜀得到传习，今文《春秋》学也在巴蜀得以流传。蜀郡守文翁本身就通《春秋》，他派遣张宽去京师学习经学，张宽作《春秋章句》十五万言。后返蜀教授学者，使《春秋》学得以流传。

自两汉到蜀汉，蜀地今文经学不衰。孟光喜今文经的《公羊春秋》而讥古文经的《左氏传》，常与来敏就此二传展开争论。

何宗学于广汉任安，研习任安所传之今文经学及图谶、天文推步之术。把《河图》《洛书》、五经谶、纬说成经孔子所甄别验证而得到认可，也就是把图谶之说托名于孔子，因而是"验应自远"。这反映出今文经学经在两汉的流行，与谶纬相结合，直到三国蜀汉初期仍很盛行，直接为政治服务。

何随亦求学于广汉任安。治《韩诗》、欧阳《尚书》，研精文纬，通星历。乃今文经学，并研精文纬，通星历，这体现了今经文学的特点。

周群传承今文经学的星占谶纬之学。周群小时候跟随父亲学习，其所学内容除其父周舒所传承的经学外，主要是占星术，这体现了今文经学的特色。

杜琼年少时亦受学于东汉末今文经学家任安，精究任安之学。著有《韩诗章句》十多万字。而谯周受到了杜琼的影响，依据杜琼的说法，并触类旁通地对《春秋》说加以发挥。这在一定程度上也反映了当时人们的思想。

杜微乃任安弟子，传《孟氏易》。诸葛亮兼任益州牧，选拔任用杜微为主簿。但杜微坚决推辞。诸葛亮任命杜微为谏议大夫，以顺从他的志向。

张裔治《公羊春秋》，博涉《史记》《汉书》等史书，被举为孝廉，被诸葛亮任为丞相府参军，代行相府政务，又兼任益州治中从事。作为辅汉将军、丞相长史,在丞相北征时,张裔居府统事,足食足兵,以保证北伐军用。在这个职位上体现了儒家思想的影响。

以上可见,蜀汉时今文经学的影响不衰,但随着古文经学的传入,也产生了较大的影响。

(二)蜀汉古文学的流传

古文经学在两汉时期的巴蜀之地则较为沉寂,也有少数学者传习。到了东汉末,古文经学主要从荆州传入巴蜀,继而开始流行起来。形成了与今文经学并存的局面。

三国蜀汉时期的传习古文经学者主要有向朗、来敏、来忠、许慈、李谨、常勖等学者。

向朗少年时师事古文经学者司马徽。去职后潜心研究典籍,校勘书籍,刊定谬误。向朗引用《左传》中"师克在和不在众"之语,表达守"和"的重要性。他强调"和"在万物生长、国家平治、家族求安中的价值,强调圣人守和,以应对存亡之大事,表明"和"不可不讲。这种对《左传》的引用,表现出向朗的古文经学倾向。

来敏涉猎书籍,善左氏《春秋》,精于训诂,明显具有古文经学的倾向。来敏出身于荆楚名门望族,刘备定益州,任来敏为典学校尉。后主刘禅继位,任来敏为虎贲中郎将。丞相诸葛亮驻守汉中,任来敏为辅军将军。诸葛亮去世后,来敏任大长秋,对朝政有所议论,因是宿儒学士而被人所看重。

许慈师事东汉末经学家、训诂学家刘熙。许慈本人精通郑玄的经学,受古文经学的影响,专门研究《周易》、《尚书》、"三礼"、《毛诗》、《论语》等经典。由于许慈善"郑氏学",而郑玄遍注群经,以古文为主而兼采今文,那么许慈所治的《易》、《尚书》、"三礼"、《毛诗》,当为郑玄所注,而刘熙所传,以古文经学为主,或具有融合今、古文经学的倾向。刘备平定益州,建立政权。蜀地历经丧乱破坏,学业荒废,于是收集法典书籍,淘汰众家学说,选许慈等为学士,与孟光、来敏等来掌典文献古籍并掌制度。许慈在后主刘禅时代逐渐升迁为大长秋。去世后,许慈的儿子许勋传承了他的事业,也成为博士。

李谨,其父李仁,与同县尹默同游荆州,从司马徽、宋忠等学古文经学。李𢊁传承其父业，又问学于尹默，于"五经"、诸子无不遍览。李𢊁开始时为州书佐、尚书令史。后主刘禅册立太子，以李𢊁为庶子，迁任为仆射。李𢊁著《古文易》、《尚书》、《毛诗》、"三礼"、《左氏传》、《太玄指归》，都以贾逵、马融之说为准则，而异于郑玄之说。李𢊁与王肃相隔较远，故王肃起初没有看到他的著述，然而他们的思想见解相同之处颇多。可见李𢊁继承其父李仁的古文经学，又从尹默学，对诸多古文经典加以解释，其学以东汉古文经学大师贾逵、马融之说为准，而与郑学有别，在蜀地传播古文经学。使之在三国蜀汉时期进一步流传于蜀中。

常勖潜心学问，以治古文经学为主。从常勖治《毛诗》，可知其系古文经学者，然就其治《尚书》，"涉治群籍，多所通览"而言，又知其治经不止一经一家，表现出博通群书的倾向。

以上古文经学者的活动，对古文经学在巴蜀流传产生了重要影响。

（三）蜀汉今、古文经学的融合

三国蜀汉时期经学发展的趋势，除今文经学兴盛，古文经学流传之外，今、古文经学的结合，也是其重要的方面。蜀汉经学由今文独尊向今、古文兼容并蓄成为流传演变的趋势。

关于秦宓经学，有某种古文经学的倾向。据《三国志·秦宓传》记载：秦宓指今文经的《大戴礼记·帝系》为"不然之本"，或可说他具有某种古文经学的倾向。另外，也有人看到记述秦宓说的某句话是今文典籍中之语，就将秦宓视为今文经学家。所以要看他的整个思想倾向，或是对于今文经学和古文经学都有所借鉴，而将二者结合起来。

谯周的经学倾向，于今、古文经学较难区分，从其父治《尚书》，兼通诸经及图、纬的家学渊源，以及谯周本人多次引述图谶之言来看，较倾向于今文经学。但随着古文经学传入蜀地，谯周又受到古文经学的影响和浸染，具有兼容今、古文经学的倾向，从而体现了巴蜀学术的传统有所改变。

除秦宓、谯周外，当时的学者文立在蜀汉时游太学，专《毛诗》、"三礼"，兼容今、古文经学。据《华阳国志·后贤志》记载："文立,字广休,巴郡临江人也。少游蜀太学,治《毛诗》、'三礼',兼通群书。州刺史费祎命为从事。"①从文立治《毛诗》而言,被视为古文经学;就文立治"三礼"来讲,则今、古文经学均有涉及,故文立可视为融合今、古文经学的学者。

任熙也是一位兼容今、古文经学的学者。《华阳国志·后贤志》记云:"任熙,字伯远,蜀郡成都人也。汉大司农任昉后也。世有德彦。父元,字秀明,犍为太守,执金吾。熙治《毛诗》《京易》,博通五经,事亲至孝。"②任熙治《毛诗》乃为古文经学,其治《京易》,则为今文经学,可见其融合今、古文经学,而博通五经。

王长文是兼容今、古文经学的蜀汉学者。据《华阳国志》本传记载:

> 王长文,字德儁,广汉郪人也。治"五经",博综群籍。……著《无名子》十二篇,依则《论语》,又著《通经》四篇,亦有卦名,拟《易》、《玄》。以为《春秋》三传传经不同,每生讼议,乃拟经撰传。著《春秋三传》十三篇,又撰《约礼记》,除烦举要,凡十篇,皆行于时。③

这里所说的王长文治"五经",未明言是指今文经还是古文经,不过,王长文应是今、古文经学兼治,这从他治《春秋》三传可以看出。《春秋》三传中《公羊传》和《谷梁传》是今文经,于西汉时被立为学官,设博士加以传授。《左传》是古文经,王莽新朝曾立为博士,东汉光武帝时废,不久复立而又废,此后未立于学官。由此而言,蜀汉时王长文治《春秋》三传,乃今、古文经学兼治。《华阳国志》本传说他"以为《春秋》三传传经不同,每生讼议,乃拟经撰传,著《春秋三传》十三篇",这说明王长文不受今古文差异之影响,从经传本义出发,著为《春秋三传》一书,以"博综群籍",融合今、古文经学间的争议,这体现了蜀汉经学融会贯通的发展趋势。

---

① (晋)常璩:《华阳国志》卷一一《后贤志》,齐鲁书社2010年版,第179页。
② (晋)常璩:《华阳国志》卷一一《后贤志》,第187页。
③ (晋)常璩:《华阳国志》卷一一《后贤志》,第188页。

兼容今、古文经学的蜀汉学者中还有一位是寿良。据《华阳国志》本传记载："寿良，字文淑，蜀郡成都人也。父祖二世，犍为太守。良少与犍为张微、费缉并知名。治《春秋》三传，贯通五经。"① 表明寿良在治《春秋》三传，贯通五经中，也具有融合今、古文经学的倾向。

上述任熙、王长文、寿良等人均有融合今、古文经学的倾向。其中任熙兼治古文《毛诗》和今文《京易》。而王长文、寿良则均治《春秋》三传，不分今古文。

综上可知，三国蜀汉经学的发展演变呈现出：继两汉今文经学在巴蜀地域的盛行，进入蜀汉，今文经学仍然兴盛，今文经学经孟光、何宗、何随、周群、杜琼、杜微、张裔等人的研习传授，影响仍较大。但古文经学在这一时期经向朗、来敏、来忠、许慈、李譔等学者的传习，也产生了重要影响。这一时期，今、古文经学渐趋融合，秦宓、谯周、文立、任熙、王长文、寿良等均具有融合今、古文经学的倾向。这反映了三国蜀汉时期经学的发展演变的大致趋势。

二 特点：谶纬学盛行，儒道融合

三国蜀汉时期经学的发展演变，具有谶纬学盛行及儒道融合等特点。

（一）谶纬学盛行

谶纬学盛行是这一时期经学发展演变的重要特点。这与两汉时期巴蜀今文经学与占卜、谶纬相结合的特点相关。

蜀汉经学谶纬学盛行的特点沿袭了两汉巴蜀经学的特点：即今文经学在两汉时期的巴蜀地区颇为流行，与占卜、谶纬相结合，讲阴阳灾异之说，提倡天人感应，以符合当时统治者的需要。即是说，由于易学和今文经学的盛行，使得汉代蜀地经学中占卜、谶纬之学的成分较为浓厚。习易学与占卜、感应、应验之说紧密联系，这与今文经学的特点相关。两汉时期，巴蜀学者多学卜筮和谶纬，学术思想中的迷信和宗教成分比较突出。如新都杨氏之学精于图谶，讲阴阳灾异，与当时的谶纬之学相

---

① （晋）常璩：《华阳国志》卷一一《后贤志》，第189页。

蜀汉经学发展的趋势、特点和历史地位

联系。当时的巴蜀学者多讲阴阳灾异和谶纬之学，而形成风气。进入蜀汉以后，巴蜀学者继承了两汉时期讲灾异、祥瑞，重谶纬之学，并与政治相结合，使其得到流传，产生了重要影响。

蜀汉立国之初，汉室宗亲刘备拟在蜀地成都称帝，刘备手下的君臣纷纷上书，以符瑞、图谶为依据，力促刘备继承汉室，建立蜀汉。据《三国志·先主传》记载：

> （建安）二十五年（220），魏文帝称尊号，改年曰黄初。或传闻汉帝见害，先主乃发丧制服，追谥曰孝愍皇帝。是后在所并言众瑞，日月相属，故议郎阳泉侯刘豹、青衣侯向举、偏将军张裔、黄权、大司马属殷纯、益州别驾从事赵莋、治中从事杨洪、从事祭酒何宗、议曹从事杜琼、劝学从事张爽、尹默、谯周等上言："臣闻《河图》《洛书》，五经谶、纬，孔子所甄，验应自远。"谨案《洛书·甄曜度》曰："赤三日德昌，九世会备，合为帝际。"《洛书·宝号命》曰："天度帝道备称皇，以统握契，百成不败。"《洛书·录运期》曰："九侯七杰争命民炊骸，道路籍籍履人头，谁使主者玄且来。"《孝经·钩命决录》曰："帝三建九会备。"臣父群未亡时，言西南数有黄气，直立数丈，见来积年，时时有景云祥风，从璇玑下来应之，此为异瑞。又二十一年中，数有气如旗，从西竟东，中天而行，《图》《书》曰："必有天子出其方"。加是年太白、荧惑、填星，常从岁星相追。近汉初兴，五星从岁星谋；岁星主义，汉位在西，义之上方，故汉法常以岁星侯人主。当有圣主起于此州，以致中兴。时许帝尚存，故群下不敢漏言，顷者荧惑复追岁星，见在胃昴毕；昴毕为天纲，经曰："帝星处之，众邪消亡。"圣讳豫睹，推揆期验，符合数至，若此非一。臣闻圣王先天而天不违，后天而奉天时，故应际而生，与神合契。愿大王应天顺民，速即洪业，以宁海内。①

当曹操死，曹丕称帝，改汉为魏之时，刘备手下诸臣引谶纬符瑞之说，力劝刘备称帝。《三国志·先主传》记云："先主姓刘，讳备，字玄德，

---

① （晋）陈寿：《三国志》卷三二《蜀书》二《先主传》，第887—888页。

涿郡涿县人，汉景帝子中山靖王胜之后也。"蜀汉诸臣引谶纬之书《洛书·宝号命》曰："天度帝道备称皇，以统握契，百成不败。"此条谶语中的"备"指刘备，当称皇。引《洛书·甄曜度》曰："赤三曰德昌，九世会备，合为帝际。"也是指刘备字玄德，其德昌，当为帝。所引《洛书·录运期》"谁使主者玄且来"中有"玄"字。所引《孝经·钩命决录》"帝三建九会备"中有"备"字，并"时时有景云祥风"，"数有气如旗，从西竟东，中天而行"，"加是年太白、荧惑、填星，常从岁星相追"，这些祥瑞、天象都隐示"必有天子出其方"，以应符命。于是，在诸臣以谶纬为依据的劝进下，先主刘备在成都即皇帝位，改元章武。

从蜀汉建国可知受谶纬影响之大。"前后上书者八百余人，咸称述符瑞，图、谶"。① 其中既有诸多今文经学学者，也有如尹默等倾向于古文经学的学者。一般说，东汉时古文家不言谶纬，仅今文家言谶纬，而蜀汉古文家亦言谶纬，这可看作今、古文经学逐渐融合的一种表现。

可见，蜀汉学者多有热心于谶纬之学者。其中包括：

何宗，字彦英，拜广汉任安学，研习任安所传之今文经学及图谶、天文推步之术。据《三国志·蜀书》记载："何彦英，名宗，蜀郡郫人也。事广汉任安学，精究安术，与杜琼同师而名问过之。刘璋时，为犍为太守。先主定益州，领牧。辟为从事祭酒。后援引图、谶，劝先主即尊号。"② 是说何宗与杜琼同出于任安之师门，但其名声学问却超过了杜琼。刘备平定益州后，征辟何宗任从事祭酒。后援引图、谶之说，劝刘备称帝。何宗作为今文学者，通经纬、图谶、天文推步之术。

杜琼，字伯瑜，蜀郡成都人，受学于任安，精究任安之术，"通经纬术艺"③。通过与后学谯周讨论《春秋谶》里的"代汉者，当途高。此何谓也"一句话，认为"当途高"就是指魏，汉将为魏所取代。这也是指用谶纬的对话使人明白所谓曹魏将统一天下，就是天意。在一定程度上反映了当时人们的思想。

---

① （晋）陈寿：《三国志》卷三二《蜀书》二《先主传》，第888页。
② （晋）陈寿：《三国志》卷四五《蜀书》十五《何彦英传》，第1083页。
③ （晋）常璩：《华阳国志》卷十上《先贤士女总赞》，第138页。

蜀汉经学发展的趋势、特点和历史地位

周群，字仲直，巴西阆中人，与其父周舒、子周巨，三代均为有名的谶纬学家。从其父周舒学占衍天算之术。"群少受学于舒，专心候业"①，是说周群从其父周舒学习谶纬，专心于候业，即观测天象云气之变化，据此来预测吉凶。陈寿评曰："周群占天有征……诸生之纯也。"② 凡有气候无不见之，是以所言多中。

张裕，字南和，蜀郡人，通晓谶纬，"亦晓占候"，天才过于周群。刘备定蜀后，任张裕为州后部司马。

据《三国志·周群传附录》记载：

> 先主定蜀，署儒林校尉，先主欲与曹公争汉中，问群，群对曰："当得其地，不得其民也，若出偏军，必不利，当戒慎之。"时州后部司马蜀郡张裕，亦晓占候，而天才过群。谏先主曰："不可争汉中，军必不利。"先主竟不用裕言。果得地而不得民也。遣将军吴兰、雷铜等入武都，皆没不还，悉如群言。于是举群茂才。裕又私语人曰："岁在庚子，天下当易代，刘氏祚尽矣。主公得益州，九年之后，寅卯之间当失之。"人密白其言。……先主常衔其不逊，加忿其漏言，乃显裕谏争汉中不验，下狱，将诛之。……裕遂弃市。后魏氏之立，先主之薨，皆如裕所刻。又晓相术，每举镜视面，自知刑死，未尝不扑之于地也。③

指出张裕通晓占候，其才能在周群之上。而当时占候与谶纬之学相关的符瑞、妖祥、灾异、律历等有密切关系。是说张裕精通占卜，擅观星象和相术，预知吉凶，即使是周群也犹有不及。刘备攻打汉中，张裕谏曰："不可争汉中，军必不利。"刘备未听从。张裕又私下对人说，当庚子之岁，天下当易代，刘氏天命已尽。即使主公得益州，九年之后，在寅卯之间也当失去。有人秘密将张裕的言论告诉刘备。刘备本来就对张裕的不逊从内心感到不满，现在更加讨厌他散布言论，于是借口张裕谏争汉

---

① （晋）陈寿：《三国志》卷四二《蜀书》十二《周群传》，第1020页。
② （晋）陈寿：《三国志》卷四二《蜀书》十二《评曰》，第1042页。
③ （晋）陈寿：《三国志》卷四二《蜀书》十二《周群传附录》，第1020—1021页。

中的话没有应验，将其下狱，诛杀之。其后，张裕所说皆得到应验。

此外，秦宓、谯周的思想也涉及谶纬。秦宓在与广汉太守夏侯纂的谈论中，涉及古蜀地理之"蜀有汶阜之山，江出其腹，帝以会昌，神以建福，故能沃野千里"，据裴松之注，这是出自于纬书《河图括地象》①，表明秦宓受到谶纬之学的影响。

谯周治经，以融合今、古文经学为倾向，同时也讲谶纬。谯周以谶纬劝后主降魏："先主讳备，其训具也；后主讳禅，其训授也。如言刘已具矣，当授与人也。"② 此为谯氏之谶纬学，认为刘氏当授予他人，显然与时代政治相结合，产生了相应的影响。

（二）儒道融合

蜀学历来有儒道融合的特点，这在蜀汉时也有表现，主要体现在秦宓的思想里。尽管如此，秦宓还是以儒家思想为主来兼容道家。

秦宓对道家的自然思想有所认同，具有以儒为主，儒道融合的思想倾向。他说："道非虚无自然，严平不演。……道家法曰：'不见所欲，使心不乱。'是故天地贞观，日月贞明，其直如矢，君子所履。《洪范》记灾，发于言貌，何战国之谲权乎哉！"③ 指出道法除了虚无自然外，君平不推演。并引《老子》第三章所言，"不见可欲，使心不乱"，以宣传躬行天地之正道，而不被欲望所扰乱的思想，体现了秦宓对道家知足寡欲、顺应自然，提倡清静无为思想的吸取。并认为《洪范》对灾异的记载，源于客观实情，而与《战国策》中的奸诈权谋没有相干之处。这体现了巴蜀士人崇实的治学态度。

此外，秦宓表达了自己言意与文采相结合的思想，提倡文采自然天成，无伤于道，是道的自然表现的思想，既以道即意为重，又重视言和文的作用，肯定文采的自然性和对发扬六经之道的积极意义，不偏废其中一方，这种思想较为全面得体，在当时的言意之辨中也是值得肯定的思想。表现出秦宓为文重视自然之文采，将文采与言、意相结合，美德与文采不相对

---

① （晋）陈寿《三国志》卷三八《蜀书》八《秦宓传》，第975页。
② （晋）陈寿：《三国志》卷四二《蜀书》十二《杜琼传附》，第1022页。
③ （晋）陈寿：《三国志》卷三八《蜀书》八《秦宓传》，第973—974页。

立的文道观，而与那些把文章与道德二者脱离开来，片面否定文辞、文采的重要性的思想有异。这在当时汉蜀之际的时期，其儒道融合而崇尚自然的文德结合的思想，明显具有其思想理论的深刻性和时代价值。

秦宓明显吸取了道家的自然思想，具有某种儒道相兼的思想倾向，这在一定程度上可以说开魏晋玄学儒道融合之先河。

秦宓对儒家经典的广泛阅读和引用，对儒学价值的继承和认同，以及对道家自然思想的吸取所表现出来的儒道融合的倾向，在言、意、文采的关系上，所主张的相互结合，提倡文采自然天成，无伤于道，是道的自然表现的思想，肯定文采的自然性和文采对发扬六经之道的积极意义，这些方面应是有材料根据的，也体现了秦宓儒家思想的特点。

根据上述论述可以得出：蜀汉时期经学的流传演变，具有谶纬学盛行及儒道融合等鲜明特色。

三 地位：对后世蜀学与经学产生了重要影响

任何思想文化的产生与流传，都是一定社会意识对社会存在的反映，蜀汉时期经学的发展演变，是对当时巴蜀地域的社会经济、政治发展程度、水平的反映，既有巴蜀地域社会文化的特色，也受到中国思想文化发展到三国蜀汉时期的时代思潮包括经学发展的影响。

三国时期蜀汉地域经学的演变发展是整个蜀学发展演变的重要阶段，这一时期，与全国思想文化的发展由儒家经学取代诸子学，又由今文经学盛行演变到古文经学为主导，进而今、古文经学融合，又到融合儒道之玄学兴起的发展线索相联系，巴蜀地域文化也经历了由今文经学到古文经学，再到今、古文经学结合，并表现出一定的儒道融合的发展趋势。与中原文化的发展趋向有所不同的是，蜀汉经学的演变，今文经学长期盛行居主导地位，而古文经学的影响则相对较弱。

就全国而言，西汉时盛行的是今文经学，朝廷所立五经博士，皆今文经学一派。由于立于学官，促进了今文经学的兴盛。盛极而衰，走向烦琐，又与灾异说和谶纬相结合，并存在着某些对经书的穿凿附会，一度导致经学的混乱。于是东汉时古文经学的出现，具有某种对今文经学补偏救弊的意义。

古文经学在两汉时期的巴蜀之地则较为沉寂,虽有少数学者传习。到了东汉末年,古文经学主要从荆州传入巴蜀,继而开始流行起来,形成了与今文经学并存的局面。

与整个时代经学的发展演变相关,儒家经典经学流传入蜀后,在两汉时期,巴蜀地区出现了如新都杨氏等一批有影响的经学家,为今文经学的发展作出了贡献。虽然《汉书·儒林传》中没有收录巴蜀地区的学者而为其立传,但从西汉到东汉,巴蜀地区的今文经学仍然流行。直到蜀汉时期,虽然巴蜀古文经学占据着某些优势,但巴蜀今文经学仍然兴盛,图谶流行,对当时的学术政治产生了重要影响。而蜀汉经学表现出来的今、古文经学融合、谶纬学盛行、儒道融合的倾向及特点也对后世产生了一定的影响。

受蜀汉经学盛行谶纬学的影响,西晋学者陈寿在其所著《三国志》中,多处将天占、候气、灾异、祥瑞等与政权转移、社会现象相连,这充分说明了谶纬学的影响。这既是蜀汉学术思想的一个特点,也是陈寿思想的特点之一。以人物传记的方式记载了蜀学的儒学、经学及其师承流变的情形,是陈寿对于蜀学和经学的重要贡献。

此外,受其师谯周主张以魏国代汉统一天下,而劝后主刘禅降魏的影响,陈寿在分别为魏、蜀、吴三国修史的同时,由于西晋政权由魏而来的历史原因,采取了以魏为帝纪正统,蜀、吴二主"传名而纪实"的撰史布局。需要说明,陈寿是以蜀汉被魏国所灭的亡国之臣的身份进入魏晋政权统治的,采取这种方式处理历史上魏、蜀、吴复杂的政治关系,顾及西晋司马氏政权统治者当时的正统地位与三国时期的历史渊源,从而将魏作为正统。《三国志》作为断代史,共六十五卷,由《魏书》三十卷、《蜀书》十五卷和《吴书》二十卷组成。后人将《三国志》与司马迁的《史记》、班固的《汉书》和范晔的《后汉书》并称为前"四史"。

陈寿精通经学、擅长史学,他的经学、儒学和蜀学思想集中体现在其所撰《三国志》中。从史学的客观史实出发,以魏国政权为正统。《蜀书》又是经陈寿自己长期收集材料编撰而成的,深受其师谯周史学和经学的影响,而以人物传记的方式记载了蜀汉时期的蜀学之儒学、经学及其师承流变的情形,是陈寿对蜀学和经学所作出的重要贡献。

蜀汉经学对《华阳国志》的作者常璩也产生了一定的影响,这对保存蜀学与经学的历史文献具有重要意义。常璩乃蜀郡江原县人,与蜀汉古文经学者常勖及其族人、弟子为同乡同族,受到其治学倾向的影响,是自然而然的事。常璩撰写的《华阳国志》,是我国最早的一部地方志,对研究两汉、蜀汉时期巴蜀地区的蜀学具有重要的史料价值。

《华阳国志·后贤志》记云:"常勖,字修业,蜀郡江原人也……勖少与阆子忌齐名,安贫乐道,志笃坟典。治《毛诗》《尚书》。涉治群籍,多所通览……除郫令。为政简而不烦。"① 并记云:"常骞,字季慎,蜀郡江原人也","骞治《毛诗》《三礼》,以清尚知名。"② 又云:"常宽,字泰恭,骞族弟,郫令勖弟子也。父廓,字敬业,以明经著称,早亡。阖门广学。治《毛诗》《三礼》《春秋》《尚书》,尤耽意《大易》,博涉《史》《汉》,强识多闻。……虽流离交城,衣弊缊袍,冠皮冠,乘牛往来,独鸠合经籍,研精著述。依孟杨宗、卢师矩著《典言》五篇,撰《蜀后志》及《后贤传》,续陈寿《耆旧》,作《梁益篇》。"③《隋书·经籍志》著录常宽《蜀志》一卷、《续益部耆旧传》二卷,与常璩这里记载常宽《蜀后志》《梁益篇》相吻,常骞与常宽为家族兄弟,常宽又是常勖的弟子,常勖、常骞、常宽与常璩皆为江原常氏,其世族早有广学博研,明经著述,以儒家准则作为为官处世的传统。反映了当时著述记事,也是时风所然。常璩既受家族治学之风影响,也与当时的时风有关,在综合前人著述侧重于蜀地人、史、志、事的基础上,创造性地形成了集志、事、人于一体的综合、立体式的新的著述体例,这是常璩对于蜀学的贡献,亦是蜀汉经学影响的表现。常璩站在中华民族文化宏观发展的视野,阐明巴蜀文化与华夏文化同宗一脉的关系,彰显儒家的道德观念和价值取向,从而使《华阳国志》不仅是巴蜀风土地貌及其地理沿革的历史资料汇编,而且也记载了当时经学发展的人物和大致线索。

---

① (晋)常璩:《华阳国志》卷一一《后贤志》,第181—182页。
② (晋)常璩:《华阳国志》卷一一《后贤志》,第195页。
③ (晋)常璩:《华阳国志》卷一一《后贤志》,第195—196页。

赵蕤与其《长短经》

赵蕤，字太宾，又字云卿，唐代梓州盐亭（今属四川）人，生平事迹不详，其生活著述在唐武则天至玄宗时期。清代乾隆《盐亭县志》载，赵蕤为汉代今文易学家孟喜门人蜀人赵宾的后裔，但不知何据。赵蕤一生未曾做官，隐居郪县（今四川三台）长平山，与李白交往密切。唐玄宗时，曾任宰相、后任益州大都督府长史的苏颋上疏荐举赵蕤和李白二人，奏疏说："赵蕤术数，李白文章。"说明赵蕤当时在四川是有名的人物。《新唐书·艺文志》载："开元中，召之不赴。"[1] 宋代孙光宪《北梦琐言》亦说，赵蕤"夫妇俱有节操，不受交辟"[2]。可见赵蕤避开仕途经济之路，不应朝廷的辟召，过着隐居著述的生活。《蜀中广记》记云："赵蕤，盐亭人，好学不仕，著书属文，隐于梓州长平山，博考六经诸家异同之旨，玄宗屡征不就。李白（701—762年）尝就学焉。"[3] 其著作有《长短经》和《关朗易传注》，这是研究赵蕤思想的主要资料。

《长短经》成书于唐玄宗开元四年（716）。赵蕤自序说，此书六十三篇，共十卷。但今存《长短经》只有九卷，不是六十三篇，而是六十四篇，其第十卷所谓《阴谋》者，已不可考。赵蕤说他著《长短经》的宗旨是："宁固根蒂，革易时弊，兴亡治乱，具载诸篇。为沿袭之远图，作经济之至道，非欲矫世夸俗，希声慕名。"[4]《四库全书总目提要》说，

---

[1]（宋）欧阳修：《新唐书》卷五九《艺文志》，影印文渊阁《四库全书》本。
[2]（五代）孙光宪：《北梦琐言》卷五《符载侯翻归隐·赵蕤附》，影印文渊阁《四库全书》本。
[3]（明）曹学佺：《蜀中广记》卷四四《人物记第四》，影印文渊阁《四库全书》本。
[4]（唐）赵蕤：《长短经·序》，影印文渊阁《四库全书》本，以下凡引《长短经》，均为此本。

"此书辨析事势","大旨主于实用","其言故不悖于儒者"。① 这几句评语是中肯的。孙光宪称赵蕤"博学韬钤,长于经世"②。赵蕤的《长短经》以儒家思想为主,博采各家之言,其特点是把儒家六经与治道相结合,而不是停留在书册上。赵蕤虽作为隐士,但也积极总结历史上兴衰存亡的经验,提出了他的政治主张和治国方法。他强调经世致用,批判封建专制,其思想含有不少积极的、有价值的东西。赵蕤的代表作《长短经》的内容较为丰富,值得认真探讨。并分析论及其在蜀学史上的地位和影响。

一 六经与治道相结合

赵蕤生活的具体年代已不可详考,但他的学术创作活动主要在唐玄宗时期。这个时代,作为主导中国思想文化发展的儒家经学已发展停滞。唐初孔颖达等奉钦命编定的《五经正义》,虽然完成了经学的统一工作,统一了对经义的疏解,但仍沿袭汉学的章句注疏之学,坚守注不驳经,疏不破注的解经原则。学者拘于训诂,墨守正义,而不重视结合社会实践而展开对经书义理的探讨,不利于新思想的产生和发挥,束缚了儒学的发展。唐代士人基本是在汉代和魏晋旧注的基础上来疏释经书和原有旧注的,普遍采取烦琐训诂释经的方法。这种汉唐经学的传统缺乏生命力,并受到佛教、道教思想的冲击,使得旧的儒家经学已经僵化,显然不能与盛行于唐代的佛、道精致的思辨哲学相抗衡。

有鉴于此,赵蕤主张把六艺之文即六经与治道即社会发展的实践相结合,以解决社会发展的实际问题,而不是把六经束之高阁,仅停留在书本上而脱离社会发展的实际。赵蕤引用《史记·滑稽列传》所称孔子所言"六艺于治一也"之语,认为儒家六经在归于社会治理上,是一致的。强调把六经归于治,加强六经的社会实践性,而不是把经典只限于训诂考据,做文字功夫,使经典与社会治理的实际不相关。由此,赵蕤

---

① 《四库全书〈长短经〉提要》。
② (五代)孙光宪:《北梦琐言》卷五《符载侯翻归隐·赵蕤附》,影印文渊阁《四库全书》本。

在《正论》篇中记云：

> 孔子曰：六艺于治一也，《礼》以节人，《乐》以发和，《书》以导事，《诗》以达意，《易》以神化，《春秋》以道义。①

并在自注里引司马谈的话对六经的作用加以解释：

> 司马谈曰：《易》著天地阴阳四时五行，故长于变；《礼》经纪人伦，故长于行；《书》记先王之事，故长于政；《诗》记山川溪谷禽兽草木牝牡雌雄，故长于风；《乐》所以立，故长于和；《春秋》是非，故长于理人也。②

赵蕤认同《周易》明白记载天地阴阳四时五行的运动变化之道，所以它长于变；《礼》经纪人伦之人事，所以它长于行，在实践中来体现礼；而《尚书》则记录先王之事迹，所以它长于治国理政；《诗经》记述山川溪谷禽兽草木牝牡雌雄等各类自然物，乃感物道情之作，所以它长于维系社会流行的风气和风采；《乐经》乃乐之所以能立，故其长处在于使音声谐和；《春秋》辨是非，故其长处在于管理、规范天下之人。并且，赵蕤在他的《长短经》里引用《礼记·经解》的话来概括六经各自的得失，表现出对六经的重视。

> 故曰：入其国其教可知也。其为人也温柔敦厚，《诗》教也；疏通知远，《书》教也；广博易良，《乐》教也；洁静精微，《易》教也；恭俭庄敬，《礼》教也；属辞比事，《春秋》教也。故《诗》之失，愚；《书》之失，诬；《乐》之失，奢；《易》之失，贼；《礼》之失，烦；《春秋》之失，乱。③

---

① （唐）赵蕤：《长短经》卷三《正论第十六》。
② （唐）赵蕤：《长短经》卷三《正论第十六》自注。
③ （唐）赵蕤：《长短经》卷三《正论第十六》。

强调《诗》教体现在为人的温柔敦厚上,《书》教体现在疏通知远上,《乐》教体现在广博易良上,《易》教体现在洁静精微的变化上,《礼》教体现在恭俭庄敬上,《春秋》教体现在属辞比事上。从事物的另一面讲,《诗》之失在于愚,《书》之失在于诬,《乐》之失在于奢;《易》之失在于贼;《礼》之失在于烦;《春秋》之失在于乱。

可见,赵蕤主张把六经之文与社会治理的实际相结合,提出其以经世致用、不尚空谈为特色的政治思想。

赵蕤理想的政治是"王道之治",他说:"夫王道之治,先除人害而足其衣食,然后教以礼仪而威以刑诛,使知好恶去就。"① 在赵蕤看来,"王道之治"必须首先"除人害"。什么是"人害"呢?他借用荀子的话说:"唯人妖乃可畏也,何者?政险失人,田荒稼恶,籴贵人饥,道有死人,夫是之谓人妖也;政令不明,举措不时,本事不理,夫是之谓人妖也;礼义不修,内外无别,男女淫乱,父子相疑,上下乖离,寇难日至,夫是之谓人妖也。三者错乱,无安国矣。"② 赵蕤认为,"人害"不除,国家就无安定之日,所以必须先除去人害。"王道之治"还必须"足衣食"。衣食是人类社会生存和发展的必要条件,历来进步的政治思想家都不同程度地认识到了这一点。赵蕤继承了先秦思想家这方面的思想,提出"足其衣食"的主张,是十分正确的。赵蕤强调,为了满足社会衣食的需要,决不能荒废了农业和纺织业,否则必然带来饥寒。他说:"农事伤则饥之本也,女红害则寒之原也。"③ 同时还指出,饥寒交迫是社会不安定的根源之一。"夫饥寒并至,而能毋为非者,寡矣。"④ 要使社会安定,必须使人吃得饱,穿得暖。赵蕤讲出了生活中最普通的常识,却也包含着客观真理。"王道之治"的实行还要"教以礼仪"。儒家历来主张对于人民实行教化,孔子主张"道之以德,齐之以礼"。孟子言:"谨庠序之教,申之以孝悌之义。"赵蕤继承了儒家传统,提出"王者之政化之"⑤。主张用道德仁义去教化人民,使人民的行为符合社会的规范。最

---

① (唐)赵蕤:《长短经》卷三《适变第十五》。
② (唐)赵蕤:《长短经》卷八《运命第二十九》自注。
③ (唐)赵蕤:《长短经》卷一。
④ (唐)赵蕤:《长短经》卷三《适变第十五》。
⑤ (唐)赵蕤:《长短经》,《长短经序》。

后,"王道之治"还要"威以刑诛"。不过赵蕤主张"威以刑诛"必须以道德为基础,反对纯用暴力,而应以刑德合用。他说:"理国之本,刑与德也。二者相须而行,相待而成也。天以阴阳成岁,人以刑德成治。故虽圣人为政不能偏用也。"① 赵蕤认为,德与刑是相辅而用的,二者"不能偏用",如果单纯用"严刑峻法"来统治人民,必然自取灭亡。所以他说:"纯用刑,强而亡者,秦也。"② 这是他对历史经验的总结。赵蕤的政治主张,从总体上说,是在儒家政治思想范围内结合时代发展而提出的,但他所强调的"王道之治",却是历来统治者为了维持社会的安定,使社会上下左右协调一致的重要经验的总结,对于促进封建社会的稳定和发展具有重要意义。

赵蕤作为隐士思想家,虽不出仕做官,但对任贤、任才却比较重视。在赵蕤的政治思想里,较有意义的是他提出"任贤""任才"的主张。历史上凡是进步的思想家都主张尚贤。孔子认为"举直错诸枉",选拔正直的人,把他们安排在邪佞小人之上,人们就会信服;反之,把那些邪佞小人任用在贤人之上,就得不到人们的拥护。墨子提倡尚贤,主张"虽在农与工肆之人,有能则举之"(《墨子·尚贤中》)。赵蕤对墨子的尚贤思想作了进一步的发挥,他不只是一般的主张任贤,而是进而主张"任才"。他说,"料才核能,治世之要"③,"量能授官,至理之德"④。为什么任贤要"量能授官"和"随才授位"⑤呢?赵蕤认为,这是因为人的"才能参差大小不同,犹升不可以盛斛,满则弃矣。非其人而使之,安得不殆乎?"⑥ 人不能"兼兹百行,备贯众理"⑦。人不可能什么都懂,各人有自己的长处,其才能是有差异的,所以必须"因能授职,各取所长"⑧。这样就能人尽其才,各尽其能,充分发挥各自的长处,就能在治理国家的实践中取得明显的效果。赵蕤的这一主张是有其积极意义的。

---

① (唐)赵蕤:《长短经》卷二《君德第九》。
② (唐)赵蕤:《长短经》卷二《君德第九》。
③ (唐)赵蕤:《长短经》卷一《任长第二》。
④ (唐)赵蕤:《长短经》卷二《臣行第十》自注。
⑤ (唐)赵蕤:《长短经》卷一《任长第二》。
⑥ (唐)赵蕤:《长短经》卷一《量才第四》。
⑦ (唐)赵蕤:《长短经》卷一《任长第二》。
⑧ (唐)赵蕤:《长短经》卷九《练士第二》。

赵蕤与其《长短经》

为了能够做到"量能授官",国君必须了解天下的良士。赵蕤引《孔子家语》的话说:"昔者明王必尽知天下良士之名,既知其名,又知其实,然后用天下之爵以尊之,则天下理也。"① 所谓"知其实",就是要了解有名的良士到底有什么真才实学。为此,赵蕤主张对士要进行分析。认为士有五种:"有庸人,有士人,有君子,有圣,有贤。审此五者,则治道毕矣。"② 掌握了各种人的特点,就可以因能而用之。在分析士人的时候,赵蕤强调不要被似是而非的假象所蒙蔽。他说:"狙者类智而非智,愚者类君子而非君子也,戆者类勇而非勇也。"③ 只有排除这些容易使人产生错觉的假象,才能真正做到"既知其名,又知其实",真正做到知人。

赵蕤认为,为了识别德才兼备的贤人,必须对良士进行考核。他说:"知此士者而有术焉。"④ 就是说识士是有一套方法的。这套方法是:"观诚""听气""察色""考志""测隐""揆德"。例如,什么叫"观诚"呢?赵蕤说:"微察问之,以观其辞;穷之以辞,以观其变;与之间谋,以观其诚;明白显问,以观其德;远使以财,以观其廉;试之以色,以观其贞;告之以难,以观其勇;醉之以酒,以观其态。"⑤ 赵蕤的这一套方法,确有其一定的道理,而值得借鉴。同时赵蕤对士的考核更为强调的是在"事迹"方面。他说:"夫人行皆著于迹,以本行而征其迹,则善恶无所隐矣,夫辩者焉逃其诈乎?"⑥ 所谓"本",就是人的行为所依据的主观道德标准。所谓"迹",就是人的行为所表现出来的客观效果。把这两者结合起来,对士的考核就有一个客观的依据,就能真正区别善与恶了。他说:"理乱能否,皆有迹矣,若操其本行,以事迹绳之,譬如水之寒,火之热,则善恶无所逃矣。"⑦

赵蕤十分强调任贤的重要性,认为这关系到国家的存亡。他说:"得

---

① (唐)赵蕤:《长短经》卷一《品目第三》。
② (唐)赵蕤:《长短经》卷一《品目第三》。
③ (唐)赵蕤:《长短经》卷一《知人第五》。
④ (唐)赵蕤:《长短经》卷一《知人第五》。
⑤ (唐)赵蕤:《长短经》卷一《知人第五》。
⑥ (唐)赵蕤:《长短经》卷八《息辩第三十六》自注。
⑦ (唐)赵蕤:《长短经》卷八《息辩第三十六》。

人则兴，失士则崩。"① 他还总结了秦以来的历史，认为各个朝代的兴亡，虽有一种必然性的"数"的支配，但还与任贤有关。他说："自秦汉迄于周隋，观其兴亡，虽亦有数，然大抵得之者，皆因得贤豪，为人兴利除害。其失之也，莫不因任用群小奢汰无度。"② 还说："英雄者，国家之干；士民者，国家之半。得其干，收其半，则政行而无怨。"③ 这里，赵蕤虽然过分强调贤人的社会作用，但他明确认为，要把国家治理好，离开有才的贤人是不行的。这有其合理的因素。

赵蕤还认为，要做到"任贤"必须要有一个明德的君主，只有贤者才能用贤，"非贤者莫能用贤"④。国君要能"用贤"，必须善于知人，"知人者，王道也"⑤。而知人又是十分困难的。他引古语说："知人则哲，唯帝难之。"⑥ 赵蕤强调，明君用贤，必须善于知人，只有善于知人，才能善于用贤。赵蕤的任贤思想是中华民族优良传统的表现，具有积极的进步意义。

以上从六经与治道相结合引出来的政治思想，体现了赵蕤经世致用联系实际的思想特色，而与那些把注意力仅放在训诂考据、烦琐释经的汉唐经师的做法形成鲜明的对照。

二　兼收并蓄，融合诸家

赵蕤具有开阔的眼光，对各家思想均加以吸收。并结合社会发展的实际融会贯通，而不限于一家一派，对各家的长处和流弊都客观指出。这种思想体现了巴蜀地区之蜀学兼容诸家的特点，而值得深入探讨和发掘整理。

参考《汉书·艺文志》所论儒家，赵蕤对儒家做了一个概述：

---

① （唐）赵蕤：《长短经》卷一《论士第七》。
② （唐）赵蕤：《长短经》卷四《霸图第十七》。
③ （唐）赵蕤：《长短经》卷一《论士第七》。
④ （唐）赵蕤：《长短经》卷一《量才第四》。
⑤ （唐）赵蕤：《长短经》卷一《大体第一》。
⑥ （唐）赵蕤：《长短经》卷一《论士第七》。

> 自仲尼没而微言绝，七十子丧而大义乖，战国纵横，真伪分争，诸子之言，纷然散乱矣。儒家者盖出于司徒之官，助人君顺阴阳明教化者也。游文于六经之中，留意于仁义之际，祖述尧、舜，宪章文武，崇师仲尼，此其最高也。然惑者既失精微，而僻者又随时抑扬，违离道本，苟以哗众取宠，此僻儒之患也。①

认为儒家出自于司徒之家，开始时不过是助人君顺阴阳变化，以教化民众。而以六经为文献载体，留意于仁义。这恰恰抓住了儒家思想的核心。并指出儒家祖述尧舜，效法周文王、周武王，而以孔子为宗师而大力尊崇。此乃儒家的最高境界。但自从孔子没后，其微言难以保存。而孔门七十子丧后，其大义也背离了孔门之言。在后来的诸子纷争中，其诸家之言纷然散乱，而儒家的流弊在于后学者失其精微，窜于诸家，以致违背道本，哗众取宠，成为见闻狭隘浅陋的儒士的大患。

进而，赵蕤借鉴司马谈对儒家利弊得失的评价，对儒家的得失做出述评并加以己见。

> 司马谈曰：儒者博而寡要，劳而少功，是以其事难尽从，然其叙君臣父子之礼，列夫妇长幼之别，不可易也。夫儒者以六艺为法，经传以千万数，累世不能通其学，当年不能究其礼，故曰博而寡要，劳而少功，若夫列君臣父子之礼，叙夫妇长幼之别，虽百家勿能易也。范晔曰：夫游庠序，服儒衣，所谈者仁义，所传者圣法也。故人识君臣父子之纲，家知违邪归正之路。自桓灵之间，朝纲日陵，国隙屡启，中智以下，靡不审其崩离，而刚强之臣，息其窥盗之谋。豪俊之夫，屈于郦生之议者，民诵先王之言也，下畏逆顺之势也，至如张温、皇甫嵩之徒，功定天下之半，声驰四海之表，俯仰顾盼则大业移矣。犹鞠躬昏主之下，狼狈折札之命，散成兵就绳约，而无悔心者，斯岂非学者之效乎。故先师褒励学者之功笃矣。②

---

① （唐）赵蕤：《长短经》卷三《正论第十六》。
② （唐）赵蕤：《长短经》卷三《正论第十六》自注。

指出儒家的长处在于"列君臣父子之礼,叙夫妇长幼之别",认为这是不可改易的。然而,儒家以六经为根本,其经传数以千万计,累世不能通其学,事半功倍,难以取得成效,所以被称为"博而寡要,劳而少功"。一方面,赵蕤看到了儒学的社会功能在于开办学校,教之以仁义,传圣人之法,使人们知君臣父子之纲,居家则知改邪归正之道;另一方面,又看到由于社会变迁,自东汉末桓帝、灵帝以来,汉室倾颓,朝纲衰微,豪强并起,中等才智以下的人臣,都知道国家之所以分崩离析的原因,然而刚正不阿的大臣也只能做到识破心怀不轨之奸贼的阴谋而使他们有所收敛罢了。胸怀大志的英雄豪杰,屈从于卑鄙浅薄之人的谬议,而民众虽诵先王之言,但身处逆境,只能苟且于权势之下。至于张温、皇甫嵩之流,其功劳也只是使国家有所安定,而其名声则远播四海,俯仰顾盼之间,天下又风云变幻,功业风流云散。即便国家处在这样一种群雄并起的动荡时局中,全国臣民仍然鞠躬于"昏主"的政体,处境尴尬地奉行君命,收集散兵,遵守盟约,无后悔之心,这难道不是学者效法儒学所取得的功效在起作用吗?可见在社会混乱动荡之中,儒学仍发挥着它维系社会运转、稳定社会关系的作用。这得到赵蕤的认同和肯定。也是儒学积极的社会功能和作用的表现。即儒学在乱世也在发挥着作用。

除儒家外,赵蕤对道家也做出评价,分析其得失,并有所吸取。

> 道家者盖出于史官,历纪成败,秉要执本,清虚以自守,卑弱以自持,此君人南面者之术也。合于尧之克让、《易》之谦谦,此其所长也。及放者为之,则欲绝去礼乐,兼弃仁义,独任清虚,何以为治?此道家之弊也。[1]

赵蕤认同道家基本出自于史官,他们记录历史的兴衰成败,抓住事物的要害和根本,奉行道家清静自然无为,卑弱以胜刚强的治世原则。这也

---

[1] （唐）赵蕤:《长短经》卷三《正论第十六》。

是君临天下，无为而无不为的帝王之术。这种道家的统治术与尧的克让谦和、《周易》的谦谦不竞较为吻合，这是道家所长。然而到了后来，任意不拘者为之，则放弃了礼乐，抛弃了仁义，只讲清静虚无，这如何能治理天下？所以这是道家的流弊。并借鉴司马谈的观点进一步分析道家的特点与得失。

> 司马谈曰：道家使人精神专一，动合无形，赡足万物，其为术也，因阴阳之大顺，采儒墨之善，撮名法之要，与时迁徙，应物变化，立俗施事，无所不宜。指约而易操，事少而功多。夫道家无为，又曰无不为，其实易行，其辞难知，其术以虚无为本，以因循为用，无成势，无常形。故能究万物之情，不为物先，不为物后，故能为万物主。有法无法，因时为业，有度无度，因物与合。故曰圣人不朽，时变是守。虚者，道之常；因者，君之纲，君臣并至，使自明也。①

是说道家使人精神专一，行为规范要符合无形之道，使万物丰足。他们的学说，是根据阴阳四时的秩序，吸取儒家和墨家的长处，以及名家和法家的精华，与时迁移，顺物变化，树立风俗，施用于人事，无所不适宜。道家学说是旨趣简约而易于把握，事半而功倍。这与儒家的烦琐操劳，事倍功半形成对照。道家提倡无为，又曰无所不为，其实际主张容易实行，但其所言之辞，却难以理解。道家的学术以虚无为本，以顺应自然为用，没有一定的成势，也没有固定的常形，正因为如此，才能够掌握万物之情。其道不为物先，不为物后，故能为万物之主宰。法的有无及规则，根据时势来制定。制度的有无及内容，也要根据事物的变化与实际来决定。故言，圣人之所以不朽，是因为他们能够做到"时变是守"。虚无是道之所常，而因循无为而治的原则即是君主执政的纲领。君臣各执所为，使其自明而已。这从一个侧面表达了赵蕤对道家治世原则一定程度的吸取。

---

① （唐）赵蕤：《长短经》卷三《正论第十六》自注。

赵蕤也引用对阴阳家的评价并加以己意。他说：

> 阴阳家者，盖出于羲和之官，敬顺昊天，历象日月星辰，敬授人时，此其所长也。及拘者为之，则牵于禁忌，泥于小数，舍人事而任鬼神，此阴阳之弊也。①

指出阴阳家出自于掌天文历法的羲和之官，他们推尊顺从昊天，观测推算日月星辰的运行变化，使人们知道时令变化，而不误农时，这是阴阳家的长处。到后来拘谨的人，受制于诸多禁忌，拘泥于阴阳卜筮之小数，而舍弃人事，专任鬼神。这即是阴阳家的流弊。

对于法家，赵蕤也予以关注：

> 法家者，盖出于理官，信赏必罚，以辅礼制，此其所长也。及刻者为之，则亡教化，去仁爱，专任刑法，而欲以致治，至于残贼至亲，伤恩薄厚，此法家之弊也。②

认为法家出自于管理刑法的官员，他们信赏必罚，以此辅助礼制来治理天下，这是他们的长处。但一些苛刻的人只讲实行法治，而不讲教化，抛弃仁爱这一优秀品德，专任刑法，单独以此来治理天下，以至于残害至亲之人，伤恩害义，刻薄应该亲厚之人。这即是法家的流弊。

对待名家，赵蕤加以关注：

> 名家者，盖出于礼官。古者名位不同，礼亦异数。孔子曰："必也正名乎。"此其所长也。及缴者为之，则苟钩𨨏析乱而已，此名家之弊也。③

是说名家出自于掌管礼仪的官员。古人的身份地位不同，礼数也不相同。

---

① （唐）赵蕤：《长短经》卷三《正论第十六》。
② （唐）赵蕤：《长短经》卷三《正论第十六》。
③ （唐）赵蕤：《长短经》卷三《正论第十六》。

所以孔子说，一定要正名。正名分正是名家的长处。到后来纠缠于吹毛求疵的人为之，则用名来治理天下时，只去辨析名分的细节而不重视名所反映的实际情况，把名分搞得过于混乱和支离破碎。这即是名家的流弊。

对待墨家，赵蕤客观地看到该学派的特点，并总结其得失：

> 墨家者，盖出于清庙之守，茅屋采椽，是以贵俭；养三老五更，是以兼爱；选士大射，是以上贤；宗祀严父，是以右鬼；顺四时而行，是以非命；以孝示天下，是以上同。此其所长也。及蔽者为之，见俭之利，因以非礼；推兼爱之意，而不知别亲疏。此墨家之弊也。①

一般来说，墨家出自于掌管宗庙之官。他们注重节俭，住在以茅覆屋、以采为椽的房子里。奉养老人，提倡兼爱；举行大射以选士，崇尚贤人；宗庙祭祀尊重祖先，崇敬鬼神；顺从四时行事，不信天命；以孝明示天下，所以尚同。这些都是墨家的长处。后来见识短浅的人片面推行墨家的主张，只看节俭的好处，却否定必要的礼制；只去推广兼爱，却不知分别亲疏远近，以至于视父母为路人。这乃是墨家的流弊。

对于纵横家，赵蕤赞同对其持一分为二的态度，既看到其长处，又指出其弊端。

> 纵横家者，盖出于行人之官。孔子曰："使乎，使乎！"言当权事制宜，受命而不受辞，此其所长也。及邪人为之，则上诈谖而弃其信，此纵横之弊也。②

是说纵横家出自掌管外事活动的行人之官。孔子说："使乎，使乎！"即是说当一个好的使者应该做到权衡事情的利弊得失而进行适当的处理，他只能接受出使的任务，而不可能事先告诉他应该怎么去应对的言辞，这要根据具体实际情况，随机应变，灵活掌握。这即是纵横家的长处。

---

① （唐）赵蕤：《长短经》卷三《正论第十六》。
② （唐）赵蕤：《长短经》卷三《正论第十六》。

而那些心术不正的人去从事游说的工作，欺诈虚伪，背信弃义。这就是纵横家的弊端。

关于杂家，赵蕤引述说：

> 杂家者，盖出于议官，兼儒墨，合名法，知国体之有此，见王理之无不贯，此其所长也。及荡者为之，则漫羡而无所归心，此杂家之弊也。①

杂家一般出自于议事之官。杂家兼容儒家和墨家思想，也糅合名家和法家的主张。他们明白治理国家，实现太平盛世，必须融会贯通诸子百家的学说。这是杂家的长处。然而后来学识浅薄的人为之，恣意放纵，只求广博，没有中心，使人抓不住要领。这是杂家的流弊。

对于农家，赵蕤也将其纳入关注的范围。

> 农家者，盖出于农稷之官，播百谷，劝耕桑，以足衣食。孔子曰："所重人食。"此其所长也。及鄙者为之，则欲君臣之并耕，悖上下之序，农家之弊也。②

是说农家出自于管理农业的官员。通过种植百谷，鼓励耕种和养蚕，以满足人民的衣食需求。孔子说："所重人食。"这是农家的长处。后来见识浅薄之人却主张让君主和大臣都去耕种，这就违背了君臣上下关系。这是农家的流弊。

对待兵家，赵蕤也很重视。他说："夫兵者，凶器也；战者，危事也。兵战之场，立尸之所，帝王不得已而用之矣。"③ 赵蕤认识到，兵凶战危，武器是杀人的工具，战争是危险的事情。两军相争的战场，不少人丧失了生命。他还看到了战争给人民带来的巨大伤害，主张尽量避免战争的发生，除非不得已而用之，并引用扬雄之语肯定兵家，这些都符合孔子之术。

---

① （唐）赵蕤：《长短经》卷三《正论第十六》。
② （唐）赵蕤：《长短经》卷三《正论第十六》。
③ （唐）赵蕤：《长短经》卷九《出军第一》。

> 扬雄曰："六经之理贵于未乱，兵家之胜贵于未战。"此孔氏之术也。①

扬雄认为，六经的道理贵于在未乱之时发挥作用，而兵家的优胜处体现在贵于在未战之前去制止战争。而赵蕤指出这是孔子儒家的治术，将其纳入儒家王道的范畴。其自注云："议曰：孔氏之训，务德行义，盖王道也。"② 认为孔子之训注重道德仁义，而贵于未战，这正是王道的体现。

赵蕤以融通诸家的精神，对儒家、道家、法家、阴阳家、名家、墨家、纵横家、杂家、农家、兵家等一一作了评述，认为各家的学说都有自己的长处，但这些学说也有其流弊，同时被人曲解后，可能走向反面。例如，阴阳家的长处是"敬顺昊天，历象日月星辰，敬授人时"③。但如果"拘者为之，则牵于禁忌，泥于小数，舍人事而任鬼神，此阴阳之弊也"④。再如，他认为农家的优点是"播百谷，劝耕桑，以足衣食"⑤。但是，如果"鄙者为之，则欲君臣之并耕，悖上下之序，农家之弊也"⑥。在这里赵蕤所使用的方法，既不是肯定一切，也不是否定一切，他用的是两点论的客观分析方法。

最后赵蕤对自己兼容诸家的思想加以概括。他说：

> 数子之言，当世失得，皆悉究矣。然多谬通方之训，好申一隅之说。贵清净者，以席上为腐议；束名实者，以柱下为诞辞。或推前王之风，可行于当年，有引救弊之规，宜流于长世。稽之笃论，将为蔽矣。由此言之，故知有法无法，因时为业，时止则止，时行则行，动不失其时，其道光明，非至精者，孰能通于变哉？⑦

---

① （唐）赵蕤：《长短经》卷三《适变第十五》。
② （唐）赵蕤：《长短经》卷三《适变第十五》自注。
③ （唐）赵蕤：《长短经》卷三《正论第十六》。
④ （唐）赵蕤：《长短经》卷三《正论第十六》。
⑤ （唐）赵蕤：《长短经》卷三《正论第十六》。
⑥ （唐）赵蕤：《长短经》卷三《正论第十六》。
⑦ （唐）赵蕤：《长短经》卷三《正论第十六》。

赵蕤指出，"数子之言"即诸子百家的学说，论述的都是当世政治的得失与功过是非，对此，都应认真加以考究。然而世人对为政之道大多存在着误解，只偏好于某一种说法。如尊崇清静无为学说的道家，视儒家学说为迂腐；拘泥于名实的名家，却认为道家学说乃荒诞之辞；有的学派推崇古代的王者之风，认为现在依然可以实行；有的人征引以往救弊的成规，认为它适合流传于后世。其实如果认真考究，这些认识都有各自的弊病。由此可见，有法与无法，应当根据时代的不同来加以讨论，时代结束了，实用于那个时代的政治方针也就失去了它以往的效用；时代向前发展了，政治制度也要随时代变迁而发展。只要行动不错过时机，它的前途必然光明。如果不具有聪明智慧，不能透彻地把握，谁能够通晓时代变迁的奥妙道理呢？可见赵蕤对以"数子之言"为代表的诸子百家学说都有所吸取，也根据时代变迁有所保留和批评，而不只是偏好一家之言。

虽然赵蕤兼容诸家的思想对诸子百家都有所吸收和借鉴，但并不是杂采诸家而没有重点，也不是所谓的杂家或纵横之术。他是以儒家思想为主要倾向来吸纳诸子思想，即以儒学为主，而采各家之长。这主要表现在赵蕤强调儒家的修齐治平之道，崇尚仁义，重视民生等，批评道家弃仁义、去礼乐，墨家兼爱不知分别亲疏，法家的专任刑法、伤恩害义，阴阳家的舍人事而任鬼神，名家过分追求名分以至于混乱和支离破碎，纵横家的欺诈虚伪、背信弃义，杂家的不得要领，农家的君臣之并耕等。虽对儒家"博而寡要"、支离烦琐的弊端提出批评，但对儒家的主要价值，包括维护社会稳定，在乱世中维系社会的价值和原则还是充分肯定的。其重要特点是联系实际，不囿于空谈。

《四库全书》馆臣将赵蕤的《长短经》列为子部杂家类，其源出于纵横家，指出：

> 此书辨析事势，其源盖出于纵横家，故以长短为名。虽因时制变，不免为事功之学，而大旨主于实用，非策士诡谲之谋，其言故

不悖于儒者。①

这个意见和评语虽有一定的道理，但把赵蕤的《长短经》列为子部杂家类，认为其源出于纵横家，却是值得商榷的，没有看到其以儒家思想为主的倾向，只是说"其言故不悖于儒者"。其实赵蕤的思想在"不悖于儒者"，吸收各家学术之长的基础上，还是主要倾向于儒家的。

由此，赵蕤在论诸子百家的得失之后，其自注里引述班固之语云：

> 班固曰：马迁《史记》其是非颇谬于圣人，论大道，则先黄老而后六经，序游侠则退处士，而进奸雄。述货殖，则崇利势而羞贫贱，此其所蔽也。然其善序事理，辨而不华，质而不俚，其文直事核，不虚美，不隐恶，故世谓之实录。②

赵蕤在论述儒家及诸子各家时，引述班固《汉书》中《司马迁传》之言，表现出对班固批评司马迁《史记》观点的认同。班固认为，司马迁在《史记》里的是非观与圣人相谬，这表现在司马迁倾向于黄老道家的观点等方面，即不赞同司马迁所主张的先黄老道家而后儒家六经的观点。这也反映出赵蕤在对待六经与其他学派的关系上，主张六经应放到黄老之前，而不是先黄老而后六经。这是赵蕤以儒为主，兼及诸家思想的体现。虽然赵蕤以儒为主，兼及诸家，但他对儒学的弊病也不偏袒，而是客观地指出其"博而寡要"、支离烦琐的弊端，也未认同儒者提出的"君为臣纲"的观念，而是批判封建君主专制，这些都是赵蕤思想的可贵之处。

三 批判封建专制

赵蕤生活的唐玄宗时代的前期是开元之治，社会呈繁荣景象。但在

---

① 《四库全书·子部〈长短经〉提要》。
② （唐）赵蕤：《长短经》卷三《正论第十六》自注。

社会繁荣的背后隐藏着深刻的社会危机。社会各方面的矛盾，特别是统治集团内部，以及统治阶级与人民之间的矛盾已十分尖锐。由于各种社会矛盾日益突出，包括朝纲混乱，统治集团骄奢淫逸，人欲横流，朝政腐败，才让安禄山等有机可乘。其结果便是天宝年间爆发了"安史之乱"。这成为唐王朝由盛转衰的转折点。赵蕤生活在这一时期，充分看到了唐代社会，以及封建社会的弊病。

现实社会的"时弊"与他理想的政治境界是矛盾的，这可能是他不愿出仕做官、过着隐居生活的一个原因。赵蕤在《长短经》里批评了封建社会的弊病，他的政治思想也是根据"时弊"而立论的。

赵蕤首先对封建统治者"家天下"的君主专制制度提出了大胆的批评。他说：

> 是知天下者，非一人之天下也，天下人之天下也。所以王者必通三统，明天命所受者博，非独一姓也。①

认为天下不是一人一姓之天下，而是天下人之天下。这是对君主个人专制的否定。并引用刘向之言，要求"王者必通三统"，以明白天命所授并非一姓。既然天下是"天下人之天下"，而"非独一姓"，那么天下的人都应该享受社会给予的利益，帝王就不能把天下的财富聚为一家之私，任意挥霍浪费。他举例说：

> 天下非一人之天下也，取天下若逐野兽，得之而天下皆有分肉。若同舟而济，皆同其利，舟败皆同其害。②

正因为天下非一人之天下，取天下就像打猎追逐野兽，打到了野兽，天下之人皆应有分肉。就像同舟共济一样，大家皆同其利，舟覆没了大家也皆受其害。赵蕤希望，天下有利，人人皆享，而不能仅由君主一人占有。这在当时，只是一种幻想，然而却表现了赵蕤思想的进步性。

---

① （唐）赵蕤：《长短经》卷七《惧诫第二十》。
② （唐）赵蕤：《长短经》卷七《惧诫第二十》。

由此，赵蕤认为君臣关系不是一成不变的，如果君主无德，则可以易位。他赞赏"社稷无常奉，君臣无常位"的观点，并自注云："奉之无常人，言唯德也。"① 强调居君位者须唯德，认为这是"自古以然。故诗曰：'高岸为谷，深谷为陵。'"② 以说明事物的相对性，没有一定之规。他还引《左传》的话说："在易卦雷乘乾曰大壮，天之道也。"③ 大壮卦的卦体是乾下震上，乾为天，震为雷，上对于下为"乘"。古人的观念以为雷出于地下，雷乘乾是雷在天之上。这表明地下的东西可以上升到天上去，以象征君臣易位。赵蕤自注云：

> 乾为天子，震为诸侯而在乾上，君臣易位，犹人臣强壮，若天上有雷也。④

通过对大壮卦的解说来说明君臣易位的可能性。为此，赵蕤引用《周易》的话，承认"汤武革命"的合理性，认为那是"顺乎天而应乎人"⑤ 的。并引黄石公的话曰："王不可以无德，无德则臣民叛。"⑥ 认为君主不可无德，无德将导致臣民叛。这也反映出赵蕤的重民思想。由于天地和社会包括君臣关系是变化的，所以人们在观察社会现象时不能抱一成不变的观点。

四　在蜀学史上的地位

在蜀学发展史上，历来有重视社会发展实际，经世致用，重践履的传统。早在西汉初，文翁为蜀守，便兴修水利，灌溉繁田千七百顷，使民物阜康，然后施之以教，开蜀学联系社会发展实际，重躬行践履之风。赵蕤提倡儒家的修齐治平之道，重视民生，把六经与治道相结合，以除

---

① （唐）赵蕤：《长短经》卷七《惧诫第二十》自注。
② （唐）赵蕤：《长短经》卷七《惧诫第二十》。
③ （唐）赵蕤：《长短经》卷七《惧诫第二十》。
④ （唐）赵蕤：《长短经》卷七《惧诫第二十》自注。
⑤ （唐）赵蕤：《长短经》卷七《惧诫第二十》。
⑥ （唐）赵蕤：《长短经》卷八《难必第二十八》。

人害而足其衣食作为"王道之治"的基础,强调应满足百姓衣食的需要,决不能荒废农业和纺织业,否则必然带来饥寒。其对经世致用、社会生活实际的重视,体现出蜀学的特色,值得肯定。

兼容诸家的会通性也是蜀学的重要特点。所谓会通,指融会贯通,包括会通多元文化,而不局限于一家一派。巴蜀思想家具有融合黄河流域的齐鲁文化和长江流域的楚文化的特色,使富于伦理道德的孔孟思想与浑然朴实、富于哲理的老庄思想融为一体,又汲取佛教及诸子百家的思想,造就了巴蜀思想文化的独特风貌。汉代巴蜀著名思想家严遵著有《老子指归》,他继承老庄的哲学,讲由无生有的过程,但也受到儒家思想的一定影响,主张德刑并用,并提出顺民、重民的思想。严遵弟子扬雄是融合儒、道的思想家,在哲学上,他上承《易经》《老子》,下启王充、张衡乃至魏晋玄学,并影响了后来的思想家。这些著名蜀学人物以儒为主,会通儒、道、佛三教的思想体现了巴蜀哲学所具有的包容性、开放性的特征,吸取诸家学术之长而发展了蜀学。与其他地域性文化相比,巴蜀哲学的包容性似乎更强,基本不把佛、道二教视为异端。

赵蕤具有开阔的眼光,对各家思想均加以吸收。并结合社会发展的实际融会贯通,而不限于一家一派,对各家的长处和流弊都客观地指出。这种思想体现了蜀学兼容诸家的特点。赵蕤认为"数子之言"即诸子百家的学说,虽然论述了当世政治的得失与功过是非,但都有其各自的弊病,也有相互之间的指责。对此,赵蕤在批评各家之弊的同时,也主张吸收以"数子之言"为代表的诸子百家学说,根据时代变迁有所保留和批评,不只是偏好一家之言。这与蜀学兼容诸家的会通性特色相吻合。

在巴蜀思想史上,魏了翁、唐甄、邹容等均对封建君主专制主义提出了批判,这体现了蜀学的一大特色,为近代民主提供了借鉴。如南宋时魏了翁提出:"古者天子……乃是与诸侯共守天下",主张君臣"共守天下",批判"尊君卑臣,一人恣睢于上,极情纵欲,而天下瓦解土崩"[①]的封建君主专制。明清之际的唐甄著《潜书》,提出批判君主专制

[①] (宋)魏了翁:《鹤山集》卷一〇六《周礼折衷·天官冢宰下》,影印文渊阁《四库全书》本。

的惊世骇俗之论："自秦以来，凡为帝王者皆贼也。"① 把批判的矛头直指封建专制的最高权威，而强调统治者应从人民的利益出发，做到"皆为民也"。邹容著《革命军》，产生了很大的影响。他阐明革命的原因在于清王朝的封建专制，剥夺了人民应有的"天赋人权"。强调革命是不可抗拒的"天演公例"，要摆脱清王朝封建专制的统治，成为具有平等、自由等民主权利的国民，就需要革命。这种以革命手段来推翻封建专制统治而建立资产阶级民主共和国的思想，把历史上对封建专制主义的批判提高到一个新的阶段，产生了重要的社会影响。

而早在他们之前的唐代，赵蕤就对封建统治者的"家天下"的君主专制制度提出批评。认为天下不是一人一姓的天下，而是天下人的天下。这是对君主个人专制的否定。赵蕤主张天下有利，人人皆享，而不能仅由君主一人占有。并通过解释《左传》所记《周易》大壮卦乾下震上的卦象乃雷乘乾，以说明君臣易位的可能性。又认为"汤武革命"是"顺乎天而应乎人"，是合理的。并认为君主不可无德，无德将导致臣民叛。这反映出赵蕤的重民思想。

以上从经世致用、兼容各家、批判专制等各方面表现出赵蕤的思想具有自己的特点，因而在蜀学史上占有重要的地位。赵蕤把经学与蜀学结合起来，对巴蜀文化的发展产生了重要的影响，并影响到诗人李白。其兼容会通，释经与治道相结合，重视践履，批判专制的思想在一定程度上体现了蜀学的精神，值得今天的人们认真理清和研究探讨。

---

① （清）唐甄：《潜书·室语》，中华书局2009年版，第196页。

李鼎祚与其《周易集解》

李鼎祚，生卒年不详，资州盘石（今属四川）人，唐中后期著名易学家。盘石即资州治所。州东有四明山，李鼎祚兄弟读书于山上，后人将其地取名为读书台。安史之乱时，唐玄宗逃难，驾临蜀地，李鼎祚献策平乱。"明皇幸蜀时，鼎祚进《平胡论》，后召守左拾遗。"[①] 唐肃宗乾元元年（758），李鼎祚"奏以山川阔远，请割泸、普、渝、合、资、荣等六州界，置昌州。二年春，从其议，兴建。凡经营相度，皆躬与其劳"[②]。李鼎祚虽未在昌州任职，当时仍居官左拾遗，但他家在盘石，与昌州相近，而所析六州地界，资州也在其中，故即命李鼎祚也往参与其事。

李鼎祚曾充任内供奉。又曾辑梁元帝及陈乐产、唐吕才之书，以推演六壬五行，撰为《连珠明镜式经》十卷，又名《连珠集》，上之于朝。其事发生在唐肃宗乾元年间。

宝应元年（762），肃宗逝世，代宗即以此年登基。代宗登基后，李鼎祚献所著《周易集解》一书，"献《周易集解》，其时为秘书省著作郎。仕至殿中侍御史"[③]。

由于李鼎祚于新旧《唐书》无传，始末未详，从其简略的生平材料记载中，可知李鼎祚历玄宗、肃宗和代宗三朝。早年曾与兄弟读书于资州东的四明山，勤于读书，精于易学。并探讨占卜术，推演六壬五行，通象数易学。唐玄宗避难于蜀地时，李鼎祚曾献《平胡论》，论讨伐安禄

[①] （唐）李鼎祚：《周易集解》附录一《刘毓崧周易集解跋下篇》，中华书局2016年版，第600页。

[②] （唐）李鼎祚：《周易集解》附录一《刘毓崧周易集解跋下篇》，第600—601页。

[③] （唐）李鼎祚：《周易集解》附录一《刘毓崧周易集解跋下篇》，第602页。

山,被召为左拾遗。

为加强地方治理,李鼎祚又上奏在泸、晋、渝、合、资、荣等六州界内析出一块土地设置昌州。得到朝廷采纳,于次年建置。其著有《连珠明镜式经》,于肃宗时上之于朝廷。又著《周易集解》,于代宗时献于朝廷。

李鼎祚在当时影响较大,去世后资州人士立四贤堂,"绘其像以祀之"①。《舆地纪胜·资州景物下·四贤堂》注云:"在郡治绘王褒、范崇凯、李鼎祚、董钧像。"② 可见其德旺素隆,为乡里所推重。他还被人尊为"在唐代儒林之内不愧为第一流人,非独《集解》之书有功于易学已也"③。世人认为李鼎祚乃唐代儒林第一流人物,并不仅仅是他写出了《周易集解》而有功于易学。

李鼎祚著《周易集解》,其易学思想在总结前人和时人易学成果的基础上,重象数,擅筮占,把象数和义理结合起来,兼重天道与人事,兼容儒学与玄学易,在一定程度上体现了当时易学和学术发展的趋向,并具有李鼎祚本人以易为三教的起源、根本,来综合统领九流诸家思想的特色。在易学史上占有重要地位,并对后世易学的发展产生了重要的影响。其兼容儒道、兼收并蓄的思想也体现了蜀学多元会通,兼容互补的特色。

一 "权舆三教,钤键九流"

李鼎祚易学的指导思想是以《易》来"权舆三教,钤键九流",他在其《周易集解》的原序中历数《周易》及其易学的发展演变后指出:"易有圣人之'道四'焉,斯之谓矣。原夫权舆三教,钤键九流,实开国承家修身之正术也。"④ 强调含有圣人之"道四"的易乃三教九流之本。何谓"权舆三教,钤键九流?""权舆":本义谓草木萌芽状态,引申为起

---

① (唐)李鼎祚:《周易集解》附录一《刘毓崧周易集解跋下篇》,第605页。
② (唐)李鼎祚:《周易集解》附录一《刘毓崧周易集解跋下篇》,第605页。
③ (唐)李鼎祚:《周易集解》附录一《刘毓崧周易集解跋下篇》,第605页。
④ (唐)李鼎祚:《周易集解·周易集解原序》,第8页。

始、初时。那么"权舆三教"即以易为三教的起源、根本。"铃键"指核心、关键，管制、约束，或综合、归纳，那么"铃键九流"即指以《易》来综合统领九流。总的来讲，李鼎祚是以易作为儒释道三教、诸子百家的根本和统领。不仅如此，他还以易及易学作为治国理政、修身齐家平治天下的正确原则。可见他对易及易道的重视。

可见"原夫权舆三教，铃键九流，实开国承家修身之正术"表明了李鼎祚易学的指导思想，在于赞颂易道广大宏廓，统合儒释道，其易学观是以易道来统合儒释道三教和诸子百家之说，并以之作为治国理政，修身平治天下的根本法则。这在当时佛道盛行，宗教冲击人文，儒门冷淡的社会背景下，具有重振儒家修身伦理，以儒学易道回应宗教冲击的意义。并通过将易道置于三教之上，作为儒释道三教的起源、根本，来提振易道乃三教之本。又超越三教的本原地位，即易既是儒之六经之首，又是统合三教的根本。以此作为易道的定位，这在思想史和易学发展史上也是很难达到的高度。

二　重象数，汇集各家注释

李鼎祚作为唐代中后期的著名易学家，其所编著的《周易集解》在易学发展史上占有重要地位。易学主要以《周易》为经典载体，《周易》又称《易》《易经》。最初是古人占卜之书。古人科学知识欠缺，对社会和自然界的事物及其规律缺乏认识，以为在冥冥之中有一种超人间、超自然的力量决定着人和事物的命运。于是通过占卜来预测吉凶祸福，以趋利避害。《易经》就是关于占卜的书。后来演变为一部讲哲理的书，即《易传》。《易传》既讲象数卜筮，又讲哲学义理，反映了古代中国人认识事物的能力不断发展和提高。《周易》原只有《经》的部分，其后《易传》也成为《周易》的组成部分。前人通常认为，伏羲画八卦，周文王重为六十四卦，并作卦、爻辞，或认为周公作爻辞，以上组成《易经》；而《易传》则是孔子所作。朱熹就是这样认为。现代学者多数认为，《周易》经、传的创作历时久远，非出于一人一世。其中八卦和六十四卦，在西周以前即已创成。其卦爻辞，当为殷末周初的学者根据旧筮书撰成。《易传》七种十篇（称十翼）虽未必是孔子亲撰，但其内容反映了儒家的思想，似为孔门弟子及后学所撰，其成书年代在春秋末期至战国后期。虽然孔子时《易传》未必成书，但孔子对《易》十分重视，晚而喜《易》，用功甚勤，以致韦编三绝，并对以往作为卜筮之书的《周易》加以整理，引哲理解之。其后《易传》的成书，乃孔门弟子及后学依据孔子的思想整理阐述出来，这无疑受到孔子思想的影响。如此，《周易》分为《易经》和《易传》两个部分。

易学大抵分为义理、象数两派，象数与汉儒卜筮相关，亦有心学易学和以史解《易》者，其象数派衍出图书之学。象数派盛于汉代，其代表人物有孟喜、焦延寿、京房、郑玄和三国时期的虞翻等。他们以卦气、占验、世应、飞伏、纳甲、五行、旁通等说解释《周易》经文及筮法，形成象数学的主要思想，而把神秘的五行说和天人感应说作为指导，这与《易传》主要所讲乾坤阴阳对立统一转化的哲学有别。针对汉易象数之学盛行后带来日趋烦琐、穿凿的流弊，王弼提倡玄学简约的学风，批评汉易拘于象数及阴阳灾异论，扫除象数，说以老庄义理。强调解《易》的目的是义理而不是象数，人们不应在象数上花费力气，作无谓的推衍，应该得意而忘象。

易学之义理派深受《易传》以哲理注《易》的影响，起于魏王弼。《四库提要易类》对易学有所评论：

> 汉儒言象数，去古未远也，一变而为京、焦，入于禨祥；再变而为陈、邵，务穷造化，易遂不切于民用。王弼尽黜象数，说以老庄，一变而为胡瑗、程子，始阐明儒理；再变而李光、杨万里，又参证史事，易遂日启其论端。此两派六宗，已互相攻驳。

指出义理学派发端于魏王弼，宋代的胡瑗、程颐传其说，再变为李光、杨万里之易说。皮锡瑞认为："程子不信邵子之数，其识甚卓。《易传》（程传）言理，比王弼之近老氏者，为最纯正。"[①]即认为宋易之程颐义理一派言理不信数，既比象数一派所见卓识，又比言义理而说以老庄的王弼为纯正。可见宋易之象数和义理两派的渊源与划分由来已久。

[①] （清）皮锡瑞：《经学历史·经学变古时代》，中华书局2004年版，第163页。

王弼注《易》，扫除象数，说以老庄义理，树立起以玄学义理解《易》的新风。其"扫象"在易学发展史上具有里程碑式的意义，故而王弼成为义理易学派的代表人物。但是，王弼"扫象"之后又使易学的发展走向了另一个极端，即由过度泥于汉易之象数转向近乎完全依赖老庄之玄理，王弼易学即是对象数思维的摒弃。

唐代孔颖达撰《周易正义》，主王弼、韩康伯注，以讲王弼义理为主，使得义理派成为正宗，而排斥象数易学。《周易正义》确立之后，玄学易盛行，汉代象数《易》则被唐代学者冷落。从易学的官方定本来看，孔颖达主持编纂的《周易正义》主要是承袭王弼的解《易》理路，即以玄学化的义理来注《易》，而对于汉代诸家象数《易》之代表如郑玄、虞翻、荀爽等却少有论及。有唐一代，王注孔疏版的《周易正义》成为官方《周易》注本，一时间玄学易风靡全国。相比之下，汉代象数易学在唐代被学者所冷落，呈江河日下之势。然而，易道广大无所不包，李鼎祚在当时的时代背景下，本着包容开放的原则，不满《周易正义》所代表的官方易学专守义理的立场，深感单纯以老庄之义理释《易》会导致易学落入片面肤浅之弊端，于是他重视象数，汇集各家注释，编撰了《周易集解》一书，以纠正当时盛行以玄学义理解《易》之时弊。

针对当时"王学既盛，汉易遂亡"的流弊，李鼎祚撰《周易集解》，博考载籍，汇集诸家象数易注。书中收录了三十五家之易说。据《四库全书〈周易集解〉提要》所言：

  所采凡子夏、孟喜、焦赣、京房、马融、荀爽、郑玄、刘表、何晏、宋衷、虞翻、陆绩、干宝、王肃、王弼、姚信、王廙、张璠、向秀、王凯冲、侯果、蜀才、翟玄、韩康伯、刘瓛、何妥、崔憬、沈驎士、卢氏、崔觐、伏曼容、孔颖达、姚规、朱仰之、蔡景君等三十五家之说。自序谓"刊辅嗣之野文，补康成之逸象"，盖王学既盛，汉易遂亡，千百年后，学者得考见画卦之本旨者，惟赖此书之存矣。是真可宝之古笈也。[①]

---

① （唐）李鼎祚：《周易集解·四库全书〈周易集解〉提要》，第622—623页。

李鼎祚所收录的诸家易说,以汉象易数学为主,赖此保存了汉易文献,使学者得以了解画卦之本旨,这具有重要的学术价值和文献价值。不仅如此,李鼎祚在其《周易集解》里还引用了何晏、王弼、孔颖达等人的易说,而不只是引征象数易说的材料。他是在以重象数为主的情况下,汇集包括义理易学及术数占卜等各家的注释,旁征博引,并加以按语,以表达自己的观点。

三　重天道亦重人事

李鼎祚在对坤卦《文言》的解说时,提出天道与人事相分又相合的思想。

> 《文言》曰:"积善之家,必有余庆,积不善之家,必有余殃。"对此,李鼎祚案:圣人设教,理贵随宜。故夫子先论人事,则不语怪、力、乱、神,绝四毋必。今于易象,阐扬天道,故曰"积善之家,必有余庆,积不善之家,必有余殃"者,欲明阳生阴杀,天道必然。理国修身,积善为本。故于坤爻初六,阴始生时,著此微言,永为深诫。欲使防萌杜渐,灾害不生,开国承家,君臣同德者也。故《系辞》云"善不积,不足以成名,恶不积,不足以灭身",是其义也。[1]

在案语中,李鼎祚指出圣人设教,其理贵在随处适宜,所以孔子把人事放在前面,而不谈那些神怪之事。然而对于易象而言,则在于阐扬天道。他以坤卦初六为言,认为该卦阴处在始生的阶段,当此之时,就要积善于已萌之初,然后逐步积累以成其善。同时要防微杜渐,遏止恶的滋生。由此得出善恶均需积之义。说明通过易象阐扬的天道,除了具有阳生阴杀的自然属性外,还具有积善去恶的社会属性。表明其具有兼重天道人事的思想。理国修身,以积善为本,这主要处在人事的范围。但与通过易象而阐扬的天道也相互联系在一起,既重天道,亦重人事,将二者结

---

[1] （唐）李鼎祚:《周易集解》卷二《坤卦·文言》案语,第41页。

合起来。

李鼎祚所谓天道，主要指阴阳相互依存对应运动变化的自然规律。他引荀爽之言，以表达阴阳运行的规律乃天道。《乾·文言》云，"以御天也"，"荀爽曰：御者，行也。阳升阴降，天道行也"①。把御天解释为把握阴阳升降运行的规律，所谓天道行就是指阴阳的运动变化。虽然是荀爽所言，但被李鼎祚引用来解释"御天"，也就表达了李氏的观点。

虽然天道包含了阴阳的相异与对应，但李鼎祚不把天道包含的阴阳对应与相异视为绝对的对立，而把阴阳相薄视为"天道穷"，包含转化之义的表现。他引用干宝之语曰：

> 象曰："龙战于野，其道穷也。"干宝曰："天道穷，至于阴阳相薄也；君德穷，至于攻战受诛也；柔顺穷，至于用权变矣。"②

所谓"天道穷"，干宝认为"阴阳相薄"即是"天道穷"的表现。李鼎祚在这里加以引用，以表示阴阳相交，碰撞搏击，导致"天道穷"尽，虽有阴阳相交实行战争而相伤者，但也可理解为阴阳相互渗透、迫近而相互转化，这也是"天道穷"的表现。不一定导致天道完结、处境恶劣。

关于天道与人事的关系，李鼎祚认为，偏执于任何一方，都是不可取的。他在《周易集解》序言中指出：

> 自卜商入室，亲授微言，传注百家，绵历千古。虽竞有穿凿，犹未测渊深。唯王、郑相沿，颇行于代。郑则多参天象，王乃全释人事。且易之为道，岂偏滞于天人者哉？致使后学之徒，纷然淆乱，各修局见，莫辩源流。天象远而难寻，人事近而易习，则《折杨》《黄华》，嗑然而笑，方以类聚，其在兹乎？③

是说自子夏等入室受易于孔子，亲得微言，传孔子易学以来，传注百家，

---

① （唐）李鼎祚：《周易集解》卷一《乾卦·文言》，第 23 页。
② （唐）李鼎祚：《周易集解》卷二《坤卦》，第 39 页。
③ （唐）李鼎祚：《周易集解·周易集解原序》，第 8 页。

绵历千古，时有穿凿，而未测渊深。然东汉郑玄《易》与魏王弼《易》相沿，流行于世，产生较大影响。但郑氏易学过多参天象，形成重象数的天道观，而王氏易学则全去解释人事，偏重义理，以至于双方各自都产生了流弊。李鼎祚试图克服这两种倾向，他强调，易之为道，岂能偏滞于天象或人事之一端？致使后学之徒，纷然淆乱，各执其一端之局部见解，而不辩源流。郑氏学形成较完备的象数易学体系，影响较大，而王弼易学则扫除象数，偏重义理，以致王注盛行，郑学浸微。一般而言，天象远而难寻，人事近而易习，李鼎祚以《折杨》《黄华》古曲中的小曲喻俗学，指为王弼易学。后经孔颖达撰《周易正义》，悬为功令，方以类聚，主王氏学。王弼易学盛行后，郑学式微，日渐衰落，几近湮没无闻。李鼎祚在批评当时易学偏向的基础上，主张将天道与人事结合起来，以纠正世风之偏颇。

  李鼎祚客观地看到王弼易学重人事而有别于象数学，然其义理侧重于老庄之玄理，于政治治理上倾向于道家的无为而治。他在注解《乾·文言》"乾元用九，天下治也"时，下案语云："此当三皇五帝礼让之时，垂拱无为而天下治矣。"并引王弼曰："此一章全以人事明之也。九，阳也。阳，刚直之物也。夫能全用刚直，放远善柔，非天下之至治，未之能也。故'乾元用九'，则'天下治也'。夫识物之动，则其所以然之理，皆可知也。"①此处李鼎祚以人事阐明易理。认为《乾·文言》"乾元用九，天下治也"是说此时当三皇五帝礼让之时，垂拱无为，天下得到治理。通过对《乾·文言》的解释，阐发老子无为而治的思想。表现出李鼎祚在解《易》时，以老庄义理的特色，在一定程度上受到的玄学的影响。并引王弼的话，来说明该章全是讲人事来说明之。指出乾元用九，九乃阳，阳为刚直之物，君道乃为刚直，同时亦能柔，刚柔相济，天下得以治，以象无为以治天下。

四　象数与义理结合

  李鼎祚易学以象数学为主，擅长筮占，同时也不废义理，其义理的

---

①　（唐）李鼎祚：《周易集解》卷一《乾卦·文言》，第20页。

阐发以象数为依据，从而把象数与义理结合起来。

卦变说是解释一卦之所由来的学说，是汉儒取象的重要形式之一。汉儒在注《易》时就广泛采用卦变体例。在李鼎祚易学中卦变思维始终占据着重要位置。他在说明某卦之由来时多次运用卦变法进行注解。李鼎祚的《周易集解》收录了众多荀爽和虞翻之易说，这其中就包括二人的卦变易学思想。荀、虞二家的"卦变说"主要包括两种体例：一是十二辟卦生杂卦说，一是乾坤生六子卦说。所谓十二辟卦生杂卦，是指以十二月消息卦为基础，通过卦变得到其余五十二卦，此十二卦是五十二卦的主变之卦。李鼎祚于《周易集解》中多次征引十二辟卦生杂卦之"卦变说"以注《易》。比如，《周易集解》对《损·彖》"损，损下益上，其道上行"，是这样解释的："蜀才曰：此本泰卦。案：坤之上六，下处乾三。乾之九三，上升坤六，损下益上者也。阳德上行，故曰'其道上行'矣。"[1] 在这里李鼎祚先引蜀才《易》注，以卦变法说明《损》自《泰》卦变而来，之后又自加案语，具体分析了《泰》之九三爻与上六爻互换位置，最终得出"损下益上，其道上行"的结论。

又如，在注解《师·彖》之"刚中而应，行险而顺"时，《周易集解》记载："蜀才曰：此本剥卦。案：上九降二，六二升上，是'刚中而应，行险而顺'也。"[2] 在这里，李鼎祚认为《剥》卦通过六二与上九两爻互换位置得到《师》卦，《师》之九二爻得中位，且与六五爻相应，坎为险难，坤为顺，最终得出"刚中而应，行险而顺"的结论。

所谓乾坤生六子卦说，是指以乾、坤二卦为父母卦，通过交索而生出震、坎、艮、巽、离、兑六子卦，再由此六子卦生出其余五十六卦。如李鼎祚在注解《蒙·彖》时先引荀爽"卦变说"，再加案语以说明。"荀爽曰：此本艮卦也。案：二进居三，三降居二，刚柔得中，故能亨。发蒙时，令得时中矣，故曰'蒙亨以亨，行时中也'。"[3] 荀爽以乾坤父母生六子卦的卦变法为依据，指出《蒙》自六子卦《艮》卦变而来，即《艮》之二三爻互换位置而得到《蒙》。又如，李鼎祚对《屯·彖》的注

---

[1] （唐）李鼎祚：《周易集解》卷八《损卦·彖传》，第250页。
[2] （唐）李鼎祚：《周易集解》卷三《师卦·彖传》，第72页。
[3] （唐）李鼎祚：《周易集解》卷二《蒙卦》，第54页。

解:"荀爽曰:物难在始生,此本坎卦也。案:初六升二,九二降初,是刚柔始交也。"① 在这里,荀爽认为《屯》卦也是由六子卦之《坎》卦卦变而来,即由《坎》之初六爻与九二爻互换位置而得到的。所以,李鼎祚重视"卦变说"在释《易》中的应用,其所著《周易集解》收录了虞翻、荀爽、蜀才等汉易诸家卦变易说,并且在适当位置自加案语对其进行阐述。

可见李鼎祚对于汉易主要体例之一的"卦变说"采取了认可的态度。将卦变作为其释《易》体例,以解释某卦之由来。从对汉易"卦变说"继承的角度来看,以卦变说易是李鼎祚象数易学所持有的观点。李鼎祚《周易集解》对"卦变说"的采纳是出于李氏恢复汉象数易。"卦变说"作为汉代易学的重要释《易》体例,集中体现了《周易》中阴阳、刚柔往来相交的象数思维,这使得李鼎祚对卦变思维较为重视,从而收集了以汉代虞翻、荀爽为代表的卦变学说以注《易》,并加以自己的案语。

李鼎祚重视象数的思想还体现在他对汉儒"卦气说"的采纳,而以"卦气说"解《易》。

所谓"卦气说",是将《周易》卦爻与四时、十二月、二十四节气、七十二候等相配应,将《周易》卦爻符号与历法融为一体的学说。"卦气说"作为一种释《易》手段古已有之,到汉代时,孟喜、京房、焦延寿将其发扬光大,成为汉代象数易中的重要释《易》体例。李鼎祚在治《易》过程中对"卦气说"加以采纳,这集中体现为他以十二消息卦"卦气说"来注《易》。比如,李鼎祚对《临·彖》"至于八月有凶"的注解就体现了十二消息卦原理。他说:

> 案:临,十二月卦也。自建丑之月,至建申之月,凡历八月,则成否也。否则"天地不交,万物不通",是"至于八月有凶",斯之谓也。②

李鼎祚将《临》卦纳入十二消息卦,此时《临》卦代表二月卦,由

---

① (唐)李鼎祚:《周易集解》卷二《屯卦》,第47页。
② (唐)李鼎祚:《周易集解》卷五《临卦·彖传》,第136页。

《临》经历八个月到《否》卦，《否》卦以"天地不交，万物不通"象征凶兆，故得出"至于八月有凶"的结论。《临》卦"至于八月有凶"是人们在易学史上众说纷纭，是非难定的问题之一，各家对此的解释有较大分歧。李鼎祚在此征引了虞翻和郑玄二家之《易》注。其中，虞翻通过旁通法得到与《临》卦旁通之《遁》卦，再以十二消息卦推出《遁》为六月卦，"于周为八月"①，此时代表"遁弑君父"②，最终得出"至于八月有凶"。郑玄亦依据十二消息卦推出《临》为十二月卦，周改二月，最终得出与虞氏相同的结论。李鼎祚通过征引虞、郑"卦气说"并自加案语，通过十二消息卦来注解《复》，表明他对汉易之"卦气说"的认同和采纳。

此外，李鼎祚还以十二消息卦来注解《复》卦"反复其道，七日来复"。关于《复》卦的此句卦辞，人们历来对此争论不一。李鼎祚在《周易集解》中对此作案语：

《易轨》："一岁十二月三百六十五日四分日之一，以坎、震、离、兑四方正卦，卦别六爻，爻生一气；其余六十卦三百六十爻，爻主一日，当周天之数；余五日四分日之一，以通闰余者也。"剥卦阳气尽于九月之终，至十月末，纯坤用事，坤卦将尽，则复阳来。隔坤之一卦六爻为六日。复来成震，一阳爻生，为七日。故言"反复其道，七日来复"，是其义也。天道玄邈，理绝希慕，先儒已论，虽各指于日月，后学寻讨，犹未测其端倪。今举约文，略陈梗概，以候来悊，如积薪者也。③

在这里，李鼎祚以《易轨》所述的"卦气说"为基础，对此问题加以新解。首先，李鼎祚吸取了前代易说，采用了以爻值日法。他以四正卦"卦气说"为基础，以坎、震、离、兑各主一季，而此四卦之各爻各主一节气，其余六十卦每卦各爻各主一日，余数"以通闰余者也"。在确定了

---

① （唐）李鼎祚：《周易集解》卷五《临卦》，第135页。
② （唐）李鼎祚：《周易集解》卷五《临卦》，第135页。
③ （唐）李鼎祚：《周易集解》卷六《复卦》，第161页。

以爻值日法后，李鼎祚又以十二消息卦来阐述"反复其道，七日来复"。他以十月《坤》卦六爻为六日，发展到十一月《复》卦之初爻，共七日。《坤》代表着阴气的极盛，盛极而衰，至《复》初九一阳来复，是天地大道运行之常理，故言"反复其道，七日来复"。李鼎祚以四正卦和十二消息卦"卦气说"来对《复》卦卦辞加以注解，是对先儒"卦气说"的继承和发展。他吸收《易轨》以爻值日法，同时提出将所余五日四分日之一以通闰余的观点。他以十二消息卦来注解"七日来复"是受郑玄的影响，但郑玄认为"七日"是"举其成数言之"[①]，即将《剥》《复》间隔之《坤》所代表的六日七分四舍五入而得"七日"，与李氏之解稍有差异。可见，李鼎祚的注解是也对郑玄"卦气说"的一种继承上的创新。当然，李鼎祚认为其解说也并非尽善尽美，所以在最后表达了对广大易道的感慨和谦虚的求学态度。

以上两例可见，李鼎祚对于汉象数易之"卦气说"是认可的。他出于恢复汉易的目的而对汉代诸种释《易》体例加以收集，"卦气说"作为汉易的重要体例也就被李鼎祚所重视。

除传统汉易之"卦变说""卦气说"等释《易》体例被李鼎祚采纳外，在其《周易集解》里，李鼎祚还运用互体法、动爻法及爻体法等其他诸多体例注《易》。以互体法为例，李鼎祚在解释《履·六三象》"咥人之凶，位不当也"时说："今于当爻以阴处阳，履非其位，互体离兑，水火相刑，故独唯三被咥，凶矣。"[②] 在这里，他通过《履》卦二三四爻互体得离，离为火，与下卦兑水相冲突，又据六三爻之不当位最终推出《履·六三象》之义。

此外，李鼎祚还采用汉易之动爻说以注《易》。所谓动爻，是指爻的变动。汉代诸儒之所以发明动爻法，就在于纠正阴阳失位之爻，使之变为得位之爻。比如，李鼎祚在注解《解·上六》时说："二变时体艮。艮为山，为宫阙，三在山半，高埤之象也。"[③] 由于《解》卦九二爻阳爻居阴位为不当位，故李鼎祚通过动爻法将其变为当位之六二爻，再以互体

---

① 林忠军主编，刘玉建著：《〈周易正义〉导读》，齐鲁书社2005年版，第87页。
② （唐）李鼎祚：《周易集解》卷三《履卦》，第91页。
③ （唐）李鼎祚：《周易集解》卷八《解卦》，第249页。

法得《艮》，最后结合卦象及爻位说推出《解》卦上六爻之义。

李鼎祚还通过爻体法说《易》。爻体法由郑玄发明，所谓爻体，是根据阴阳爻所居位置而表示一卦之体。简而言之，一爻可以代表一个经卦卦体。从爻体法的作用来看，一爻可以得到一个卦象，这就为以象解《易》提供了条件，开阔了学者释《易》之思路。李鼎祚在注解《否·初六象》"拔茅贞吉，志在君也"时下加案语："初六巽爻，巽为草木，阳爻为木，阴爻为草，初六阴爻，草茅之象也。"① 李鼎祚在这里运用爻体说，指出《否》之初六爻为巽爻，阴爻之巽为草，以此解释了《象传》中"茅"象之所由来。

综上所述，李鼎祚对汉易象数学有较多的吸取。对此，林忠军先生曾对李鼎祚此种易学特征加以概括："汉人所使用的取象方法，李氏基本上一一采用，从这个意义上讲，李氏易学也是集汉人象学之大成。"② 可见李鼎祚对象数易学的重视。

李鼎祚对象数易学的重视与他擅长筮占是相互联系的。他在《周易集解》的序中对观象与占筮的联系加以说明：

  君子居则观其象而玩其辞，动则观其变而玩其占，蓍之德圆而神，卦之德方以智。探赜索隐，钩深致远，定天下之吉凶，成天下之亹亹者，莫善乎蓍龟。神以知来，智以藏往，将有为也。③

此处所言，虽多源于《易传》，但被李鼎祚所引用，这表明他对占卜的认可，并将其与观象联系起来。

李鼎祚既重视象数，亦不废义理，而将二者结合起来。对此，他在其《周易集解》的自序中说："刊辅嗣之野文，补康成之逸象。"④ 即是把王弼的玄学义理之野文，用来补充郑玄象数易学之逸象，也就是弥补汉易几近式微的易象。从这里也可以看出李鼎祚易学旨在把义理与象数

---

① （唐）李鼎祚：《周易集解》卷四《否卦》，第102—103页。
② 林忠军：《象数易学发展史》第2卷，齐鲁书社1998年版，第120页。
③ （唐）李鼎祚：《周易集解》，《周易集解原序》，第7—8页。
④ （唐）李鼎祚：《周易集解》，《周易集解原序》，第8页。

结合起来。

朱睦㮮在为李鼎祚的《周易集解》作序时也指出了此点。其序云：

> 夫易有圣人之道四焉，世之言理义之学者，以其辞耳。象、变与占其可阙乎？昔吴季札之鲁，观乐见易象，喜曰："周礼尽在鲁矣。"是故象者，易之原也。象成而后有辞，辞著而后有变，变见而后有占。若乃颛尚文辞，不复推原《大传》，天人之道歧而为二，可乎？康成去古未远，其所纂述，必有所本。鼎祚恐其失坠，以广其说，均之为有裨于易者也。①

朱睦㮮指出，《易》中所包含的圣人之道有四，即辞、变、象、占。而所谓讲义理之学者，只不过涉及辞，难道除了讲义理的辞以外，象、变、占可以缺失吗？他认为象乃易之根源，象成之后才有辞，辞显著以后才有变，变显现以后才有占。倘若只是尚其文辞，而不去推本作为易之本原的象，那就会导致分裂天人的流弊，这样做难道是可以的吗？所以李鼎祚将辞、变、象、占结合起来，以广其说，其目的是有裨于易。可见，讲义理的辞与象、变、占的关系是均不可或缺的。这在一定意义上也是对李鼎祚易学的客观概括。

李鼎祚在对《周易》所谓象的案语中，把象与德联系起来。他说："案：象者，像也，取其法象卦爻之德。"② 认为象即像，并把象与卦爻之德联系起来，而不离卦爻之数中所蕴含的德。引申为卦爻之象数效法卦爻之德，即义理，而卦爻之德，即义理，则寓于卦爻之象数。

具体而言，李鼎祚把《易》之象数学、阴阳五行说与仁义五常之义理结合起来，相提并论。他在对《乾》卦之《文言》"贞固足以乾事"的案语中说：

> 夫"在天成象"者，乾，元、亨、利、贞也。言天运四时，以生成万物。"在地成形"者，仁、义、礼、智、信也。言君法五常，

---

① （明）朱睦㮮：《周易集解·周易集解序》，中华书局2016年版，第5页。
② （唐）李鼎祚：《周易集解》卷一《乾卦·象传》，第7页。

以教化于人。元为善长，故能体仁，仁主春生，东方木也；亨为嘉会，足以合礼，礼主夏养，南方火也；利为物宜，足以和义，义主秋成，西方金也；贞为事乾，以配于智，智主冬藏，北方水也。故孔子曰"仁者乐山，智者乐水"，则智之明证矣。不言信者，信主土而统属于君，故中孚云："信及豚鱼"，是其义也。若"首出庶物"而"四时不忒"者，乾之象也。"厚德载物"而五行相生者，土之功也。土居中宫，分王四季，亦由人君无为皇极，而奄有天下。水火金木，非土不载；仁义礼智，非君不弘。信既统属于君，故先言乾而后不言信，明矣。①

在这里，李鼎祚以象数来阐明义理。他认为在天成象就是乾，元、亨、利、贞，天有客观的运行规律，春夏秋冬的运行使得万物生长。而"在地成形"，则为仁、义、礼、智、信五常。人君效法五常以教化人民。他把乾之元、亨、利、贞与仁、义、礼、智、信之五常和木、火、金、水、土之阴阳五行，以及春夏秋冬之四时联系起来，认为元能体仁，仁主春生，在东方为木；亨以合礼，礼主夏养，在南方为火；利以和义，义主秋成，在西方为金；贞以配智，智主冬藏，在北方为水；信主土而统属于君，强调水、火、金、木，非土不载；仁义礼智，非君不弘。土居于中宫地位，五行相生乃土之功。五行本质上出于阴阳二气，而以乾坤、天地为代表。李鼎祚把阴阳五行与象数之学相结合，将天象与仁义五常相配合，也就是把象数与义理结合起来。

五 以儒为本，"共契玄宗"

李鼎祚在易学指导思想上是以《易》来"权舆三教，钤键九流"，提高《易》的地位，将易道置于三教之上，作为儒释道三教的起源、根本，提振易道乃三教之本，又超越三教的本原地位，即《易》既是儒之六经之首，又是统合三教的根本。以此作为易道的定位，这在思想史和易学发展史上也是很难达到的高度。在以《易》来"权舆三教，钤键九流"

---

① （唐）李鼎祚：《周易集解》卷一《乾卦·文言》，第10—11页。

的前提下，具体对待儒、道关系，李鼎祚又提出以儒为本，"共契玄宗"的思想，体现出他在一定程度上受玄学义理的影响，这与当时儒道、儒玄融合的思想相关。

李鼎祚在《周易集解》的自序中历数易学流传演变之历程，认为自己在当时诸家思想流行中受到玄学的影响。他说：

> 臣少慕玄风，游心坟籍，历观炎汉，迄今巨唐。采群贤之遗言，议三圣之幽赜，集虞翻、荀爽三十余家……各列名义，共契玄宗。先儒有所未详，然后辄加添削，每至章句，余例发挥。俾童蒙之流，一览而悟；达观之士，得意忘言。当仁既不让于师，论道岂惭于前哲？至如卦爻象象，理涉重玄；经注文言，书之不尽，别撰《索隐》，错综根萌，音义两存，详之明矣。其王氏《略例》，得失相参，"采葑采菲，无以下体"，仍附经末，式广未闻。凡成一十八卷，以贻同好。冀将来君子，无所疑焉。秘书省著作郎臣李鼎祚序。①

李鼎祚自称少慕玄风，游心于古代典籍中的老庄之书。虽然"各列名义"，但"共契玄宗"，其所谓"达观之士，得意忘言"，即是指玄学的特色。又认为"卦爻象象，理涉重玄"，在《易》之卦爻象象之中，涉及重玄之理。可见李鼎祚将易学与玄学相结合而"共契玄宗"。但又认为王弼的《周易略例》"得失相参"，有一定的弊端，最终还是以儒学为本，"采群贤之遗言，议三圣之幽赜，集虞翻、荀爽三十余家"，这里所说的"群贤""三圣"主要指儒家尊崇的圣贤无疑。而其所"集虞翻、荀爽三十余家"，也大多为儒家易学人物。所以总的来讲，李鼎祚是以儒学为本，适当吸收老庄玄学义理来解《易》的。

需要指出，李鼎祚易学以儒为本，"共契玄宗"的思想，与其将象数与义理相结合的思想有一定的关联。这表现在，李鼎祚撰《周易集解》，既批评当时忽视象数，偏重义理的倾向，而收集汉魏三十余家主要讲象数的易说，以象数为基础，刊削王弼义理易说之失，又一定程度涉猎玄理，将象数与王弼玄学易理相配合，以老庄、王弼思想补充丰富儒家易

---

① （唐）李鼎祚：《周易集解·周易集解原序》，第8—9页。

学之不足。这在其《周易集解》里有所反映。

比如他在解释《师卦》卦辞"贞丈人，吉，无咎"时，引用老子之言来为其作论据。

> 案：此《彖》云："师，众；贞，正也。能以众正，可以王矣。"故老子曰："域中有四大，而王居其一焉。"由是观之，则知夫为王者，必大人也，岂以丈人而为王哉！故《乾·文言》曰："夫大人与天地合德，与日月合明，先天而天不违，后天而奉天时。天且不违，而况于人乎？况于行师乎？"以斯而论，《子夏传》作"大人"是也。今王氏（王弼）曲解大人为丈人，臆云"严庄之称"，学不师古，匪说攸闻。既误诔于经旨，辄改正作"大人"明矣。①

在这里，李鼎祚引用《老子》第二十五章中的"域中有四大，而王居其一焉"之语来解释《周易·师卦》之卦辞，认为王者必为大人，而不是王弼以王者为丈人的曲解。由此肯定《子夏传》把王者作为大人的观点。由此表明，李鼎祚注《易》对老子的思想有所吸取，而对王弼则有所批评。这与他指王弼易说乃"得失相参"的评价相关。

此外，李鼎祚还引用老子之语来解释《周易·系辞上》"成象之谓乾"之义，李鼎祚案：

> "'道生一，一生二，二生三。'三才既备，以成乾象也。"《老子》第四十二章有言："道生一，一生二，二生三，三生万物。"李鼎祚引用来解释"成象之谓乾"，认为天地人三才具备，以成乾之象。并认为万物资始于乾，而资生于坤。由此，李鼎祚认同"以'一生二，二生三，三生万物。'则天地次第可知，而万物之先后宜序也。'万物之始生'者，言'刚柔始交'，故万物资始于乾，而资生于坤也。"②

---

① （唐）李鼎祚：《周易集解》卷三《师卦》，第71页。
② （唐）李鼎祚：《周易集解》卷一七《周易序卦》，第535页。

是说天地万物的产生有一个次第,乾坤、天地、刚柔则是其不同的表现。这是受老子思想影响以解《易》。

六 在易学史上的影响

李鼎祚在三教既对立又融合,象数易学式微,玄学《易》流行的唐代中后期的时代背景下,搜集三十五家之易说,撰为《周易集解》一书,在易学史上产生了较大影响。正如《四库全书〈周易集解〉提要》所指出:"盖王学既盛,汉易遂亡,千百年后,学者得考见画卦之本旨者,惟赖此书之存矣。是真可宝之古笈也。"① 在玄学义理易学盛行,而汉易象数学几近亡佚的易学史上,使学者通过《周易集解》一书得以重新考见画卦之本旨,而不致使汉易象数学失传,可谓是重要的珍贵"古笈"。

李鼎祚的易学思想在总结前人和时人易学成果的基础上,重象数、擅筮占,把象数和义理相结合,兼重天道与人事,在一定程度上体现了当时易学发展的趋向,在易学史上占有重要地位,并对后世易学的发展产生了重要影响。

受其影响,朱熹易学亦是把象数与义理相结合,既修正汉代象数易学结合五行、依托《周易》言说阴阳灾异所具有的神秘主义流弊,批评只讲吉凶之术而不及义理的汉学弊端,以及象数派穿凿附会之偏向,又批评义理学派包括程氏易学只顾阐发义理而忽视义理产生的基础,纠正废弃本义而虚谈义理的流弊,其目的在于纠正义理学派脱离经文的原义去发挥义理的倾向,认为这会使得义理无据。朱熹把阐发义理建立在客观解说《周易》之象数的基础上。其所著《周易本义》大旨在推本象占,着重探讨《周易》之书的卜筮本义,不直接阐发义理,认为义理与《易》只有间接的联系,即使阐发义理,也必须建立在象数和卜筮之卦爻辞的基础上。这与李鼎祚把象数与义理相结合的思想较为接近,但朱熹所阐发之义理,与王弼以玄学解《易》之义理有所不同,这是需要指出的。

从形式上讲,李鼎祚撰《周易集解》,将《序卦传》分散冠于各卦之首,以概括说明该卦的做法,影响到北宋义理易学的代表人物理学家程

---

① (唐)李鼎祚:《周易集解·四库全书〈周易集解〉提要》,第622—623页。

颐，得到程颐的认同。程颐所著《伊川易传》即是把《序卦传》等易传的内容参合入《易经》各卦，形成经传参合本的解《易》著作，而与朱熹所著经传相分本的《周易本义》不同。对此，《四库全书〈伊川易传〉提要》指出，《伊川易传》"以《序卦》分置诸卦之首，用李鼎祚《周易集解》例"①。这种把《序卦传》分置诸卦之首，与它们所解释的卦加以对照，合为一体的做法体现了义理学派经传合一的特点，既是对王弼排列的仿效，也受到了李鼎祚《周易集解》的影响。朱熹对此有所评价："唐李鼎祚又取《序卦》冠之卦首，则又效小王之过也。"② 认为李鼎祚把《序卦传》的内容分别置于各卦之首的做法，是沿袭了王弼之过。这实际上也是对程颐易学的批评。表明象数易学的重要性不因义理易学的流行而忽略。而李鼎祚易学则是把二者结合起来，既宗郑学，重视象数，亦不完全排斥王学，认为王学"得失相参"，对其既有批评，亦有吸取。

清代易学家李道平受李鼎祚的影响，收集梳理相关资料，而撰《周易集解纂疏》。他站在汉学的立场，推崇象数易学，对《周易集解》予以肯定：

> 梓州李君鼎祚，恐逸象就湮，乘其时古训未散，取子夏以下三十余家，成《集解》一书，表章汉学。俾古人象数之说，得以绵延，至今弗绝，则此编之力居多。③

指出李鼎祚恐逸象湮没，于是乘当时古训尚未散失之际，搜集子夏以下凡三十余家的易说，撰成《周易集解》一书，其目的是表彰汉学。如此使得汉易象数之说得以存续，绵延至今而不绝，这都是李鼎祚编纂此书的贡献。但李道平却不提李鼎祚亦受到玄学义理的影响，而不否定王弼玄学义理易学之主张。表现出李道平易学与李鼎祚易学的相同相异之处，

---

① 《四库全书〈伊川易传〉提要》。
② （宋）朱熹：《朱熹集》卷六六《记嵩山晁氏卦爻象象说》，郭齐、尹波点校，四川教育出版社 1996 年版，第 3474 页。
③ （清）李道平：《周易集解纂疏》卷首《周易集解纂疏自序》，中华书局 1994 年版，第 2 页。

既受到李鼎祚的影响,又不完全相同。

  由此观之,李鼎祚易学具有兼容儒道、沟通汉易之象数学与王弼玄学之义理易学的特色。其兼收并蓄的思想也体现了蜀学多元会通,兼容互补的特征。这对蜀学的流传演变也产生了重要影响,应客观地指出。

宋代蜀学与宋代理学

——地域文化与时代思潮的互动及其意义

宋代蜀学作为地域性文化,在其产生、发展演变的过程中,深受宋代思想文化发展的主流——理学思潮的影响。宋代巴蜀思想家及流寓巴蜀的理学家会同蜀、洛,促进了儒学和巴蜀文化的持续发展;贯通经学与哲学,促进了中国思想文化的发展。宋代蜀学与宋代理学二者之间的互动,丰富了宋代理学的内涵;融会各家各派,促进了理学的大发展。

宋代理学思潮是中国文化发展史上的一个重要里程碑,对中国文化与中国社会的发展影响很大。宋代蜀学作为地域性文化,在其产生、发展演变的过程中,深受理学思潮的影响。从思潮、地域性文化的关系来看,时代思潮体现在地域性文化之中,通过各地域性文化的本质特征表现出来;地域性文化的发展演变不能脱离时代思潮的影响,并以其鲜明的个性最终融入时代思潮之中。二者的相同相异之处存在着相互体现、相互影响和渗透、相互促进的互动关系。宋代蜀学即宋代思想文化十分重要的组成部分,对促进宋代理学和巴蜀文化的发展产生了重要影响,在理学发展史和巴蜀文化发展史上均占有重要地位。本文旨在探讨宋代蜀学与宋代理学的相互关系,从一个侧面把握地域性文化与时代思潮的互动及其意义。

一 会同蜀、洛,促进了巴蜀文化的持续发展

在巴蜀文化发展的历史进程中,宋代蜀学是巴蜀文化发展到宋代的理论高峰,在巴蜀文化发展史上占有重要地位。与全国学术文化的发展

趋势相应，居中国文化发展主导地位的儒学文化在隋唐时期发展停滞。巴蜀地域文化也是如此，其时佛教盛行，宗教冲击人文，动摇了儒家文化的主导地位；旧儒学陷于烦琐注疏考释，未有进一步发展；唐五代以来，伦常扫地，社会生活失范；同时，儒释道三教融合，为理学的产生准备了条件。至宋代，从整个中国文化发展的趋势看，重义理轻训诂的宋学兴起，逐步取代重训诂轻义理的汉学。与之相应，巴蜀文化也由此发展到一个新的高潮。作为宋学阵营的重要一派，以北宋三苏父子为代表的蜀学在全国享有较高声誉，成为当时与同属宋学的王安石新学、二程洛学相对应的重要学术流派。与此同时，濂、洛之学入蜀，使理学在蜀地得以兴起和发展起来，并在与三苏蜀学的相同相异、相互辩难之中，促进了巴蜀文化的发展。

所谓宋代蜀学，有广义和狭义之分。狭义的宋代蜀学指北宋以三苏父子为代表的蜀学；广义的宋代蜀学指两宋时期包括三苏、"周程"及其在蜀后学、张栻、度正、魏了翁等著名人物融合蜀洛、贯通三教而以宋代新儒学为主的四川地区的学术。所以，从广义的蜀学眼光来看，应把周敦颐、程颐等理学家在巴蜀的学术活动和著述也囊括到宋代蜀学里。宋代蜀学发展到南宋，崛起了张栻、魏了翁两位著名人物及所代表的南轩学派和鹤山学派，其影响所及，超出了巴蜀地域，成为有全国性影响的重要思想家和学派。

不可否认，尽管三苏蜀学在全国有重要影响，并在中国文学史上享有盛誉，但其哲学思辨性尚有待提高。而洛学及受其影响而形成的宋代四川理学则长于哲学思辨，在哲学思辨性上优于三苏蜀学，从而以思辨哲学发展了巴蜀文化。理学是一个极为丰富复杂的文化系统，在它发展的进程中，它的内在结构由多元构成，并具有自己的特点和自身转化与更新的功能。正如任何有生命力的文化，必须在认同自身的同时，适应新的时代和环境才能发展，否则必然没落一样，儒学在宋代重新崛起，形成理学，并逐步占据社会意识形态领域的正统地位，是因为二程理学适应了时代发展的需要，创造性地扬弃传统儒学，使儒学在自我批判中，改造过时的旧思想，吸取其他文化派别的长处，从而推陈出新，使自身得到发展。一般来说，理学重哲学思维，把哲学本体论与儒家伦理学相结合，发展了中国传统儒学。与洛学相比较，三苏蜀学则长于形象思维，易于在民间流传,对中国文化的影响主要表现在大众化文学层面的熏陶和习染,以及政治方面的影响上,容易被一般民众所接受,发挥较广泛的社会影响。理学对中国文化的影响则主要体现在深层次的社会意识形态领域的思想指导上,经过长期积淀,深入人心,往往百姓日用而不知,潜意识地发挥作用。正因为理学长于哲学思维,重思想意识形态的指导和道德教化的作用,有三苏蜀学所不及之处,所以在其所长的领域,发展了巴蜀文化。

受二程理学的影响,四川著名学者范祖禹(1041—1098年,成都华阳人,今属四川)认同道学。他对道学的认同,客观上起到了扩大二程学说在四川的影响的作用。范祖禹对道学的认同,主要体现在把帝王之学与道统之道相联系,以义理为指导重视经学和对二程理学的称赏认同上。范祖禹作为蜀籍学者,认同道学,赞成二程的学问和道统说,客观上为宋代四川理学的兴起和发展起到了促进作用。由于他同蜀、洛两党均保持良好的交往关系,这对于扩大二程理学在四川的影响,较为有利,并具有会合蜀、洛之学的作用。

宋代蜀学的集大成者魏了翁(1178—1237年,邛州蒲江人,今属四川)在继承濂、洛一派学说,吸取朱熹、陆九渊理学思想的同时,也接受了北宋三苏蜀学的某些思想。三苏蜀学虽与二程洛学相互区别,但它们同属宋学,也有一定的联系和相同之处。这表现在,三苏在构筑其思想体系时,对儒、佛、道三教的学说都有所吸取和借用,他们大量吸取了儒家仁义礼智、君臣父子的伦理思想,这与二程的洛学相似;但他们把儒家伦理作为"道之继"和"性之效",认为仁义礼智是道和性的派生物,而不是道、性本身,这与二程把仁义礼智直接等同于道、性的思想有别。但就三苏蜀学认为必须通过遵循仁义礼智、君臣父子的原则才能得道而言,又与洛学相同。北宋时期,三苏蜀学与理学之濂、洛、关各派大致同时而起,同属当时讲义理轻训诂的宋学阵营,而与汉唐时期重训诂轻义理的汉学相互区别。受时代思潮和宋学学风的共同影响,三苏蜀学与理学之间存在着一些相近之处,共同体现了宋代学风转向和时代政治的特点,均为宋学和中国文化的持续发展作出了自己的贡献。就批汉学考据,重视义理而言,共同体现了宋学特点。

正因为蜀学与洛学本身存在着一定的相同之处,所以魏了翁能够既继承和发展二程洛学，又能够接受三苏蜀学，把三苏的思想吸收到自己的理论体系之中，成为融合蜀、洛的人物。陈元晋在评论魏了翁学术思想时指出："潜心大业，会同蜀、洛，上通洙泗之一源。"① 会同蜀、洛的内在根据在于蜀、洛之学都与洙泗孔子之学有相通之处。陈元晋的这个评价是客观的。由此可见，宋代四川理学在会合蜀、洛之学的过程中，促进了巴蜀文化的持续发展。

二　贯通经学与哲学，促进了中国思想文化的发展

在中国学术思想发展史上，经学与哲学的联系十分密切。冯友兰先生当年作两卷本《中国哲学史》②，把整个中国哲学史分为"子学时代"（先秦，包括秦汉之际）和"经学时代"（汉到清末）两大部分，认为在经学时代，儒学定于一尊，儒家的典籍已成为"经"，一定程度限制了人们的思想，即使有新的见解，也往往用注经的形式表现出来的。在巴蜀文化史上，也有类似的情况。历史上巴蜀大地出现了不少经学家和学者，历代注经者不绝。至宋代，四川经学讲论之风盛行，学者遍注群经，涌现了大量经典注释之书。然至理学兴起之前，蜀地学者对经典的注解，还停留在考文释义的阶段，尚未有更多的哲学论述，故哲学思辨性不强。

而由理学重哲学思辨的特点决定，宋代蜀学学者受理学的影响，在诠释经书的过程中，把哲学与经学结合起来，提高了巴蜀文化的哲学思辨性，从而把巴蜀文化发展到了一个新的阶段。宋代四川理学家及入蜀流寓的理学人物作为一个群体，他们的学术活动大多以经学研究为主，围绕着对诸经本义的探求和以义理诠释儒家经典，他们留下了大量的经学论著。如程颐的《伊川易传》，张栻的《南轩论语解》《南轩孟子说》《南轩易说》，魏了翁的《九经要义》，等等。这些经学论著中的经学思想里包含着丰富的哲理，其哲学即是通过注释儒家经典的形式表现出来的。这使得理学家的哲学渗透到其经学思想之中，促进了中国学术思想和巴

---

① （宋）陈元晋：《渔墅类稿》卷二《上魏左史了翁启》，影印文渊阁《四库全书》本。
② 原书1933年出版，中华书局于1961年再版。

蜀文化的发展。因此，在某种意义上说，不了解和研究蜀地理学家的经学与哲学的相互关系及其特点，就很难全面了解和把握理学家的学术思想，也难以把握宋代理学对促进巴蜀文化的发展所做的贡献。所以，探讨蜀地理学家是怎样把哲学与经学相结合的，以此发展了中国思想文化和巴蜀哲学，是一个很有意义的课题。

流寓巴蜀的程颐（1033—1107年）在编管于四川涪州时著《伊川易传》（1099年成书），通过对儒家经典——《周易》的注解阐发其理学思想，这是宋代理学最重要的理学及哲学著作之一。在书中程颐以义理为本，以象数为末，在易学中贯穿着哲学本体论原则，这是以程颐为代表的宋易之义理学派的基本观点。程颐把易学与理学紧密结合，大大丰富了易学哲学的内涵。通过对《周易》的解说、诠释，以思辨性的哲学论证新儒家伦理，促使当时的学风发生了根本性的转变，为宋代理学思潮的兴起奠定了基础，亦为宋代四川理学的兴起和发展、宋代蜀学的理学化起到了重要作用，产生了深远影响。

张栻（1133—1180年，汉州绵竹人，今属四川）作为蜀籍著名理学家，他的理学思想亦含有丰富的哲学思辨性，甚至对宋代理学的集大成者朱熹的理学及其哲学思想也产生了重要的影响和启发。张栻通过注经来阐发哲理，其经学著作既是理学著作，亦是哲学著作。张栻的哲学与其理学紧密联系，其思想通过对儒家经典的阐释而表达。张栻的哲学体系，是由一系列哲学范畴及由范畴组成的命题所构成的，离开了范畴便无法进行理论思维。而这些范畴、概念、命题的提出，大多是通过经学注解的方式。张栻在对儒家经典《周易》《论语》《孟子》等的诠释中，把哲学诠释与经学诠释结合起来，通过对儒家经典的注解，在二程思想的基础上，加以理论创新，提出了系统、完整的以天理论为主体，贯通道本体、性本体和心本体的本体论诠释学，从而丰富并发展了巴蜀文化和中国哲学。

魏了翁作为宋代蜀学的集大成者，经学与哲学相结合的形式是把训诂与义理结合起来，其训诂注疏是经学研究的方式，而义理的阐发则包含着哲理。他认为理学的发展离不开经学训诂注疏的形式，而求义理则是经学研究的目的。主张义理从考释中出，而不是妄发议论，学无根柢。魏了翁这种既重义理、重哲学思辨，又重注疏考释，并把二者结合起来的思想为巴蜀以往注经者所不具有，尤其为宋以前的解经者所无，即使在理学家中也少有提出此思想者，故不仅是对汉学、宋学各自流弊的修正，亦是对巴蜀文化的发展。

由此可见，宋代蜀学及其代表人物会合蜀、洛之学，贯通经学与哲学，把经学诠释与哲学诠释结合起来，从而把中国思想文化和巴蜀文化发展到了一个新阶段。

三　宋代蜀学与宋代理学二者互动之意义

宋代四川理学是宋代理学的重要组成部分，它的产生与发展，是与宋代蜀学同宋代理学的互动紧密联系在一起的。既与整个宋代理学的产生和发展演变分不开，同时在蜀地内外学者的相互交流中，也直接促进了宋代理学的发展，并以其独特的理论，丰富了宋代理学的内涵。因此宋代蜀学与宋代理学的互动在宋代理学史上占有十分重要的地位，对于促进理学的发展具有重要意义，为宋明理学的发展作出了突出贡献。

（一）丰富了宋代理学的内涵

宋代理学思潮造就了一批思想家，思想家分布在各个地域活动，又相互交流、相互影响、相互辩难，由此推动了哲学和时代思潮的发展。理学思潮中涌现出在追求义理相同，而在其他一些方面的见解、思想不完全相同的各个流派，它们在相互争论中又互相影响，因而促进了学术繁荣和思想的发展。各个流派、各个思想家们围绕着当时共同关心的重大社会问题、人与自然的关系等问题展开讨论，在前人思想的基础上，结合时代的发展，创造性地提出一系列重要思想、理论、观点和方法，从而形成了宋代理学的思想理论体系。各地、各个学术流派中又有一两个或数个杰出的思想家为代表。思潮造就了哲学家、思想家，孕育了学术流派，而流派和思想家又影响了思潮，体现为思潮。包括宋代四川理学在内的广义的宋代蜀学及其代表人物就是宋代理学思潮中的重要的地域性学术派别和杰出人物。他们创造性的学术活动，丰富了宋代理学的思想内涵，为宋代理学的发展作出了重要贡献。

程颐在四川涪陵撰作《伊川易传》，这是宋易之义理学派的代表著作，也使程颐成为义理学派的代表人物，这不仅在中国易学史上产生了重要影响，而且程颐通过注《易》所阐发的义理和哲理也丰富了宋代理学的理论体系，促进了宋代理学的发展。与象数派的观点有别，程颐在治《易》的过程中，以义理解《易》，直接从《易》书中发挥义理，认为《易》是载道之书，天理、天道便包含在《易》之中。如程颐在对乾卦的注解中，把乾解为天，认为"乾，天也"，并称："夫天，专言之则道也。"① 从中阐发乾即是天，天即是道的观点。又如程颐解乾卦初九"潜龙勿用"，就直接讲"理无形也，故假象以显义"②，阐述理无形的道理。再如程颐在解《无妄》卦的卦名时称："无妄者，至诚也，至诚者，天之道也。……苟不合正理，则妄也，乃邪心也。"③ 并指出："无妄者，理之正也。更有往，将何之矣？乃人于妄也。往则悖于天理。"④ 直接阐发天理，明确把无妄解释为理之正、天之道，以天理的至诚无妄来说明天理的自然无为、无人为邪心的性质。这是其以义理解《易》的具体体现。程颐从各个方面对天理作了诸如此类的阐述，从而丰富了宋代理学的天理论思想体系。

著名理学家张栻提出"心主性情"的理论，在北宋张载"心统性情"命题的基础上，突出心对于性和情的主宰，这不仅丰富了宋代理学理论体系核心之一的心性论的内涵，而且对朱熹哲学产生了重要影响。作为朱熹理学心性论的理论支柱——"心统性情论"，就是受到了张栻"心主性情"思想的深刻影响。张栻又提出"道托于器而后行"的思想，认为"形而上之道托于器而后行，形而下之器得其道而无弊"⑤。明确表示器在道之先，道在器后行，即有形的事物在先，抽象的规律在后。这一认识非常深刻，丰富了宋代理学的道器关系说。张栻器先道后的思想与他倡

---

① （宋）程颢、程颐：《周易程氏传》卷一，《二程集》，王孝鱼点校,中华书局1981年版，第695页。

② （宋）程颢、程颐：《周易程氏传》卷一，《二程集》，王孝鱼点校，第695页。

③ （宋）程颢、程颐：《周易程氏传》卷二，《二程集》，王孝鱼点校，第822页。

④ （宋）程颢、程颐：《周易程氏传》卷二，《二程集》，王孝鱼点校，第823页。

⑤ （宋）张栻：《南轩易说》卷一，《张栻全集》，杨世文、王荣贵校点,长春出版社1999年版，第17页。

导的重践履的务实学风相一致,均是对理学理论的丰富和发展。在知行观上,张栻哲学具有重躬行践履的突出特点,张栻反对知而不行,忽视行的学风,提出:"若如今人之不践履,直是未尝真知耳。"①认为离开了躬行践履的知,仅是一种臆度之见,不是真知,而是不完全的认识。张栻及其岳麓弟子在治理国家和抵御侵略的活动中,均有突出的事功修为和政绩,这是他们重躬行践履学风的表现。这种重躬行践履的学风与"仁义之行,固无不利"和"留心经济之学"的思想相联系,又带有事功思想的色彩。

与此相关,魏了翁亦借鉴吸取了功利学的思想,在义理与事功的关系问题上,魏了翁反对忽视功利的观点,认为本之于义理的事功和客观利害关系,是必须要计较的。他说:"众寡强弱何可不计?然本诸义理之是非,则事功之利害从之。"②对于在义理指导下的功利,他是充分肯定的。明确提倡"趋事赴功",可见其对事功的重视。魏了翁弟子高斯得也受到叶适功利学派的影响,把"兴起事功"作为治天下的要务之一。他说:"人君之治天下,建立法度,兴起事功,安定国家,捍御蓄患。"③明确地把事功视为治理天下不可缺少的重要事务,这也体现了宋代四川理学的特点。张栻、魏了翁、高斯得对事功的重视,是在宋代理学内部对理学理论体系内涵的丰富,也是在一定程度上对理学流弊的修正。

在天理与人欲关系问题上,魏了翁提出"欲有善、不善"的伦理观,肯定人欲有善的一面,从而给人欲留下一定的位置,指出饮食男女等人欲是人心不可避免的欲望,它是自然而然、不可抹杀的。他说:"欲善者,心之大端也者,端谓头绪。饮食男女,是人心所欲之大端绪也;死亡贫苦,是人心所恶之大端绪也。"④既肯定人欲有善的一面,主张满足人们的饮食男女的正当欲望;又提出以心来节制那些超出限度、过分的

---

① (宋)张栻:《南轩集》卷三〇《答朱元晦》,《张栻全集》,第961页。
② (宋)魏了翁:《鹤山集》卷五二《虞忠肃公奏议序》,影印文渊阁《四库全书》本。
③ (宋)高斯得:《耻堂存稿》卷三《圣主之祀臣有五义论》,影印文渊阁《四库全书》本。
④ (宋)魏了翁:《礼记要义》卷九《礼所以知人心》,影印文渊阁《四库全书》本。

人欲。他说:"物欲强时心节制。"①魏了翁肯定人欲并加以节制的思想,既与禁欲、忽视人的物质利益和物质欲望的满足的主张不同,又与放纵人欲,不加节制的倾向有别。他认为,仁义道德不能脱离人们的物质利益和物质欲望而孤立存在,道就存在于欲中,圣人也是"使人即欲以求道"②。可见道不离欲,在对人欲的适当满足并加以节制的过程中,就体现了道,说明道与人欲是不能分离的。魏了翁"即欲以求道"的思想,在众多理学家思想中,也是比较突出的,丰富了理学伦理观的内涵。

在政治思想方面,宋代四川理学的代表人物提出限制君权的思想,要求统治者存理去欲,清心寡欲,以国事为重,明确把理学的自律原则首先指向皇帝和当权者,这也是对理学内涵的丰富。认同道学的著名学者范祖禹从"道者,导天子以道者也"③的思想出发,提出正君心的思想,要求哲宗皇帝进德爱身,抑情制欲,批评哲宗"好色伐性"④。对封建帝王私欲加以制约,要求帝王以道德仁义文治天下,学做尧舜等圣人。以道为指导,对包括皇帝在内的封建统治者加以制约,使之符合道、理的规范。这反映了宋代义理之学兴起之时的价值取向,是理性主义时代精神的体现,亦是对前代统治阶级道德沦丧、人无廉耻、由于皇室宗亲的失德乱政行为而带来不良社会影响和恶果的深刻反思。

魏了翁从义理思想出发,在政治理论和政治实践中,强调重民;反对尊君卑臣,对君权和大臣专权加以一定的限制。他提出"治国之本,始于正君"⑤的政治主张,在一定程度上包含了限制封建君权的思想。魏了翁明确反对秦汉以后出现的君尊臣卑的封建君主专制主义和帝王一人高高在上的观念,主张复先王君臣共守天下的旧制。在生活方面,魏了翁把理学对一般人"远色""清心寡欲"的要求指向皇帝,这是对皇权的一种约束。魏了翁提出的对君权及封建统治阶级特权作某种限制的思想,

---

① (宋)魏了翁:《鹤山集》卷九六《即席次韵宋权县约客》,影印文渊阁《四库全书》本。
② (宋)魏了翁:《鹤山集》卷四四《合州建濂溪先生祠堂记》,影印文渊阁《四库全书》本。
③ (宋)范祖禹:《帝学》卷一,影印文渊阁《四库全书》本。
④ (宋)范祖禹:《范太史集》卷一八《乞进德爱身疏》,影印文渊阁《四库全书》本。
⑤ (宋)魏了翁:《鹤山集》卷一九《被召除授礼部尚书内引奏事第三劄》,影印文渊阁《四库全书》本。

从一个侧面说明理学这种社会思潮，在它之中包含了劝告并约束统治者不要过度奢侈，要体恤民意等合理因素。魏了翁对皇帝"无奸声乱色""无淫乐慝礼"的要求，正是理学约束君权精神的集中体现。只是历代封建统治者为了满足自己的私欲，执其一端，背弃了理学中所包含的合理因素的这一面。魏了翁的这一思想亦是对理学思想内涵的丰富。

以上在天理论、心性论、道器关系说、重躬行践履、重视事功、"留心经济之学"、肯定人欲有善的一面、"即欲以求道"、限制君权、主张君臣共守天下、要求统治者约束私欲等方面，宋代四川理学家所提出的种种思想，大大丰富了宋代理学的内涵，为整个理学理论体系的建构和完善，起到了重要作用，由此体现出其在宋代理学史上占有的重要地位。

（二）融会各家各派，促进了理学的大发展

宋代蜀学与宋代理学的互动促进了宋代理学的发展，使其在发展的过程中，融合各家各派，以其开阔的胸怀，兼收并蓄，去短集长，对濂、洛、闽、陆氏心学等理学各派，以及功利之学、训诂注疏之学，易学中的象数、义理两派均有吸取，并加以有机结合，结合时代的发展予以创新，从而促进了理学思潮的大发展。

宋代四川理学对各家思想的吸取，不是简单地把各家思想学说混杂糅合在一起，而是结合时代和社会发展的需要，以及学术发展内在的逻辑和要求，取各家之长并深化提炼之，在一定程度上预示着学术及思想发展的趋势。

周敦颐濂学对宋代四川理学影响较大。他入蜀做官讲学，传授理学，使理学得以在蜀地流传，对宋代四川理学的兴起起到了重要作用。然而周敦颐在北宋时，其社会影响尚不大。经过张栻等人的努力宣扬，肯定了他开创理学之功及其道统中的重要地位，才使得周敦颐在四川乃至全国的影响渐渐大起来。魏了翁更是为周敦颐请定谥号，表彰其在理学中的重要作用和地位，最终确立了理学在社会意识形态领域的正统地位。正是周敦颐的理学思想为宋代四川理学家所吸取，并将其作为自身重要的组成部分，使理学在四川得以广泛流传，并在此基础上得到深入的发展。

程颐理学既是整个宋代理学的开山和重要内容，又是宋代四川理学

的重要组成部分。他流寓四川,著书立说,传道授业,使巴蜀士人受到理学思想的熏陶而影响了好几代学者。程颐蜀中弟子谯定、谢湜在蜀传播师说。程颐另一著名弟子尹焞也入蜀活动、讲学,传播程颐的理学思想,扩大了其在四川的影响。此外,程颐的蜀中后学如张浚、李石等也继承了程颐的学说,使理学在蜀地进一步流传,为南宋四川理学的大发展起到了铺垫和过渡的作用。张栻、魏了翁是继承并发展二程洛学的著名蜀籍理学家。他们在吸取二程思想的基础上,又加以发展创新,在天理论、心性论、格物致知论、理欲观、儒家经学等方面发展了二程洛学,又对洛学的流弊加以修正。这表现在张栻提出"心主性情"的思想,重视躬行践履,留心经济之学,在道器关系上提出"道托于器而后行"的思想,在与朱熹的"交须而共济"中发展了二程学说。魏了翁则修正程颐过分去人欲思想的流弊,提出"欲有善"的一面,给人欲留下一定的位置,同情因饥寒而再嫁的妇女,并提出"即欲以求道"的思想;在经学上,魏了翁把义理与训诂结合起来,修正洛学重视义理而忽视训诂的局限;又对程颐易学重义理轻象数的治学倾向加以修正,主张把义理与象数结合起来,提出"易学则义理、象数俱当留意,合程、邵而贯之,乃为尽善"[1]的主张,贯通程颐义理易学与邵雍象数易学,以象数求义理,从而发展了程颐的思想。

宋代理学集大成者朱熹对宋代四川理学产生了重要影响,同时宋代四川理学之著名人物张栻也启发、影响了朱熹理学思想的形成与成熟;在朱熹之后,魏了翁又在吸取朱熹理学的基础上,超越朱熹,直求"圣经";超越理学,转向心学,预示着学术发展的方向。张栻在与朱熹的学术交往中,吸取和借鉴了朱熹的思想;同时也启发、影响了朱熹,在心性论、仁说、"四书"学、经学等方面,通过与朱熹交流,去短集长,相得益彰,共同促进了宋代理学在南宋乾道、淳熙时期的大发展。对此,朱熹本人对张栻给予了很高的评价。魏了翁则既吸取朱学,又超越朱学,这主要表现在两方面:一是在朱熹、陆九渊之后不久,便和会朱陆,超越朱学,而倾向心学,预示着理学及整个学术发展趋向的转变;二是采取不盲从朱学的态度,直接从儒家"圣经"那里发明"活精神",而不欲

---

[1] (宋)魏了翁:《鹤山集》卷三六《答杨次房少张》,影印文渊阁《四库全书》本。

"只须祖述朱文公"的著作,他把朱学比作卖花担上的桃李,把儒学经典比作树头枝底的桃李,强调自己"不欲于卖花担上看桃李,须树头枝底,方见得活精神"①,并以此批判宋学流行后出现的"束书不观,游谈无根",脱离实际,空谈道德性命的不良学风,从宋学内部对宋学加以反省和扬弃。这具有超越宋学义理,直求古经的趋向。魏了翁提出"要一字一义不放过"②的重训诂考释的思想,主张把训诂与义理结合起来,实开明清之际重考据学、文字音韵学和校勘学之风气,也预示着学术发展的趋向,这也是对理学的发展。

以上可见,宋代四川理学对各家各派的思想均加以吸取,在吸取中融会贯通并综合创新,由此促进了宋代理学的大发展,为中国思想文化在宋代的繁荣作出了贡献。

广义之宋代蜀学及其代表人物作为宋学、宋代理学思潮中的重要地域性学术派别和杰出人物,他们所从事的创造性学术活动,丰富了宋学及宋代理学的思想内涵;宋代四川理学在其发展的过程中,通过同时代的学者相互交流,融会各家各派,广泛吸取各家学术文化之长,并结合时代的发展加以综合创新,为宋代理学的发展作出了重要贡献。由此体现了宋代蜀学、宋代四川理学在宋代理学史上占有十分重要的地位。因此,讲理学不能只讲濂、洛、关、闽、陆氏心学,而应客观地看到宋代蜀学对发展宋代理学及宋代学术、宋代文化所作出的突出贡献。其思想内涵和学术价值,值得今天的人们认真总结研究,这也是从广度和深度上进一步拓宽宋学、宋代理学研究领域的重要一环。

(原载《社会科学研究》2007年第9期)

---

① (宋)魏了翁:《鹤山集》卷三六《答周监酒》,影印文渊阁《四库全书》本。
② (宋)魏了翁:《鹤山集》卷三六《答巴州郭通判黄中》,影印文渊阁《四库全书》本。

北宋蜀学三教融合的思想倾向

　　北宋蜀学三教融合的思想倾向通过龙昌期、章詧、三苏、张商英等人融合各家，兼用佛老，重视儒学的治学实践体现出来，反映了北宋巴蜀地方文化的重要特色。为蜀学的进一步发展提供了多元的思想环境和文化背景。

　　蜀学有狭义和广义之分，狭义的蜀学指由北宋苏洵开创，由苏轼、苏辙兄弟加以发展的学派即三苏蜀学；广义的蜀学指巴蜀地区自西汉迄今的以儒为主、贯通三教的学术文化。本书所指的北宋蜀学乃包括三苏蜀学在内的北宋时期的巴蜀学术思想。

　　从地域性文化与时代思潮的互涵互动关系来看，把蜀学与儒释道三教结合起来进行系统研究具有重要意义。以蜀学融合三教、融贯博通、重经学、积极进取不因循守旧等鲜明特色而与吴越学、晋学、闽学、齐鲁学、楚学、湘学、岭南学、徽学、赣学等地域性学术文化存在着相同相异之处，中华学术思想正好体现了这种融合差异的包容性。

　　巴蜀学术历经流传演变，到北宋进入一个新的发展时期。呈现出一个学统四起，三教融合，不局限于一家的局面，以及由重训诂注疏的汉学向重义理发挥的宋学转向的趋势，这与全国各地域文化发展演变的情形大体相当。据北宋学者吕陶（1027—1103年）记云："始蜀人去五代乱，俗未向儒。屯田君（石昌龄）即其居，构层台以储书。以经术教子弟，里人化之。弦诵日闻，号'书台石家'。"[①] 这反映了北宋初蜀地刚经历了五代之乱，人们尚未接受儒学，而石昌龄则筑书台以储书籍，以

---

　　① （宋）吕陶：《净德集》卷二二《中大夫致仕石公墓志铭》，影印文渊阁《四库全书》本。

儒家经术教授子弟，而里人化之，使儒家思想开始得以传播，但当时并不占主导地位。

北宋蜀学的学统四起，三教融合的治学倾向，主要表现在龙昌期、章詧、三苏、张商英，以及两宋之际李石等人融合各家，兼用佛老，重视儒学，提倡伦理的治学实践和学术思想里，为宋代巴蜀地方文化的进一步发展提供了多元的思想环境和文化背景。

一　龙昌期杂糅诸家的思想

龙昌期，陵州（今四川仁寿）人。北宋初杂糅诸家，贯通三教的学者。生卒年不详，约生于北宋初太祖开宝年间，卒于仁宗嘉祐年间。据李焘撰《续资治通鉴长编》卷一九〇记载，仁宗嘉祐四年（1059）时，"昌期年几九十"。另据《宋史》卷二九九《胡则传》记载，至仁宗嘉祐年间（1056—1063年），"昌期时年八十余"。此时翰林学士欧阳修、知制诰刘敞等劾龙昌期异端害道，批评龙昌期违古背道，诡僻不经，要求毁弃其板本，不宜推奖。乃追夺龙昌期所赐，遣归，卒。表明龙昌期于嘉祐中罢归，卒于乡，此时他年已八九十。

据吕希哲《吕氏杂记》卷下记载，龙昌期少时曾为僧，朱台符劝其业儒。真宗大中祥符年间（1008—1016年），龙昌期注解了《易》《诗》《书》《论语》《孝经》《阴符》《道德经》等，这里面包括了儒家和道教、道家的经典。龙昌期虽博览群书，但议论怪僻。后龙昌期携所注典籍游京师开封，被范雍荐之朝，不用。

仁宗宝元二年（1039），韩琦使蜀，奏授龙昌期等试国子四门助教。庆历五年（1045），知益州文彦博又奏授龙昌期校书郎，充任益州州学讲说。文彦博年少时曾从龙昌期学，对龙昌期较为推崇。他说："达斯道者，其惟武陵先生龙君乎！先生陵阳人也，藏器于身，不交世务。闭关却扫，开卷自得。著书数万言，穷经二十载。浮英华而沉道德，先周孔而后黄老。杨墨塞路，辞而辟之。名动士林，高视两蜀。"[①] 认为龙昌期

---

① （宋）文彦博：《潞公文集》卷一一《送龙昌期先生归蜀序》，影印文渊阁《四库全书》本。

是"先周孔而后黄老",并辟杨墨,而在蜀地士林中享有盛誉。此后,龙昌期又注《礼论》,撰《政书》《帝王心鉴》《八卦图精义》《入神绝笔书》《河图》《照心宝鉴》《春秋复道论》《三教圆通论》《天保正名论》《竹轩小集》等。其书虽不传,但从书名不难看出龙昌期兼取儒释道,思想不拘,融贯三教的特点,这从一个侧面反映了当时北宋初期蜀学乃至全国思想界的情形。此时承唐五代佛道盛行、儒学式微的局面,尚没有一家学术居思想界的统治地位。曾在北宋绍圣年间任知忠州的王辟之评价龙昌期说:"昌期该洽过人,著撰虽多,然所学杂驳。"[①] 对其"所学杂驳"的评论,即杂糅诸家的思想,这恰恰反映了当时北宋初期蜀学的情形。

然而,当时讲义理的宋学已然兴起,思想家们批佛老,兴儒学,重整伦理纲常,为社会的治理与稳定服务,而龙昌期杂用佛老,诋毁周公的治学倾向为人们所不容并遭到批评。刘敞批评龙昌期违古背道,诡僻不经,要求毁弃其板本。他说:"前日朝廷以龙昌期所著书下两制,臣等观其穿凿臆说,诡僻不经,甚至毁訾周公,疑误后学,难以示远,乞下益州毁弃板本。……按昌期之书,违古背道,所谓言伪而辨,学非而博,是王制之不听而诛者也。陛下哀其衰老,未便服少正卯之刑,则幸矣。又何赏之哉?……纵昌期之妄而不诛,乃反褒以命服,厚以重币,是非贸乱,沮劝颠倒,使迷国之计行于侧,而非圣人之俗倡于下,臣窃为陛下不取也。"[②] 宋初著名宋学人物刘敞指出,龙昌期所著书不仅穿凿臆说,而且"毁訾周公,疑误后学,难以示远",应予以纠正,然而一些朝廷官员却欣赏龙昌期的作品,并使朝廷下诏表彰,以致出现不好的影响,使得是非观念淆乱,阻恶劝善难以推行。不仅是刘敞,欧阳修也"言其异端害道,不当推奖,夺所赐服",使得龙昌期遭"罢归,卒"[③]。在欧阳修、刘敞等人看来,龙昌期是个离经叛道的人物。表明在当时,既有如龙昌期这样崇尚佛老,融贯三教,诋毁周公的蜀籍学者,亦有如欧阳修、

---

① (宋)王辟之:《渑水燕谈录》卷七《贡举》,影印文渊阁《四库全书》本。
② (宋)刘敞:《公是集》卷三二《上仁宗论龙昌期学术乖僻》,影印文渊阁《四库全书》本。
③ (元)脱脱等:《宋史》卷二九九《胡则传》,中华书局1977年版,第9942页。

刘敞等维护儒学正统,重整纲常,批佛老,崇尚周公的思想家。体现了蜀学学者龙昌期兼取诸家的思想。

二　章詧调和儒、道的思想

章詧（993—1068年），字隐之,成都双流人。北宋隐士、蜀学学者。北宋吕陶撰有《冲退处士章詧行状》,载《净德集》卷二八;《宋史·隐逸传》述其生平。记述章詧博通经学,尤长于《易》《太玄》。著有《太玄经发隐》三篇,《太玄图》一卷,《太玄讲疏》四十五卷。指出章詧治学,好扬雄《太玄经》,明用蓍索道之法,知玄以数寓道之用、三摹九据始终之变。即通过占卜来探索事物的规律,明白玄以数来体现道的作用,以三摹九据表现自然之道的始终变化。认为前世治《太玄》的学者如陆绩、宋东、王涯等都有所不及,而对章詧加以肯定。

范百禄从章詧探究《太玄》,章詧为其解述大旨:"'君子能强其所不足,而拂其所有余,《太玄》之道几矣。'此子云仁义之心。予之于《太玄》也,述斯而已。若苦其思,艰其言,迂溺其所以为数,而忘其仁义之大,是恶足以语夫道哉?"[①] 认为增不足,损有余体现了《太玄》之道,并认为这就是扬雄的仁义之心,其实这是老子道家的思想。《老子》第七十七章云:"天之道,损有余而补不足。"章詧把老子的思想说成扬雄的仁义之心,这在一定程度上是把儒家的仁义与道家思想结合起来。章詧自称他本人对于《太玄》,不过是述其实而已。如果苦其思,难其言,迂滞于其所以为数,而忘却了仁义之大,则何足与之论道。即对数的探讨,不能妨碍了对仁义的追求。

庆历四年（1044）以来,蒋堂、杨察等多位知益州地方官和朝廷官员向朝廷荐举章詧,章詧均不就。嘉祐四年（1059）,天章阁待制何郯又向朝廷推荐章詧,时任殿中侍御史的赵抃荐其学行之懿条悉闻,仁宗乃赐章詧为冲退处士。翰林侍读学士王素时为益州守,遂命所居之乡曰处士里,曰通儒坊,曰冲退,以表彰这位不愿入仕的隐士。"詧由是益以道

---

① （元）脱脱等:《宋史》卷四五八《隐逸中》,第13446—13447页。

自裕，尊生养气，忧喜是非亦不以挠其心形。"① 于是章詧更加以道为自足，"尊生养气"乃道家思想，不论忧喜、是非都不足以扰乱其心。

　　章詧当时治经学，主要注意力放在治扬雄的《太玄》，虽其解经著作已不传，但扬雄儒道兼收的治学倾向难免不影响到章詧。作为处士，章詧还曾撰有歌诗杂文二十卷行于世，并有《卦气图》刻石于府学之西，《太玄经图》并《文集》刻于中兴寺子云祠堂。以上著述今已不传，但他存世的一篇记文《逸心亭记》反映了他调和儒、道的思想倾向。他说："或燕游嵇阮以乐天和，或集会荀陈以声名教。"② 其中"燕游嵇阮以乐天和"，是指怡然游乐于嵇康、阮籍的自然之境，与天和乐为一；而"集会荀陈以声名教"，则指参与荀、陈的集会活动，以宣扬儒家名教。荀、陈是服膺儒学的两个氏族。可见，此《逸心亭记》体现了章詧调和儒家之名教与道家自然之天和的思想。即怡然走江湖，任自然，无我无待，天人和乐，乃老庄道家的追求；身常系天下，以身行道，居庙堂，扬名教，是孔孟儒者的理想。章詧在一定程度上把二者结合起来，体现了北宋蜀学兴起之时融合诸家的情形和特色。

三　融合儒释道的三苏蜀学

　　融合三教是以苏洵（1009—1066年）、苏轼（1037—1101年）、苏辙（1039—1112年）为代表的三苏（均为四川眉山人）蜀学之治学倾向。与二程洛学相比较，三苏蜀学较多地接受了佛老的思想，并不忌讳谈到这一点。这与洛学既一定程度地吸收佛老的思辨哲学，又公开辟佛老有所不同。三苏蜀学虽然比洛学更多地接受了佛老的思想，然而儒家思想在蜀学中的重要地位却不容忽视，尤其在政治治理方面，三苏仍以儒家思想为主。以下就三教融合的蜀学治学倾向加以分析。

　　与北宋以来统治者重视和提倡儒家政治伦理思想的时代风尚相适应，三苏倡儒家仁义之道，认为道本身虽不具有仁义礼智等道德规范的内容，

---

① （元）脱脱等：《宋史》卷四五八《隐逸中》，第13446页。
② 章詧的《逸心亭记》收入扈仲荣等编的《成都文类》卷四三，有文渊阁《四库全书》本；另（清·嘉庆）《四川通志》卷四一《艺文》中亦收有《逸心亭记》。

北宋蜀学三教融合的思想倾向

但道却无所不在，它存在于仁义礼智、君臣上下之中，作为这些道德规范之所以存在的根据。苏轼说："仁义之道，起于夫妇、父子、兄弟相爱之间；而礼法刑政之原，出于君臣上下相忌之际。相爱则有所不忍，相忌则有所不敢。夫不敢与不忍之心合，而后圣人之道得存乎其中。"① 认为圣人之道存在于仁义礼法、君臣父子夫妇兄弟的道德原则之中，通过仁义礼法而得到外在的表现。为此，三苏积极提倡儒家圣人之道，主张通过对礼的遵循而得道。苏辙说："孔子不以道语人，其所以语人者，必以礼。礼者，器也。而孔子必以教人，非吝之也。盖曰：'君子上达，小人下达。'君子由礼以达其道，而小人由礼以达其器。由礼以达道，则自得而不眩；由礼以达器，则有守而不狂。此孔子之所以寡言道而言礼也。"② 指出礼虽为器，但通过对礼的遵循可以达道，"由礼以达道"，这就是所谓的性命自得。与二程洛学相比，三苏以礼为器，二程则以礼为道，这是他们的不同点，但双方都主张通过对礼的遵循，以求得儒家圣人之道，这却是相同的。只不过二程以循礼即为循道，礼与道是一回事；而三苏则以循礼为得道的步骤，礼为器，不为道。这体现了三苏蜀学与二程洛学的区别及相同之处。

三苏受老子思想的影响，最主要的莫过于他们吸取了老子以道为宇宙本原的思想。三苏为建立自己的思想体系的需要，从老子的道论那里吸取了可供利用的思想资料，把道作为自己哲学的最高范畴，并对老子的道论加以发挥，对道生万物的过程加以具体的论述，以阴阳相交作为道生万物的中介，并以水作为构成万物的基本物质元素。苏辙说："道者，万物之母，故生万物者道也。……形虽由物，成虽由势，而非道不生。"③ 认为道是宇宙万物产生的本原，万物非道不生。然万物的产生要

---

① （宋）苏轼：《苏轼文集》卷一〇一《韩非论》，载曾枣庄、舒大刚主编《三苏全书》，语文出版社2001年版，第14册，第185页。
② （宋）苏辙：《苏辙集》卷六九《历代论·王衍》，载曾枣庄、舒大刚主编《三苏全书》，第18册，第168页。
③ （宋）苏辙：《老子解》卷下《道之生章第五十一》，载曾枣庄、舒大刚主编《三苏全书》，第5册，第454页。

经过阴阳相交这一中间环节，苏辙说："物之有形者，皆丽于阴阳。"① 苏轼亦说："圣人知道之难言也，故借阴阳以言之，曰：'一阴一阳之谓道。'一阴一阳者，阴阳未交而物未生之谓也，喻道之似，莫密于此者矣。"② 阴阳不是物，无形可见，"凡可见者皆物也，非阴阳也"③，阴阳是"物未生"时就已存在，可看作道的属性。苏轼说："阴阳之未交，廓然无一物，而不可谓之无有，此真道之似也。"④ 道在阴阳未交，万物产生以前就已存在，从道到物的过程，是由道的属性阴阳相交为其中介的，"阴阳交而生物"⑤，可知阴阳交是万物产生的中介。虽然苏氏提出以阴阳相交作为道生万物的中介，但须解决怎样从无形的阴阳过渡到有形的万物这一问题。于是，苏氏提出了水这一范畴，认为水是构成万物的基本元素，道生万物，通过阴阳相交，首先生水，然后由水去构成万物。苏轼说："阴阳一交而生物，其始为水。水者有无之际也，始离于无而入于有矣。老子识之，故其言曰：'上善若水。'又曰：'水几于道。'"⑥ 苏轼借用了《管子·水地篇》提出的水为"万物之本原也"的观点，并吸取老子以水喻道的思想，把水作为构成万物的基本物质元素。他说："万物皆有常形，惟水不然，因物以为形而已。"⑦ 又说："阴阳之始交，天一为水。凡人之始造形，皆水也。"⑧ 万物与人都由水所构成，水无具体的形状，因物以为形。道与水都存在于事物之中，然而道在物中，是作为万

---

① （宋）苏辙：《老子解》卷上《视之不见章第十四》，载曾枣庄、舒大刚主编《三苏全书》，第 5 册，第 414 页。
② （宋）苏轼：《苏氏易传》卷七《系辞传上》，载曾枣庄、舒大刚主编《三苏全书》，第 1 册，第 351—352 页。
③ （宋）苏轼：《苏氏易传》卷七《系辞传上》，载曾枣庄、舒大刚主编《三苏全书》，第 1 册，第 351 页。
④ （宋）苏轼：《苏氏易传》卷七《系辞传上》，载曾枣庄、舒大刚主编《三苏全书》，第 1 册，第 352 页。
⑤ （宋）苏轼：《苏氏易传》卷七《系辞传上》，载曾枣庄、舒大刚主编《三苏全书》，第 1 册，第 352 页。
⑥ （宋）苏轼：《苏氏易传》卷七《系辞传上》，载曾枣庄、舒大刚主编《三苏全书》，第 1 册，第 352 页。
⑦ （宋）苏轼：《苏氏易传》卷三《习坎》，载曾枣庄、舒大刚主编《三苏全书》，第 1 册，第 236 页。
⑧ （宋）苏轼：《苏轼文集》卷一一五《续养生论》，载曾枣庄、舒大刚主编《三苏全书》，第 14 册，第 417 页。

北宋蜀学三教融合的思想倾向

物的根据而存在；水在物中，是作为构成万物的材料而存在，这是它们的不同。正因为三苏对老子思想多有吸取，故苏辙把孔、老皆称为圣人，表现出调和儒道的倾向。

三苏蜀学明显受到佛教思想的影响。苏辙公开主张兼容佛老，认为佛老之教不可去，自有其不可去之理，而没有什么害处。他说："尧、舜、周、孔之道行于天下，无一物而不由，无一日而不用，而佛、老之教常与之抗衡于世。世主之欲举而废之者屡矣，而终莫能，此岂无故而能然哉？诸生皆学道者也，请推言其所以然，辩其不可去之理，与虽不去而无害于世者。"①苏辙将这些兼容佛老、三教合一的内容作为朝廷策问的题目，要求诸生作答，说明当时调和儒释道三教的风气也影响了朝廷和科举。

可以说，苏氏在构筑其思想理论体系时，对儒释道三教的学说都有所吸取和借用，但他们并不是把相互矛盾的三家思想简单地糅合、混杂在一起，而是有所选择、有所取舍。具体说来，苏氏在建构其思想理论体系时，吸取了儒家仁义礼智、君臣父子夫妇的伦理政治思想，认为必须通过遵循仁义礼智、君臣父子的原则才能得道。苏氏吸取了儒家的伦理思想，并吸取了老子的道为宇宙本原、为万物存在的根据的思想，为建立自己的哲学体系服务。此外，苏氏在吸取佛老思想的同时，又舍去了佛老蔑君臣，废父子之弊，强调儒家伦理道德原则的重要性，这是苏氏与佛老的不同之处。

苏氏不仅在思想理论上对儒释道三教都有所取舍，主张三教合一，而且他们直言不讳地宣称这一点。指出佛教之道、老子之道与儒家经典《周易》所谓形而上之道是一回事，对于佛老思想的全盘肯定或全盘否定都是不对的，因为佛老之道非一人之私说，它是与天地共始终的，佛老之道无所不在，因而不可去掉。然而，行道不可舍去礼乐政刑，如果把佛老的蔑君臣、废父子之说推行于世，其弊必有不可胜言。因此，苏氏主张，以儒家的礼乐政刑为本位，尤其在政治治理时更是如此，而吸取

---

① （宋）苏辙：《苏辙集》卷七二《策问一十六首》，载曾枣庄、苏大刚主编《三苏全书》，第18册，第198页。

佛老的有关思想,将儒家的伦理学与佛老的本体论、有无说结合起来,以建立自己的思想理论体系。这体现了三教合一的蜀学学风。

四 张商英调和三教的思想

张商英(1043—1121年),字天觉,北宋蜀州新津(今属四川成都新津县)人,历经神宗、哲宗、徽宗三朝,徽宗时两度为相,在北宋政坛上有一定影响。他喜研佛学,造诣颇深,著有《护法论》等著述,体现了他的儒释道三教融合的思想。这与苏氏蜀学的三教合一思想相互映衬,反映了北宋蜀学的重要特点。并在一定程度上体现了整个中国哲学在当时的一个走向。它与理学在北宋时期的兴起,有着各自不同的思想旨趣及相同相异之处。

儒学文化对张商英的影响较大。在他的《护法论》里,明确地把佛教识心见性、无上菩提之道与孔子之道相提并论,以调和儒佛两家。他说:

> 孔子曰:朝闻道,夕死可矣。以仁义忠信为道耶?则孔子固有仁义忠信矣。以长生久视为道耶?则曰夕死可矣。是果求闻何道哉?岂非大觉慈尊识心见性、无上菩提之道也!不然则列子何以谓孔子曰:丘闻西方有大圣人,不治而不乱,不言而自信,不化而自行,荡荡乎民无能名焉。列子学孔子者也,而遽述此说信不诬矣。孔子圣人也,尚尊其道,而今之学孔子者,未读百十卷之书,先以排佛为急务者,何也?岂独孔子尊其道哉,至于上下神祇无不宗奉,矧兹凡夫,辄恣毁斥,自昧己灵,可不哀与![1]

认为孔子之道就是仁义忠信之道。并指出孔子所求闻的道也就是佛教的识心见性、无上菩提之道。其立论的依据是列子所引述孔子所说的"丘

---

[1] (宋)张商英:《护法论》,《大藏经》,台湾:新文丰出版公司1983年版,第52册,第638页。

闻西方有大圣人，不治而不乱，不言而自信，不化而自行，荡荡乎民无能名焉"之语。认为列子学于孔子，其所引述孔子之言不诬。然而《列子》为晚出之书，多为民间故事、寓言和神话传说，其真实程度值得怀疑。况且所说的"西方有大圣人"也不能指为释迦牟尼。张商英以作为儒家圣人的孔子尚尊释氏之道为由，批评了今之儒家学者的排佛，其目的是调和儒佛，将儒家的仁义忠信之道与佛教的识心见性、无上菩提之道联系起来相提并论。并认为不仅孔子尊释氏之道，而且上下神祇也无不宗奉其道，这应当包括了道教之神祇在内。

虽重视儒学，亦肯定佛教，由此，张商英调和儒佛，把佛教的色、受、想、行、识称之为世间法，而非理学家所批评的出世主义。他说："近世伊川、程颢谓，佛家所谓出世者，除是不在世界上行，为出世也，士大夫不知渊源而论佛者，类如此也。殊不知色、受、想、行、识，世间法也；戒定慧、解脱、解脱知见，出世间法也。学佛先觉之人，能成就通达出世间法者，谓之出世也。稍类吾儒之及第者，谓之登龙折桂也，岂其真乘龙而握桂哉？佛祖应世，本为群生，亦犹吾教圣人吉凶与民同患，五百年必有王者兴，其间必有名世者，岂以不在世界上行为是乎？超然自利而忘世者，岂大乘圣人之意哉！"①指出程颢、程颐批评佛家所谓的出世，应是离开世界上的行才称之为出世，而佛教的色、受、想、行、识五蕴则不脱离世界，故为世间法，而不能称之为出世。虽然佛教的戒定慧、解脱、解脱知见等为出世间法，其学佛的先觉之人，能成就通达出世间法者，可以谓之出世，但在张商英看来，佛教的出世间法使人得以出世，类似于儒家的登龙折桂而科举及第。并认为，佛祖并非脱离民众，他还是提倡要应世的，其应世的目的在于为芸芸众生，就像"吾教"（儒家）圣人的吉凶与民同患一样，即儒家圣人与民众有福同享，有难同当。佛教的圣人也是这样的，"本为群生"，并不像人们所批评的那样是脱离世间只追求自私自利而忘世，认为这不是大乘佛教圣人之意。张商英在回应理学家对佛教出世主义

---

① （宋）张商英：《护法论》，《大藏经》，台湾：新文丰出版公司1983年版，第52册，第642—643页。

的批评时，一再把儒学称之为"吾儒""吾教"，表明他在一定程度上还是以儒为主来调和儒佛，融合三教的。

张商英主张融合三教，提倡儒释道不可或缺的融通调和论。明确指出："虽然，三教之书各以其道善世砺俗，犹鼎足之不可缺一也。若依孔子行事，为名教君子；依老子行事，为清虚善人，不失人天，可也。……读佛书者，则若食苦咽涩而至神仙。"①指出尽管儒释道三教各有不同的学术旨趣和教旨教义，但三教又都各自以其道来"善世砺俗"，促进美风良俗的形成，其三教融合，有如鼎足而不可缺一。依照孔子之言行事，可成为名教君子；依照老子之言行事，可成为清虚善人；而读佛书，则可成为"神仙"，体现了张商英融合三教而反对排佛、道的思想。这在一定程度上反映了北宋蜀学的特点，亦是当时理学兴起的背景下，佛、道二教仍有相当社会影响的表现。

五　李石的三教融合思想

北宋蜀学三教融合的思想影响到两宋之际的李石。李石（1108年—？），卒年不详，字知几，资州银山人（今属四川）。李石以范淑为师，是程颐三传弟子。范淑乃伊川高弟尹焞的门人，李石通过范淑继承了程颐的学说。当他任成都学官时，讲学于石室，四方学者从之甚众，"就学者如云，闽、越之士万里而来，刻石题诸生名几千人，蜀学之盛，古今鲜俪"②，如此扩大了程颐理学在蜀地的影响。李石除继承程颐的思想外，也公开提倡三教融合，而有他自己思想的特点。他称赏"佛心"说，指出："大哉佛一心，广大包四极，我以一心观，诸佛等虚空。……佛事倘可作，先以此心观。"③认为佛教的一心，深藏宇宙，包罗万象，从佛心出发，就可观察到天下的一切事物。这是李石崇佛思想的体现。李石打破儒家传统的排佛老观念，认为不光"吾儒百行以孝为本，而二氏亦以

---

① （宋）张商英：《护法论》，《大藏经》，第52册，第643页。
② 《方舟集·提要》，影印文渊阁《四库全书》本。
③ （宋）李石：《方舟集》卷一四《灵泉寺慈氏阁铭》，影印文渊阁《四库全书》本。

孝为本"①。就佛教原本的教旨教义而言,佛徒出世出家,不受儒家伦理纲常的约束,是无亲无父,所以他们谈不上孝。但后来佛教为了能够在中土站住脚,逐步附会、适应、吸取居中国文化主导地位的儒家学说,在这个过程中,一定程度上接受了儒家的孝道思想,这在宋代以来比较明显。不仅佛教,道教也是如此,一定程度上接受了儒家的孝的思想。对此,李石指出:"若夫吾儒以孝为德,老氏以孝为功行,佛氏以为补报,推己以利人,尽心以及物,未尝不同本而出也。"②认为儒释道三教都讲孝,就三教都讲孝这个意义上,"中不得不异,而本则同"③,倡三教同本之说。

李石还吸取了道家、道教的道本论及"以无为本"的思想,为建构其本体论哲学做论证。他说:"以道御气,以气御物,虽天地之大,亦道物之一也。"④ 强调精神性的本体——道是第一性的,由道统御物质性的气,由气再构成万事万物。并提出"无者,有之极而《易》为之端"⑤的思想,认为有产生于无,无是有的极,《易》之端便是无,无即是本,即道,天地万物归于无。

李石认为老子也知仁义,以此来调和儒道。他说:"老子岂不知仁义与道浑然中物,因其失,而致其严,以为散乱之防。"⑥ 这些是他受道家及道教思想影响的表现。道家代表人物老子提出"大道废,有仁义"(《道德经》第18章)的命题,倡道与仁义不并行之说。而李石则以为老子也是知仁义与道浑然合一的,如此把儒道合为一体。

需要指出,李石融会三教是以儒为本,而以佛、道为之补充,尤其在政治伦理方面,他仍坚持儒家文化的主导地位。由此他提出二氏为圣人之助的思想。他说:

> 天下之人可与为善也,久矣。闻释氏之寂灭、老氏之清净,则

---

① (宋)李石:《方舟集》卷一一《安乐院飞轮藏记》,影印文渊阁《四库全书》本。
② (宋)李石:《方舟集》卷一一《安乐院飞轮藏记》,影印文渊阁《四库全书》本。
③ (宋)李石:《方舟集》卷一一《安乐院飞轮藏记》,影印文渊阁《四库全书》本。
④ (宋)李石:《方舟集》卷一八《罗畯传》,影印文渊阁《四库全书》本。
⑤ (宋)李石:《方舟集》卷八《鬼神论》,影印文渊阁《四库全书》本。
⑥ (宋)李石:《方舟集》卷一三《老子辩上》,影印文渊阁《四库全书》本。

慕之，盖将诱天下之人而纳之于善，虽圣人不能破也。且以中国圣人尧舜文武周公孔子之道、三纲五常可以修身，可以治人，粲然人伦具矣。二氏者，本物外为己之学，初绝意于世，然不即人而人即之，何也？人性之乐于为善，二氏者适以为圣人之助甚多。凡趋福而避祸，惜生而恶死，人情之所同。其徒因此求售曰：我可以致福，我可以得生，凡有求者无不获。于是始抗衡吾道。有从之而炽其说者，纷纷多吾儒矣。……二氏之教，因以流传，诚使中国仿其教以立治，寂寞而自乐，清净而无为，无乱兵以扰其耕稼，无烦刑以滥其诛戮，驱天下之民而纳之于善，虽尧舜文武周公孔子复生，无以易此说也。何至与之相矛盾而乍兴乍废乎？悲夫！①

强调中国儒家圣人之道、三纲五常思想既可修身，又可治人，于人伦道德处十分完满。这是居中国文化主导地位的不可变易之道。而佛道二教则可为圣人之助，如佛教宣扬的"寂寞而自乐"，道教主张的"清净而无为"，以及劝人为善，趋福避祸，惜生恶死等，这些对广大民众有较大的吸引力，并可使国家无乱兵，无烦刑，使人向善，有利于社会稳定。李石认为即使圣人复生，也不可能改易此说。这是因为在人性中本来就具有乐于为善的内容，而趋利避害、趋福避祸、求生免死也是人之常情。在这方面，佛道二教长于治心、养身，注意发挥宗教消除内心紧张，求得心灵安宁自乐的社会功能，并提倡通过静修，得道成仙。而这些都是儒学所无。也就是说，三教的存在都有其客观的社会基础。正因为三教各有长短，单用一家之说，均有弊病，故三教融合，互为补充，成为李石思想产生的根源。尽管李石主张三教融合，但在社会生活实践中，他仍是提倡以儒为主，要求人们尽自己的本分和社会责任，不要出家为僧。如他劝赵道源秀才去佛从儒，安于家庭生活，就是一个明证。

李石的三教融合的思想与三苏蜀学较为接近，表明他作为程颐洛学的蜀中后学，也一定程度地受到四川本地蜀学的影响，具有调和洛、蜀之学的倾向。他说：

---

① （宋）李石：《方舟集》卷九《释老论》，影印文渊阁《四库全书》本。

> 王安石以新说行，学者尚同，如圣门一贯之说僭也。先正文忠公苏轼首辟其说，是为元祐学，人谓蜀学云，时又有洛学，本程颐；朔学，本刘挚，皆曰元祐学。相羽翼以攻新说，卒之不胜，稔成乱阶，尚同之过也。仰惟靖康定正国是，投其徒于四裔，凡悉力以尊崇元祐学者，皆得为专门名家，轼其倡也。逮绍兴至淳熙四十余年，尧父舜子授受圣学一出天纵，犹夫子一贯之说，无彼此异同之尚。先日拒王氏说，以策勋圣门者，皆录用其后子孙。苏氏一家尤被旌眷。……以元祐学榜之……与蜀士大夫共之。①

李石在这里回顾了从王安石新学推行，到后来学术发展变迁的概况。指出当时与王安石新学对立的，有蜀学、洛学和朔学。三学在批评王学上，具有一致性，故通称"元祐学"。虽然在元祐三学之间，相羽翼以批新学，但未能取胜，李石认为，其原因就在于当时的学风是"尚同"。而到后来则无彼此异同之尚，即"尚同"的学风必然对与己不同的学派和学说持排斥态度；而"无彼此异同之尚"的学风，则对与己不同的学术持较为宽容的态度。正是以这种心态，李石对元祐学中的蜀、洛之学，没有更多的门户之见，而是主张与蜀中学者共之。李石三教融合的思想，也是他所称赏的"无彼此异同之尚"学风的表现。

从以上北宋蜀学三教融合的思想倾向及其影响可见，由唐至宋，儒释道三家既排斥，又融通，逐步出现三教融合的趋势。这成为北宋蜀学的重要特色，亦对宋代理学在蜀地的兴起产生了重要影响。正因为三教各有长短，单用一家之说，均有弊病，故三教融合，互为补充，成为社会与文化发展的客观需要。这即是三教融合的社会及思想文化根源。由此，在新形势下促进了巴蜀文化的发展，并对全国学术文化的发展作出了重大贡献。

[原载《江南大学学报》（人文社会科学版）2011年第6期]

---

① （宋）李石：《方舟集》卷一三《苏文忠集御叙跋》，影印文渊阁《四库全书》本。

三苏蜀学探讨

苏洵（1009—1066年）、苏轼（1037—1101年）、苏辙（1039—1112年）为北宋时期蜀学代表人物。眉州（今四川眉山）人，著名文学家、思想家。

三苏蜀学是一个别具特色的学术流派，在全国和四川学术思想史中均占有重要地位。与当时王安石新学、二程洛学等同属提倡义理、批评汉学的宋学阵营。既然属于宋学的范畴，就具有提倡义理，批评重训诂考据轻义理发挥之汉学流弊的特色。

三苏蜀学亦是广义的宋代蜀学的重要组成部分，宋代巴蜀哲学的发展与三苏蜀学有着密切的关系。作为产生于蜀地，又在与全国各地学术文化流派的交往中确立并占有重要地位的三苏蜀学，其在宇宙观、人性论和辩证法等哲学领域有较深造诣，客观地对宋代巴蜀哲学产生了重要影响。

如果说，宋代以来中国文化的发展出现儒佛道三教融合的趋势，而与宋以前三教的关系以相互对立为主有所不同的话，那么，三苏蜀学则更多地体现了儒佛道三教的融通合一，并公开宣扬这一点，倡导儒道同源，共尊孔子和老子为二圣人；包括二程洛学、张载关学等在内的理学派别则公开批佛老，只是对佛道的思辨哲学有所吸取和借用，以维护儒家文化在中国文化和社会意识形态领域中所占据的主导地位。

一 提倡义理，批评汉学

三苏重视和提倡义理的思想与当时社会和思想发展的时代背景有着

密切关系。自从汉武帝罢黜百家,尊崇儒术以来,儒学成为官学,占据了社会意识形态的主导地位。然而,居中国传统文化主导地位的儒学发展到唐代,陷入困境,缺乏思辨哲学来为儒家政治伦理思想作论证。儒家经学亦发展停滞,墨守师说,"疏不破注",拘于训诂,限于名物,已经僵化,显然不能与佛教精致的思辨哲学相抗衡。宋儒学者力转此风,重义理,轻训诂,但凭己意说经、解经,他们发挥经书中的微言大义,不仅疑传,而且疑经、改经,蔚然形成疑经惑传的新学风。以义理之学取代汉唐以来的笺注经学和唐、宋初的辞赋之学,这是宋代学术发展的趋势,亦是包括三苏蜀学在内的宋学产生的基础。

三苏提倡义理,主张通过幼习长行得以获得义理。苏辙说:"大夫幼而习之,长而欲行之,阅天下之义理多矣。"① 这体现了蜀学对义理的重视,也与宋学兴起重视义理的时代思潮相吻合。

与此相关,三苏解经提倡超越对字义的解释而求其意,即掌握义理,不必留意章句词句之烦琐考据而害其经典之大意。苏轼说:"夫论经者当以意得之,非于句义之间也。于句义之间,则破碎牵蔓之说反能害经之意。孔子之言易如此,学者可以求其端矣。"② 不论是论经还是治易,都是如此。这体现了三苏重视经书中蕴含的意蕴,而不注重对经典句义之破碎牵强附会的解说。

苏洵强调在实践行为中贯彻理的原则,他说:"施而中理曰文……盖行之中理而可以为文……君子苟有施而中于理者,皆可以文谥之。"③ 提出如果君子在行为规范中符合于理,将义理加以施行,就可赐予其"文"的谥号,以示褒扬。

苏洵并通过论述经史关系,来强调掌握经典中的道理,并将其道理付诸实践。他说:

---

① (宋)苏辙:《苏辙集》卷三六《拟殿试策题二》,载曾枣庄、苏大刚主编《三苏全书》,第17册,第210页,本文,下引此书者,皆同。
② (宋)苏轼:《苏氏易传》卷七《系辞传上》,载曾枣庄、苏大刚主编《三苏全书》,第1册,第360页。
③ (宋)苏洵:《谥法》卷一《文》,载曾枣庄、苏大刚主编《三苏全书》,第3册,第289—290页。

巴蜀哲学与文化探讨

　　大凡文之用四：事以实之，词以章之，道以通之，法以检之。此经、史所兼而有之者也。虽然，经以道法胜，史以事词胜。经不得史，无以证其褒贬；史不得经，无以酌其轻重。经非一代之实录，史非万世之常法，体不相沿，而用实相资焉。夫《易》《礼》《乐》《诗》《书》，言圣人之道与法详矣，然弗验之行事。仲尼惧后世以是为圣人之私言，故因赴告策书以修《春秋》，旌善而惩恶，此经之道也。犹惧后世以为己之臆断，故本《周礼》以为凡，此经之法也。至于事则举其略，词则务于简。吾故曰：经以道法胜。史则不然，事既曲详，词亦夸耀，所谓褒贬，论赞之外无几。吾故曰："史以事词胜。"①

指出大凡文字的作用有四：记事以充实内容，修辞使之彰显，讲道理使文章贯通，施法以检验。这些都是经、史兼而有之。虽然如此，也要看到经书注重道理和法则，而史书注重史实和文辞。经史不能断然分开，离开了史，经就不能证其褒贬之义；脱离了经，史的记录就无法斟酌其轻重。经史虽有不同的本质和作用，但却是相辅相成的。在苏洵看来，尽管《易》《礼》《乐》《诗》《书》等经典，已把圣人之道阐述得很详细了，但却没有"验之行事"。这表明，苏洵除了重视义理，于儒家经典中求道之外，还注重在实践上加以检验，把孔子之道推广开来。在经典与道的关系问题上，苏洵指出，孔子担心后人会说，这只是圣人自己所说的话，于是修《春秋》，扬善去恶，这就是经书中所体现的道理。不仅如此，孔子还顾虑后人会说他是主观臆断，于是又本之于《周礼》定为凡例，这就是经书中的法则。既然道法义理存于《春秋》《周礼》等经典之中，经典是载道之文，那么其叙事则应举其略，用词则须务于简。所以苏洵认为，"经以道法胜"，而与史书叙事追求曲折详尽，用词尽量华丽夸耀确有不同，这就是苏洵所说的"史以事词胜"。通过论经史之关系，苏洵表达了自己于儒家经典求道法义理，叙事简略，用词务简的学风，而与史书叙事的曲折详尽，用词的华丽夸耀存在着差异。也表现出

---

① （宋）苏洵：《苏洵集》卷一六《史论上》，载曾枣庄、苏大刚主编《三苏全书》，第6册，第212页。

三苏蜀学重视求义理，而不看重语言文辞的华丽夸耀的治学倾向。这也体现了蜀学认同于宋学义理的特色。苏洵并指出："凡论但意立而理明，不必觅事应副。"① 进一步强调所论重在立意而明理，而不必到处寻找以应付，认为这是"时文之病"，应予以纠正。

自宋仁宗庆历以来，议论汉唐旧注疏，疑经惑传蔚然成风，其中也包括了苏氏对传统经师旧说的疑辨。苏轼、苏辙皆毁《周礼》，指出《周礼》所言，有非圣人之制者，并列举《周礼》不可信之处。苏轼说："《周礼》之言田赋夫家车徒之数，圣王之制也。其言五等之君，封国之大小，非圣人之制也，战国所增之文也。……先儒或以《周礼》为战国阴谋之书，亦有以也。"② 认为《周礼》中既有记述圣王之制的内容，也有不符合圣王之制的地方，这是后人所补，因此对《周礼》不可全信。苏辙也指出："言周公之所以治周者，莫详于《周礼》，然以吾观之，秦汉诸儒以意损益之者众矣，非周公之完书也。"③ 认为《周礼》非周公之完书，而是加进了后来秦汉诸儒所损益的内容。并列举了《周礼》不可信的三个地方，"三者既不可信，则凡《周礼》之诡异远于人情者，皆不足信也"④。苏辙对《周礼》的部分怀疑和不信，与苏轼的思想类似。苏轼云："予专以《书》《孟子》《王制》及郑子产之言考之，知《周礼》非圣人之全书明矣。"⑤ 通过对诸书加以考辨，得出《周礼》并非都为圣人所做的结论。表现出对《周礼》的疑辨。

苏轼不仅毁《周礼》，而且讥《尚书》，认为《尚书》中有两篇为圣人所不取而犹存者。他在解释"孔子何取于此篇而不删去乎"的问题时

---

① （宋）苏洵：《苏洵集》卷八《与孙叔静帖》，载曾枣庄、苏大刚主编《三苏全书》，第6册，第106页。
② （宋）苏轼：《苏轼文集》卷一〇八《天子六军之制》，载曾枣庄、苏大刚主编《三苏全书》，第14册，第317—318页。
③ （宋）苏辙：《苏辙文集》卷六八《历代论·周公》，载曾枣庄、苏大刚主编《三苏全书》，第18册，第143页。
④ （宋）苏辙：《苏辙文集》卷六八《历代论·周公》，载曾枣庄、苏大刚主编《三苏全书》，第18册，第144页。
⑤ （宋）苏轼：《东坡书传》卷九《武成》，载曾枣庄、苏大刚主编《三苏全书》，第2册，第73页。

指出：

>《书》固有非圣人之所取而犹存者也。孟子曰："尽信《书》，不如无《书》，吾于《武成》，取二三策而已。"纣之众既已倒戈，然犹纵兵以杀，至于血流漂杵，圣人何取焉？予于《书》见圣人所不取而犹存者二：《胤征》之挟天子令诸侯，与《康王之诰》释斩衰而服衮冕也。①

对《尚书》的《胤征》篇和《康王之诰》篇不以为然，因前者之挟天子令诸侯为羿篡位之事，后者之康王去凶服而以嘉服见诸侯，为失礼，故苏轼对其颇有置疑。

《苏氏易传》又称《毘陵易传》《东坡易传》等，其实该书是三苏父子合力完成的，代表了三人的思想。在《苏氏易传》中，三苏以义理为主，兼及象数，既以《易》为卜筮之书，又认为圣人之道存于爻辞，圣人系辞，是为了尽人之情。苏轼说：

>《易》者，卜筮之书也。挟策布卦，以分阴阳而明吉凶，此日者之事，而非圣人之道也。圣人之道，存乎其爻之辞，而不在其数。数非圣人之所尽心也。然《易》始于八卦，至于六十四，此其为书，未离乎用数也。而世之人皆耻其言《易》之数，或者言而不得其要，纷纭迂阔而不可解，此高论之士所以不言与？夫《易》本于卜筮，而圣人开言于其间，以尽天下之人情。②

指出《易》之为书，本于卜筮，但圣人开言于其中，乃在于尽天下之人情，其圣人之道即存乎辞，而不在数中。然而苏轼又认为，《易》之为书，又不能离开数，其八经卦、六十四别卦，均不能离开阴阳奇偶之数。由此苏轼

---

① （宋）苏轼：《东坡书传》卷六《胤征》，载曾枣庄、舒大刚主编《三苏全书》，第1册，第541页。

② （宋）苏轼：《苏轼文集》卷九八《易论》，载曾枣庄、舒大刚主编《三苏全书》，第14册，第131页。

批评了世之人耻于言数，或言而不得其要的倾向，这当指程颐的《伊川易传》对《易》数的轻视而只重义理的阐发。表现出苏氏易学与程氏易学有所不同。就其重义理而言，二者具有相同的治《易》倾向；就苏氏言数，程氏不言数来讲，苏氏把义理与象数相结合，程氏则把二者相分离，表明双方的易说存在着差异。就苏氏既讲数，又称"《易》本于卜筮"而言，苏氏易学与朱熹的易说有相似之处。并且朱熹也认为，苏轼易说在解文释义方面有其长处。朱熹说："东坡解《易》，大体最不好。然他却会作文，识句法，解文释义，必有长处。"① 朱熹认为，《伊川易传》在说道理方面决不错，只是在文义名物上有未尽，但在这方面，东坡却有其长处。

苏辙撰《诗集传》，辨析《毛诗序》有汉儒的附益，多所谬误，不可尽信，只存其首句，而删去其余。苏辙在其《诗集传》中，从各个方面对《毛诗序》提出批驳，指出《毛诗序》的失误在于：诗中本无此意，出于《毛诗序》的附会衍说；《毛诗序》释义不当，不合诗旨；《毛诗序》语言重复，杂取众说，非一人之辞；《毛诗序》不知《魏风》实为晋诗而误；《毛诗序》误定诗之年代，等等。② 苏辙对《毛诗序》的批驳、辨析，指出《毛诗序》对诗义的解释，确有不当之处，它不过是"毛氏之学而卫宏之所集录"③，不必完全尊信，主张去其汉儒的附会衍说。这对于破除汉儒解诗的旧说，发展宋代《诗》学，具有重要意义。朱熹的《诗》学思想也受到苏辙的一定影响。

苏辙作为宋学学者，对汉唐经学的流弊加以分析指出：

> 法立于上，则俗成于下。故两汉之间，经各有师，师各有说。异师殊说，相攻如仇雠。异己者虽善不从，同己者虽恶不弃。下逮魏、晋，争者少止，然后学者相与推究众说，从其所长。至唐而传疏之学具，由是学者始会于一。数百年之间，凡所以经世之用，君臣父子之义，礼乐刑政之本，何所不取于此？然而穷理不深，而讲

---

① （宋）黎靖德编：《朱子语类》卷六七，中华书局1986年版，第1663页。
② 参见陈明义《苏辙〈诗集传〉在〈诗经〉诠释史上的地位与价值》，《经学研究论丛》第2辑，台北：圣环图书公司1994年版。
③ （宋）苏辙：《诗集传》卷一《国风·关雎》，载曾枣庄、苏大刚主编《三苏全书》，第2册，第266页。

道不切，学者因其成文而师之，以为足矣。是以间者立取士之法，使人通一经而说不必旧。法既立矣，俗必自此而变。盖将人自为说而守之耶？则两汉之俗是矣；将举天下而宗一说耶？则自唐以来传疏之学是矣。……将使二弊不作，其将何处而可哉？①

认为汉代经学的流弊在于，人自为说而各守己说，党同伐异，凡异师殊说，则相攻如仇雠，带来只问同异而不顾是非，不分善恶的后果；唐代经学的流弊则在于，举天下而宗一说，即唐代的传注义疏之学由《五经正义》出，而"会于一"，"学者因其成文而师之"，墨守正义，疏不破注，致使"穷理不深，而讲道不切"，使得新思想难以产生。苏辙看到了汉唐经学的流弊，主张革除之，这不仅体现了三苏蜀学的学风，而且也反映出宋代义理之学重"穷理""讲道"的特点。苏轼指出："愚儒无知守章句，论说黑白推何祥。"② 这也是对汉学但守章句，忽视义理学风的针砭。

二 三苏蜀学的哲学思想

三苏为北宋时期蜀学代表人物，其学术虽以文学见长，但在哲学上也有较深造诣。这主要体现在三苏提出道本论宇宙观、善恶非性的人性论和阴阳相资的辩证法思想等方面。

（一）道本论宇宙观

三苏哲学以道为最高范畴，道与其他诸哲学范畴逻辑地联系在一起，共同构成三苏哲学的理论体系。由于三苏哲学的道多来自道家，指无形的宇宙本原、非有非无的精神实体、事物的规律等。

1. 道为万物之本

苏辙说："道者，万物之母，故生万物者，道也。……形虽由物，成

---

① （宋）苏辙：《苏辙文集》卷六五《河南府进士策问三首》，载曾枣庄、苏大刚主编《三苏全书》，第18册，第115页。
② （宋）苏轼：《苏轼诗集》卷六《十月十六日记所见》，载曾枣庄、苏大刚主编《三苏全书》，第6册，第523页。

虽由势，而非道不生。"① 以道为产生万物的本原，万物非道不生。道作为万物之本，具有形上性、观念性，与具体有形的事物不同。"物之有形者皆丽于阴阳，故上皦下昧，不可逃也。道虽在上而不皦，虽在下而不昧，难以形数推也。"② 认为具体事物附着于阴阳，所以是在上明亮，在下昏暗，皆有形可见而不可逃，而道则不明不暗，恍惚不可捉摸，不能以有形物及其数目来推论。表明道具有形上超验的性质，不为人们的感官所感知。道虽无形，但却是有形万物之所以存在的根据。"圣人之所以知万物之所以然者，以能体道而不去故也。"③ 万物之所以存在，是因为其以道为体。苏轼说："道者，器之上达者也；器者，道之下见者也，其本一也。"④ 以道为形而上，以器为形而下，道是器的本体，器是本体道的表现。虽然道器一本，但却本之于道。按苏辙的话说，即道为"万物之宗"，而万物为"道之末"。他说："道，万物之宗也；万物，道之末也……故万物宾其所宗。"⑤ 道为本、为主，万物为末、为宾。认为天下万物之所以为物，其原因在于道。道作为其哲学的最高范畴，既是万物的基始，具有宇宙本原的意义；又是宇宙万物之宗，是万物存在的根据，具有宇宙本体的意义。所以三苏的道是宇宙生成论与本体论统一的哲学范畴。三苏哲学的道虽多来自道家，指无形的宇宙本原，但也讲儒家穷理尽性之伦理道德。苏洵说："夫尧不能穷理尽性，安能行道？古之所谓行道者，尧舜而已。"⑥ 把穷理尽性作为行道的前提，可见道不离穷理尽性。这是对儒家推行伦理道德规范以治国行道原则的继承。但三苏之道

---

① （宋）苏辙：《老子解》卷下《道之生章第五十一》，载曾枣庄、苏大刚主编《三苏全书》，第5册，第454页。
② （宋）苏辙：《老子解》卷上《视之不见章第十四》，载曾枣庄、苏大刚主编《三苏全书》，第5册，第414页。
③ （宋）苏辙：《老子解》卷上《孔德之容章第二十一》，载曾枣庄、苏大刚主编《三苏全书》，第5册，第426页。
④ （宋）苏轼：《苏氏易传》卷七《系辞传上》，载曾枣庄、苏大刚主编《三苏全书》，第1册，第370页。
⑤ （宋）苏辙：《老子解》卷上《道常无名章第三十二》，载曾枣庄、苏大刚主编《三苏全书》，第5册，第437页。
⑥ （宋）苏洵：《谥法》卷一《圣》，载曾枣庄、苏大刚主编《三苏全书》，第3册，第287页。

与儒家伦理没有直接的联系,作为儒家伦理道德的仁智之善,在苏氏看来,只是"道之继,而指以为道则不可"①。

2. 道非有非无、亦有亦无

苏辙说:"道非有无,故以恍惚言之,然极其运而成象,著而成物,未有不出于恍惚者也。"② 道恍惚而非有非无,但有形有象的万物都产生于它。这个超越有无,又产生万物的道,只能是精神性的实体。

从道的非无而言,苏辙认为,"道虽常存,终莫得而名,然亦不可谓无也"③。在万物产生以前,作为本原的道就已存在,这时的道不叫无。苏轼说:"廓然无一物,而不可谓之无有,此真道之似也。"④ 虽然空无一物,但道作为生物的根据已经存在,既然有这个根据存在,就不能说无有。所以道是非无。非无,并不是说道就是有,而是说道不是绝对的虚无。

从道的非有而言,苏辙认为,有是指有形的万物,而道无形,超然于形上,所以道不是有。他说:"道非有无,故谓之大象。苟其昭然有形,则有同有异,同者好之,异者恶之,好之则来,恶之则去,不足以使天下皆往矣。"⑤ 道不是无,也不是有,如果说道是有形的事物,那么就会产生同异的差别和好恶的取舍,道就不是万物之所以存在的根据了。道的非有,不是说道就是无,而是指道的无形,道与有形的万物相区别,这就是它的非有。

道产生万物,是从无形到有形的过程。道既非有非无,也即亦有亦无。讲道的非无时,要注意苏轼说的"不可谓之无有",是指道作为万物存在的根据而言,有这个根据,就"不可谓之无有"。讲道的非有时,要

---

① (宋)苏轼:《苏氏易传》卷七《系辞传上》,载曾枣庄、苏大刚主编《三苏全书》,第1册,第352页。

② (宋)苏辙:《老子解》卷上《孔德之容章第二十一》,载曾枣庄、苏大刚主编《三苏全书》,第5册,第425页。

③ (宋)苏辙:《老子解》卷上《道冲章第四》,载曾枣庄、苏大刚主编《三苏全书》,第5册,第406页。

④ (宋)苏轼:《苏氏易传》卷七《系辞传上》,载曾枣庄、苏大刚主编《三苏全书》,第1册,第352页。

⑤ (宋)苏辙:《老子解》卷上《执大象章第三十五》,载曾枣庄、苏大刚主编《三苏全书》,第5册,第438页。

区分绝对的虚无与无形的界限,无是指道的无形而言,不是指绝对的虚无。苏辙对此总结说:"非有,则无无以致其用;非无,则有无以施其利。是以圣人常无以观其妙,常有以观其徼,知两者之为一而不可分,则至矣。"① 道非有非无,亦有亦无,超越有无,又兼有无,这就是苏氏论道的思辨之处。

3. 道是事物的规律

道不以人为的主观追求为转移,它是事物自然而然的规律。苏轼说:"道可致而不可求。何谓致?孙武曰:'善战者致人不致于人。'子夏曰:'百工居肆以成其事,君子学以致其道。'莫之求而自至,斯以为致也欤。"② 认为道是可致而不可求的。所谓致,是指"莫之求而自至",这种客观的、自然而然的道是存在于具体事物之中的,因而它具有事物规律的含义。

(二) 善恶非性的人性论

三苏提出善恶非性的人性论,认为性乃人之所以为人的本质属性,即指人的饮食男女之大欲的生物属性;性非善非恶,不可以善恶言性,据此批评了孟、荀的性善、性恶论;在性情问题上,三苏主张性情合一,二者没有善恶之别,批评韩愈"离性以为情";并重视人情,提出"礼沿人情"的思想,体现了巴蜀哲学情理结合,性情不离的思想特色,而与程颐主张的"性无不善"的性善论区别开来。

1. "性者,其所以为人者也"

苏轼说:"性者,其所以为人者也,非是无以成道矣。"③ 认为性就是人之所以为人的本质属性,即指人的生物属性,人离开了饮食男女人之本性,就无以成道。"性所以成道而存也,尧舜不能加,桀纣

---

① (宋)苏辙:《老子解》卷上《三十辐章第十一》,载曾枣庄、舒大刚主编《三苏全书》,第5册,第412页。
② (宋)苏轼:《苏轼文集》卷一一五《日喻》,载曾枣庄、舒大刚主编《三苏全书》,第14册,第414页。
③ (宋)苏轼:《苏氏易传》卷七《系辞传上》,载曾枣庄、舒大刚主编《三苏全书》,第1册,第352页。

不能亡，此真存也。存是则道义所从出也。"① 这种人的本质属性是不因圣人或暴君而有所改变的。苏轼进一步指出："人生而莫不有饥寒之患、牝牡之欲，今告乎人曰：饥而食，渴而饮，男女之欲，不出于人之性也，可乎？是天下知其不可也。圣人无是，无由以为圣。而小人无是，无由以为恶。"② 认为性是指饥寒之患、牝牡之欲，即饮食男女之欲，不能将此排除于人性之外。指出圣人离开了饮食男女，就无由以为圣；小人离开了饮食男女，也无由以为恶。可见不论圣人还是小人，均不离性。

2."善恶果非性也"

从性乃人之所以为人的本质属性的思想出发，三苏提出善恶非性的人性论。苏辙说："孔子曰：'性相近也，习相远也。'夫虽尧桀而均有是性，是谓相近；及其与物相遇，而尧以为善，桀以为恶，是谓相远。习者，性之所有事也，自是而后相远，则善恶果非性也。"③ 认为善恶乃习，而不是性。不仅善恶非性，而且性与情也没有善恶之别。苏轼说："情者，性之动也。溯而上，至于命；沿而下，至于情，无非性者。性之与情，非有善恶之别也。"④ 这与李翱等人的"性善情恶"的思想有别。

从善恶非性出发，苏辙批评了孟、荀的性善、性恶论。苏辙说："孔子曰：'性相近也，习相远也。'圣人之言性，止于是而已矣。孟子学于子思，得其说而渐失之，则指善以为性。至于孙卿，自任而好异，因孟子而反之，则曰人性恶。夫善恶皆习也，指习以为性，而不知其非，二子之失一也。然而性之有习，习之有善、恶，譬如火之能熟，与其能而焚也。孟子之所谓善，则火之能熟者也，是火之得其性者也。孙卿之所

---

① （宋）苏轼：《苏氏易传》卷七《系辞传上》，载曾枣庄、苏大刚主编《三苏全书》，第1册，第358页。

② （宋）苏轼：《苏轼文集》卷一〇一《扬雄论》，载曾枣庄、苏大刚主编《三苏全书》，第14册，第201页。

③ （宋）苏辙：《苏辙集》卷六七《孟子解二十四章》，载曾枣庄、苏大刚主编《三苏全书》，第18册，第136页。

④ （宋）苏轼：《苏氏易传》卷一《乾卦》，载曾枣庄、苏大刚主编《三苏全书》，第1册，第142页。

谓恶,则火之能焚者也,是火之失其性者也,孙卿之失则远矣。"① 批评孟、荀的性善、性恶论,认为善恶皆习;指习以为性,而不知其非,这是孟、荀二人共同的失误。指出善恶不过是性之有习的表现,习之有善恶,正像火能熟物、焚物一样,但不能把习作为性本身。

苏轼也指出:"夫仁智,圣人之所谓善也。善者,道之继,而指以为道则不可。……昔者孟子以善为性,以为至矣,读《易》而后知其非也。孟子之于性,盖见其继者而已。夫善,性之效也。孟子不及见性,而见夫性之效,因以所见者为性。性之于善,犹火之能熟物也,吾未尝见火,而指天下之熟物以为火,可乎?夫熟物则火之效也。"② 认为善是道之继、性之效,是按道、性的要求行事而表现出来的效果,而不是道、性本身。这与理学家主张的性善论迥然相异。

3. "礼沿人情,性情不离"

与善恶非性的人性论密切相关,三苏提出"礼沿人情,性情不离"的思想。苏辙说:"夫礼沿人情,人情所安,天意必顺。"③ 强调礼建立在人情的基础上,天意也必须顺从人情。人情与天意相关,把人情的地位提高到天意的高度。

苏轼亦重视人情。他说:"夫礼之初,始诸人情,因其所安者,而为之节文。凡人情之所安而有节者,举皆礼也,则是礼未始有定论也。然而不可以出于人情之所不安,则亦未始无定论也。执其无定以为定论,则涂之人皆可以为礼。"④ 指出礼产生于人情,依据人情,加以节文而形成礼,礼须符合人情所安。苏轼进一步指出:"君子之欲诚也,莫若以明。夫圣人之道,自本而观之,则皆出于人情。不循其本,而逆观之于其末,则以为圣人有所勉强力行,而非人情之所乐者。夫如是,则虽欲

---

① (宋)苏辙:《古史》卷三四《孟子孙卿列传》,载曾枣庄、苏大刚主编《三苏全书》,第4册,第237—238页。
② (宋)苏轼:《苏氏易传》卷七《系辞传上》,载曾枣庄、苏大刚主编《三苏全书》,第1册,第352页。
③ (宋)苏辙:《苏辙集》卷四二《论明堂神位状》,载曾枣庄、苏大刚主编《三苏全书》,第17册,第292页。
④ (宋)苏轼:《苏轼文集》卷九八《礼以养人为本论》,载曾枣庄、苏大刚主编《三苏全书》,第14册,第128页。

诚之，其道无由。故曰莫若以明。"① 认为圣人之道，从根本上讲，则皆出于人情。而人情就是性，最终饮食男女之欲是圣人之道的来源，圣人之道建立在喜怒哀惧爱恶欲之情、饮食男女之欲的基础上。圣人对此加以调节而使之趋向于善。

进而，苏轼提出性情不离的思想，批评性情相分。他说："儒者之患，患在于论性，以为喜怒哀乐皆出于情，而非性之所有。夫有喜有怒，而后有仁义；有哀有乐，而后有礼乐。以为仁义礼乐皆出于情而非性，则是相率而叛圣人之教也。老子曰：'能婴儿乎？'喜怒哀乐，苟不出乎性，而出乎情，则是相率而为老子之'婴儿'也。儒者或曰老、《易》，夫《易》，岂老子之徒与？而儒者至有以老子说《易》，则是离性以为情者，其弊固至此也。嗟夫！君子之为学，知其人之所长而不知其蔽，岂可谓善学邪？"② 批评儒者之患，患在于论性时把喜怒哀乐作为情而排除在性之外。苏轼认为，有喜怒而后才有仁义，有哀乐而后才有礼乐。认为仁义礼乐皆出乎喜怒哀乐之性，不能把喜怒哀乐排除在性外。如果把仁义礼乐说成皆出于情而非性，那就是相率而叛圣人之教。苏轼强调，性包含了人情，批评韩愈把性情分离开来。"韩愈欲以一人之才，定天下之性，且其言曰：'今之言性者，皆杂乎佛、老。'愈之说，以为性之无与乎情，而喜怒哀乐皆非性者，是愈流入于佛、老而不自知也。"③ 批评韩愈把性与喜怒哀乐之情割裂开，认为这是流入于佛、老而不自知。苏轼认为喜怒哀乐是情，也是性，反对性情相分，主张性情合一。批评韩愈"离性以为情"，以才为性，其论终不能通。

（三）阴阳相资的辩证法思想

苏轼通过对离卦的解释，提出阴阳相资的辩证法思想。《离》卦九三爻辞云："日昃之离，不鼓缶而歌，则大耋之嗟，凶。"象曰："日昃之

---

① （宋）苏轼：《苏轼文集》卷九八《中庸论中》，载曾枣庄、苏大刚主编《三苏全书》，第14册，第141页。
② （宋）苏轼：《苏轼文集》卷一〇一《韩愈论》，载曾枣庄、苏大刚主编《三苏全书》，第14册，第207页。
③ （宋）苏轼：《苏轼文集》卷一〇一《韩愈论》，载曾枣庄、苏大刚主编《三苏全书》，第14册，第202页。

离，何可久也。"苏轼对其注解云："火得其所附，则传；不得其所附，则穷。初九之于六二，六五之于上九，皆得其所附者，以阴阳之相资也。惟九三之于九四，不得其传而遇其穷，如日之昃、如人之耋也，君子之至此命也，故鼓缶而歌，安以俟之。不然，咨嗟而不宁，则凶之道也。"①他认为离即是附丽，"万物各以其类丽也"②，"火之为物不能自见，必丽于物而后有形，故离之象取于火也"③，以火喻离，火只有得其所附丽之物，才能薪火相传；否则将不能传。苏轼以《离》卦之初九与六二，六五与上九，都是阴阳相附，表达他阴阳相资的辩证法思想。只是《离》卦之九三与九四，都为阳爻相对立而不得其传而为穷，就像西边的太阳不久将落、人到晚年将不久于人世一样，所以要鼓缶而歌，安享晚年，如果咨嗟而不宁，则为凶之道。

  苏轼看到阴阳的相互作用产生万物的重要性。他说："阴阳相蕴而物生。乾坤者，生生之祖也。是故为易之蕴。乾坤之于易，犹日之于岁也。除日而求岁，岂可得哉？故乾坤毁则易不可见矣。易不可见。则乾为独阳，坤为独阴。生生之功息矣。"④认为阴阳的相互作用产生万物，而阴阳对立之乾坤乃"生生之祖"。不能离开乾坤而谈变易，如果只看到乾坤独阳独阴的一面，而看不到阴阳相蕴，乾坤共成岁功的一面，取消了阴阳的对立统一，就会使得"生生之功息矣"。表明万物产生和变化的根源就在于阴阳的相互作用，这体现了苏轼的辩证法思想。

  苏辙亦讲阴阳相荡的辩证法。他说："阴阳相荡，高下相倾，大小相使，或行于前，或随于后，或响而暖之，或吹而寒之，或益而强之，或损而羸之，或载而成之，或隳而毁之，皆物之自然，而势之不免者也。"⑤认为"阴阳相

---

  ①（宋）苏轼：《苏氏易传》卷三《离》，载曾枣庄、舒大刚主编《三苏全书》，第1册，第240页。

  ②（宋）苏轼：《苏氏易传》卷三《离》，载曾枣庄、舒大刚主编《三苏全书》，第1册，第239页。

  ③（宋）苏轼：《苏氏易传》卷三《离》，载曾枣庄、舒大刚主编《三苏全书》，第1册，第239页。

  ④（宋）苏轼：《苏氏易传》卷七《系辞传上》，载曾枣庄、舒大刚主编《三苏全书》，第1册，第370页。

  ⑤（宋）苏辙：《老子解》卷上《将欲取天下章第二十九》，载曾枣庄、舒大刚主编《三苏全书》，第5册，第434页。

荡"的自然规律是"物之自然",不以人为的因素而转移,但世之愚人却为了一己之私利而违背"阴阳相荡"的客观事物之法则,自取其祸,以至于遭受挫折。只有圣人明白客观自然规律不可违逆而只能加以顺应的道理,去除极端、奢侈和过度,不至于因人为的过分而伤害事物,如此则天下无患。可见对于阴阳对应、相资相荡的自然辩证规律,苏辙是充分重视的。并把阴阳相对应,视为事物的普遍规律。"阴阳之相下,物无不然"[1],指出"阴阳有定数,开塞亦常理"[2],即阴阳规律有定数不得违反。

苏洵也讲阴阳的辩证法,对于矛盾双方不得偏废。他说:"阴不至于涸,而阳不至于亢。苟不能先审观己之为阴,与己之为阳,而以阴攻阴,以阳攻阳,则阴者固死于阴,而阳者固死于阳,不可救也。是以善养身者,先审其阴阳;而善制天下者,先审其强弱,以为之谋。"[3] 苏洵强调,就阴而言,不能干涸;就阳而言,不至于过度。须掌握阴阳平衡,不能偏向于某一方。

三　三苏蜀学的三教合一倾向

三教合一是以苏洵、苏轼、苏辙三苏父子为代表的蜀学之学风。三教合一的教,非纯指宗教,它既指佛、道二宗教,又指儒家、老庄道家一派学说,其中老庄与道教的联系比较紧密。三教合一,既分为三,又相互联系。与二程洛学相比较,三苏蜀学较多地接受了佛老的思想,并不忌讳地谈到这一点。这与洛学既一定程度地吸收佛老的思辨哲学,又公开辟佛老有所不同。三苏蜀学虽然比洛学更多地接受佛老的思想,然而儒家思想在蜀学中的重要地位却不容忽视,尤其在政治治理方面,三苏仍是以儒家思想为主。以下就三教合一的蜀学学风加以分析。

与北宋以来统治者重视和提倡儒家政治伦理思想的时代风尚相适应,

---

[1] （宋）苏辙:《诗集传》卷一四《小雅·白华》,载曾枣庄、苏大刚主编《三苏全书》,第2册,第476页。

[2] （宋）苏辙:《苏辙集》卷一四《河冰》,载曾枣庄、苏大刚主编《三苏全书》,第16册,第356页。

[3] （宋）苏洵《苏洵集》卷九《审势》,载曾枣庄、苏大刚主编《三苏全书》,第6册,第116页。

三苏倡儒家仁义之道，认为道本身虽不具有仁义礼智等道德规范的内容，但道却无所不在，它存在于仁义礼智、君臣上下之中，作为这些道德规范之所以存在的根据。苏轼说："仁义之道，起于夫妇、父子、兄弟相爱之间；而礼法刑政之原，出于君臣上下相忌之际。相爱则有所不忍，相忌则有所不敢。夫不敢与不忍之心合，而后圣人之道得存乎其中。"① 认为圣人之道存在于仁义礼法、君臣父子夫妇兄弟的道德原则之中，通过仁义礼法而得到外在的表现。为此，三苏积极提倡儒家圣人之道，主张通过对礼的遵循而得道。苏辙说："孔子不以道语人，其所以语人者，必以礼。礼者，器也。而孔子必以教人，非吝之也。盖曰：'君子上达，小人下达。'君子由礼以达其道，而小人由礼以达其器。由礼以达道，则自得而不眩；由礼以达器，则有守而不狂。此孔子之所以寡言道而言礼也。"② 指出礼虽为器，但通过对礼的遵循可以达道，"由礼以达道"，这就是所谓的性命自得。与二程洛学相比，三苏以礼为器，二程则以礼为道，这是他们的不同点，但双方都主张通过对礼的遵循，以求得儒家圣人之道，这却是相同的。只不过二程以循礼即为循道，礼与道是一回事；而三苏则以循礼为得道的步骤，礼为器，不为道。这体现了三苏蜀学与二程洛学的区别及相同之处。

三苏受老子思想的影响，最主要的莫过于他们吸取了老子以道为宇宙本原的思想。三苏为建立自己思想体系的需要，从老子的道论那里吸取了可供利用的思想资料，把道作为自己哲学的最高范畴，并对老子的道论加以发挥，对道生万物的过程加以具体的论述，以阴阳相交作为道生万物的中介，并以水作为构成万物的基本物质元素。苏辙说："道者，万物之母，故生万物者道也。……形虽由物，成虽由势，而非道不生。"③ 认为道是宇宙万物产生的本原，万物非道不生。然万物的产生要经过阴

---

① （宋）苏轼：《苏轼文集》卷一〇一《韩非论》，载曾枣庄、苏大刚主编《三苏全书》，第14册，第185页。
② （宋）苏辙：《苏辙集》卷六九《历代论·王衍》，载曾枣庄、苏大刚主编《三苏全书》，第18册，第168页。
③ （宋）苏辙：《老子解》卷下《道之生章第五十一》，载曾枣庄、苏大刚主编《三苏全书》，第5册，第454页。

阳相交这一中间环节，苏辙说："物之有形者，皆丽于阴阳。"① 苏轼亦说："圣人知道之难言也，故借阴阳以言之，曰：'一阴一阳之谓道。'一阴一阳者，阴阳未交而物未生之谓也，喻道之似，莫密于此者矣。"② 阴阳不是物，无形可见，"凡可见者皆物也，非阴阳也"③。阴阳是"物未生"时就已存在，可看作道的属性。苏轼说："阴阳之未交，廓然无一物，而不可谓之无有，此真道之似也。"④ 道在阴阳未交，万物产生以前就已存在，从道到物的过程，是由道的属性阴阳相交为其中介的，"阴阳交而生物"⑤，可知阴阳相交是万物产生的中介。虽然苏氏提出以阴阳相交作为道生万物的中介，但须解决怎样从无形的阴阳过渡到有形的万物这一问题。于是，苏氏提出了水这一范畴，认为水是构成万物的基本元素，道生万物，通过阴阳相交，首先生水，然后由水去构成万物。苏轼说："阴阳一交而生物，其始为水。水者有无之际也，始离于无而入于有矣。老子识之，故其言曰：'上善若水。'又曰：'水几于道。'"⑥ 苏轼借用了《管子·水地篇》提出的水为"万物之本原也"的观点，并吸取老子以水喻道的思想，把水作为构成万物的基本物质元素。他说："万物皆有常形，惟水不然，因物以为形而已。"⑦ 又说："阴阳之始交，天一为水。凡人之始造形，皆水也。"⑧ 万物与人都由水所构成，水无具体的形状，"因物以为形"。道与水都存在于事物之中，然而道在物中，是作为

---

① （宋）苏辙：《老子解》卷上《视之不见章第十四》，载曾枣庄、苏大刚主编《三苏全书》，第5册，第414页。

② （宋）苏轼：《苏氏易传》卷七《系辞传上》，载曾枣庄、苏大刚主编《三苏全书》，第1册，第351—352页。

③ （宋）苏轼：《苏氏易传》卷七《系辞传上》，载曾枣庄、苏大刚主编《三苏全书》，第1册，第351页。

④ （宋）苏轼：《苏氏易传》卷七《系辞传上》，载曾枣庄、苏大刚主编《三苏全书》，第1册，第352页。

⑤ （宋）苏轼：《苏氏易传》卷七《系辞传上》，载曾枣庄、苏大刚主编《三苏全书》，第1册，第352页。

⑥ （宋）苏轼：《苏氏易传》卷七《系辞传上》，载曾枣庄、苏大刚主编《三苏全书》，第1册，第352页。

⑦ （宋）苏轼：《苏氏易传》卷三《习坎》，载曾枣庄、苏大刚主编《三苏全书》，第1册，第236页。

⑧ （宋）苏轼：《苏轼文集》卷一一五《续养生论》，载曾枣庄、苏大刚主编《三苏全书》，第14册，第417页。

万物的根据而存在；水在物中，是作为构成万物的材料而存在，这是它们的不同。正因为三苏对老子思想多有吸取，故苏辙把孔、老皆称为圣人，表现出调和儒道的倾向。

在三苏蜀学里，明显受到佛教思想的影响。苏辙公开主张兼容佛老，认为佛老之教不可去，自有其不可去之理，而没有什么害处。他说："尧、舜、周、孔之道行于天下，无一物而不由，无一日而不用，而佛、老之教常与之抗衡于世。世主之欲举而废之者屡矣，而终莫能，此岂无故而能然哉？诸生皆学道者也，请推言其所以然，辩其不可去之理，与虽不去而无害于世者。"[①] 苏辙将这些兼容佛老、三教合一的内容作为朝廷策问的题目，要求诸生作答，说明当时调和儒释道三教的风气也影响到了朝廷和科举。

可以说，苏氏在构筑其思想理论体系时，对儒释道三教的学说都有所吸取和借用，但他们并不是把相互矛盾的三家思想简单地糅合、混杂在一起，而是有所选择，有所取舍的。具体说来，苏氏在建构其思想理论体系时，吸取了儒家仁义礼智、君臣父子夫妇的伦理政治思想，认为必须通过遵循仁义礼智、君臣父子的原则才能得道。苏氏吸取了儒家的伦理思想，并吸取了老子的道为宇宙本原、为万物存在的根据的思想，为建立自己的哲学体系服务。此外，苏氏在吸取佛老思想的同时，又舍去了佛老蔑君臣，废父子之弊，强调儒家伦理道德原则的重要性，这是苏氏与佛老的不同之处。

苏氏不仅在思想理论上对儒释道三教有所取舍，主张三教合一，而且他们还直言不讳地宣称这一点。指出佛教之道、老子之道与儒家经典《周易》所谓形而上之道是一回事，对于佛老思想的全盘肯定或全盘否定都是不对的，因为佛老之道非一人之私说，它是与天地共始终的，佛老之道无所不在，因而不可去掉。然而，行道不可舍去礼乐政刑，如果把佛老的蔑君臣、废父子之说推行于世，其弊必有不可胜言。因此，苏氏主张，以儒家的礼乐政刑为本位，尤其在政治治理时更是如此，而吸取佛老的有关思想，将儒家的伦理学与佛老的本体论、有无说结合起来，以建立自己的思想理论体系。这体现了三教合一的蜀学学风。

[①] （宋）苏辙：《苏辙集》卷七二《策问一十六首》，载曾枣庄、舒大刚主编《三苏全书》，第18册，第198页。

张商英三教"鼎足之不可缺一"的思想

张商英（1043—1121年），字天觉，北宋蜀州新津（今属四川成都新津）人，历经神宗、哲宗、徽宗三朝，徽宗时两度为相，在北宋中后期政坛上有一定影响。他一生喜欢研习佛学，造诣颇深，著有《护法论》等著述，体现了他儒释道三教"鼎足之不可缺一"的思想。张商英三教融合的思想与苏氏蜀学的三教合一思想相互映衬，反映了北宋时期巴蜀哲学的一个特点。并在一定程度上反映了整个中国哲学在当时的一个走向。它与理学在北宋时期的兴起，有着各自不同的思想旨趣及相同相异之处。

一 唐宋以来三教融合互补思想

张商英三教融合思想的产生不是孤立的，而是有其深刻的时代背景和思想根源。由唐至宋，儒、佛、道三家既排斥，又融合，逐渐出现由三教鼎立到三教融合互补的趋势，这为理学的产生准备了条件。在中国哲学发展史上，儒、佛、道三教相互辩难，又相互融合，这充分体现了中国文化多元互补的特色和格局。儒、佛、道三教作为中国传统文化的三大构成，各以其不同的文化特征影响着中国文化及哲学；三者又相互融合，共同作用于中国文化与哲学的发展，这有其深刻的思想根源。

从思想理论的特点来分析，三教各有其长短。儒学长于社会治理，以伦理纲常教化民众，维护社会的稳定和民族团结；其短处是缺乏思辨哲学来影响人、打动人。佛学长于治心，以心性哲学和思辨哲理来论证其教旨教义，发挥宗教消除内心紧张、求得心灵安宁的社会功能；其短处是不讲社会治理，出世主义的宗教信仰与中国宗法等级社会及其社会制度形成矛盾，因此与适应宗法社会伦理关系的儒家思想尖锐对立。道教长于养身，通过修炼，得道成仙，与大自然合一，因而宣扬道为宇宙之本、万物之源；其短处是既在思辨哲理上不及佛学，又在治世上不及儒学，故其迎合、吸取儒佛处较多。正因为三教各有长短，单用一家之说，均有弊病，故三教融合、互为补充，成为社会与文化发展的客观需要。这即是三教融合的思想根源。

早期三教的相互关系，以对立冲突为主，到后来则在各自保持和认同自家思想特点的基础上，相互吸取，互为补充。儒、佛、道三家思想的融合互补，在隋唐以前已有发端。隋代王通明确提出了以儒为本、三教可一的思想，他说："三教于是乎可一矣。"① 由唐至宋，李翱、柳宗元、三苏父子均主张融合三教。如果说儒家学者主张的三教融合，是站在儒家文化的立场，以儒为本，来援佛道入儒的话，那么佛道学者主张的三教融合，则是站在自家立场上，援儒以入佛或道。北宋高僧契嵩主张融合儒学与佛教，以佛教的"五戒"来会通儒学之"五常"，认为佛儒同样有益于治道，并著《原教论》，以反驳排佛者。宋初道士张伯端通三教典籍，著《悟真篇》，反复宣扬道、佛、儒"三教一理"的思想。

唐宋以来，三教融合互补成为趋势。但三教的融合，不是三者简单相加，混杂而处，而是以儒家的伦理学说为本位和中国文化的基本构成，吸取佛教的思辨哲学及道教的道本论、道法自然的思想，三者有机地结合，从而形成了新儒学即理学思想体系。可以说，以儒家伦理为本位，吸取了佛道二教思想的宋代理学的创立，即是三教合一思潮的形成和完善。这使中国哲学发展到一个新的阶段。但张商英的三教融合思想却与理学家的以儒为主，吸取佛道的三教合一思想有所不同，似乎他更以佛教为根本来整合三教学说。然就其把儒学称之为"吾儒""吾教"来说，表明他在一定程度上还是以儒为主来调和儒佛、融合三教的。

---

① （隋）王通：《中说》卷五《问易篇》，影印文渊阁《四库全书》本。

二　张商英的三教融合论

中国文化乃多元复合的综合性文化，其中儒学长期居于中国文化发展的正统地位，尤其在政治、伦理方面。而隋唐时期佛教的盛行则动摇了儒学在社会意识形态领域的主导地位。张商英作为世俗社会曾任宰相的高官，儒学文化的日常熏陶和习染，对他影响很大。在其《护法论》里，他开宗明义地把孔子所言之道与佛教的识心见性、无上菩提之道相提并论，以调和儒佛两家。他说：

> 孔子曰：朝闻道，夕死可矣。以仁义忠信为道耶？则孔子固有仁义忠信矣。以长生久视为道耶？则曰夕死可矣。是果求闻何道哉？岂非大觉慈尊识心见性无上菩提之道也！不然则列子何以谓孔子曰：丘闻西方有大圣人，不治而不乱，不言而自信，不化而自行，荡荡乎民无能名焉。列子学孔子者也，而遽述此说信不诬矣。孔子圣人也，尚尊其道，而今之学孔子者，未读百十卷之书，先以排佛为急务者，何也？岂独孔子尊其道哉，至于上下神祇无不宗奉，矧兹凡夫，辄恣毁斥，自昧己灵，可不哀与！①

指出孔子所言之道即是仁义忠信之道，孔子之道以仁义忠信为内涵，以其长生久视故称之为道。并认为孔子所求闻的道也就是佛教的识心见性、无上菩提之道。其立论的依据是列子所引述孔子的"丘闻西方有大圣人，不治而不乱，不言而自信，不化而自行，荡荡乎民无能名焉"之语。认为列子学于孔子，然而《列子》为晚出之书，多为民间故事、寓言和神话传说，其真实性值得怀疑。况且所说的"西方有大圣人"也不能指为释迦牟尼。张商英以作为儒家圣人的孔子尚尊释氏之道为由，批评了今之儒家学者的排佛，其目的是为了调和儒佛，将儒家的仁义忠信之道与佛教的识心见性、无上菩提之道联系起来相提并论。并认为不仅孔子尊

---

① （宋）张商英：《护法论》，《大藏经》，台湾：新文丰出版公司1983年修订版，第52册，第638页。

释氏之道,而且上下神祇也无不宗奉其道,这包括了道教之神祇在内。

从儒释融合、肯定佛教出发,张商英的《护法论》针对北宋欧阳修的反佛观点而提出批评。欧阳修也对佛教转入中国带来的危害提出批评。他说:

> 佛法为中国患千余岁,世之卓然不惑而有力者莫不欲去之已。尝去矣而复大集,攻之暂破而愈坚,扑之未灭而愈炽,遂至于无可奈何,是果不可去邪?盖亦未知其方也。夫医者之于疾也,必推其病之所自来,而治其受病之处,病之中人,乘乎气虚而入焉,则善医者不攻其疾而务养其气,气实则病去,此自然之效也。故救天下之患者亦必推其患之所自来,而治其受患之处。佛居西域,去中国最远,而有佛固已久矣。尧舜三代之际,王政修明,礼义之教充于天下,于此之时虽有佛无由而入,及三代衰,王政阙,礼义废,后二百余年而佛至乎中国。由是言之,佛所以为患者,乘其阙废之时而来,此其受患之本也。补其阙,修其废,使王政明而礼义充,则虽有佛无所施于吾民矣,此亦自然之势也。①

欧阳修(1007—1072年)指出,佛教传入中国已为害千余年,虽有卓然不惑的有识之士力欲排之,但佛教并未破除反而愈演愈烈,其原因就在于未能掌握去佛之方。在欧阳修看来,佛教之所以为患于中国,是因为王政修明,礼义之教充于天下的尧舜三代之治已遭到废弃,使得佛教乘其阙废之时而入,此乃为害之本。要排佛,恢复儒家圣人之道,就要补其阙,修其废,使王政明而礼义充,这样,即使有佛教传来也不能对吾民施加很大影响。

唐代韩愈为了排佛老,继承先秦儒家道论,仿照佛教诸宗派传法世系的法统,正式提出了尧、舜、禹、汤、文、武、周公、孔、孟,直到自己的关于圣人之道的传授系统说,开宋代新儒学道统论之先声。孙复

---

① (宋)欧阳修:《文忠集》卷一七《本论·中》,《居士集》十七,影印文渊阁《四库全书》本。

在宋初复兴儒学的运动中,上承韩愈,下启程朱,继承并发挥了韩愈的道统论,以道统之道作为排佛老,辟"异端"的准则。与韩愈、孙复的尊孟,提倡"道统"相应,欧阳修亦强调:"所谓道者,乃圣人之道也。……孔子之后,惟孟轲最知道。"① 在孙复、欧阳修等人的尊崇表彰下,孟子的地位进一步提高。欧阳修在修《新五代史》时,把背离三纲五常视为造成社会动乱的主要原因。他说:"五代,干戈贼乱之世也,礼乐崩坏,三纲五常之道绝,而先王之制度文章扫地而尽于是矣。"② 又说:"君君、臣臣、父父、子子之道乖,而宗庙、朝廷、人鬼皆失其序。斯可谓乱世者与,自古未之有也。"③ 认为君臣父子之道的缺失,导致了干戈贼乱的频生,"宗庙、朝廷、人鬼皆失其序",此乱世自古未有。石介亦以是否遵循道统所传的圣人之道作为划分正统与"异端"、夷狄、佛老的是非标准。他说:"伏羲、神农、黄帝、尧、舜、禹、汤、文、武、周公、孔子所以为文之道也。由是道,则中国之人矣;离是道,不夷则狄矣,不佛则老矣,不庄则韩矣。"④ 对此,欧阳修表彰石介在宋初儒学尚未占优势地位的情况下,"尤勇攻佛老,奋笔如挥戈"⑤,其目的是捍卫儒家文化的正统地位,而不计敌众寡,无所畏惧。这也是对韩愈思想的继承。

张商英虽主张三教融合,但对唐代韩愈、宋代欧阳修等儒者对佛教的批评表示不满。为此,他著《护法论》,表达了他的这一思想。他说:

> 欧阳修曰:"佛为中国大患,何言之甚欤!"岂不尔思,凡有害于人者,奚不为人所厌而天诛哉,安能深根固蒂于天下也?桀纣为中国天子,害迹一彰,而天下后世共怨之。况佛远方上古之人也,但载空言传于此土,人天向化若偃风之草。苟非大善大慧、大利益、大因缘,以感格人天之心者,畴克尔耶?一切重罪皆可忏悔,谤佛

---

① (宋)欧阳修:《文忠集》卷六六《与张秀才第二书》,影印文渊阁《四库全书》本。
② (宋)欧阳修:《新五代史》卷一七《晋家人传》,影印文渊阁《四库全书》本。
③ (宋)欧阳修:《新五代史》卷一六《唐家人传》,影印文渊阁《四库全书》本。
④ (宋)石介:《徂徕石先生文集》卷一六《与张秀才书》,中华书局1984年版,第189页。
⑤ (宋)欧阳修:《文忠集》卷三《读徂徕集》,影印文渊阁《四库全书》本。

法罪不可忏悔，诚哉是言也。谤佛法则是自昧其心耳。其心自昧，则犹破瓦不复完、灰不重木矣，可忏悔哉！①

张商英反对欧阳修"佛为中国大患"的指责，他认为，此言过甚，如果如其所言，那就该人厌天诛，就像对桀纣一样，而佛教却能够在中华大地扎下根来，人之向化有如偃风之草一样，如果说没有大善大慧、大利益、大因缘，怎么能"感格人天之心"呢？由此，张商英把批评佛法视为"其心自昧"而不可忏悔。可见他对佛教的回护。

北宋时理学兴起，以程颢、程颐为代表的新儒家学者面对佛老思想的挑战和儒学式微、伦常扫地、人无廉耻的局面，以儒家伦理为本位，批判地吸取佛道精致的思辨哲学，结合社会发展的需要，创建以"天理"论为核心的理学思想体系。对佛教出世主义的批判，最能够体现二程所维护的儒家世俗文化与佛教宗教文化的本质区别。程颢抨击佛教"大概且是绝伦类，世上不容有此理。又其言待要出世，出那里去？又其迹须要出家，然则家者，不过君臣、父子、夫妇、兄弟，处此等事，皆以为寄寓，故其为忠孝仁义者，皆以为不得已尔。又要得脱世网，至愚迷者也"②。认为佛教的要旨是"绝伦类"，不讲儒家三纲伦理，出家出世，逃脱世俗社会关系之网，以追求个人独身修道。而张商英则调和儒佛，把佛教的色、受、想、行、识称为世间法，而不是程颢、程颐所批评的出世主义。他说：

> 近世伊川、程颢谓，佛家所谓出世者，除是不在世界上行，为出世也，士大夫不知渊源而论佛者，类如此也。殊不知色、受、想、行、识，世间法也；戒定慧、解脱、解脱知见，出世间法也。学佛先觉之人，能成就通达出世间法者，谓之出世也。稍类吾儒之及第者，谓之登龙折桂也，岂其真乘龙而握桂哉？佛祖应世，本为群生，亦犹吾教圣人吉凶与民同患，五百年必有王者兴，其间必有名世者，

---

① （宋）张商英：《护法论》，《大藏经》，第52册，第638—639页。
② （宋）程颢、程颐：《河南程氏遗书》卷二上，《二程集》，王孝鱼点校，中华书局1981年版，第24页。

岂以不在世界上行为是乎？超然自利而忘世者，岂大乘圣人之意哉！①

认为程颢、程颐批评佛家所谓的出世，应是离开世界上的行才称之为出世，而佛教的色、受、想、行、识五蕴则不脱离世界，故为世间法，而不能称之为出世。虽然佛教的戒定慧、解脱、解脱知见等为出世间法，其学佛的先觉之人，能成就通达出世间法者，可以谓之出世，但在张商英看来，佛教的出世间法使人得以出世，类似于儒家的登龙折桂而科举及第。并指出佛祖并非脱离民众，他还是提倡要应世的，其应世的目的在于为芸芸众生，就像"吾教"（儒家）圣人的吉凶与民同患一样，即儒家圣人与民众有福同享，有难同当。佛教的圣人也是这样，"本为群生"，并不像人们所批评的那样是脱离世间只追求自私自利而忘世，认为这不是大乘佛教圣人之意。张商英在回应理学家对佛教出世主义的批评时，一再把儒学称之为"吾儒""吾教"，表明他在一定程度上还是以儒为主来调和儒、佛融合三教的。

进而张商英站在治世的立场，认为佛教有补于治世即社会治理，因此不应全然排斥。他说："佛之为法甚公而至广，又岂止缁衣祝发者得私为哉？……殊不知天下之理，物希则贵，若使世人举皆为儒，则孰不期荣，孰不谋禄？期谋者则争竞起，争竞起则妒忌生，妒忌生则褒贬胜，褒贬胜则仇怨作，仇怨作则挤陷多，挤陷多则不肖之心无所不至矣。不肖之心无所不至，则为儒亦不足为贵矣，非特儒者为不足贵也，士风如此，则求天下之治也亦难矣。"②认为佛法甚公至广，而不为私。指出如果天下人都为儒，人人谋进取，追求荣禄，导致竞争起、妒忌生，褒贬盛行而结仇怨，那么就会使排挤陷害的恶习盛行而不肖之心无所不至，以致不以儒为贵。士风民俗至此，天下也难以治理。在这里，张商英一定程度地看到了儒家治世之流弊，提倡以佛法济儒教之穷。他说：

---

① （宋）张商英：《护法论》，《大藏经》，第52册，第642—643页。
② （宋）张商英：《护法论》，《大藏经》，第52册，第639—640页。

张商英三教"鼎足之不可缺一"的思想

> 佛以其法付嘱国王大臣，不敢自专也。欲使其后世之徒无威势以自尊，隆道德以为尊，无爵禄以自活，依教法以求活。……且导民善世莫盛乎教，穷理尽性莫极乎道。彼依教行道求至乎涅槃者，以此报恩德，以此资君亲，不亦至乎？……外富贵若浮云，视色声如谷响。求道则期大悟而后已，惠物则念众生而不忘。今厌僧者其厌佛祖乎？佛以持戒当行孝，不杀不盗不淫不妄，不茹荤酒，以此自利利他，则仁及含灵耳，又岂现世父母哉！盖念一切众生无量劫来，皆曾为己父母宗亲故，等之以慈而举期解脱，以此为孝，不亦优乎？……间有世智辩聪者必为功名所诱，思日竞辰，焚膏继晷，皇皇汲汲然涉猎六经子史，急目前之应对尚且不给，何暇分阴及此哉！或有成名仕路者，功名汩其虑，富贵荡其心，反以此道为不急，周然置而不问。不觉光阴有限，老死忽至，临危凑亟，虽悔奚追。世有大道远理之如此也，而不窥其涯涘者，愧于古圣贤多矣！既不闻道，则必流浪生死，散入诸趣。而昧者甘心焉，是谁之过与？①

认为佛法在政治治理上也可发挥其作用，使国王大臣等统治者不敢自专，以隆道德、依教法为原则。指出佛教依教行道以求至于涅槃，可达到导民善世、穷理尽性的目的，以此可报恩德，资君亲。此外，佛教求道以期大悟，视富贵如浮云，视声色为谷响，这些都有补于儒家的修养成圣之业。并且佛教的持戒可资行孝，其不杀生、不盗窃、不淫乱、不妄作、不茹荤酒，严持戒律，这些都是自利利他之举，也在一定程度上体现了儒家的仁德观念和孝道，反映了北宋时期士大夫调和儒佛的思想。由此，张商英批评了世间为功名所诱的儒者，指出其涉猎儒家"六经"的目的是为了追求功名利禄，一旦陷于功名富贵之窠臼，则对世间的道理置若罔闻，而与世沉浮。为了使众生远离俗世尘垢，以佛法济儒教之穷是必要的。

为了救社会时弊，端正社会风气，张商英主张融合三教，提倡儒释道不可或缺的融通调和论。他说："余尝爱本朝王文康公著《大同论》，

---

① （宋）张商英：《护法论》，《大藏经》，第52册，第640—641页。

谓儒释道之教沿浅至深，犹齐一变至于鲁，鲁一变至于道，诚确论也。"①肯定当时王曙所著三教会通的《大同论》，认为儒释道三教沿浅至深，均有补于治世。他说：

> 余谓群生失真迷性，弃本逐末者，病也；三教之语以驱其惑者，药也。儒者使之求为君子者，治皮肤之疾也；道书使之日损，损之又损者，治血脉之疾也；释氏直指本根，不存枝叶者，治骨髓之疾也。其无信根者，膏肓之疾不可救者也。儒者言性，而佛见性；儒者劳心，而佛者安心；儒者贪著，而佛者解脱；儒者喧哗，而佛者纯静；儒者尚势，而佛者忘怀；儒者争权，而佛者随缘；儒者有为，而佛者无为；儒者分别，而佛者平等；儒者好恶，而佛者圆融；儒者望重，而佛者念轻；儒者求名，而佛者求道；儒者散乱，而佛者观照；儒者治外，而佛者治内；儒者该博，而佛者简易；儒者进求，而佛者休歇。不言儒者之无功也，亦静躁之不同矣。②

对于世间芸芸众生弃本逐末，迷失自己的真性而出现的社会弊病，张商英认为，儒释道三教学说均有治理社会、驱病解惑之药方。但三家各有侧重，其中儒家学说要求人们成为君子，这是治皮肤之疾；道家宣扬使之日损，损之又损，这是治血脉之疾；而佛教则强调直指本根，不存枝叶，这是治骨髓之疾。虽然三教在对治社会弊病、教化人心方面具有一致性，但佛教能够悟其真性，治其根本。并洞察儒佛之差异与互补。不仅儒佛具有差异和互补性，而且道佛亦是相反相成，相互融通的。他说：

> 老曰道法自然。楞伽则曰前圣所知转相传授；老曰物壮则老，是为非道。佛则一念普观无量劫，无去无来亦无住，以谓道无古今，岂有壮老？人之幻身亦老也，岂谓少者是道老者非道乎？老则坚欲去兵。佛则以一切法皆是佛法；老曰道之出言，淡乎其无味。佛则云信吾言者，犹如食蜜，中边皆甜。老曰上士闻道勤而行之，中士

---

① （宋）张商英：《护法论》，《大藏经》，第52册，第643页。
② （宋）张商英：《护法论》，《大藏经》，第52册，第643页。

张商英三教"鼎足之不可缺一"的思想

闻道若存若亡,下士闻道大咲之。若据宗门中则勤而行之,正是下士,为他以上士之士两易其语。老曰塞其穴闭其门。释则属造作以为者败,执者失又成落空。老欲去智愚民,复结绳而用之。佛则以智波罗蜜,变众生业识为方便智,换名不换体也。不谓老子无道也,亦浅奥之不同耳。①

认为道家老子与佛教在本体论、自然观、心性论、时空观、语言观、知识论、智慧观等方面存在着差异,体现出佛道两家各自不同的旨趣。但亦不可谓老氏无道,只是与佛教相比,有"浅奥之不同"。就其承认道家的有道而言,它反映了张商英融合三教,相兼并用的思想。

进而,张商英明确指出:"虽然,三教之书各以其道善世砺俗,犹鼎足之不可缺一也。若依孔子行事,为名教君子;依老子行事,为清虚善人,不失人天,可也。……读佛书者,则若食苦咽涩而至神仙。"② 尽管儒、佛、道三教各有不同的学术旨趣和教旨教义,但张商英强调,三教又都各自以其道来"善世砺俗",促进美风良俗的形成,其三教融合,有如鼎足而不可缺一。就儒家而言,可使人成为名教君子;就道家而言,可使人成为清虚善人;佛教则可使人成为神仙,体现了张商英融合三教而反对排佛的思想。虽然从表面上似乎他更以佛教为根本来整合三教学说,如张商英把儒家学说视为治皮肤之疾,道家学说是治血脉之疾,而佛教则是治骨髓之疾。并认为道家与佛教有"浅奥之不同",但就其一再把儒学称之为"吾儒""吾教"而言,表明他在一定程度上还是以儒为主来调和儒佛,融合三教的。这在一定程度上反映了北宋时期巴蜀哲学的特点,亦是当时理学兴起的背景下,佛道思想仍有相当社会影响的表现。

---

① (宋)张商英:《护法论》,《大藏经》,第52册,第643页。
② (宋)张商英:《护法论》,《大藏经》,第52册,第643页。

首届张栻学术讨论会综述

由四川省社会科学院、四川大学、四川省社科联、湖南大学岳麓书院、四川省德阳市文化局、四川省绵竹县人民政府、四川省中国哲学史学会等单位联合主办的首届张栻学术讨论会于1991年11月5日至8日在张栻故里四川省绵竹县召开。来自全国各地,以及日本的专家、学者共70多人出席了会议。会议就张栻学术思想的特色、成就和贡献,张栻在宋代理学思潮中的地位,张栻思想对蜀学、湖湘学、闽学的影响及其现实意义等问题展开了热烈的讨论,并取得了可喜的学术成果。

一 张栻思想的特色、成就和贡献

与会学者指出,张栻是中国哲学史上的一位杰出人物,是宋代著名的哲学家、理学家、教育家,当时与朱熹、吕祖谦齐名,并称"东南三贤""一世学者宗师"。过去学术界对宋明理学的研究,过分重视程朱陆王等大家,而忽视对程朱陆王之外学者的研究。这次召开首届张栻学术讨论会,意义重大,突破了以往研究中重闽学,轻湖湘学、蜀学的局限,对于从整体上认识宋学和理学,进一步深化对宋代理学的研究,具有重要意义。

与会学者认为,召开这次会议的重要意义与张栻思想本身所具有的特色、所达到的学术成就及对宋代理学的理论贡献分不开。张栻思想的特色、成就和贡献表现为:(1)在哲学宇宙观方面,张栻既承认理的本体地位,又强调心的主宰性,是理本论向心本论过渡的中间环节,实开陆九渊心学的先河,预示着学术发展的趋向;(2)在伦理观方面,张栻把义利之辨作为明道、为学的头等大事,直接将义利之辨同理欲之辨挂钩，援天理以明义利，把孔孟、二程的重义轻利发展为贵理贱欲，这是对宋代理学的贡献；（3）在心性论方面，张栻通过与朱熹论学，在理学史上，首次提出了"心主性情"的命题，强调人的理智之心对于人的本性和人的情感的控制与把握，这对朱熹的"心统性情"说影响甚大；（4）在工夫论方面，张栻既主涵养又重躬行，强调涵养与躬行相兼并进，这是对二程以来涵养躬行说的发展；（5）在治学方法上，张栻对朱学的"专于考索"与陆学的"骛于高远"的弊病都作了批评，从而使自己"见处高，践履又实"，并受到朱熹的称赞；（6）在博约观方面，张栻把穷理与求约结合起来，以求约为博学详说的目的，以博学为求约的手段，强调由博返约，既避免了朱学强调博而忽视约，又克服了陆学强调约而忽视博，片面割裂博约双方辩证关系的弊端。

与会学者指出，张栻思想的特色、成就和贡献表明，张栻哲学具有丰富的理论思辨色彩和独特的学术风格，它自成体系，成为宋代理学思潮的重要组成部分。

二 张栻在宋代理学思潮中的地位

与会学者指出，张栻是一位创学派的人物，他在宋代理学思潮中占有重要地位。这不仅表现在他本人创立了丰富的理学及哲学思想体系，是当时气势最盛的湖湘学派的理论代表，而且表现在他对宋代理学集大成者朱熹的思想产生了深刻的影响。张栻与朱熹在相互论学中辩论了中和、太极、仁等重大学术问题，并对胡宏的重要理学著作《知言》展开了讨论。在相互辩学中刺激、启发了朱熹的思想，使朱熹得以提出并完善自己的理论体系。通过论学，也丰富了张栻及湖湘学派的理论，从而在"相与博约"中，朱张二人共同发展了二程创立的理学，这在理学史上具有重大意义。

与会学者认为，张栻与朱熹展开的"中和之辩"，涉及未发、已发，察识与涵养，以及心、性、情等哲学和修养方法的重大学术问题，通过辩论，促进了理学的发展，纠正了胡宏"性体心用，已发为心"的观点，刺激朱熹提出性体情用，心统性情的思想，这一理论成为朱熹理学的重要内容。而张栻在放弃胡宏性体心用之说的基础上，先于朱熹提出了

"心主性情"的思想，强调心对于性与情的主宰性。从张栻、朱熹关于心统性情、心主性情及对心范畴理论的论述中，可以看出宋代理学的哲学认识论及修养理论十分丰富，那种认为中国古代哲学缺乏认识论，缺主、客体对立的范畴的观点是缺乏根据的。通过辩论，朱张双方都修正了胡宏"未发只可言性，已发乃可言心"，以及先察识后涵养的思想，最后认识到察识与涵养可以相兼并进、交相助，强调平时的道德修养与遇事按道德原则办事是互相依赖、互相促进的。这对于促进理学道德修养论的完善和丰富十分重要，因而朱张展开的"中和之辩"对宋代理学的发展具有重要意义，这也是张栻在理学史上占有重要地位的体现。

有学者指出，张栻继胡宏之后，确立了宋代理学思潮中集众家之长又独具特色的湖湘学派，这奠定了张栻在宋代理学中的重要地位。张栻不仅确立了湖湘学派在当时最为鼎盛的学术流派，而且对蜀学、闽学的发展均产生了重要影响，也是他在理学史上占有重要地位的表现。

三　张栻思想的影响及其现实意义

与会代表指出，张栻由蜀入湘，创办城南书院，主教岳麓书院，确立了湖湘学派的基本理论和学术地位，促进了湖湘学和湖湘文化的发展。张栻本人又深受蜀学熏陶，其弟子回蜀讲学，传播了张栻之学，后经魏了翁的努力发扬，融合蜀学、洛学及湘学，促进了宋代蜀学和巴蜀文化的发展，张栻与朱熹展开的论学，不仅对朱熹思想产生了深刻影响，同时对闽学的发展也具有重要意义。

有学者认为，张栻以蜀中学者身份，取湖湘、蜀学之长，讲明伊洛之学，形成了富有特色的理论。后张栻之学由湘返蜀，以宇文绍节、陈概、范仲黼等为门人，而得虞刚简、魏了翁等为私淑。他们或研经学，或治史学，或长事功而发明其学，以魏了翁为最著。由于他们的宣讲传播，淳熙、嘉定而后，张栻之学大盛于蜀中，促使蜀中学者深入研究早已流传于蜀中的二程《遗书》《易传》，提高伊洛之学在蜀中学者心目中的地位，从而扩大了理学在蜀地的影响，加速了蜀学义理化的过程，同时也促进了理学在全国的流传和发展。

有学者指出，张栻在本体论、心性论、道德修养论等方面对闽学影响很大,张栻在同朱熹及闽中学者的交往中,对闽学产生了客观的影响,这不仅通过朱张二人的"中和之辩"表现出来,而且在朱张关于仁、太极的讨论中也得以表现。反映朱熹持敬说的《敬斋箴》亦是受张栻《主一箴》的影响而作。这些方面都体现了张栻对闽学的影响。

与会学者指出,张栻思想作为理学及传统文化的组成部分,包含着过时的、封建性的糟粕,但其思想中的合理成分对现实仍有重要的借鉴意义。张栻思想中集众家之长的特点,有利于打破门户之见,促进学术的发展。他的重民思想、爱国主义精神对于弘扬中华民族的优良传统,具有重要的意义。他重躬行践履、知行统一的思想,有利于促进理论与实践的结合。他的治学方法和教学论,以及他所提倡的自由讲学、相互辩难的学风,值得后人学习。他注重道德教化,批判封建迷信,反对封建买卖婚姻和拐卖妇女的思想,这不仅在当时是一种进步的思想,而且对于当前的精神文明建设,也具有一定的借鉴意义。

与会学者认为,首届张栻学术讨论会的召开,把对张栻的研究推进了一个新的阶段。并指出,研究张栻应与同时代背景联系起来,不能孤立地研究,要把张栻放在宋明理学史和整个中国思想史、文化史的大背景中去研究;应研究张栻与各个学派的相互关系,作纵横的比较;并加强同海内外学者的联系与交流,共同把对张栻及宋明理学的研究引向更深入的一层。

(原载《哲学研究》1991年第12期)

张栻反对"四风"的思想及其现实意义

张栻的理学思想并非脱离实际的空谈,而是与当时社会发展的实际密切相连。与孔孟的民本和仁政思想一脉相承,张栻在治国理政的实践中,以其理学价值观和忠厚爱民思想为指导,提出了类似今天所说的反对形式主义、官僚主义、享乐主义和奢靡之风的"四风"问题,这不仅体现了张栻理学提倡仁道,保民爱民,反对贪欲的特点,而且具有重要的现实意义和价值。

张栻(1133—1180年),字敬夫,号南轩,汉州绵竹(今四川绵竹)人,南宋著名理学家,与朱熹齐名,并列"东南三贤"之中,在宋代理学史上占有重要地位。作为其理学的重要组成部分,张栻有较为突出的经世致用思想,在当时产生了重要影响,为宋代理学的发展作出了贡献。张栻的经世致用思想与其政治思想紧密相连,包含着对流于"虚文"的形式主义、凌驾于百姓之上的官僚主义、"以骄矜为乐"的享乐主义、"从事于奢靡"的"四风"加以反对的思想,值得今天人们吸收和借鉴。深入探讨张栻思想与现代社会的关系,借鉴其思想中的积极因素,具有重要意义。亦可见张栻开风气之先,早在八百多年前就已提出了类似今天所强调的反对"四风"的思想。

张栻重视民生,勤政爱民;加强民族团结,使边民和睦相处;提倡孝道,反对封建迷信;整顿社会治安,惩治贩卖妇女;反对奢靡之风,提倡简易朴实;重实事实功,整治贪腐;德刑结合,重视道德教化;内修外攘,爱国献身等经世致用的事功修为集中体现了他"忠厚爱民"、崇尚真理,维护国家统一,科学求实,求知探索,躬行践履的经世致用精神,也在一定程度上体现了中华传统文化的精华。对现代社会也有一定的借鉴意义和价值,这对于当前强调走群众路线,树务实之风,反对贪腐,廉洁奉公,也是有所启示,值得提倡和借鉴的。以下根据张栻的原话来探讨他反对"四风"的思想,而非牵强附会的拔高。

一 反对流于"虚文"的形式主义

张栻的经世致用思想提倡实用,反对流于"虚文"的形式主义。所谓"虚文",指空洞无实的文字,毫无意义的礼节,或徒具形式的规章、制度。张栻反对形式主义,体现在对"虚文"的批评上。他说:"凡所以施惠于民者,类非虚文,皆有诚意存乎其间。千载之下即事而察之,不可掩也。"[①] 主张施行惠民政策,要体现出诚意,而非形式主义的虚文。这样才能够在千年之后也能查寻而不可掩没。并指出:"务为实用,不汩于习俗。"[②] 主张务为实用,不为形式主义的习俗所扰乱。

在抗金斗争中,张栻反对形式主义的"虚文"。他说:"今大敌在前,国势不立,与其崇孝飨之虚文,曷若厉复雠之大义。请停大礼,悉以其费佐军督诸将,分道攻守,以慰祖宗在天之灵。"[③] 强调在大敌当前之际,与其崇尚形式主义的祭祀大礼,不如将其费用用在统军打仗、分道攻守上,这样更能够慰藉祖宗的在天之灵。《宋史·张栻传》称张栻"必治其实,而不为虚文"[④],充分肯定其在治国理政中主张实用,反对形式主义的思想特点。

二 反对凌驾于百姓之上的官僚主义

张栻从民本爱民思想出发,反对凌驾于百姓之上的官僚主义。他说:"上骄慢以残其下而不恤也……有司视民之死而不之救,则民视有司之死而亦莫之救矣,此其所以为得反之者也。然则于此,其可不深自省察而

---

① (宋)张栻:《文帝为治本末》,《张栻全集》,杨世文、王蓉贵点校,长春出版社1999年版,第781页。
② (宋)张栻:《直秘阁詹公墓志》,《张栻全集》,杨世文、王蓉贵点校,第1080页。
③ (宋)张栻:《直秘阁詹公墓志》,《张栻全集》,杨世文、王蓉贵点校,第1081页。
④ (元)脱脱等:《宋史》卷四二九,中华书局1977年版,第12772页。

以行仁政为急乎！君行仁政而以民为心，民之疾痛疴痒无不切于己，则民亦将以君为心，而亲其上，死其长矣。"① 批评官吏见死不救，骄慢对下而不体恤民众的官僚主义，主张行仁政，认真检讨省察官吏对老百姓的态度，以百姓之心为心，关心民众"疾痛疴痒"之疾苦，这样百姓才能以君为心而亲其上，形成君民的良性互动关系。

张栻以重民思想反对骄矜放肆的官僚主义，他告诫人们："夫治常生于敬谨，而乱常起于骄肆。使为国者而每念乎稼穑之劳，而其后妃又不忘乎织纴之事，则心不存焉寡矣。何者？其必严恭朝夕，而不敢怠也；其必怀保小民，而不敢康也，其必思天下之饥寒，若己饥寒之也。是心常存，则骄矜放肆何自而生？岂非治之所由兴也与？"② 认为天下得到治理在于"常生于敬谨"，而天下动乱则"常起于骄肆"。批评"骄矜放肆"的官僚主义作风，要求为官者要时常念及百姓稼穑之劳，思百姓饥寒之苦，心存谨敬，而去其骄肆，以民众之心为心，如此才能保民兴治。并指出："后来只为不知艰难，故都不省察，但见目前一事之办、一令之行，不知百姓流离困苦于下。……天生民以立君，非欲其立乎民之上以自逸也，盖欲分付天之赤子而为之主。人主不以此为职分，以何为职分？人主不于此存心，于何所存心？若人主之心，念念在民，唯恐伤之，则百姓之心自然亲附如一体。若在我者先散了，此意思与之不相管摄，则彼之心亦将泮涣而离矣，可不惧哉！……臣尝为州郡，备见百姓利害，百姓甚易扰动。未论州郡所行，只如知县妄行出一文字，乡间扰害百姓，有不可胜言者，何况以朝廷之势临之，若一事偶未审，草草行出，外间受害又何可以数计！百姓被困毒，得闻于人主之前者有多少间隔，其受害已不少矣。然则岂可谓小害无伤？济大事必以人心为本，若未曾做得一毫，事先扰百姓，失却人心，是将立事根本自先坏矣，乌能立哉！然则岂可谓要立事，扰人不奈何？人主又岂可不察？"③

批评为官者不知下层百姓流离困苦，不问民众疾苦，只见目前一事之办、一令之行的官僚主义。张栻站在民本主义立场，提出君主不能脱

---

① （宋）张栻：《孟子说》卷一，《张栻全集》，杨世文、王蓉贵点校，第269页。
② （宋）张栻：《经筵讲议》，《张栻全集》，杨世文、王蓉贵点校，第666页。
③ （宋）张栻：《经筵讲议》，《张栻全集》，杨世文、王蓉贵点校，第667—668页。

离民众高高在上独自享乐，而是要为民做主，关心百姓疾苦，唯恐其受到伤害。并批评知县妄出文字，扰害乡间百姓甚多，何况朝廷不审事理，草草颁行发布法令，造成更大的危害。张栻告诫皇帝，百姓遭受伤害，有多少能被朝廷知道，使之能闻于君主之前者，已有很多间隔，此时当地的民众已有不少受害者了，所以不能视之为"小害无伤"。张栻强调，朝廷政治"必以人心为本"，即以人心的向背作为立大事的根本，批评失却人心的官僚主义，指出不能以所谓立事来扰民，君主对此要有觉察。

三　反对享乐主义

站在关心民众疾苦、以民之忧乐为己之忧乐的立场，张栻反对享乐主义。他说：

> 节礼乐者，进反之义。乐节礼乐，则足以养中和之德；乐道人之善，则足以扩公恕之心；乐多贤友，则足以赖辅成之功。是乌得不日益乎！乐骄乐则长傲，乐佚游则志荒，乐宴乐则志溺，乌得不日损乎？损益之原，存于敬肆而已。骄乐，以骄矜为乐也；宴乐，以宴安为乐也。①

张栻批评享乐主义，认为追求享乐，会带来长傲、志荒、志溺的不良后果。应长存敬肆之心，以养中和之德，去掉享乐主义。并强调与民同乐，"不当自乐其身，当与民同乐而已。……盖为民上而不与民同乐，亦非也。乐民之乐者，以民之乐为己之乐也；忧民之忧者，以民之忧为己之忧也。惟吾乐民之乐，故民亦乐吾之乐；惟吾忧民之忧，故民亦忧吾之忧。忧乐不以己，而以天下，是天理之公也。"② 要求统治者应以民之忧乐为己之忧乐，"不当自乐其身"，只图自己享乐，而不顾百姓忧愁。

张栻指出，追求享乐足以陷溺其人。他说："夫逸豫之溺人，而深求

---

① （宋）张栻：《论语解》卷八，《张栻全集》，杨世文、王蓉贵点校，第210页。
② （宋）张栻：《孟子说》卷一，《张栻全集》，杨世文、王蓉贵点校，第260页。

所以戒惧乎！当忧患之际者，诵斯言，可不念其为进德修业之要，而自勉励乎！"① 所谓逸豫，即指享乐。张栻认为逸豫足以溺人，使人沉沦不能自拔，所以要时时戒备，不要沉迷于逸豫之享乐。张栻勉励告诫，足见其以进德修业为要，反对享乐主义的思想倾向。

四 "毋从事于奢靡"，反对奢靡之风

与批评享乐主义相关，张栻还批评了奢靡之风。张栻告诫："毋放于欲，毋狃于逸，毋交非朋，毋从事于奢靡，则予有望，予又将察焉。其能久守是也，则复有进焉。"② 在这里，张栻明确告诫"毋从事于奢靡"，体现了他反对奢靡的思想，并将其与放纵物欲，习惯于逸乐，妄交朋友等联系起来一起批判，表达了张栻反对贪图享乐的奢靡之风的态度，于今颇有启示和借鉴意义。

张栻反对奢靡之风是与提倡仁道，保民爱民，反对贪欲联系在一起的。他说："人君有民，与其臣共司牧之，是当以保民为己任耳。"③ 强调人君应以保民为己任。"凡动于己私者皆贪也，若所欲者仁而已，则何贪之有？君子之所以自处者安裕，故常泰然而无所不敬也，故不骄。若夫以势位智力自恃则骄，骄则不泰矣。正衣冠，尊瞻视，临之以庄也。持身如是之严，故人望而畏之，而非以威加人也。"④ 张栻反对贪欲，提倡仁道。主张"正衣冠"，树立好的榜样，解决动于己私的贪腐问题，而不以权势压人。在这里，张栻明确提出"正衣冠"，严于修身，树立良好的形象，这也是今天值得我们借鉴的。

一方面反对奢侈，另一方面张栻又提倡节俭。他说："禹之有天下，无所与于己，故饮食则菲，衣服则恶，宫室则卑，所欲不存焉。而于事神之际则尽其诚，于朝廷之礼则尽其敬，于保民之事则尽全力，皆所以成其性耳。"⑤ 盛赞禹在饮食、衣服、宫室等物资生活方面非常节俭，不

---

① （宋）张栻：《孟子说》卷七，《张栻全集》，杨世文、王蓉贵点校，第474页。
② （宋）张栻：《送犹子焕炳序》，《张栻全集》，杨世文、王蓉贵点校，第774页。
③ （宋）张栻：《孟子说》卷二，《张栻全集》，杨世文、王蓉贵点校，第299页。
④ （宋）张栻：《论语解》卷十，《张栻全集》，杨世文、王蓉贵点校，第237页。
⑤ （宋）张栻：《论语解》卷四，《张栻全集》，杨世文、王蓉贵点校，第135页。

存所欲,但禹对保民之事却竭尽其力。提倡为民节俭,反对铺张浪费,这亦是对奢靡之风的制约。

五　现实意义

以上张栻在治国理政的社会实践中提出的反对"四风"的思想,具有重要的现实意义,值得今天借鉴。他对流于"虚文","上骄慢以残其下而不恤""乐骄乐则长傲,乐佚游则志荒,乐宴乐则志溺","从事于奢靡"等不良朝风和社会风气的反对与批评,集中体现了他提倡仁道,保民爱民,反对贪欲思想的特点,也是其理学与实学相结合的体现。可以看出,张栻反对"四风"的思想对现代社会也有一定的借鉴意义和价值,这对于当前强调走群众路线,树务实之风,纠正不良风气,也是有所借鉴,值得提倡的。

张栻以忠厚爱民为其职守,表彰"其为政大体本于忠厚爱民,不苟其职,而不为赫赫名利之为"[①]。以忠厚爱民为从政之本,把爱民落到实处,尽职尽责,一丝不苟,不去追求那种世俗的显赫名利。由此,张栻对百姓深恶痛绝的形式主义的虚文、骄慢无视民瘼的官僚主义、沉湎于骄奢淫逸的享乐主义和从事于奢靡的社会陋习深入批判,这在当时不仅得到了民众的拥戴和赞誉,而且对今天纠正不良社会风气也有所启示。

从张栻反对"四风"的思想中不难看出,他是主张以民为本,"施惠于民",反对"上骄慢以残其下而不恤""扰害百姓"的官僚主义;关心人民疾苦,"以民之乐为己之乐""以民之忧为己之忧",强调"与民同乐";提倡忠厚爱民,"毋从事于奢靡",反对贪欲,制约奢靡之风,这集中体现了张栻所代表的理学的价值观和民本思想,也是儒家思想与理想之治的表现,值得提倡、借鉴和发扬光大。

以民本和仁政思想为指导,张栻在治国理政的实践中,把经世致用之实学贯彻于行,做出了不少事功修为。张栻在治理静江府期间,发布《谕俗文》,既有反对封建迷信,妄听巫师邪说,不及时问医用药而造成

[①] (宋)张栻:《夔州路提点刑狱张君墓志铭》,《张栻全集》,杨世文、王蓉贵点校,第1077页。

破损钱物,枉坏性命恶果的内容;又有批评丧葬之礼过于侈靡炫耀,务为华饰之风,而提倡哀敬孝顺,简易朴实的风俗;也有反对买卖婚姻,禁止拐骗、贩卖妇女的规定,而提出"婚姻结好,岂为财物?"对"其侈靡等事",要求"当治其尤甚者,以正风俗"①。早在南宋时代的张栻就提出这些治理方法,不能说没有积极的社会意义。张栻告诫众人,以上规定,如有违反,"官司自合严行惩治"②,德刑并用,用法律的手段保障社会治理的实行,其态度可谓严明。

其后,张栻改知江陵府,惩治贪腐,"一日去贪吏十四人","首劾大吏之纵贼者"罢官。并上奏朝廷,论贪官刘大辨之罪,揭露其以熟田作为荒田授予流民的行为,是使朝廷失信于民。③

张栻逝世后,"柩出江陵,老稚挽车号恸,数十里不绝。讣闻,上亦深为嗟悼。四方贤士大夫往往出涕相吊,而静江之人哭之尤哀"④。即当他的灵柩从江陵运出时,当地百姓挽车痛哭,悲哀之声"数十里不绝"。孝宗皇帝闻讣后,"亦深为嗟悼",各地贤士大夫纷纷挥泪致哀相吊,而张栻治理过的广西静江百姓"哭之犹哀"。这说明张栻在地方官任上,治理有方,重实事实功,弹劾贪吏,发展生产,为老百姓谋福利,否则会有老百姓自发地哭声载道相送数十里吗?如果对老百姓不好,会有老百姓相送数十里吗?不可能,这肯定要讲事功和提倡爱民养民的。这包括"修德立政,用贤养民,选将帅,练甲兵,通内修外攘、进战退守以为一事,且必治其实,而不为虚文,则必胜之形,隐然可见"⑤。强调"必治其实,而不为虚文",这体现了张栻立政为民、经世致用思想的特点,值得今天借鉴。

(原载周景耀《斯文:张栻、儒学与家国建构》,光明日报出版社2016年版)

---

① (宋)张栻:《谕俗文》,《张栻全集》,杨世文、王蓉贵点校,第775页。
② (宋)张栻:《谕俗文》,《张栻全集》,杨世文、王蓉贵点校,第776页。
③ (元)脱脱等:《宋史》卷四二九《道学三·张栻传》,第12773—12774页。
④ (宋)朱熹:《朱熹集》卷八九《右文殿修撰张公神道碑》,郭齐、尹波点校,四川教育出版社1996年版,第4554页。
⑤ (元)脱脱等:《宋史》卷四二九《道学三·张栻传》,第12772页。

魏了翁集宋代巴蜀理学之大成

魏了翁（1178—1237年），字华父，号鹤山，学者称鹤山先生，谥曰文靖，后又称魏文靖公。南宋邛州蒲江（今四川省成都市蒲江县）人。魏了翁是南宋末著名理学家，时与真德秀齐名，并称"真魏"。魏了翁在理学史上占有重要地位，他在朱熹、陆九渊之后超越朱学，折中朱陆，而又倾向于心学，预示着理学及整个学术发展的方向；在确立理学正统地位的过程中发挥了重要的作用，使理学由民间传授、受压制状态逐步被统治者所接受而成为官方哲学。魏了翁的学术思想别具特色，促进了宋代理学及巴蜀理学的发展；通过创办鹤山书院、传播义理之学、确立了鹤山学派，又融合蜀、洛之学，集宋代巴蜀理学之大成，同时也集广义的宋代蜀学之大成。

一 魏了翁在理学史上的地位

魏了翁作为南宋末著名理学家，在宋明理学史上占据重要的地位，这主要通过以下两方面表现出来：一是魏了翁在朱熹、陆九渊之后不久，便和会朱陆，超越朱学，而又倾向于心学，预示着理学及整个学术发展的趋向；二是他在确立理学统治地位的过程中发挥了重大的作用，经魏了翁等的表彰、宣扬、传播和积极活动，使理学由民间传授、受压制状态逐步成为社会意识形态领域的指导思想和占统治地位的学说。

（一）超越朱学，折中朱陆

魏了翁的理学具有超越朱学而折中朱陆，又向心学演变的倾向，这个思想转变经历了一个过程。他先接受了朱熹的理学，后又超越朱学，将朱学与陆学相结合，后又转到以心学的心本论宇宙观为主，又保留朱熹理学的基本精神但加以一定的创新。

嘉泰四年（1204），魏了翁入仕之初，在都城临安与朱熹弟子辅广和李方之结识后，他们便经常在一起"同看朱子诸书，只数月间便觉记览词章皆不足以为学"①。这使魏了翁放弃了过去"只喜记问词章，所以无书不记"②的治学方法，转而接受了朱熹理学。在哲学上以理作为"参天地、宰万物"的唯一根源。他说："自有乾坤，即具此理……是乃天地自然之则，古今至实之理，帝王所以扶世立极，圣贤所以明德新民，未有不由之者。"③魏了翁指出，濂洛诸儒奋起于千载之下的目的，就在于"倡明此理"，因为理学乃是"天下万世之学"④。在这段时间，魏了翁的思想以倾向朱熹理学为主。

随着时间的推移，朱熹理学本身的弊病也逐渐暴露出来。由于朱学泛观博览，带来了其烦琐、迂阔的弊端，使学者不易掌握。并且朱学"论说益明，适以为藻饰词辩之资；流传益广，适以为给取声利之计"⑤，成为人们获取名利，追求高官厚禄的手段。使当时的学风开始背离理学开创者的本旨，它与设科取士以来存在着的以缀缉为文章，以渔猎为学问，追求文词之工、辞藻华丽以通过科举做官的不良学风相结合，带来了士风的涣散。面对当时士风、学风的日益涣散，魏了翁一方面保留了朱熹理学以义理治天下的要旨，另一方面又企图扬弃朱学烦琐、迂阔的弊端，另辟蹊径。他在与陆氏后学的接触中，受到陆学的影响，逐步接受了陆学发明本心，简易自得的工夫，把朱熹理学与陆九渊心学结合起来，折中朱陆，融合心、理。他说："义理之说，千百载而一日，千百人而一心也。"⑥义理既在天下，又在人心，心、理相兼为一。又指出："民心之所同，则天理也。"⑦民心即是天理，强调心与理的融合。他认为朱

---

① （宋）魏了翁：《鹤山集》卷三五《答朱择善改之》，影印文渊阁《四库全书》本。
② （宋）魏了翁：《鹤山集》卷三五《答朱择善改之》，影印文渊阁《四库全书》本。
③ （宋）魏了翁：《鹤山集》卷四二《简州四先生祠堂记》，影印文渊阁《四库全书》本。
④ （宋）魏了翁：《鹤山集》卷四二《简州四先生祠堂记》，影印文渊阁《四库全书》本。
⑤ （宋）魏了翁：《鹤山集》卷四九《宝庆府濂溪周元公先生祠堂记》，影印文渊阁《四库全书》本。
⑥ （宋）魏了翁：《鹤山集》卷六五《题周子靖理斋铭后》，影印文渊阁《四库全书》本。
⑦ （宋）魏了翁：《鹤山集》卷五二《达贤录序》，影印文渊阁《四库全书》本。

熹提倡的天理，就存在于千万人的善心之中，不必在心之外去寻求天理，只要天下人都能够"推是心也，见善而迁，有过而改，必将如风厉雷迅，不暇刻安也"①。把包含了义理的人心推广开来，就能由内圣开外王，使天下得到治理。这表明魏了翁在这一时期，已折中朱陆，并逐渐转向以心学为主。魏了翁转向以心为主，即是在某种程度上对朱学的超越。

从思想史发展的轨迹和趋势看魏了翁在其中所起的作用，是一件有意义的事。朱熹理学形成之际，以其内涵丰富、逻辑严密、博大精深著称于当时。但其弊病又恰恰在于由此而引起的支离烦琐、流于形式，并对后世学者产生不良的影响。为了挽救当时的社会危机，扭转学术界靠记诵词章来猎取功名的坏学风，魏了翁吸取陆九渊的心学思想，从整顿人心出发，既开阐正学，以倡明义理治天下，又树立起心的最高权威；既继承朱熹思想，又不盲从朱学，而是在朱熹思想的基础上超越朱学，折中朱陆，在融合心、理的过程中向心学转化，从而发展了理学。为心学思潮由陆九渊心学阶段发展到王阳明心学的崛起，进而取代朱学在理学发展史上的主导地位，起着重要的过渡和铺垫作用。

（二）积极确立理学在意识形态领域的正统地位

由于受"庆元党禁"的打击，理学受到压制，时"讳言道学"，使当时的士风、学风受到很大的影响。以魏了翁为代表的理学人物，在当时的社会背景下，通过服膺程朱之学，以理学的眼光来观察社会，对现实社会的学术、学风，甚至对教育、政治形成了自己的见解，认为理学确能够改正社会弊病。他们力图通过表彰理学来开阐正学，反对俗学，树立社会正义，以革除学术、教育、时政的种种弊端，挽救南宋社会内忧外患的危机，使理学摆脱受压制状态而成为全社会的指导思想，在教育、学术、社会风俗和治理国家等各个方面发挥理学的指导功能，以使社会长治久安。于是在"庆元党禁"后的十几年，开展了一场积极宣扬和表彰理学及其代表人物，为理学争社会地位的活动。从当时的时代背景及思想家的动机看，这具有一定的历史必然性和理由。

---

① （宋）魏了翁：《鹤山集》卷五十《邛州白鹤山营造记》，影印文渊阁《四库全书》本。

嘉定九年（1216）魏了翁上疏宋宁宗，表彰周敦颐和程颢、程颐，请为"周程"三人定谥号。其疏云：

> 盖自周衰孔孟氏没，更秦汉魏晋隋唐，学者无所宗主，爽离判涣，莫适与归。醇质者滞于占毕训诂，俊爽者溺于记览词章，言理则清虚寂灭之归，论事则功利智术之尚，诬民惑世至于沦浃肌髓，不可救药斯民也。尧舜三代之所以治也，涉秦而后千数百年，治之日少，乱之日多，宁不以此？而敦颐独奋乎百世之下，乃始探造化之至赜，建图著书，阐发幽秘，而示人以日用常行之要，使诵其遗文者，始得以晓然于洙泗之正传。而知世之所谓学者，非滞于俗师，则沦于异端，有不足学者矣。又有河南程颢、程颐亲得其传，其学益以大振。虽三人皆不及大用于时，而其嗣往圣，开来哲，发天理，正人心，其于一代之理乱、万世之明暗所关系，盖甚不浅。……臣愚欲望圣慈详臣所陈，如以为可采，乞下之礼官，如先朝邵雍、徐积等故事，将周敦颐特赐美谥，使海内人士咸知正学之宗，其于表章风励，诚非小补。如程颢兄弟并得在易名之典，则尤足以章明时崇儒重道之意。①

魏了翁上疏表彰周敦颐、程颢、程颐，请为三人定谥号，这在当时具有重大的社会意义和学术意义，它与一般为已故官吏请定谥号不能相比。其时"周程"已逝世一百多年，在他们去世时的北宋尚没有为他们定谥号，一百多年后南宋，尤其在"庆元党禁"之后，魏了翁提请赐谥，目的在于宣扬、表彰和提倡"周程"所创立的理学，"使海内人士咸知正学之宗"，彰明朝廷"崇儒重道之意"。可见魏了翁上疏朝廷的目的是要朝廷把理学作为"正学之宗"，为理学正名，以取代和改变"庆元党禁"，把理学定为"伪学"的境遇。疏中魏了翁把周敦颐称为在孔孟之后，奋起于"百世之下"，继承正学，将孔孟儒学发扬光大的新儒学者。将周敦颐在儒学史上的地位提高到孔孟之后一千多年无人达到的高度。魏了翁大力表彰周敦颐及二程在创立理学过

---

① （宋）魏了翁：《鹤山集》卷一五《奏乞为周濂溪赐谥》，影印文渊阁《四库全书》本。

程中的作用和功绩，并系统阐述了理学的思想源流和社会功能，极力为理学争社会地位，力图纠正和改变自"庆元党禁"以来对理学的种种曲解。其目的在于，希望南宋的最高统治者能够认识理学对维系社会稳定，巩固封建中央集权制的作用，并将其确立为"正学之宗"，定为统治阶级及全社会的正统思想。

为达此目的，魏了翁于嘉定十年（1217），再次上疏申述前奏，为周敦颐、程颢、程颐三人请谥。他认为这关系到"学术之标准，风俗之枢机"①，强调应以"周程"的思想来"风厉四方，示学士大夫趋向之的，则其于崇化善俗之道，无以急于此者"②。在魏了翁等人的一再奏请下，宋宁宗根据当时的政治和形势的需要，于嘉定十三年（1220），赐周敦颐谥号曰"元"，赐程颢谥号曰"纯"，赐程颐谥号曰"正"，使"周程"的学术地位得到官方的正式承认。这在理学发展史上是一个重大的转折点，它为程朱理学成为南宋后期的官方哲学，并为后世的统治者所尊崇，起到先导的作用。

二 融合蜀、洛，集宋代巴蜀理学之大成

魏了翁不仅是南宋后期著名的理学家，而且是继张栻之后宋代巴蜀理学的著名人物，他不仅对整个理学，而且对宋代巴蜀理学的发展作出了突出贡献。如果说，张栻虽为蜀人，但他长期在湖湘一带活动，确立了著名的湖湘学派，其对湖湘文化的贡献还大于巴蜀文化的话，那么，魏了翁虽也曾在湖湘、江浙等地活动过，但他主要在四川活动，他居官、讲学，传道授业，不仅以濂、洛之学为主，而且融合蜀、洛，调和三苏蜀学与洛学之间存在的差异，肯定其共同点，使巴蜀学术最终与时代思潮发展的潮流相适应，理学思潮不仅占据了中国学术文化发展的主导地位，而且也逐步占据了宋代巴蜀学术文化发展的主导地位。魏了翁在与

---

① （宋）魏了翁：《鹤山集》卷一五《奏乞早定程周三先生谥议》，影印文渊阁《四库全书》本。

② （宋）魏了翁：《鹤山集》卷一五《奏乞早定程周三先生谥议》，影印文渊阁《四库全书》本。

众多蜀中学者的交往中切磋交流，共同发展了蜀地理学，成为集宋代巴蜀理学之大成的人物。魏了翁集宋代巴蜀理学之大成，主要表现在他在四川创办了著名的鹤山书院；融合蜀、洛之学；在四川大力传播理学，扩大了理学在四川的社会影响；并确立了具有四川地域文化特色的理学之鹤山学派，成为该学派的理论代表。

（一）创办鹤山书院

创办鹤山书院是魏了翁一生最重要的学术活动之一，办书院和教学授徒，充分体现了他理学教育的宗旨和目的，也为蜀地理学的兴盛培养了众多人才。

南宋书院教育盛行，与理学的成熟和发展有密切关系。南宋书院教育在孝宗朝乾道、淳熙年间形成高潮。一时书院各处建置，诸理学大师主教书院，讲学大盛，著述成风，理学蔚然形成一代学术思潮。但至宁宗朝庆元年间，宁宗、韩侂胄禁理学，理学遭到严重打击，一时门庭冷落，就连朱熹的门人故交，有过其门而不敢入者。开禧年间，北伐失败后，主持禁理学的韩侂胄被史弥远等杀害，朝廷为了争取人心，稳定统治，对理学采取较为宽容的态度。宁宗于嘉定二年（1209）诏赐朱熹遗表恩泽，谥曰"文"，称朱文公。并陆续起用了一批受打击的"伪学逆党籍"中的人物，理学开始由受压制状态转而复苏。正是在这种背景下，魏了翁在四川创办了著名的鹤山书院。

鹤山书院的创建，始于嘉定二年，完成于嘉定三年（1210）。嘉定二年三月，魏了翁的生父卒于家乡蒲江。为葬其父，魏了翁在蒲江长宁阡卜得墓地，并于此年冬葬其父。在为其父卜墓地的同时，又卜得鹤山书院的地址，即与长宁阡"属连"的白鹤冈。于是"即其地戒室，是为今白鹤书院"[①]。白鹤书院即为鹤山书院。鹤山书院于第二年即嘉定三年春建成于蒲江白鹤山，正值准备参加秋试的邛州学子没有讲习之所，于是魏了翁把他们作为书院的第一批学生，招来鹤山书院授业。由春至秋，经书院学习半年后，这批学生参加类省试，考中者"自首选而下拔，十

[①]（宋）魏了翁：《鹤山集》卷九二《赠王彦直》，影印文渊阁《四库全书》本。

而得八。书室俄空焉，人竞传为美谈"①。其中包括考取第一名即"类元"的王万里。尽管鹤山书院开办的第一年就取得了考中"十而得八"的好成绩，被人们所赞誉，但魏了翁却认为"是不过务记览为文词，以规取利禄云尔。学云学云，记览文词云乎哉?"②并不以记览文词以通过科举考试而获取功名利禄为然。可见，魏了翁办书院的目的不在于科举考取率的高低，并不是为科举服务的。

此年秋试以后，魏了翁又招四方学者与之共学。蜀中各地学者慕名而来，"负笈而至者，襁属不绝"③。为了满足书院教学发展的需要，魏了翁在原来书院的基础上，增修房屋，扩大规模。书院内有一室，取名"立斋"，由功利学派著名人物叶适为之题名。魏了翁家中过去就有一些藏书，后入京任秘书省正字时，又将禁中书籍抄录了一些带回，并搜集寻访公家、私人所刊行之书，共得十万卷，附在一起，珍藏在书院的阁楼上。取《六经阁记》中的文字，称藏书楼为"尊经阁"，由四川著名学者、被打入"伪学逆党籍"的刘光祖为之作记。魏了翁在记述扩建书院的经过时，称自己是"穷乡晚进"之人，虽然通过了科举，涉入官场，但过去所学未能尽信。请免官回乡，退而聚友在书院藏修息游，与诸学者诵读经典之遗言，以及朱熹的著作，随事省察，以求不失善良之本性和人之初心，"尚不虚筑室、贮书之意也"。④ 这就是魏了翁筑室藏书建书院讲学授徒的目的。

对此，《宋史·魏了翁传》称："丁生父忧，解官心丧，筑室白鹤山下，以所闻于辅广、李燔（当为李方之）者开门授徒，士争负笈从之。由是蜀人尽知义理之学。"这段话记述了魏了翁通过朱熹弟子了解到朱熹理学，并在四川建鹤山书院以传授朱子理学，由此使蜀人尽知义理之学。这个评价是客观的。

嘉定十四年（1221），魏了翁收到叶适寄至蒲江鹤山书院的诗。在此之前，魏了翁曾写信给叶适。叶适收到信后，寄诗为复。此诗名为《魏

---

① （宋）魏了翁：《鹤山集》卷四一《书鹤山书院始末》，影印文渊阁《四库全书》本。
② （宋）魏了翁：《鹤山集》卷四一《书鹤山书院始末》，影印文渊阁《四库全书》本。
③ （宋）魏了翁：《鹤山集》卷四一《书鹤山书院始末》，影印文渊阁《四库全书》本。
④ （宋）魏了翁：《鹤山集》卷四一《书鹤山书院始末》，影印文渊阁《四库全书》本。

华甫鹤山书院》，收入叶适的《水心文集》卷七。这表明魏了翁在鹤山书院讲学时，通过与叶适的交往，在一定程度上受到叶适思想的影响。

魏了翁长期在巴蜀活动，而他在鹤山书院的讲学是其重要的活动。除去居官在外的时间，前后有两次主教书院，共约四年半的时间。主要是教授朱熹之书和包括"三礼"在内的儒家经典，并在教学中，力图端正学者的求学态度。

书院教育的内容以教授宋代理学和儒家经学为主，同时也教授一些文字训诂的内容，宋以前关于儒家经典的注疏释文也包括在教学的范围内。

（二）融合蜀、洛

魏了翁创办鹤山书院，教授理学，集宋代巴蜀理学之大成，这是在融合蜀学和洛学的过程中完成的。这里所说的融合蜀、洛之蜀学是指狭义的北宋三苏蜀学，即苏氏之学。魏了翁以理学思想为主体，融合蜀、洛，集宋代巴蜀理学之大成，同时也集广义的宋代蜀学之大成。

魏了翁融合蜀、洛主要体现在他肯定苏氏之学而非排斥。他说："是恶知苏氏以正学直道周旋于熙丰祐圣间，虽见愠于小人，而亦不苟同于君子。盖视世之富贵利达，曾不足以易其守者，其为可传，将不在兹乎？"[1] 认为苏氏在宋神宗熙宁、元丰年间和宋哲宗元祐、绍圣年间周旋于其时，虽遭到小人的怨恨，也与君子不完全相同，但也算是正学直道，故对其作出正面评价。并指出："蜀人之可贵者，如范氏父子、苏氏兄弟率能以廉耻自励，节义相高。臣虽晚进，犹及亲炙先朝耆旧遗风余烈，凛然有存。"[2] 认为苏氏兄弟在道德上是可取的。

魏了翁肯定"苏氏兄弟平生大节在于临死生利害而不可夺，其厚于报知己，勇于疾非类，则历熙丰祐圣之变如一日，而后知世之以文词知二苏者，末也"[3]。认为苏轼、苏辙兄弟注重大节，在生死利害关头保持其气节而不可夺。但后世却以文词来概括二苏，这是知其末而不知其本

---

[1] （宋）魏了翁：《鹤山集》卷五三《黄太史文集序》，影印文渊阁《四库全书》本。
[2] （宋）魏了翁：《鹤山集》卷二五《再乞祠奏状》，影印文渊阁《四库全书》本。
[3] （宋）魏了翁：《鹤山集》卷六二《跋苏文定公帖》，影印文渊阁《四库全书》本。

的表现。在此基础上，魏了翁赞赏苏氏之学亦是重道崇性，以此作为文辞之本。这与洛学之理学宗旨相似。他说："人之言曰：尚词章者乏风骨，尚气节者窘辞令。某谓不然，辞虽末伎，然根于性，命于气，发于情，止于道，非无本者能之。……人知苏氏为辞章之宗也，孰知其忠清鲠亮，临死生利害而不易其守，此苏氏之所以为文也。"① 认为词章与风骨、气节与辞令应结合起来，不赞同将二者分离的倾向。强调辞章虽为末伎，但也是根于性，止于道的。肯定苏氏作为辞章之宗，但亦是"忠清鲠亮，临死生利害而不易其守"的守道之人。认为这即是苏氏之所以为文的根本。并没有把苏氏视为文道脱离，是理学的对立面。这表现出魏了翁调和蜀、洛的倾向，而与正统理学家排斥三苏蜀学有所不同。

由此，魏了翁较为客观地看待苏氏蜀学与程氏洛学在历史发展过程中的抑扬顿挫和遭受的不同境遇，对双方并没有特别的褒贬。尽管他更为重视濂、洛之学，推崇朱熹和张栻，极力提高理学的社会地位，但并没有因此而贬低苏学。他说："王氏之盛也，江南学者争称门生；其黜也，讳焉。苏氏之学争尚于元祐，而讳称于绍圣，以后又大显于阜陵褒崇之日。至程子诸儒，亦莫不随时之抑扬而为轻重。迨近世，则朱张子诸儒，一话一言散落人间者，无一不显。"② 对苏氏之学的历史命运加以分析，其在元祐之时得到推崇，而讳称于绍圣年间，彰显于阜陵褒崇之日。并指出程氏诸儒也为人们随时加以抑扬。而朱熹、张栻则其言论显于人间。表明对历史人物褒贬、尊黜、崇讳的评价都是随时而不断变化的。既然对苏、程二学的评价都在变化，那么就不应持一定之规，过分肯定或贬低某一学说。体现了魏了翁会同兼取，融合蜀、洛的倾向。陈元晋在评论魏了翁的学术思想时指出："潜心大业，会同蜀洛，上通洙泗之一源。"③ 这个评价是客观的。

（三）传播理学

魏了翁集宋代巴蜀理学之大成，还体现在他在四川大力传播理学，

---

① （宋）魏了翁：《鹤山集》卷五五《杨少逸不欺集序》，影印文渊阁《四库全书》本。
② （宋）魏了翁：《鹤山集》卷六四《题朱文公帖》，影印文渊阁《四库全书》本。
③ （宋）陈元晋：《渔墅类稿》卷二《上魏左史了翁启》，影印文渊阁《四库全书》本。

扩大了理学在蜀地的影响，使之占据了巴蜀学术文化发展的主导地位。

　　在魏了翁之前，理学已经流传入蜀。早在北宋时，周敦颐、程珦、程颐父子，以及张载之弟张戬就曾到巴蜀做官、游学，特别是程颐的《伊川易传》写于巴蜀涪陵，这对蜀学及全国学术的发展影响很大。程颐之后，蜀人谯定传其学。二程门人荆州袁道洁游蜀时，也曾"谓伊洛轶书多在蜀者"①，其中包括已在战乱中散失又由尹焞在蜀中寻得全本的《伊川易传》。至南宋，理学有了新的发展并趋于成熟。但魏了翁年幼求学时，仅读过《伊川易传》《河南程氏遗书》及《二程先生语录》等书。也就是说，还停留在读北宋理学著作的阶段。而代表理学走向成熟的南宋朱熹等理学家的著作，尚未多见。不久张栻的蜀中弟子如陈概、范仲黼等人把张栻的理学著作带回蜀地，并在巴蜀的二江等地讲学，传播了张栻的义理思想，使蜀人得知南宋理学之发展。与此同时，朱熹的蜀中弟子度正等也把朱熹的理学思想在一定范围内传播。但至魏了翁在京师结识朱熹弟子辅广、李方之，把朱熹晚年定稿的著作带回巴蜀以前，由于缺乏书籍，朱熹的理学思想在巴蜀还没有广泛流传，影响也有限。当然这也与朱学遭到"庆元党禁"的打击排斥有关。

　　自从魏了翁于开禧三年（1207）离朝回到四川以后不久，便陆续刻印朱熹著作，使得理学在蜀地广泛传播，也使巴蜀的文化教育水平进一步提高。

　　嘉定元年（1208），魏了翁到成都与度正商议刊印朱熹著作的问题。度正建议立即把魏了翁从京城带回的朱熹著作付梓刊印，"以惠后学"。魏了翁则担心马上刻印会带来只顾"缀说缉文"，而不读先圣之书的消极后果，于是两人的意见是先不刻印。在此以后魏了翁将他所藏的朱熹著作拿出付梓，以广其传。

　　魏了翁记述了他将朱熹的《论语集注》和《孟子集注》等书刊印的情形。其言：

---

① （宋）魏了翁：《鹤山集》卷四二《简州四先生祠堂记》，影印文渊阁《四库全书》本。

魏了翁集宋代巴蜀理学之大成

> 王师北伐之岁,余请郡以归,辅汉卿广以《语孟集注》为赠。曰:此先生(指朱熹)晚年所授也。余拜而授之。……前辈(亦指朱熹)讲学工夫皆于躬行日用间真实体验,以自明厥德,非以资口笔也。故历年久,阅天下之义理多,则知行互发,日造平实,语若近而指益远。余读之累岁,每读辄异他日,故不敢秘其本,以均淑同志之士云。①

魏了翁不仅回忆了他得到并刊印朱熹著作的经过,而且讲明了他印行朱熹之书的目的。这就是使学者通过读其书而求其理,并贯彻到躬行践履中去,通过日常生活的体验,以明其德。因此,他反对把"以资口笔"作为求学于朱熹之书的目的,亦反对把朱熹之书作为"缀说缉文"的手段。可见其刊行朱熹著作带有明确的求义理的目的。

经过魏了翁的努力,朱熹著作在巴蜀广泛流行开来。他说:"某之生也后,不及从游于朱文公先生之门,而获交其高弟,尽得其书,以诒同志,凡今蜀本所传是也。"② 从这里可以得出两点:魏了翁从辅广那里得到的几乎是朱熹所有的著作,而且凡当时蜀本所传,都出自于魏了翁处。如果说,张栻的理学著作流传于蜀,是通过其蜀中门人从湖南带到巴蜀的话,那么比张栻更为重要的理学之集大成者朱熹,其著作流传于蜀,则是通过魏了翁从京城杭州带回巴蜀这一渠道。这对于提高巴蜀的文化教育水平,起到了积极的促进作用,也加速了巴蜀学术理学化的过程。

魏了翁在巴蜀大力传播理学,他不仅重视刻印、传播朱熹的各种著作,以扩大其影响,而且对其他理学人物也大力宣传。如嘉定元年(1208),魏了翁为成都府学撰《成都府学三先生祠堂记》。记述了周程三先生在巴蜀活动的事迹,并抨击"庆元党禁",宣传理学思想。魏了翁在蜀中传播理学的过程中,还较为详细地记述了宋代理学在巴蜀的流传情况,目的是进一步扩大理学在蜀地的传播和影响。他在为四川简州的周敦颐、程颢、程颐、张载四先生祠堂所作的《记》中,记述了理学在蜀地的流传,这具有较高的地方思想史料价值。其《记》云:

---

① (宋)魏了翁:《鹤山集》卷五三《朱氏语孟集注序》,影印文渊阁《四库全书》本。
② (宋)魏了翁:《鹤山集》卷五五《朱文公五书问答序》,影印文渊阁《四库全书》本。

元公官巴川，纯公、正公侍亲入蜀，张少公出宰金堂，蜀之人士于是数君子皆未尝不得从焉。今言河南之学者，指《易传》为成书，而尝闻诸成都之隐者，其后，卒成于涪陵之北岩。蜀人之笃信其说，如范太史大徒高弟，如谯天授、谢持正皆班班可考。荆州袁道洁及登河南之门，其游蜀访薛翁，亦谓伊洛轶书多在蜀者，是此书流传于巴蜀既有年矣。

　　余为儿童时，犹及从长老授《伊川易传》及《河南遗书》。又及见学者多传写二程先生语录。特为其说者，未能无科举之累，故缀其说以缉文，而未瑕得其所以言。庆元之元，学禁所怀，则例以伊洛目之，以诚敬讪之。甚者，亦一口附和曰："此伪学也。"自是以来，往往屏其书而不复省。曾不思四先生之教人，赜诸天地万物之奥，而父子夫妇之常不能违也；验诸日用饮食之近，而鬼神阴阳之微不能外也。大要使人近思反求，精体熟玩，而有以约之于己，期不失其本心焉耳。奚为伪？[①]

这是一篇关于宋代巴蜀理学的重要材料，对于研究理学在巴蜀的流传、发展，理学对巴蜀学术的影响，以及蜀学与理学的融合，具有重要的意义。事实上，宋代理学作为一代学术思潮，对于促进中国思想文化的发展，因它不受地域的限制，而具有全国性的影响和意义。然而，理学思潮的产生、发展和演变，又离不开各地学术的发展。换言之，理学思潮的兴起与发展，正是建立在各地学术发展的基础上，并通过各地、各流派学术的发展得以体现。所以说，理学思潮的发展离不开宋代巴蜀理学的发展，而宋代巴蜀理学的发展与广泛传播，即是整个宋代理学发展的一个具体体现。由此，魏了翁在记述诸理学大师在巴蜀活动的情况，以及程颐写作理学的代表著作——《伊川易传》时，曾闻于成都之隐者，完成于涪陵之北岩的情况。这些事实说明，理学思潮的形成与宋代巴蜀理学的发展，从某一方面、某个角度讲，是相关的。理学家在巴蜀的学术活动（包括著述、讲学等）成为宋代巴蜀理学的一个重要的组成部分，并对宋代巴蜀理学的演变发展产生了重要影响。而宋代巴蜀理学的发展

[①]（宋）魏了翁：《鹤山集》卷四二《简州四先生祠堂记》，影印文渊阁《四库全书》本。

演变，又体现为整个理学思潮及宋学发展的一个方面。

魏了翁长期在巴蜀活动，他居官、讲学、创办书院，主持书院教学，确立鹤山学派。并通过刊印理学书籍、著书立说，传播和发展了宋代巴蜀理学，由此扩大了理学在蜀地的影响，使之逐步占据了巴蜀学术文化发展的主导地位，从而集宋代巴蜀理学之大成。

在理学盛行之后，又出现脱离实际，空谈心性，追求功名利禄，把圣贤之书束之高阁，并不实行的弊端。魏了翁为批判社会流弊，借鉴了苏轼的思想。他说："余少诵苏文忠公山房记谓秦汉以来，作者益众，书益多，学者益以苟简。又谓近岁市人转相摹刻，书日传万纸而士皆束书不观，游谈无根。呜呼！斯言也，所以开警后学，不为不切至矣。"① 通过吸取苏轼对"束书不观，游谈无根"的批评，来解决理学盛行后出现的流弊。这实际上是对蜀、洛之学的沟通和融合。

魏了翁占据了南宋后期思想界的重要位置，对宋代巴蜀理学的发展作出了突出贡献，并对全国学术文化的发展产生了重要影响。魏了翁的理学及学术思想别具特色，预示着理学及整个学术发展的方向；他在确立理学正统地位的过程中发挥了重要的作用；魏了翁融合蜀、洛之学，促进了巴蜀理学的发展，而集宋代巴蜀理学之大成，魏了翁本人也成为巴蜀文化发展史上的一位名人。

---

① （宋）魏了翁：《鹤山集》卷四九《洪氏天目山房记》，影印文渊阁《四库全书》本。

融贯博通，会归于道*

——从虞集思想看元代理学的走向

集学术思想的特色是融贯博通，会归于道，不重区别对待，无门户之见，体现了元代理学的走向。这表现在他继承和发扬理学道统论，以朱熹为宗，崇道宗朱，表彰和传播理学；提出经著圣人之心，载圣人之道的思想，既重"四书"，又重视"五经"，通经的目的是为了求经典中的道；虞集不囿于朱陆之争，调和朱陆，而对心学较为重视，预示着学术发展的趋向；主张融通三教，兼取诸家，"博涉于百氏"，对宋元以来流行的各家各派的学说加以综合、总结，体现了元代学术所具有的融通、包容之特色。

虞集（1272—1348），字伯生，号道园，少读邵雍书，题其书室曰邵庵，故学者称之为"邵庵先生"。元代著名学者、理学家。祖籍四川仁寿，为南宋丞相、抗金名将虞允文（1110—1174）五世孙。其曾祖父虞刚简（1164—1227），任南宋知简州、利州路提点刑狱，与著名理学家魏了翁交往密切，同倡理学，将理学与孔子之学和尧舜三代之学相提并论，在当时产生了重要影响。其父虞汲，曾任黄冈尉，宋亡后隐居乡里，与草庐吴澄为友。虞集生于湖南衡州。母杨氏明于性理，能背诵《论语》《孟子》《左传》及欧、苏文，口授虞集，闻以成诵。虞集九岁时至长沙始得书之墨本，尽读诸经，悉通大义。十四岁居江西崇仁。宋元战乱，南宋名公卿家多流寓江西。虞集游于诸公之间，后从游吴澄，受到其融会朱陆思想的影响。

---

* 本文系四川省繁荣发展哲学社会科学协调小组重点项目："巴蜀文化通史·哲学思想卷"（2007编12号）的阶段性研究成果。

大德六年（1302），虞集授大都路儒学教授，从此开始从政生涯。大德十一年（1307），除国子助教。至大四年（1311），元仁宗即位，虞集为国子博士。延祐元年（1314），虞集任太常博士。延祐六年，虞集拜翰林待制兼国史院编修官。泰定元年（1324），考试礼部，虞集为考官。主张国家科举取士以程朱经注为主。天历二年（1329），元文宗在大都建立奎章学士院，虞集被除为奎章阁侍书学士，受到元朝廷的重视。至顺元年（1330），虞集为御试选读卷官。文宗诏命奎章阁学士采辑本朝典故，仿唐、宋会要，修撰《经世大典》，以虞集任总裁官之职，并兼修治典事。至顺二年（1331）五月，《经世大典》修成，共八百帙。一时宗庙朝廷之典册，咸出虞集之手。每当皇帝向他征求意见，均委婉进言，根据事实进行劝谏。至顺三年（1332），虞集拜翰林侍讲学士、通奉大夫。后以病谒告归田里。至正三年（1343），敕修辽、金、宋三史，欲用虞集任总裁。终因老病，毋苦其远行而止。至正八年（1348），以病卒于私第，享年七十七。赠为江西行中书省参知政事，封仁寿郡公。

虞集著述甚丰，四库馆臣云："（虞）集著作为有元一代冠冕，平生为文万篇，存者十之一二。"[①] 传于世的有：《道园学古录》五十卷、《道园遗稿》六卷、《平猺记》一卷、《道园集》等。今人王颋对虞集的著作进行编辑、点校，整理为《虞集全集》[②] 并出版，并将收集到的与虞集相关的传、行状、神道碑，以及时人的唱酬文字，计诗、文总二百余篇，编成外集，附于该书之末。

虞集崇道宗朱，扩大了程朱学在元代社会的影响；重视经学，认为圣人之心与圣人之道比经更为重要；不囿于朱陆之争，在其著文立说之间，每言陆子和朱子皆于圣人之道，互相发明，但对心学较为重视，预示着理学发展的趋向；虞集融贯博通的思想除调和朱陆外，还表现在他主张融通三教，"博涉于百氏"，而不重区别对待上，这体现了元代学术之特色，对后世产生了重要影响。

---

① 《道园学古录·提要》，影印文渊阁《四库全书》本。
② 参见（元）虞集《虞集全集》，王颋点校，天津古籍出版社2007年版。

一　崇道宗朱，表彰和传播理学

对儒家圣人之道的尊崇和以朱熹为宗，这是虞集治学的宗旨。由此他继承理学道统论，在元朝朝野表彰和传播程朱理学，以其作为社会意识形态的指导思想，为程朱学在元代社会的流行做出了自己的努力。

虞集学本朱熹传人，他以吴澄为师，为朱熹五传弟子。程朱之学经元代理学家许衡、吴澄等的传播和推广，得到元统治者的重视，从而被确立为官方指导思想。其道统论经吴澄、虞集等的宣扬和整理，也日益深入人心，逐步成为一时之定论。虞集不仅继承了程朱道统，而且还加以系统论述，将本朝许衡等纳入道统传授的系列之中，在朱熹之后，进一步丰富、完善了道的传授统绪说，突出魏了翁在传授道统过程中的作用，从而建构起完整的道统体系，在当时产生了重要影响。

儒家道统思想对中国文化影响极大。[①] 在儒家圣人之道的发展史上，宋明理学的道统论占有举足轻重的地位，而虞集的道统思想则是元代理学道统论的重要组成部分。关于儒家道统之传，虞集指出：

> 昔者儒先君子论道统之传，自伏羲、神农、黄帝、尧、舜、禹、汤、文、武、周公，至于孔子而后学者传焉。颜子殁，其学不传，曾子以其传授之圣孙子思，而孔子之精微益以明著，孟子得以扩而充之。后千五百年以至于宋，汝南周氏始有以继颜子之绝学，传之程伯淳氏，而正叔氏又深有取于曾子之学，以成己而教人。而张子厚氏又多得于孟子者也。颜、曾之学均出于夫子，岂有异哉？因其资之所及，而用力有不同焉者尔。然则所谓道统者，其可以妄议乎哉？朱元晦氏论定诸君子之言而集其成，盖天运也。而一时小人用事，恶其厉己，倡邪说以为之禁，士大夫身蹈其祸，而学者公自绝以苟全，及其禁开，则又皆窃取绪余，侥幸仕进而已。论世道者能无尽然于兹乎？方是时，蜀之临邛有魏华父氏起于白鹤山之下，奋

---

① 参见拙著《中华道统思想发展史》，四川人民出版社2003年修订版。

然有以倡其说于摧废之余,拯其弊于口耳之末,故其立朝,惓惓焉以周、程、张四君子易名为请,尊其统而接其传,非直为之名也。及既得列祀孔庙,而赞书乃以属诸魏氏,士君子之公论,固已与之矣。及我圣朝奄有区夏,至于延祐之岁,文治益盛,仍以四君子并河南邵氏、涑水司马氏、新安朱氏、广汉张氏、东莱吕氏,与我朝许文正公十儒者,皆在从祀之列。①

认为由伏羲、神农、黄帝、尧、舜、禹、汤、文、武、周公、孔子、颜子、曾子、子思、孟子一脉相承,使得儒家圣人之道得以承传授受,并扩而充之。但颜、孟之后其学不传。直到一千五百年后北宋周敦颐出,才开始继承颜子之绝学,再传给二程兄弟。而程颐吸取了曾子之学,以成己而教人。张载则得于孟子。对北宋周敦颐、二程、张载四大理学家作了充分肯定,认为这形成了所谓道统,不可妄议。至南宋朱熹论定诸君子之言,而集道统之大成,认为这是天运。但一时小人用事,韩侂胄禁道学,把朱熹等五十九人打入"伪学逆党籍",其学被禁,士大夫身蹈其祸。其后解除党禁,又出现俗学窃取程朱绪余而不行道,靠记诵程朱词章来猎取功名利禄的不良学风。针对当时的学界流弊,西蜀著名理学家魏了翁出而创办鹤山书院,大力倡导和传播朱熹义理之学于摧废之余,以拯救当时流于口耳之末的学界弊端。并一再上疏宋宁宗,表彰周敦颐、二程、张载四君子,请为其定谥号,以尊其道而接其传。为理学由民间传授、受压制状态到成为社会意识形态的指导思想,发挥了重要作用。②至元代,经许衡、吴澄、虞集等理学家的大力表彰,元统治者开始接受理学及其道统论,采纳了治天下必用儒学的建议,企图收到武功所达不到的效果。元仁宗延祐年间,不仅诏定科举以朱熹的《四书章句集注》为标准取士,而且诏以周敦颐、程颢、程颐、张载、邵雍、司马光、朱熹、张栻、吕祖谦、许衡等十儒从祀孔子庙。

此时,魏了翁的曾孙魏起隐居吴中,当读到诸理学家从祀孔庙的诏

---

① (元)虞集:《鹤山书院记》,《虞集全集》,王颋点校,第606页。
② 参见拙著《魏了翁评传》,巴蜀书社1993年版。

书后，感叹道："此吾曾大父之志也！"① 鉴于当年魏了翁创建的蒲江鹤山书院在元朝已莽为茂草，而其谪居靖州时所办的鹤山书院也"存亦亡几"，魏起准备在魏了翁去世及安葬地苏州请建一所鹤山书院。并将此意告诉了魏了翁的好友虞刚简之曾孙虞集。虞集对魏起在苏州魏氏宅第重建鹤山书院之举极为称赞，愿与魏起共同倡魏了翁、虞刚简两家之"家学"，把儒家道统传续下来。虞集对此事的记述是："至顺元年八月乙亥，上在奎章之阁，思道无为。鉴书博士柯九思得侍左右，因及魏氏所传之学与其曾孙起之志，上嘉念焉，命臣集题鹤山书院，著记以赐之。"② 于是，虞集奉元文宗之旨，于此年（1330）十二月作《鹤山书院记》，记述了魏了翁表彰诸理学大师，弘扬道统及魏起重建苏州鹤山书院的经过，同时看到了虞集为宣扬道统说所做的不懈努力。

虞集强调，道统之传的目的是求得其所承载的内圣外王之道，经典也不过是载道之文，要将朱熹传道的四书之说弘扬开来，定为国是，表现出对朱学的尊崇。他说："呜呼！秦灭经籍，内圣外王之道盖以微矣。赖汉儒掇拾于散乱煨烬之余，师生授受，盖千有余年。而后有周子，二程子、张子、邵子，以至于朱子出，圣贤之学始大复明于世。若夫四书者，实道统之传，入德之要。学者由是而学焉，则诸经可得而治矣。昔在世祖皇帝时，先正许文正公得朱子四书之说于江汉先生赵氏，深潜玩味，而得其旨。以之致君泽民，以之私淑诸人。而朱氏诸书，定为国是。学者尊信，无朝敢疑贰。其于天理民彝，诚非小补。所以继绝学，开来世，文不在兹乎？"③ 在论述内圣外王之道的传授时，有时虞集也不那么排斥汉儒，认为汉儒掇拾经籍于散乱煨烬之余，使儒家经籍通过师生授受得以相传下来。可见虞集思想的包容性，与理学道统的排他性不完全相同。但虞集对理学家传道的充分肯定和对朱学的尊崇却是毋庸置疑的。他盛赞通过赵复和许衡将朱熹的四书之说在元朝传播开来，后又将"朱氏诸书，定为国是。学者尊信，无敢疑贰"，认为这对于继绝学，开来世，将天理即道作为社会意识形态的指导思想具有重要意义。表现出虞

---

① （元）虞集：《鹤山书院记》，《虞集全集》，第606页。
② （元）虞集：《鹤山书院记》，《虞集全集》，第606页。
③ （元）虞集：《跋济宁李璋所刻九经四书》，《虞集全集》，第429页。

集以朱学为宗,表彰和传播理学的思想倾向。并以内圣外王之道即天理作为裁量事物的标准。

由此,虞集把朱子学抬到很高的地位,成为国家尊信的学、教、道的准则。他说:"群经四书之说,自朱子折中论定,学者传之。我国家尊信其学,而讲诵授受,必以是为则。而天下之学,皆朱子之书。书之所行,教之所行也;教之所行,道之所行也。"① 即强调朱熹在阐释群经、四书的过程中而论定的朱子学是国家尊信的学术,即讲诵授受必以其为准则的官方学术。它是天下之学的基本教材,也是教化、行道的指导思想。可见虞集为表彰和传播朱熹理学而不遗余力。

二　经著圣人之心,载圣人之道

虞集在经学方面,强调圣人相传以道,传道即是圣人之心传,然经典是载道之书,传道不可不本诸经。既重视经与道联系,又提出经著圣人之心,载圣人之道的思想,认为经是彰显圣人之心、承载圣人之道的工具,圣人之心与圣人之道比经更为重要,其心和道的地位在经之上。他说:"夫经也者,无待于尊而常尊者,圣人之心之所著也,圣人之道之所载也。……今天子以独断黜吏议、贬虚文,一以经学取士。士大夫言学者,非程子、朱子之说不道也。上下尊经之事盖如此。故窃以为必有通乎圣人之心,以达圣人之道者,出乎其间。"② 指出经之所以常尊,是因为圣人之心显明于经,圣人之道载于经。即心之所著、道之所载,离不开经。经的重要性通过著圣人之心、载圣人之道表现出来。虞集指出,经理学家的宣扬,元最高统治者黜吏议、贬虚文,而以经学为取士的标准。与此相应,其经学取士,是以程朱之说为依据。当时朝廷设科取士,上下尊经,其对经典的重视,在虞集看来,是因为"必有通乎圣人之心,以达圣人之道"的内涵存在于经典文字之间。所以经是彰显圣人之心、承载圣人之道的工具。

---

①　(元)虞集:《考亭书院重建文公祠堂记》,《虞集全集》,王颋点校,第658页。
②　(元)虞集:《尊经阁记》,《虞集全集》,王颋点校,第655—656页。

由于经的重要性通过著圣人之心、载圣人之道表现出来，所以虞集认为，经典蕴藏着圣贤之精微，其道与心也是无穷尽的。他说："经也者，圣贤之精微在焉，学问之传授在焉。……圣人之不可知而难言也，道之无穷也，心之无限量也。"① 强调圣贤之精微蕴藏在经之中，学问也通过经来传授。圣人之所以不可知而难言，是因为其道无穷，其心无限量。然而圣贤之精微可通过经来体察，对道的认识也可通过经来传授。可见经是为圣人之道、圣人之心而设，是道、心的载体。其心与道也是相互融通的，都具有无穷无尽的本体属性。

从学问之传授在于经的观点出发，虞集重视四书，充分肯定朱熹的四书学及其对元朝的影响。他说："及朱子为之集注章句，然后会众说而归于一，其所以极博约之功者，千古所未有也。凡终始本末之说、内外精粗之辨，条分缕析，粲然有序。今其书家藏而人读之，然而习之而不察者，犹众也。夫舍朱子之言，则何以知四书之旨？然非有以贯通其条理，而分别其节目，则朱子立言之意又何以得之也哉？"② 虞集认同朱熹的四书学。指出朱熹的《四书章句集注》集众家之说而会归于一，其极博约之功，为千古所未有，给予很高的评价。并认为该书对于终始本末之说、内外精粗之辨，均条分缕析，粲然有序。所以此书在当时产生了很大影响，以致"家藏而人读之"。虞集认为，如果舍弃了朱熹对于四书的阐释，那是难以掌握四书之旨的。要求得朱熹立言之意，就须在贯通其条理，分别其节目上下功夫。

经过朱熹等宋元理学家的提倡和广泛传播，四书及四书义理之学的影响日益扩大，并逐渐被蒙元统治者所接受。虞集指出，当时的蒙古统治者也是首先通过四书来了解儒术及圣贤修己治人之方的。他说："始者国朝以马上取天下，未有以儒术进者。公生河朔，当用武之时，已能从事学问。及见世祖皇帝于藩邸，独以儒士见目。是时国言语未尽通中原，亦未始知有经传之学也。自公始以国语译《论语》《大学》《中庸》《孟子》诸书而教授焉，然后贵近之从公学者，始知圣贤修己治人之方矣。

---

① （元）虞集：《答张友霖书》，《虞集全集》，王颋点校，第397页。
② （元）虞集：《程氏四书章图》，《虞集全集》，王颋点校，第597页。

故世祖尝叹曰:"汉人乃能为国语深细若此。盖熟察而深许之矣。"① 虞集指出,蒙古统治者虽以马上取得天下,但开始时并未掌握儒术及经传之学,其蒙古语也未能在中原流行。其时,精熟蒙古语的赵璧②把四书译成蒙古文,奉命为忽必烈译讲《大学衍义》,并教授蒙古贵近之士,使之懂得圣贤修己治人之方,把蒙古统治者与汉文化的儒家经传之学相沟通。可见元朝统治者也是首先通过四书来掌握经传之学的。这体现了朱熹四书学对元代的影响。

除重视四书外,虞集对五经也予以重视,认为五经之道必出于儒家圣人,而圣人之道的传授则系之于贤人。其经典、圣贤、道构成了儒家道统论的几大要素。他说:"乃定取士之法,其书必曰《易》《书》《诗》《春秋》《礼记》,其道必出于尧、舜、禹、汤、文、武、周公、孔子,其学之授受必由乎颜、曾、思、孟、周、程、张、朱,以为论定而不可逾越者也。然则如此而得士焉而用之,则必有以希文自期待,而达于伊尹者出焉。惜乎趋而应之者,仅以为入仕之途,及其得之,俯首所事,不过众人之事而已。使说者得以为辞,岂当时之意乎?"③ 元朝科举取士,除用四书外,五经也是科举考试的读本。虞集把五经作为圣人之道的载体,而圣人之道在孔子后失传,相传授受必由乎颜、曾、思、孟、周、程、张、朱等贤哲,使圣人之道由此得以承传下来。虞集把载道之经作为取士之读本,其目的在于即经以求道,批评应举者把科举考试仅作为入仕之途,实际并不按道的原则办事,脱离了当时定取士之法所要求的通经以行道的本意。这是对元朝行科举取士出现的弊病的批评。

虞集主张通五经,先通其一经,再及其余。同时又重视四书,赞赏通四书则诸经亦可通。他说:"《易》《书》《诗》《春秋》《礼》之为经五,儒者盖莫不欲通焉,汉之专门名家,则亦已固矣。而先儒之说曰:'先通一经而明'则余经可得而通也。既而又有言说:《论语》《大学》《中庸》《孟子》之说通,则诸经可得而通矣。此皆要言也。国家之制,

---

① (元)虞集:《中书平章政事赵璧改谥文忠议》,《虞集全集》,王颋点校,第372—373页。
② 后任中书平章政事。
③ (元)虞集:《送朱德嘉序》,《虞集全集》,王颋点校,第577—578页。

通问四书之疑,而各明一经之义。"① 认为五经先通一经,则其余可通。而通四书则诸经皆可通。可见其对四书五经都很重视,而主张将其贯通。其通经的目的是求经典中的道。他说:"经者何也?《易》《诗》《书》《春秋》是也。学者学乎此,则为君子;反乎此,则为小人。为天下国家者,法乎此,则治;悖乎此,则不治。载是道者,经之为书也;传是道者,数圣人之所以为心也。言道传而不本诸经,可乎?……经之为文,言治丝之事,经其引而伸之者也。引而伸之者,即其常而不变,循直道而贯通之义也。"② 经是载道的工具,通经是为了传道,传道即是圣人之所以为心。但传道要符合经之本义而不得违背,事物有变化,但经则是恒常不变的,所以要贯通诸经而循道。学者通过学经,成为君子,反之则为小人。经还是治理国家的尺度,效法经,则天下得到治理;违背经,则天下不治。

从其通经的目的是求经典中的道的思想出发,虞集批评以程朱学取士后出现的弊端。他说:"我国家始置进士举,必欲学者深通朱氏《论语》《大学》《中庸》《孟子》之说,而五经之传一有定论,盖将使其人专心竭力于此焉。苟有以深哜其味,而极造其旨,必幡然而悟、惕然而恐,思有以静存动察,如所问所知而用工焉。则其人有不为圣贤之归,而足为世用者乎?惜乎或假其言以侥幸一第,而遂视之不啻如筌蹄,此不惟上负国家,又负圣贤,而其日暴月弃,亦已甚矣。"③ 虞集强调,朝廷置进士举的目的是让学者深通朱熹对《论语》《大学》《中庸》《孟子》的解说,以程朱对经传的解说为定论,使人专心于此,掌握其精神旨意。并通过存养省察,贯彻到实际工夫实践之中,达于圣贤之境,发挥其通经致用的社会效果,为世所用。但令人感到痛惜的是,有人假借程朱之言,侥幸通过科举及第,而把程朱之言视为"筌蹄",即为了达到自己猎取功名利禄目的的工具和手段,实际并不按照经典之道的原则行事。虞集批判这种弊端是"上负国家,又负圣贤",其流弊已是"日暴月弃",乖道谬典,无可救药。从虞集的批评中可以看出,他是既强调儒家经典

---

① (元)虞集:《送朱德嘉序》,《虞集全集》,王颋点校,第578页。
② (元)虞集:《刘仲经字说》,《虞集全集》,王颋点校,第353—354页。
③ (元)虞集:《瑞昌县蔡氏义学记》,《虞集全集》,王颋点校,第649页。

是彰显圣人之心、承载圣人之道的工具,密切经、道之联系,又主张通过科举将圣人之道贯彻到元代社会的各个领域,而反对以程朱学取士后出现的口是程朱之言,心怀利禄之私,把科举考试仅作为入仕之途,实际并不按道的原则办事的不良学风。

三 调和朱陆,重视心学

元代理学发展的趋势是朱陆合流,由朱学向心学转化。这在刘因和吴澄的思想里均有体现。虞集作为吴澄的弟子,受其影响亦具有调和朱陆的思想特征,并提出心本论思想,肯定陆学批评朱陆两家弟子后学的门户之见,主张融合朱陆两家之学,重视心学预示学术发展的趋向。

(一) 调和朱陆

在虞集的著文立说之间,常言陆九渊和朱熹相互对应,相辅相成,皆对圣人之道有所发明和贡献。他说:"陆先生之兴,与子朱子相望于一时,盖天运也。其于圣人之道,互有发明。"[1] 指出对于圣人之道而言,朱陆双方相互补充,互有发明。一时相望,共同促进了儒学的发展。与吴澄等人一样,虞集无门户之见,具有调和朱陆的特色。同时也指出朱陆双方存有小异。他说:"陆公之学,前代诸儒盖未之有也。朱子之起,与之相望以扶植斯道者,岂不重且远哉?然而入德之门容或不同,教人之方容有小异,其皆圣人之徒也。"[2] 认为尽管在入德之门和教人之方上,朱熹和陆九渊或有不同,存有小异,但他们都是圣人之徒,共同扶植儒家圣人之道,任重而道远。在调和朱陆的前提下,虞集赞赏陆学提供了"前代诸儒盖未之有"的思想,对此予以充分肯定。

对于陆九渊与朱熹的相同相异之处,虞集做出了自己的评价。他说:"其南渡也,陆子静先生生乎临川之青田,高明卓异,前无古人,与朱文公起而相望于当世。学者从之入德之门,或小异焉。尝观陆先生之在白鹿也,讲君子喻于义、小人喻于利一章。学者闻之,感动流汗。朱子亲

---

[1] (元)虞集:《题江右六君子策后》,《虞集全集》,王颋点校,第460页。
[2] (元)虞集:《赠李本伯宗序》,《虞集全集》,王颋点校,第558—559页。

执笔而请其书焉。其相尊敬如此。……鹅湖之会,固将以一道德也,而简易支离之说,终不合而罢。然二家之精微,非大贤相与剖击,则下二贤一等者,殆无从而知之矣。道之不行也,知者过之,愚者不及也。道之不明也,贤者过之,不肖者不及也。所以不可不知其人者,其在斯乎。"① 认为陆氏生于江西临川,其出"高明卓异,前无古人",与朱熹相望并立于当世,为学界两大家。指出二人的学问虽不尽相同,但在坚守理学的价值观上是一致的。这是指陆氏在白鹿洞讲堂,讲儒家义利之辨,使学者深受感动,朱熹也对陆九渊表达了很高的敬意。而在吕祖谦召集的鹅湖之会上,虽欲调和朱陆异同,但终因两家在治学方法上存有简易、支离之说的不合而罢。尽管如此,在虞集看来通过两大贤在鹅湖之会的相与剖击,使学者明白了行道、明道之方,以避免过或不及的偏差。所以不可不知陆九渊其人其事,道理就在于此。

从肯定陆九渊,调和朱陆的立场出发,虞集批评了朱陆两家弟子后学的门户之见。他说:"时则有若陆子静氏,超然有得乎孟子先立乎其大者之旨,其于斯文互有发明,学者于焉可以见其全体大用之盛,而二家门人区区异同,相胜之浅见,盖无足论也。"② 指出陆九渊继承了孟子先立乎其大的思想,而与朱学形成互补,"互有发明",学者于此可见其全体大用之盛。但朱陆两家门人却囿于回护师门的狭隘眼界,论辩纷纷,相互争胜,而不足论。并对当时站在以朱熹、许衡为正统的立场来排斥陆九渊及吴澄的议论提出批评:"呜呼!文正与先生学之所至,非所敢知所敢言也。然而皆圣贤之道,则一也。……议者曰:吴幼清,陆氏之学也,非朱子之学也。不合于许氏之学,不得为国子师,是将率天下而为陆子静矣。遂罢其事。呜呼!陆子岂易言哉?彼又安知朱、陆异同之所以然?直妄言以欺世拒人耳。"③ 虞集指出,许衡与吴澄的学问"皆圣贤之道"。不同意把吴澄与许衡、朱熹与陆九渊,对立起来。批评"议者"所谓的把吴澄说成陆氏之学,而非朱子之学,因不合于许氏之学,所以不得为

---

① (元)虞集:《乡试策问》,《虞集全集》,王頲点校,第371页。
② (元)虞集:《故翰林学士资善大夫知制诰同修国史临川先生吴公行状》,《虞集全集》,王頲点校,第865页。
③ (元)虞集:《送李扩序》,《虞集全集》,王頲点校,第540页。

国子师的观点。当时元朝廷有人认为，如果把吴澄任为国子师，就将率天下而为陆氏之学。对此，虞集提出批评，认为这是不懂陆子之学，亦不知朱陆异同之所以然，而"妄言以欺世拒人"的表现。虞集强调吴澄与许衡、朱熹与陆九渊的学问"皆圣贤之道"，道是调和二者的根据。

对于虞集调和朱陆的思想特色，詹烜在其所撰赵汸行状中说："时江西宪试请题，虞公拟策问江右先贤及朱、陆二氏立教所以异同。具对，卒言刘侍读有功圣经，至论朱、陆二子入德之门，尤为精切详备。末乃举朱子曰：子静所说专是尊德性，而熹平日所论，却是道问学上多了，今当反身用力，去短集长，庶不堕于一偏也。"① 指出当时虞集出策问，以述朱陆异同。其思想趋向是把陆氏的尊德性与朱熹的道问学结合起来，要求学者如朱子所言，去短集长，而不堕于一偏。即主张融合朱陆两家之学，这体现了元代理学发展的趋势。

（二）重视心学

虞集不仅崇道宗朱，调和朱陆，而且深受陆九渊的影响，提出心本论思想，重视心学。他说："天地之覆焘，无限量也；日月之照临，亦无限量也。人心之妙，其广大光明，盖亦如之。局于耳目之所接，限于识虑之所及，果能尽其心之体用者乎？方外之学，虽设教不同，而其所致力者，亦唯心而已矣。"② 认为人心的广大光明有如天地无不持载、覆盖万物，日月无不照临一样，是无限量的。正因为心无限量，为万物之本，所以要求破除局限以尽心。方外之学亦唯心而已，突出了心的重要性。并指出："古之所谓学者，无他学也，心学而已耳。心之本体，盖足以同天地之量，而致用之功又足以继成天地之不能者焉。舍是勿学而外求焉，则亦非圣贤之学矣。然而其要也，不出于仁义礼智之固有，其见诸物，虽极万变，未有出乎父子、夫妇、君臣、长幼、朋友之外者也。"③ 认为心学古已有之，以心为学，即为心学。心之本然足以同天地之量，是包罗天地的本体，而其致用之功又足以继成天地之所不能。虞集强调，心

---

① （元）虞集：《东山赵先生汸行状》，《虞集全集》，王颋点校，第1278页。
② （元）虞集：《可庭记》，《虞集全集》，王颋点校，第750页。
③ （元）虞集：《思学斋记》，《虞集全集》，王颋点校，第729页。

的内涵即是仁义礼智之固有，亦不脱离父子、夫妇、君臣、长幼、朋友之五伦。如果舍心学而外求，就不是圣贤之学。

虞集所谓心，就存在于事物之中，作为事物之所以存在的根据。他说："洒扫之时，则心在乎洒扫；应对之时，则心在乎应对；入事父兄，出事长上，则心所在，亦无有二也。"① 无论是洒扫应对，还是出入进退，都有心存于其中，与事物不相脱离。心存在于事物之中，是作为事物之所以存在的根据，故具有心本论的倾向。如果心不在焉，心之不存，那就失去了人之所以为人的根据，会令人担忧的。心之广大光明是心内在的本质属性，"心之本体，虚灵不昧，未有不明者也"②。所以要发挥心的虚灵不昧的主体能动性，以自得之，而与天同。他说："天地之新，生生不已。圣人之心，与天同理。"③ 强调圣人之心与天同理，具有某种心、理结合的倾向。这与他心、道融通的思想类似。

虞集重视心学，是他对陆学的肯定和认同。这与他生活在江西，受陆九渊和吴澄两位江西学者的影响有关。他说："象山陆氏，特出于江西。虽其入德之门有不同者，而论辩之极，学者对此皆有所择而取之。"④ 认为讲传道之学包括了陆学，学者皆有所选择和吸取。并指出："江西之学兴，有得乎孟氏'先立乎其大者'之一语而恢弘之。其所以振起而作新乎斯人者，前乎此，盖未之有也。后之君子，以为先生之道，如青天白日；先生之语，如震雷惊霆。伟哉！确乎真百世之定论乎。……盖先生之学，欲其自得之也。"⑤ 认为陆氏心学是自得之学，是得乎孟子"先立乎其大者"之一语，而对孟学的继承发展，肯定陆氏心学为"百世之定论"，给予很高的评价。

虞集提出心本论思想，重视心学，具有由朱学的烦琐向心学的简约转化的趋向，这体现了元代学风的转向。他说："以亿兆众人之资而欲求往圣于至微至简，至难也。是故即此而反求，近思以得之者，善学之能

---

① （元）虞集：《学存斋记》，《虞集全集》，王颋点校，第730页。
② （元）虞集：《易晋用昭字说》，《虞集全集》，王颋点校，第360页。
③ （元）虞集：《昔里哈剌襄靖公神道碑》，《虞集全集》，王颋点校，第1097页。
④ （元）虞集：《创建奉圣冈先师庙记》，《虞集全集》，王颋点校，第804页。
⑤ （元）虞集：《新建陆文安公祠堂记》，《虞集全集》，王颋点校，第803页。

事也。自此而诵说援引，愈详而愈远者，支离之流弊也。"① 可见心学学风求简，主张反求近思，反对烦琐诵说援引，批评其愈详而愈远，流于支离之弊。虞集肯定陆学，表彰吴澄，主张融合朱陆两家之学，提倡简易工夫，这预示着学术发展的趋向及元代学风之转向。而朱陆双方都认同"圣贤之道"，这是虞集融合两家之学的内在根据。

四 融通三教，"博涉于百氏"

就虞集的理学思想而言，他调和朱熹、陆九渊之学体现了其学术思想融贯博通的特色；就他的整个学术思想而言，其融通三教，"博涉于百氏"又是他融贯博通，不重区别对待的学术思想特点的表现。这也是在理学思潮兴起和发展的过程中，中国哲学及思想文化融合儒、佛、道三教的反映。亦是虞集对宋元以来流传发展的各家各派学说的综合、总结，体现了元代学术所具有的融通、包容之特色。

（一）融通三教

由唐至宋，儒、佛、道三家既排斥又融合，逐渐出现由三教鼎立到三教融合互补的趋势，这为理学的产生准备了条件。在中国哲学发展史上，儒、佛、道三教相互辩难，又相互融合，这充分体现了中国文化多元互补的特色和格局。儒、佛、道三教作为中国传统文化的三大构成部分，各以其不同的文化特征影响着中国文化及哲学；三者又相互融合，共同作用于中国文化与哲学的发展，这有其深刻的思想根源。

早期三教的相互关系，以对立冲突为主，到后来在各自保持和认同自家思想宗旨的基础上，相互吸取、互为补充。儒、佛、道三家思想的融合互补，在隋唐以前已有发端。唐宋以来，三教融合互补成为趋势。至元代，随着理学被确定为官方哲学和社会意识形态的指导思想，以及朝廷对当时佛教、道教的扶持，以儒为主，融通三教的思潮更为人们所接受。虞集就是其中的一位代表人物。

对于佛教，虞集主张去芜存菁，有所保存。他说："去其繁杂谬妄，

---

① （元）虞集：《尊经堂记》，《虞集全集》，王颋点校，第769页。

存其证信不诬。而佛道、世道污隆盛衰，可并见于此矣。"① 虞集与佛教禅师多有来往，以此吸取佛教思想。并认为佛道与世道的兴衰相联系，不可去佛。

虞集受佛教的影响主要表现在他对佛教的心学思想加以吸取。他说："铭曰：佛语心为宗，无门为法门。"② 佛教以心为宗，受佛教心学影响，虞集也重视心的本体地位。并指出："昔西方圣人为一大事，出见于世，法流中土。时至缘熟，达摩之来，直指人心而已。"③ 把佛教视为西方圣人所传，其法流入中土，有它的缘由。而达摩所传，即是直指人心而已。

除受佛教心学的影响外，虞集也认同佛教善的观念。他说："一念虑之善，一佛之全体也；一号令之善，一佛之大用也。"④ 指出其念虑之善为佛之全体，而号令之善，则为佛之大用。把善分为思虑和行为规范，即分为体和用两方面。这与理学讲先天性善论，并将其贯彻到后天行为上的思想有相近之处。表现出虞集对佛教的包容和认同。

在一定程度地吸取佛教思想的基础上，虞集主张融合儒、佛。他说："虽以寂灭为宗，而孝爱之心，油然动乎其中而不可遏。"⑤ 认为佛教虽以寂灭为宗，但亦存在着孝爱之心。其所说佛教亦讲孝道，这是受儒家思想的影响，表现出虞集调和儒、佛的思想倾向。

由此虞集对佛教人物大加赞赏，他说："集尝观师于文字，盖积思博学，非俗儒小生所能至。其大辨明慧，洞彻心要，诚一代之宗匠。"⑥ 对晦机禅师给以很高评价，认为其远非一般俗儒所能比，并将其称之为"一代之宗匠"。崇佛之心，跃然笔下。

不仅如此，虞集还赞佛教学者为世之豪杰，并称自己很早就心仪于佛教。他说："佛之后，教、禅、律三宗并。若了明心地，超越生死，则为禅宗直指单传之学。其道由达摩始显。达摩之后，分五宗之派，其最盛者，临济一宗。自五祖演之门，嗣其法者，皆振世卓绝之豪杰……吾

---

① （元）虞集：《佛祖历代通载序》，《虞集全集》，王颋点校，第596页。
② （元）虞集：《铁关禅师（法枢）塔铭》，《虞集全集》，王颋点校，第1006页。
③ （元）虞集：《断崖和尚（了义）塔铭》，《虞集全集》，王颋点校，第998页。
④ （元）虞集：《镇江路金山龙游寺万寿阁记》，《虞集全集》，王颋点校，第797页。
⑤ （元）虞集：《法海禅庵记》，《虞集全集》，王颋点校，第746页。
⑥ （元）虞集：《晦机禅师（佛智）塔铭虞集》，《虞集全集》，王颋点校，第995页。

融贯博通，会归于道

早有志于是，系官于朝，今始而闲居，尘虑消歇。"① 于佛教诸宗派之中，赞禅宗一派，尤其是临济宗诸禅师为"振世卓绝之豪杰"。声称自己早有志于佛，只是在朝为官，有所不便。如今闲居，则可打消尘虑而向佛。

除调和儒、佛外，虞集亦受到道家、道教的影响，而主张调和儒、道。他说："集幼时尝得其老子、庄子说而读之，未尽解也。以请于吴幼清先生。先生曰：嘻！非孺子所知也，后当知之。后十余年，集来京师，见今翰林待制袁公伯长作空山墓铭，而后叹曰：嗟夫！易、老之相表里久矣，世之知者或寡矣。"② 虞集早年曾读老、庄之书，逐渐受到道家思想的影响。后认为易、老相表里，有相互沟通之处，而知道这点的世人则很少。

虞集还把理学的核心范畴天理与道教的神仙之学联系起来，相提并论，以调和儒、道。他说："天理民彝，历千万古，无可泯灭之理，一息不存，人之类绝矣。神仙之学，岂有出于此之外者乎？知乎此，则长生久视在此矣，无为之化在此矣。"③ 认为神仙之学不出天理之外，长生久视、无为之化皆在天理的包容之内。虽然调和儒、道，但可看出，虞集仍是把天理放在更为重要的位置，以天理来包容神仙之学。这表明，虞集的融通三教是以儒为主，兼容二氏的。儒家思想天理即道仍占据了虞集思想的主导位置，融贯博通最终会归于道。

对于虞集这种吸取佛道二教的思想，元代欧阳玄加以评价。他说："二氏之学，往往穷其指归，即其徒叩其负挟，有所见，则为之太息曰：学者不能潜心圣人之微言，以明下学上达之要，而欲切究性命之源、死生之说，其能不引而归之者难矣。"④ 表明虞集对佛道二氏之学既加以探究，明其所持有，又要以圣人之言，明下学上达之要，而不为二氏之学所引。

---

① （元）虞集：《建阳县仰山禅寺记》，《虞集全集》，王颋点校，第781—782页。
② （元）虞集：《书玄玄赘稿后》，《虞集全集》，王颋点校，第463页。
③ （元）虞集：《净明忠孝全书序》，《虞集全集》，王颋点校，第598页。
④ （元）欧阳玄：《圭斋文集》卷九《元故奎章阁侍书学士翰林侍讲学士通奉大夫虞雍公神道碑》，影印文渊阁《四库全书》本。

（二）兼取诸家，"博涉于百氏"

除融通三教外，虞集也主张兼取各家各派，其指导思想是提倡作一个通儒，而不是盲目排它的狭隘儒者。他说："辩传注之得失，而达群经之会同、通儒先之户牖……以穷物理之变……考据援引，博极古今，各得其当，而非夸多以穿凿。"[1] 通过考辨传注，以会同群经。提倡会通，将考据与穷理结合起来，而不是夸多以穿凿。

虽身为理学家，但虞集并不排斥理学以外的其他学术派别，对非理学的各家各派包括功利学，他都积极吸取，以学术的繁荣促进社会的发展。虞集认为，如果不是这样，那将带来后患以致亡国。他说："乾、淳之间，东南之文相望而起者，何啻十数，若益公之温雅，近出于庐陵。永嘉诸贤，若季宣之奇博，而有得于经；正则之明丽，而不失其正。彼功利之说，驰骋纵横其间者，其锋亦未易婴也。文运随时而中兴，概可见焉。然予窃观之朱子继先圣之绝学，成诸儒之遗言，固不以一艺而成名。而义精理明，德盛仁熟，出诸其口者，无所择而无不当，本治而末修，领挈而裔委，所谓立德立言者，其此之谓乎？……而宋之末年，说理者鄙薄文辞之丧志，而经学、文艺判为专门，士风颓弊，于科举之业，岂无豪杰之出，其能不浸淫汩没于其间，而驰骋凌厉以自表者，已为难得。而宋遂亡矣。"[2] 指出南宋乾、淳年间，讲学大盛，著述成风，东南之文相望而起。包括理学和非理学的功利学等在内的各家各派会友讲学，辩难争鸣，相互吸取，融贯各家，使得南宋文运随时而中兴，学术大繁荣，社会也得到治理。到了宋末，理学鄙薄文学，经学与文艺判然二分，导致士风颓弊，宋朝也随之灭亡。可见综罗百家，学术繁荣与社会兴衰有密切关系。

虞集对功利学派赞许有加。他说："昔朱子在时，永嘉之学方兴，意气之轩昂，言辞之雄伟，自非朱子，孰足以当其锋哉？自是以来，以功业自许者，足以经理于当世。"[3] 对永嘉功利之学的称颂表明他对事功的

---

[1] （元）虞集：《送李扩序》，《虞集全集》，王颋点校，第539—540页。
[2] （元）虞集：《庐陵刘桂隐存稿序》，《虞集全集》，王颋点校，第500页。
[3] （元）虞集：《送李敬心之永嘉学官序》，《虞集全集》，王颋点校，第575页。

肯定和重视，而与正统理学家有别。

与几乎所有的理学家对王安石的一致声讨不同，虞集对王安石则给予适当的肯定，体现了其融通与包容精神。他认为王安石是"千百人中之一人，千百世而一见者也。文公高峻明洁，前无古人"①。并企图调和程颢与王安石之间的分歧。指出王安石变法时，"明道先生从之为三司条例司，未尝与之争，亦未尝委曲而从之也。而公心服其言，无不从者。使明道久与公处，其所谓高明精洁者，智足以知之，则潜融默化，以入圣人之域。从公之所立，必有大过人者，岂有后世之祸哉？"②认为如果程颢与王安石相处久一些，使王安石受程颢的影响，可能就不会发生"后世之祸"了。所以说程颢不得久与王安石相处，这不仅是王安石的不幸，而且也是天下之不幸。虞集对王安石的称赞和评价，不囿于理学家的立场，这是很难得的。

除对非理学的佛、道及王学、功利学等各家各派不加排斥，有所吸取外，虞集还对理学思潮中的不同流派和人物也持包容态度，而加以调和，不单纯否定一方。他说："欲求乎羲、文、周、孔之易，舍邵子、程子之学，则莫之能进矣。朱子著《易本义》多补塞程子之义，又作《易学启蒙》、原图书卦画而先天之说可得而窥焉。然独怪夫邵子、程子并生一时，居甚近也，道同出也，年又不相远也，而叔子注《易传》不闻与邵子有所讲明，而伯子尝谓邵子之学为加倍法，后问之则又以为忘之矣。"③就宋代理学之易学而言，虞集主张将象数派的邵雍与义理派的程颐两家易学结合起来，二者皆不可舍。并对朱熹易学既以《易本义》补程颐讲《周易》占卜本义之不足，又以《易学启蒙》完善邵雍之先天说，给予正面评价。但对邵雍、程颐既然为同时代的人，居处相近，又为理学同道，却在注《易》方面互不沟通，一个重"数"，一个重"理"，不曾讲明，表示"独怪"，不可理解。可见虞集吸取邵雍、程颐易说，将象数与义理相结合，而不偏向一边。这反映了虞集兼取诸家的包容精神。

---

① （元）虞集：《赠李本伯宗序》，《虞集全集》，王頲点校，第558页。
② （元）虞集：《赠李本伯宗序》，《虞集全集》，王頲点校，第558页。
③ （元）虞集：《易启蒙类编序》，《虞集全集》，王頲点校，第478页。

元代赵汸对虞集的这种兼取诸家的精神有所评价："公（指虞集）于诸经之说，不专主一家，必博考精思，以求致用之道。"① 指出虞集治经不专主一家，而是博考精思，兼取各家，融贯博通是为了求道，并将道付诸用。

虞集融通三教，兼取诸家，"博涉于百氏"的思想是他对中国学术发展史上，尤其是宋元以来各家各派学说的综合和总结，体现了元代学术所具有的融通、包容之特色。与虞集同时代的危素为虞集的《道园遗稿》作序云："公贯通经史，而博涉于百氏，故犁然各尽其蕴，而无所偏滞。"② 指出虞集贯通经史，又"博涉于百氏"，对诸家之说都能够做到使之释然自得，各尽其蕴，而不偏滞于一方。

如上所述，虞集崇道宗朱，继承道统，传播理学；治经以彰显圣人之心、明圣人之道；调和朱陆，重视心学，提倡简易工夫；融通三教，"博涉于百氏"，在此基础上加以融贯博通，使之会归于道。由此体现了元代理学发展的走向，他为理学的流传发展作出了贡献。也预示着学术发展的趋向及元代学风之转向，并对后世产生了重要影响。明代王祎指出："有元以来，大江之西有二大儒焉，曰吴文正公、虞文靖公。……方二公之讲学也，天下学者翕然师之，从而游者众矣。"③ 把虞集与吴澄相提并论，予以较高的评价，也由此可见虞集的影响。

（原载北京大学《哲学门》2010 年，总第 22 辑，第 2 册，北京大学出版社 2011 年版）

---

① （元）赵汸：《东山存稿》卷六《邵庵先生虞公行状》，影印文渊阁《四库全书》本。
② （元）虞集：《道园遗稿序》，《虞集全集》，王颋点校，第 1176 页。
③ （元）王祎：《王忠文集》卷五《赠陈伯柔序》，影印文渊阁《四库全书》本。

来知德对理学的疑辨及其易学的特点[*]

来知德以孔子为源头，疑辨理学，对理学提出批评。与此相关，针对宋儒言理不言象，象数与义理相脱节的倾向，他提出"舍象不可以言《易》""理寓于象数之中""太极不过阴阳之浑沦"的观点，并提出错综取象以注《易》的思想，把错综中爻的理论与卦、爻辞紧密结合，用象数释义理，对卦、爻辞予以新解，体现了其易学的特点，发展了传统易学。

来知德（1525—1604），字矣鲜，号瞿塘，明夔州府梁山（原属四川，今为重庆梁平）人。嘉靖三十一年（1552）乡试中举人，后多次赴京师考进士，均不第。后绝意仕途，旋返梁山。"杜门谢客，穷研经史"。万历三十年（1602）经总督王象乾、巡抚郭子章推荐，特授翰林待诏，以老疾辞，诏以所授官致仕，有司月给米三石终其身。万历三十二年（1604）去世，终年八十岁。来知德去世后，朝廷于万历三十五年（1607）下旨在来知德墓前建石牌坊，上书"聘君仁里"四字。御赐"崛起真儒"匾额，以褒其贤。

来知德著作颇丰，有《理学辨疑》《省觉录》《省事录》《河洛图书论》《入圣功夫字义》《心学晦明解》《大学古本》等，以上收入《来瞿唐先生日录》，共十三卷。来知德另著有《周易集注》，于此书用功尤笃，二十九年而成书，是易学史上用象数结合义理注释《易经》取得重要成就的人物。来氏其名、事在《明史》和《明儒学案》（列之《诸儒学案下》）中均有记载，现依据《日录》与《周易集

---

[*] 本文系国家社会科学基金项目"蜀学与经学研究"（编号：11BZX044）的阶段性成果。

注》等著作和相关材料研究来氏的哲学与易学思想,以展现来知德学术思想的特色。

一 以孔子为源头,疑辨理学

来知德对宋明理学既有批评和疑辨,亦有所肯定,总体来讲是对理学的扬弃和超越,而以孔子为源头。

来知德强调继承发扬孔子思想,并贯彻到躬行实践中。他说:"孔子曰:'文莫吾犹人也,躬行君子,则吾未之有得。'以孔子而犹曰'躬行君子,则吾未之有得',况学者乎!又曰:'君子之道四,丘未能一焉,有所不足,不敢不勉;有余不敢尽,言顾行,行顾言,君子胡不慥慥尔?'必至慥慥,此之谓实学。"① 来氏引孔子之言,强调既要有书本知识,又要身体力行,努力付诸实践。指出连孔子这样的圣人都强调躬行践履,何况一般的学者。来知德认为,做到了诚实而言行相应,并将其贯彻到父子、君臣、兄弟、朋友的人伦关系中去,这就是"实学"。"所谓躬行者,岂有别道,不过出孝入弟,人情物理上用功夫。"② 强调在人情物理上用功夫,这就是所谓的躬行。

由此,来知德以孔子为准则,对理学提出批评。周文在为来氏《理学辨疑》作序时称:来知德"有功圣门,恐非宋儒所可及……谈笑自若,绝口不及心学。……以领绢大书'愿学孔子'四字系之于臂"③。指出来知德于理学中,绝口不提心学,而以"愿学孔子"为宗旨,表明来氏之学与理学存在着差异。

或问:"朱子云天外无水,地下是水载"。北溪陈氏亦云"地是水载",不知是否?曰:"此正坐不理会造化大头脑也。地既是水载

---

① (明)来知德:《来瞿唐先生日录》内篇卷三《入圣功夫字义·躬行》,四川省图书馆藏清道光十一年刻本。
② (明)来知德:《来瞿唐先生日录》内篇卷三《入圣功夫字义·躬行》,四川省图书馆藏清道光十一年刻本。
③ (明)来知德:《来瞿唐先生日录》内篇卷六《理学辨疑序》,四川省图书馆藏清道光十一年刻本。

矣，水之外又何物耶？水之外如又是地，则地之外又何物耶？将振河海而不泄此一句说不通了。盖地虽如此厚载，周身全是气。……气者水之母，水者气之子……天才有此许大形体，就载得此许大水。五行金、木、水、火、土皆在天地之中，不出地之外……地在天之中周身都是气。"①

来知德强调，地由水载，而地如此厚载的原因在于气，"盖地虽如此厚载，周身全是气"。地虽是水载，但水则由气产生。即"气者水之母，水者气之子"，由此他批评朱熹及弟子陈淳之失在于未曾理会"造化大头脑"。所谓"造化大头脑"即宇宙万物产生的本原，在来知德看来，这个宇宙造化的本原就是气。金、木、水、火、土五行作为构成万物的材料皆在天地之中，不出地之外，而地在天之中，周身都是气，天地万物最终以气为本。这与朱熹的理本论哲学划清了界限，亦是对理学的疑辨和扬弃。

此外，来知德通过对《乾卦·象传》的解释，也提出了他的气本论思想。来知德在解释《周易·乾卦·象传》之"大哉乾元！万物资始，乃统天。云行雨施，品物流形"时说："有是气即有是形。资始者，气也，气发泄之盛，则'云行雨施'矣。'品'者，物各分类，'流'者，物各以类而生生不已，其机不停滞也。'云行雨施'者，气之亨；'品物流形'者，物随造化以亨也。"② 认为气为资始者，气发泄出来，为"云行雨施"，万物流形生生不已。表现出来氏的气本论哲学倾向。并且，来氏不同意朱熹理在天地之先的观点，认为物是理存在的前提。他说："朱子说：'未有天地之先，毕竟先有此理。'此句说得少差，有物方有理。程子说：'在物为理。'说得是。"③ 认为理存在于事物之中，有了事物才有事物之理。并认为太极与阴阳的关系不是本原与派生的关系，而是无

---

① （明）来知德：《来瞿唐先生日录》内篇卷六《理学辨疑·天地》，四川省图书馆藏清道光十一年刻本。
② （明）来知德：《周易集注》卷一，张万彬点校，九州出版社2004年版，第158页。
③ （明）来知德：《来瞿唐先生日录》内篇卷一《弄圆篇》，四川省图书馆藏清道光十一年刻本。

所谓先后。这是对朱熹太极论的质疑。他说:"'《易》有太极,是生两仪',不可执泥'是生'二字,盖无先后也。"① 在来知德看来,"自有太极含阴阳"②,太极包含了阴阳,但"阴阳浑沦,盖有不外乎太极,而亦不附乎太极"③,阴阳不依附于太极,不是太极的产物。这就与太极生阴阳的思想区别开来。来知德还找出孔子与朱熹思想的差异,肯定孔子。他说:"朱子云:'不言无极则太极同于一物,而不足为万化之根;不言太极则无极沦于空寂,而不能为万物之根'。若如此论,是孔子之言未明备,必俟周子之言始明备矣。盖孔子之言已明备无欠缺,包括无极在其中矣。周子恐人认错了太极二字为有形之物,故云无极,正所以解太极也。朱子说平了。"④ 来氏看出朱熹思想与孔子有别,而回护孔子,但实际上朱熹是以无极来说明太极即理的无形,以此论证二程的天理论,而来知德则认为此说与孔子之言有别而提出批评。

来知德以孔子为源头,疑辨和超越理学,在当时产生了较大影响,时人予以较高的评价。曾任桂林知府的傅时望,为《来瞿唐先生日录》作序,谓来知德"始知千载真儒,直接孔氏之绝学者,先生也。虽朱、程复生,亦必屈服,岂知孔氏之学至今日方大明也哉!"⑤ 认为来知德直接继承了孔子的绝学,使之在明代得以大明,即使程朱复生,也必屈服于来氏。给来知德以充分的肯定。

二 来氏易学的特点

与以孔子为源头,对理学提出批评和疑辨相联系,来知德针对宋儒言理不言象,象数与义理相脱节的弊端,在隐居注《易》期间,通过累年的探讨,提出了自己独特的"舍象不可以言易",假象以寓理,"理寓

---

① (明)来知德:《来瞿唐先生日录》内篇卷六《理学辨疑·太极》,四川省图书馆藏清道光十一年刻本。
② (明)来知德:《周易集注》末卷《心易发微伏羲太极之图》,张万彬点校,第841页。
③ (明)来知德:《周易集注》末卷《心易发微伏羲太极之图》,张万彬点校,第841页。
④ (明)来知德:《来瞿唐先生日录》内篇卷六《理学辨疑·太极》,四川省图书馆藏清道光十一年刻本。
⑤ (明)来知德:《来瞿唐先生日录序》,四川省图书馆藏清道光十一年刻本。

于象数之中"的易学思想;又提出"太极不过阴阳之浑沦耳"的观点,认为太极之理以气的聚散、流行为其存在的根据;并错综取象以注《易》,对象、错、综、变、中爻等加以说明,把错综中爻的理论与卦、爻辞紧密结合,用象数释义理,对《周易》予以新解,体现了其易学的特色,由此而发展了传统易学。

(一)"舍象不可以言《易》""理寓于象数之中"

针对易学史上只重义理不讲象数的倾向,来知德提出"舍象不可以言易""理寓于象数之中"的思想。他说:"《易》卦者,写万物之形象之谓也。舍象不可以言《易》矣。象也者,像也,假象以寓理,乃事理仿佛近似而可以想象者也,非造化之贞体也。彖者象之材也,乃卦之德也。爻者效天下之动者也,象之变也,乃卦之趣时也。是故伏羲之《易》惟像其理而近似之耳,至于文王有彖以言其材,周公有爻以效其动,则吉凶由此而生,悔吝由此而著矣。而要之,皆据其象而已。故舍象不可以言《易》也。若学《易》者不观其象,乃曰得意在忘象,得象在忘言,正告子所谓不得于言,勿求于心者也。若舍此象,止言其理,岂圣人作《易》,前民用以教天下之心哉?"① 来氏指出,所谓《易》卦不过是模写反映万物的形象而已,所以不可离象而言《易》。而所谓象,即是事物的形象通过卦象得以反映。象是对客观事物形象的反映,理则寓于象之中,"假象以寓理",理通过事物的形象表现出来,但理不是"造化之贞体",即万物之所以然的根据,认为理在象中,无象则无理。如果学者不观其象,舍象而止言其理,就违背了圣人据象而作《易》,以教天下的本意。

来知德批评了易学之义理派只重义理而忽视象数的倾向。他说:

> 自王弼扫象以后,注《易》诸儒皆以象失其传,不言其象,止言其理,而《易》中取象之旨遂尘埋于后世。本朝纂修《易经性理大全》,虽会诸儒众注成书,然不过以理言之而已,均不知其象。……夫《易》者,象也,象也者,像也。此孔子之言也。……若《易》,则无此事无此理,惟有此象而已。有象,则大小远近精粗

---

① (明)来知德:《周易集注》卷一四《系辞下传》,张万彬点校,第 666—667 页。

千蹊万径之理咸寓乎其中,方可弥纶天地;无象,则所言者止一理而已,何以弥纶?故象犹镜也,有镜则万物毕照;若舍其镜,是无镜而索照矣。不知其象,《易》不注可也。①

认为自王弼扫象以来,注《易》者就只言理,不言象,使得易学中的象数学不得其传,《易》中取象之旨亦湮没于世。至明朝纂修《五经大全》之《周易大全》。这在来氏看来,其涉及《易经》的,虽然汇集了诸儒众注而成书,但不过只是以理而言之,均不知其象。所以来知德强调"《易》者,象也,象也者,像也",并将此说成孔子之言,以增加其权威性。认为《易》唯有此象,有了象,则大小远近精粗千蹊万径等万事万物之理皆寓于象之中,方可统摄包罗天地;无象,则所言者仅是一理而已,如何能统摄包罗天地?所以象就像镜子一样,有镜则万物毕照;如果舍其镜,怎能反映万事万物呢?最终,来知德的结论是"不知其象,《易》不注可也",注解《易经》是不能离开象的,离象则理不可寓,事物之理通过象数得以体现。他说:"太极者,至极之理也,理寓于象数之中,难以名状,故曰太极。"② 可见,来知德提出"舍象不可以言《易》""理寓于象数之中"的思想,其易学融象数与义理为一体,这体现了来氏易学的特点。

(二)"太极不过阴阳之浑沦耳"

来氏易学的太极论别具特色,他提出"太极不过阴阳之浑沦耳"的观点,认为太极不过是阴阳之气聚散流行变化的条理,太极之理不是凌驾于阴阳二气之上的本体,而是以气的聚散、流行为其存在的根据。

太极论是来知德易学思想的重要组成部分,此处以来知德的《太极图》(亦称《圆图》,见图1)来分析。他认为太极即是至极之理,理作为主宰,它寓于象数之中,因其难以名状,故称之为太极。来知德的太极图即圆图为黑白互环相间,中间有一白圆圈。其白者为阳仪,黑者为

---

① (明)来知德:《周易集注》,张万彬点校,原序,第10—11页。
② (明)来知德:《周易集注》卷一三《系辞上传》,张万彬点校,第645页。

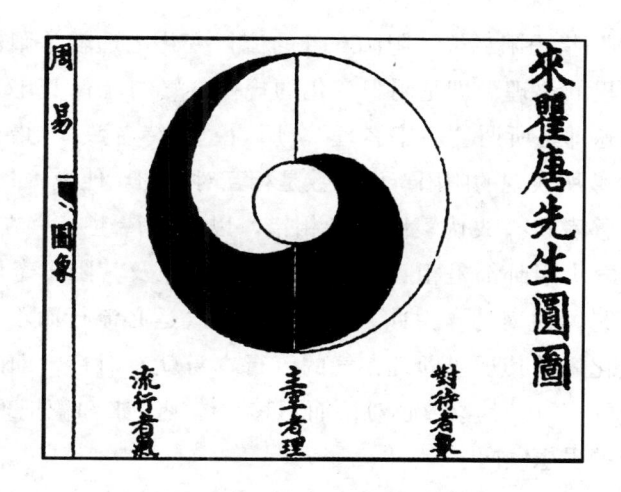

来知德对理学的疑辨及其易学的特点

图1 来知德的《太极图》

阴仪，黑白二路，阴阳互生，阴者可分为二，即太阴、少阴；阳者亦可分为二，即太阳、少阳。其白线居于黑中，黑线居于白中，说明阴中有阳，阳中有阴。黑中分太阴、少阴，白中分太阳、少阳，说明太极生两仪、两仪生四象、四象生八卦之义。阴阳二气生生不息，"其气机未常息"，即是太极。这里所说的"中间一圈，乃太极之本体"，是指太极的本然面貌，而不是以太极为整个宇宙的本体，太极之理也是寓于象数之中。他说："太极者至极之理也，理寓于象数之中，难以名状，故曰太极。生者，加一倍法也。两仪者，画一奇以象阳，画一偶以象阴，为阴阳之仪也。四象者，一阴之上加一阴为太阴，加一阳为少阳，一阳之上加一阳为太阳，加一阴为少阴。阴阳各自老少，有此四者之象也。八卦者，四象之上又每一象之上各加一阴一阳为八卦也。曰八卦，即六十四卦也。"[1] 其黑白二路，阳极生阴，阴极生阳，表明气机生生不息、循环不绝之理，即太极含阴阳互动之理。来知德主张把理、气、象、数统一起来。他说："流行者气，主宰者理，对待者数。"[2] 所谓"流行者气"，是指"《易》之气也，流行不已者也"[3]。气的属性就是流行，"流行者

---

[1] （明）来知德：《周易集注》卷一三《系辞上传》，张文彬点校，第645页。
[2] （明）来知德：《周易集注》卷首上《梁山来知德圆图》，张万彬点校，第2页。
[3] （明）来知德：《周易集注》卷首上《文王八卦方位之图》，张万彬点校，第6页。

· 251 ·

气"的"气"指阴阳二气,阴阳二气的流行变化之理就是阳极变阴,阴极变阳。这里的"理"即是阴阳变化的规律,气的流行变化必然遵循着这个规律。这即是所谓"主宰者理"。所谓"对待者数",指有象而有数(爻位),爻数所表现的阴阳奇偶之数是相互对待的。他说:"《易》之数也,对待不移者也。故伏羲圆图皆相错,以其对待也。"① 在来氏看来,伏羲八卦及六十四卦都是相互对待的,卦、爻象及其阴阳奇偶之数的对待,即是《易》之对待。由此,来知德强调气运必流行而不已;阴阳二气的流行变化遵循其规律即理,气的流行本身就有对待,即阴阳二气的互动;有气的流行,其象数必对待而不移,体现了来知德把理、气、象、数结合起来的思想倾向。

可见,来知德重视气的流行变化对太极之理的影响,这体现了来氏不同于宋儒的特点。

(三)错综取象以注《易》

来知德在其《周易集注》的原序中,述其注《易》之原委,指出自己根据《周易·系辞》之"错综其数""非中爻不备""二与四同功""三与五同功",以及"参伍其变"数语,又悟伏羲文王周公之象、文王《序卦》、孔子《杂卦》之义,以此为指导,加以自己创新性的发挥,从而提出错综取象以注《易》的思想,从象、错、综、变、中爻五个方面注《易》,把错综中爻的理论与卦、爻辞紧密结合,用象数释义理,对卦、爻辞予以新解,发展了传统易学。

来氏的错综取象说是针对虞翻和朱熹的"卦变说"而提出的注《易》方法。他不同意虞翻的"卦变说"以及朱熹对此说的信从。他说:"又如以某卦自某卦变者,此虞翻之说也,后儒信而从之。"② 认为"卦变说"不符合《周易》的本旨,因而他提出了自己的错综取象解《易》说。

来知德从"舍象不可以言《易》"的思想出发,重视象,以象解《易》,而易象却有多种。他说:"《朱子语录》云:'卦要看得亲切须是兼象看,但象失其传了。'殊不知圣人立象,有卦情之象,有卦画之

---

① (明)来知德:《周易集注》卷首上《伏羲八卦方位之图》,张万彬点校,第5页。
② (明)来知德:《周易集注》原序,张万彬点校,第11页。

象，有大象之象，有中爻之象，有错卦之象，有综卦之象，有爻变之象，有占中之象。正如释卦名义，有以卦德释者，有以卦象释者，有以卦体释者，有以卦综释者，即此意也。所以说：'拟诸其形容，象其物宜。'但形容物宜可拟可象，即是象矣。自王弼不知文王《序卦》之妙，扫除其象，后儒泥滞《说卦》，所以说'象失其传'，而不知未失其传也。"① 来氏对朱熹"象失其传"的观点持反对态度，认为圣人立象有多种，象"未失其传"，而在诸易象中，错综之象的注《易》方法集中体现了他以象解《易》的易学特色。所谓"错综"，来氏云："伏羲之卦主于错，文王之卦主于综，故次之以错综。……错综二字，无论六爻变与不变，皆不能离者也。若无错综，不成《易》矣。"② 对错综说高度重视。所谓"错"，来知德指出："错者，阴与阳相对也。"③ 指两卦相同爻位上的爻，其爻性相反。天地万物独阴独阳不能生成，故必有错，错是对阴阳相对现象的反映。如乾、坤两卦相错，乾的各爻都为阳爻，坤的各爻都为阴爻，从初爻到上爻，每爻都是阴阳一一相对应的。再如艮卦与兑卦相错，艮卦的初爻为阴，兑卦的初爻为阳，从初爻到上爻，两卦的每一爻也都是阴阳一一对应的。

所谓"综"，来知德指出："综字之义，即织布帛之综，或上或下，颠之倒之者也。"④ 综指上下颠倒，两卦中的一卦颠倒为另一卦。如损、益相综，即是损与益卦象相互颠倒。他说："如损益相综，损之六五即益之六二，特倒转耳。"⑤ 卦之所以有综，在来知德看来，"天地间万物……阴阳循环之理，阳上则阴下，阴上则阳下，故必有综"⑥。综是对阴阳对立，上下颠倒、转换的反映。

总而言之，来知德以错综二字，极易象之变，以悟天下之象，用以表达宇宙间独阴独阳不能生成，有刚必有柔，有男必有女的阴阳对待之理，以及阴阳循环，阳上则阴下，阴上则阳下，故颠之倒之，可上可下，而非死物胶固一定，一成不变的阴阳流行之理。以错综之象作为易

---

① （明）来知德：《周易集注》卷首上《易经字义·象》，张万彬点校，第76页。
② （明）来知德：《周易集注》卷首下《易学六十四卦启蒙》，张万彬点校，第85页。
③ （明）来知德：《周易集注》卷首上《易经字义·错》，张万彬点校，第77页。
④ （明）来知德：《周易集注》卷首上《易经字义·综》，张万彬点校，第78页。
⑤ （明）来知德：《周易集注》卷首上《易经字义·综》，张万彬点校，第78页。
⑥ （明）来知德：《周易集注》卷首下《易学六十四卦启蒙》，张万彬点校，第85页。

理的表达方式，借错综之说来反映宇宙间万事万物的阴阳对待流行之理。

来知德不同意虞翻的"卦变说"和朱熹对"卦变说"的认同，而提出卦的错综说。并重视变，强调"至变者《易》也，至神者《易》也"①。把变视为《易》的本质属性。所谓变，来氏认为，"变者，阳变阴，阴变阳也"②。阴阳的变化和相互转化是变的基本内容。然变的主要表现则是爻变而非卦变。这是来知德与虞翻及朱熹的不同之处。他说："盖爻一动即变。"③ 重视爻变，这是来知德易学的特点。

来知德在注《易》的过程中，还提出中爻说，把错综中爻的理论与卦、爻辞结合起来，使每一卦能旁通于其他的卦，从而扩大了解释的空间。关于"中爻"，来知德云："中爻者，二、三、四、五所合之卦也"④，即一卦中的二、三、四、五爻可连接组合成其他的卦。比如来知德说："离卦中爻为巽（☴），绳之象也。"⑤ 即离卦的二爻为阴，三、四爻为阳，二、三、四爻合成的卦是巽卦，巽卦乃绳子之象。又说："中爻者，阴阳内外相连属也。"⑥ 中爻可由阴阳爻相连属而组成他卦。来知德说："周公作爻辞，不过此错、综、变、中爻四者而已。"⑦ 并云："伏羲之卦主于错，文王之卦主于综……文王、周公系辞，皆不遗中爻。"⑧ 表明来知德的中爻说，与其错、综、变说相连，把六十四卦各卦中的内外卦联系起来，形成一个有机整体，以反映客观事物的普遍联系。⑨

质言之，来知德从阴阳对立的普遍性原理出发，提出自己独特的"舍象不可以言易"，假象以寓理，"理寓于象数之中"的易学思想；又提出"太极不过阴阳之浑沦耳"的观点，认为太极之理以气的聚散、流行

---

① （明）来知德：《周易集注》原序，张万彬点校，第11页。
② （明）来知德：《周易集注》卷首上《易经字义·变》，张万彬点校，第80页。
③ （明）来知德：《周易集注》卷首上《易经字义·变》，张万彬点校，第80页。
④ （明）来知德：《周易集注》卷首上《易经字义·中爻》，张万彬点校，第81页。
⑤ （明）来知德：《周易集注》卷一四《系辞下传》，张万彬点校，第660页。
⑥ （明）来知德：《周易集注》卷首上《易经字义·中爻》，张万彬点校，第81页。
⑦ （明）来知德：《周易集注》卷首上《易经字义·中爻》，张万彬点校，第81页。
⑧ （明）来知德：《周易集注》卷首下《易学六十四卦启蒙》，张万彬点校，第85页。
⑨ 此处参见陈德述《来知德的易说及其自然哲学》，载《儒学文化论》，巴蜀书社1995年版。

为其存在的根据；并错综取象以注《易》，运用错、综、变、中爻的理论来注解《易》，用象数释义理，阐释理寓于象中的思想，对易学的发展作出了贡献。

［原载《福建论坛》（人文社会科学版）2012 年第 1 期］

费密的中实之道与弘道论

费密（1625—1701），字此度，号燕峰。四川新繁（今属成都市新都区）人，明清之际著名思想家。其父费经虞（1599—1671），明崇祯举人，曾任云南昆明知县，为当时知名学者。费密的学术思想经历了从早年好程朱、崇佛教、习静坐，到后来厌烦理学弊端的空虚无用，而倡明实学、批评道统的转变过程。

费密早年为了躲避战乱，往返于四川的彭县、什邡、新繁之间的诸山村中。后一人到昆明找父亲费经虞离开云南返蜀。顺治九年（1652年），费密二十八岁。饱经战乱的费密陪同父母举家北行，逃离四川。第二年，费密全家逃难到汉中府沔县（今陕西勉县），居住四年。顺治十五年（1658）春，全家迁移到江苏扬州伯外父杨云鹤家中。至此，费密结束了多年的流亡生活。在以后的四十多年里，他潜心学术研究，根据自己在社会大动荡中的亲身体验，结合社会人事来研究儒家经典，逐步形成了独具特色又与时代思潮紧密联系的思想。

费密除潜心于古经的研究和开门授徒、居家讲学外，还周游全国各地，寻师交友。他遍历江浙、山东、河北、山西、北京、河南、江西、广东等地，广泛与社会各阶层人士交往，其中包括著名学者、将军、官吏、市民等。从学造访者络绎不绝。他拜孙奇逢为师，与颜元、李塨为友。他与当时著名人物唐大陶（唐甄）、万斯同、阎若璩、朱彝尊、魏禧、屈大均、吕留良、孔尚任之间"纵横经史"，皆有密切的文字之交。康熙四十年（1701），费密卒于江都县夜田村，终年七十七岁。费密死后，其门人私谥为"中文"先生。

费密在当时很有影响，其一生著述甚富，但不少著作今已失传。据

《中文先生家传》和《新繁县志》等记载，其主要著作有：《中传正纪》，叙述儒林人物两千多人，由此驳斥宋儒的道统论，今已不传；《弘道书》十卷（今本三卷）；《圣门旧章》二十四卷；《文集》二十卷；《外集》三十二种，一百二十二卷。张邦伸说："蜀中著述之富，自杨升庵后，未有如密者。"①《中文先生家传》称："以上诸书，皆手自钞录，家贫未能镌刻行于世。"这恐怕是费密的著作大部分失传的主要原因之一。民国时期，成都唐鸿学将费密遗留的著作搜集整理，并经过校刊，于1920年刻印《费氏遗书三种》（《弘道书》《荒书》《燕峰诗钞》），收入怡兰堂丛书。其中《弘道书》是研究费密学术思想的主要材料。

费密肯定"七十子"以来汉唐诸儒"相传共守之实学"，提出中实之道的思想，成为当时实学思潮的重要组成部分，体现了明清之际的时代精神。费密主张"欲不可禁"，也不可纵，批评"专取义理"压制人欲的倾向。他的弘道论别具特色，主要是提出了帝王统道的"道脉谱论"，以代替理学道统论；并提出"舍经无所谓圣人之道"的思想，主张不受宋儒说经的束缚，从汉唐诸儒对儒家经典的注疏中求得圣门本旨。由此尊崇汉儒，重视训诂注疏，开清朝汉学之风气，给后来的汉学复兴以重要影响。

一　中实之道

费密饱经战乱，经历了明王朝灭亡的社会大变动，他把批判的目标指向了理学。并在批判理学的过程中，提出了一系列革新思想、革新学术的主张。其思想影响正如胡适先生所说："费氏父子一面提倡实事实功，开颜李学派的先声；一面尊崇汉儒，提倡古注疏的研究，开清朝二百余年'汉学'的风气。"②费密在叙述其学术思想的要旨时指出："何谓吾道？曰：古经所载可考也。谓之吾道者，所以别于诸子百家偏私一隅而自以为道，不中不实也。中而不实，则掠虚足以害事；实而不中，

---

① （清）张邦伸：《锦里新编》卷五，成都存古书局1913年刻本。
② 胡适：《胡适文存》二集，上海亚东图书馆1924年版，第138页。

过当亦可伤才。圣人慎言谨行，终身于恕，事不行怪，言不过高。既中且实，吾道事矣。"① 以中、实来概括其学术之道的要旨。费密所谓的"中"，就是指"通诸四民"，即言论和行动都必须为农、工、贾、士四民所"皆通""共识"；所谓的"实"，就是指"见诸日用常行"，即体现为日用常行之实事。费密说："通诸四民之谓中，信诸一己之谓偏；见诸日用常行之谓实，故为性命恍忽之谓浮。……欲明道行道，实焉中焉，言人所共识，行众所皆通也。"② 以"通诸四民"反对"偏私一隅"，以"日用常行"反对空言性命，把道的内容规定为"中"与"实"。提高农、工、商的地位，以"四民"行实事作为道的内涵。这既批评了理学流弊的空疏，又朦胧地反映了市民意识的觉醒，从而展示了未来社会的前景。

费密从中实之道的理论出发，批评了宋明理学的空谈性命和崇尚虚无之弊。他说："自魏晋老氏之说始入于儒，吾道杂乱之所由起，浮虚之所由出也。……朱陆异同之辨起矣，王程朱陆之说再倡，学者皆谈性命神化为闻道，以治天下国家为绪余。……自宋佛氏之说始入于儒，吾道杂乱之所繇盛，浮虚所以日炽也。"③ 费密认为，理学以空谈性命为宗，却忽视治理国家的大事。他指出，佛、道杂入儒学是产生"浮虚"的根本原因。费密看到理学流弊的危害，认为后世统治者把杂入佛、道的理学拿来从政、治理天下，结果造成日用伦常未能合道，即已不是真正的儒家之道。费密还指出，空谈心性必然导致国家积弱。他说："宋遂卑弱不堪，令人痛哭。皆诸儒矜高自大，鄙下实事，流入佛老，专喜静坐而谈心性，全不修当务。"④ 认为"鄙下实事""专喜静坐"是理学的流弊之一。

由此，费密把宋明理学各派人物的理论列在《吾道变说表》中加以批驳。诸如周敦颐的"无极而太极"，程颢的"静坐会活泼泼地"，程颐的"冲漠无朕，万象森然已具"，邵雍的"天根月窟"，张载的"天地之

---

① （清）费密：《弘道书》卷中《吾道述》，怡兰堂丛书1920年刊本，本文凡引此书同。
② （清）费密：《弘道书》卷中《吾道述》。
③ （清）费密：《弘道书》卷下《圣门定旨两变序记》。
④ （清）费密：《弘道书》卷上《原教》。

帅吾其性"，陆九渊的"本心，六经注我，我注六经"，朱熹的"格物穷理，一旦豁然贯通"，陈献章的"静中养出端倪"，王阳明的"致良知，向上一机"等，费密认为这全部是儒家圣人之道的异端变说。他不仅批评了程朱理学，而且批评了陆王心学、张载关学等，对它们的总评价是："此后世所变之说，偏浮，为道大害。不久而改。"① 全部应在改正之例。

费密还从历史和现实的经验出发，提出以有代无，以力行代清谈的主张。他说："有、力行，二者圣门为学之方。"② 并将吾道本旨：有、力行与吾道变说：无、清谈对举。认为无是老子、佛氏所称，而清谈是魏晋初变古学，应把以"有、力行"为本旨的圣门之学与"无、清谈"为代表的佛老之学严格区别开来。

费密所谓的有，即实有，"实则日用寻常"③，就是日常生活中的实事。"习实事如礼、乐、兵、农、漕运、河工、盐法、茶、马、刑算，一切国家要务皆平日细心讲求。"④ 费密认为一切有关国计民生的实事都应该认真讲求，习行实施，而空谈则误国，于事无补，与民无益。他说："若不垦荒则田地芜缩，不漕运则京师空虚，非两税无以使民休息，不募兵无以御敌制胜，不关税则赏赐诸费无所出，如悉取足于田亩则农愈困，积蓄寡而动多掣肘矣。……盖文事武备，先王之所不可少。空谈仁义恶可以治平耶？"⑤ 费密这一"习实事"的思想涉及垦荒、漕运、两税、募兵、关税等文事武备、治理国家的各个方面，是他"中实之道"思想的体现和贯彻，亦是当时兴起的实学思潮的表现。

与整个时代思潮相呼应，费密提倡经世致用之学，主张"通人事以致用"⑥。他轻视那种脱离实际，死读书作八股文的书呆子。叹息道："有问以簿书钱谷之数，天下几何？茫茫不能对也。始知书不可多读。平日为八股误了许多工夫，徒成不识时务，良可叹也。"⑦ 费密反对死读书不

---

① （清）费密：《弘道书》卷中《吾道变说表》。
② （清）费密：《弘道书》卷中《吾道本旨表》。
③ （清）费密：《弘道书》卷下《圣门定旨两变序记》。
④ （清）费密：《弘道书》卷上《原教》。
⑤ （清）费密：《弘道书》卷中《先王传道述》。
⑥ （清）费密：《弘道书》卷下《圣门定旨两变序记》。
⑦ （清）费密：《弘道书》卷上《原教》。

识时务，强调读书必须与实事相结合。他说："舍实事而传空文，必入于虚浮幽寂矣。"① 读书的目的在于实用，发议论必须本诸事实，反对议论与实事两不相干。他指出："自宋以来，天下之大患在实事与议论两不相侔，故虚文盛而真用薄。"② 把宋以来议论脱离实际的情形看成贻天下的大患。费密进一步提出："浮言荒说，高自矜许，诬古人而惑后世，非圣人所取也。圣人所取，修之有益于身，言之有益于人，行之有益于事，仕则有益于国，处则有益于家。"③ 认为修、言、行、仕、处都必须以有益于身、人、事、国、家为标准。总而言之，注重实事，反对空言是费密学说的特点，他提出的"中实之道"成为当时批判理学的实学思潮的组成部分，体现了明清之际的时代精神。

二 "欲不可禁"

肯定人的正当物质欲望，反对禁欲主义，是费密实学思想的又一鲜明特点。站在理学弊端的对立面，从人的自然本性出发，充分肯定人欲的合理性。他说："饮食男女，人之大欲存焉，众人如是也，贤哲亦未尝不如是也。"④ 费密明确指出，饮食男女是人人都具有的自然本性，不仅众人如此，而且贤哲等上层人物也如此。他说："男女衣食之事，自上逮于草野，无有殊也。"⑤ 可见欲并不是万恶之源，而是人所不可避免的。费密还进一步提出：

生命，人所甚惜也；妻子，人所深爱也；产业，人所至要也；功名，人所极慕也；饥寒困辱，人所难忍也；忧患陷厄，人所思避也；义理，人所共尊也。然恶得专取义理，一切尽舍而不合量之与？论事必本于人情，议人必兼之时势，功过不相掩，而得失必互存。

---

① （清）费密：《弘道书》卷中《吾道述》。
② （清）费密：《弘道书》卷中《先王传道述》。
③ （清）费密：《弘道书》卷上《原教》。
④ （清）费密：《弘道书》卷上《统典论》。
⑤ （清）费密：《弘道书》卷上《弼辅录论》。

不尽律人以圣贤，不专责人以必死，不以难行之事徒侈为美谈，不以必用之规定指为不肖。①

在费密看来，生命、妻子、产业、功名，等等，是和义理同样重要的东西。言义理不得舍去这些人所不可缺少的欲望和需求。这些都是人的本性，因而他主张"论事必本于人情"，反对把义理与人情、人欲割裂开来，以义理压制人之情欲。对于理学家"律人以圣贤""责人以必死"的要求，费密认为这是人们无法做到的"刻隘臆说"②。他的这种"论事必本于人情"，反对理学"专取义理""律人以圣贤""责人以必死"的思想，不仅是对巴蜀哲学史上三苏、魏了翁等重人情思想的继承发展，而且开戴震"今以情之不爽失为理，是理者存乎欲者也"③的天理存在于情欲之中思想的先河，同时对刘沅重视人情的思想也产生一定的影响。

费密肯定人欲，反对禁欲，但不主张纵欲。他所主张的是在充分肯定人欲的基础上，以义理和刑罚来节制它。他说："欲不可纵，亦不可禁者也。不可禁而强禁之，则人不从；遂不禁任其纵，则风俗日溃。于是因人所欲而以不禁禁之。制为礼乐，定为章程，其不率者，俟之以刑，使各平心安身而化。"④ 对待人欲，费密主张，欲不可禁，也不可纵，应该"以不禁禁之"。就是说，既不是禁欲，又不是纵欲。他反对走两个极端，而主张将义理与人欲在自然的基础上加以结合，使人们在"礼乐"和"章程"的指导下节制人欲，有违反者，再加之以刑罚，使人人做到"平心安身而化"。

三　弘道论

发掘和论证古代经书中所载的圣门之道的演变脉络，打破程朱理学的道统论，是费密弘道论所宣扬的内容。由此他提出了与传统理学道统

---

① （清）费密：《弘道书》卷上《弼辅录论》。
② （清）费密：《弘道书》卷上《弼辅录论》。
③ （清）戴震：《孟子字义疏证》卷上《理》，中华书局1961年版，第8页。
④ （清）费密：《弘道书》卷上《统典论》。

论不同的道脉谱论,以此弘扬经书所载的圣门之道;并强调"舍经无所谓圣人之道",重视经学训诂注疏,以批评宋儒"改经更注""乱旧章"的弊病。

(一) 道脉谱论

费密提出道脉谱论的理论针对性是程朱的道统论。费密从帝王传道、统道的立场出发,不承认道统的存在。只主张"从古经旧注发明吾道"①,给程朱道统论以彻底的否定。费密认为,道统之说,孔子在任何书里都没有讲到,只是到了后世才出现,因而是无根据的。他说:

> 不特孔子未言,七十子亦未言,七十子门人亦未言。百余岁后孟轲、荀卿诸儒亦未言也。……何尝有道统之说哉?……流传至南宋,遂私立道统。自道统之说行,于是羲、农以来尧、舜、禹、汤、文、武裁成天地,周万物而济天下之道,忽焉不属之君上而属之儒生。致使后之论道者,草野重于朝廷,空言高于实事,世不以帝王系道统者,五、六百年矣。②

费密以圣人不言、古经不载作为道统为非法的理由。他斥责理学家"道统私创,违悖圣门,与经不合也"③。这种以复古的形式来批判现实的手法,反映了那个时代的特点。费密在力辟程朱道统论时指出,宋儒所谓自孔孟以后一千多年才出了周程接续道统的说法是不符合历史事实的。他认为,"孟子既没,周程未生,中间千有余年,人心不死,纲常不移,孰维持是?程朱谓道统绝于孟子,续于明道,亦属偏陂之说"④。他历叙七十子以来汉唐诸儒"相传共守之实学"⑤,表明儒学的传授系统并未中断。并指出,奠定程朱理学基础的邵雍、周敦颐的学说,才与孔孟无关。他们的理论一是来自道教,一是来自佛教,如果硬说他们是孔孟的传人,

---

① (清)费密:《弘道书·题辞》。
② (清)费密:《弘道书》卷上《统典论》。
③ (清)费密:《弘道书》卷上《弼辅录论》。
④ (清)费密:《弘道书》卷上《道脉谱论》。
⑤ (清)费密:《弘道书》卷上《道脉谱论》。

费密的中实之道与弘道论

那就是对圣道的侮辱。费密说:"言邵雍之图得于老氏陈抟,周敦颐之道妙得于佛氏林总。羲、文、周、孔至宋,乃托二氏再生于天地之间,吾道受辱至此!"① 然须指出,尽管理学家有对佛老吸取借鉴的因素,但以儒家伦理为本位,却是理学与二氏的原则区别。费密在对理学批判时,忽视了这一点。

在否定旧的理学道统论的同时,费密提出了自己的道脉谱论。他所论证的儒家圣门之道的传授、演变的脉络是以万世帝王相传为中心的。他说:

> 盖羲、农尚矣,尧命舜称允执厥中,舜亦以命禹,汤执中,文、武、周公无偏无陂,皆中也。万世帝王传焉,公卿用之,至孔子曰中庸。古今学者守之,庠序布焉。是中者,圣人传道准绳也。不本中以修身,僻好而已;不本中以言治,偏党而已;不本中以明学,过不及而已。故谓之中传。师友闻见,世世不绝,使斯文未坠,故谓之道脉也。②

费密所谓的"道脉",是以上古帝王为首,"万世帝王传焉",而"公卿用之""学者守之",都不离中。虽然费密的这个道脉谱论与他所批判的理学道统论都重视中,强调执中、本于中,但费密的道脉谱论却把传道、统道系之于帝王,其主导道的传授的是历代帝王,而与理学道统论所宣扬的圣贤、儒生统道、传道,道统中没有周公以后历代帝王的地位的观念迥然不同。这表明费密提出的道脉谱论的主体是帝王将相。他说:

> 后儒以静坐谈性辩理之道,一切旧有之实皆下之,而圣门大旨尽失矣。密少逢乱离,屡受饥馑,深知朝廷者,海宇之主也;公卿者,生民之依也。稍有参差,则弱之肉强之食。此时"心在腔子""即物穷理""致良知"有何补于救世?岂古经之定旨哉!言道而舍

---

① (清)费密:《弘道书》卷上《道脉谱论》。
② (清)费密:《弘道书》卷上《道脉谱论》。

· 263 ·

帝王将相何称儒说?①

费密以帝王道脉来代替理学道统,把国家的治乱寄托于帝王将相。固然是对理学道统论及其"从道不从君"、仁义之道重于君主之位观念的否定,殊不知确立理学正统地位,使理学流弊行于天下的,也正是历代帝王。费密既反对程朱的道统论,又提出帝王统道,公卿用之,学者守之的道脉谱论,这反映出在费密的头脑里,封建正统思想仍占有主要位置。这种情形在明末清初的学术界里,构成了一种新旧杂陈、错综复杂的思想状态。中国早期思想启蒙运动正是在这曲折的道路上行进着的。

(二)"舍经无所谓圣人之道"

与对理学道统论的批判相关,费密提出"舍经无所谓圣人之道"的思想,这也是其弘道论所宣扬的理念。自明末清初以来,进步思想家们为了摆脱理学弊端的束缚和影响,思想上出现"是汉非宋"的倾向,即以汉儒对儒家经典的注释为标准,来反对宋儒对经的诠释发挥。

费密从时代的艰难困苦中走出来,抛弃了宋儒义理之学,把注意力放在古经注疏上,企图从中寻找"通人事以致用"的道理。费密曾自言:"密事先子多年,艰苦患难阅历久,见古注疏在后。使历艰苦患难而不见古注疏,无以知道之源;使观古注疏而不历艰苦患难,无以见道之实。"②费密认为,"圣人之道惟经存之,舍经无所谓圣人之道"③。他指出,不能离开儒家经典而谈道,圣人之道载诸古经,是明明白白的,后儒妄改古经,不足为信。他说:"古经之旨何也?圣人之情见乎辞,惟古经是求而通焉,旨斯不远矣。大道之行圣王不一,皆敦本务实以率天下,……古经备矣,不待后世有所发明,其旨始显也。……后儒自取私说,妄改古经,追贬七十子,尽削汉唐守道诸儒,恶足信乎?"④费密指出:"古今远

---

① (清)费密:《弘道书》卷上《文武臣表》。
② (清)费密:《弘道书》卷下《圣门定旨两变序记》。
③ (清)费密:《弘道书》卷上《道脉谱论》。
④ (清)费密:《弘道书》卷上《古今旨论》。

隔，舍遗经而言得学，则不本圣门，叛道必矣。"① 要冲破宋儒说经的束缚，就得从汉唐诸儒对儒家经典的注疏中求得圣门本旨。他说："舍汉唐注疏，论人心道心，致成虚浮杳冥，皆非圣人本旨也。"② 并认为，由于时代变迁，古今文字不同，故只有通过训诂才能明白古经的本义。他说："古今不同，非训诂无以明之，训诂明而道不坠。后世舍汉儒所传，何能道三代风旨文辞乎？故汉儒之于圣门，犹启甲成康之于禹汤文武也。"③ 在这里，费密把汉儒与圣门之间的关系描述得十分紧密，可见他对汉儒的尊崇。

　　费密之所以是汉唐而非宋学，是因为他认为汉唐诸儒的年代皆在宋儒之先，尤其是汉儒"去古未远"，其对经典的注释比起后世宋儒妄改古经，以己意说经的解说来看更为真实可信。费密的分析有一定的道理。儒家经典经过历代流传，传写错漏，文字古奥，意义不确，甚至伪造掺假，而宋学的特点是重义理而对训诂考据不予更多重视，有的就直接依据这些经典材料阐发义理和理学思想，甚至以己意改经，并把自己的观点加于经典，以至于出现错上加错的情况。费密对此指出："宋之理学则改经更注，以就其流。入佛氏之曲说，而儒害益深益大。……朱熹，二程之巨浪也；王守仁，九渊之余焰也，四家之书具在，与古经相睽者，远矣。……皆诸儒作聪明，乱旧章，其可叹者，岂胜言哉！"④ 费密看到了宋明儒者"改经更注""乱旧章"的毛病，于是寻本探源，从汉代的注解中寻找思想理论的依据，肯定汉儒在传授儒家经典中的功绩和作用，从而否定宋儒发挥的义理。他说："然汉儒，冢子也；后儒，叔季也。汉儒虽未事七十子，去古未远，初当君子五世之泽，一也；尚传闻先秦古书，故家遗俗，二也；未罹永嘉之乱，旧章未散失，三也。"⑤ 费密以汉代"去古未远"，先秦遗书尚传等理由，反宋复汉，给后来的"汉学"运动以一定的影响。费密在考据学和古注疏方面，作出了自己的贡献。他

---

① （清）费密：《弘道书》卷上《道脉谱论》。
② （清）费密：《弘道书》卷中《先王传道述》。
③ （清）费密：《弘道书》卷上《原教》。
④ （清）费密：《弘道书》卷下《圣门定旨两变序记》。
⑤ （清）费密：《弘道书》卷上《道脉谱论》。

和顾炎武的考据学给清代乾嘉考据学带来相当大的影响。

通过以上对费密批判理学的实学思想和弘道论的分析论述,可以看出,费密的学术思想是明清实学思潮的重要组成部分。他为明清之际实学思潮的高涨以取代理学作出了重要贡献,并具有自己鲜明的特色。因而在巴蜀哲学史、明清实学思潮史上占有重要地位,对清代乾嘉汉学的崛起也产生了重要的影响。

唐甄的社会批判与革新求实思想

唐甄（1630—1704年），原名大陶，字铸万，后改名为甄，别号圃亭。达州（今属四川）人。唐甄祖先是浙江兰溪人，元末入蜀做官，定居达州。其祖父唐自华官为郎中，当明末农民军进入四川时，不惜毁家纾难，组织地主武装对抗农民军。其父唐阶泰（？—1650），系明末著名学者、爱国民族英雄黄道周的弟子，明崇祯十年（1637）举进士，授苏州府吴江知县。唐甄八岁遂离开达州老家随父宦居吴江等地。唐阶泰后任江西按察司经历，迁礼部祠祭司郎中。明亡，唐甄随其父避难于浙江山阴，徙居新昌，后又还寓吴江。唐阶泰于清顺治七年（1650）病卒，此时唐甄二十一岁，家贫无所得，乃学为时文，还蜀参加乡试，于顺治十四年（1657）二十八岁时考中举人。次年到北京考进士，会试不第。曾出游河北、河南、浙江、江苏、山西、湖北、安徽等地。并于康熙十年（1671）四十二岁时出任山西省潞安府长子县知县。然任职十月即被革职。在长子县罢任后，唐甄返归吴江，再迁苏州，与魏禧相识。中年以后，唐甄生活逐步陷于穷困。仍志于学，勤于诵读，笃于筹策，探讨圣人之道及圣人治天下之法。唐甄晚年生活穷困，家贫少食，卒于清康熙四十三年（1704），享年七十有五。

其代表著作为《潜书》九十七篇。原名《衡书》，表示其政治抱负"志在权衡天下"，五十岁时由魏禧之助刊于苏州。后以连蹇不遇，改名《潜书》，刻印于唐甄卒后。现有中华书局1963年6月增订第2版本，2009年5月第5次印刷。唐甄的著作还有《圃亭集》《日记》《毛诗传笺合义》《春秋述传》《潜诗》和《潜文》等，已散失。

唐甄在治学中，批判封建帝王专制；重视事功，批评程朱理学，主张道不离欲，把道德原则建立在实事实功和客观物质欲望的基础上。其对理学的批判，反映了时代的变迁和社会风尚的变化，由重心性之学、道德自律转向重事功之学和关注人生日用。唐甄对阳明学既有赞赏和认同，也有批评。并提出心为本，经为末，五经不过是明心之助，四书重于五经的经学思想，具有自己的思想特色。这些方面体现了唐甄的社会批判、启蒙和革新实学思想，在当时的思想界和巴蜀哲学史上占有重要地位。

一 "凡为帝王者皆贼也"

唐甄经历了明清之际的社会大动荡，目睹明王朝的覆灭和人民遭受的苦难，他站在儒家仁政和民本思想的立场，把批判的目标指向自秦以来的封建帝王专制。他说："大清有天下，仁矣。自秦以来，凡为帝王者皆贼也。"① 唐甄是把"仁"作为大清之有天下的前提，即在儒家仁政的基础上来批判秦以来的帝王皆为贼。可见儒家仁政思想是唐甄批判封建专制主义的参照系。正因为历代封建帝王站在了"仁"的对立面，所以才为"贼"，这遭到了唐甄的激烈批判。他说：

> 杀一人而取其匹布斗粟，犹谓之贼；杀天下之人而尽有其布粟之富，而反不谓之贼乎！三代以后，有天下之善者莫如汉。然高帝屠城阳，屠颍阳；光武帝屠城三百。使我而事高帝，当其屠城阳之时，必痛哭而去之矣；使我而事光武帝，当其屠一城之始，必痛哭而去之矣。吾不忍为之臣也。②

唐甄指出，带数匹布，担数斗粟行走于路途，遭人杀害，抢走布粟之事，被人称之为贼，这是比较容易辨认的，但帝王杀天下之人而尽掌握其所有的布粟，反而不被认定是贼，这就有问题了。他以汉高祖刘邦屠城阳、颍阳，光武帝刘秀屠城三百为例，断定这些封建帝王就是贼。唐甄所引刘邦屠城、刘秀纵容大将耿弇屠城之事见于《史记》

---

① （清）唐甄：《潜书·室语》，吴泽民编校，中华书局2009年版，第196页。
② （清）唐甄：《潜书·室语》，吴泽民编校，第196页。

《汉书》和《后汉书》等的记载,当是历史事实。对此,唐甄站在民本的立场,予以深刻地批判,"必痛哭而去之",坚称如果放在当时,自己不会与这样的屠城之君同朝为臣,而会选择离去。表现出对专制帝王的唾弃和对无辜百姓的同情。并把封建专制王朝杀人的总祸根最终归为天子。他说:

> 大将杀人,非大将杀之,天子实杀之;偏将杀人,非偏将杀之,天子实杀之;卒伍杀人,非卒伍杀之,天子实杀之;官吏杀人,非官吏杀之,天子实杀之。杀人者众手,实天子为之大手。天下既定,非攻非战,百姓死于兵与因兵而死者十五六。暴骨未收,哭声未绝,目眦未干,于是乃服衮冕,乘法驾,坐前殿,受朝贺,高官室,广苑囿,以贵其妻妾,以肥其子孙。彼诚何心,而忍享之!若上帝使我治杀人之狱,我则有以处之矣。匹夫无故而杀人,以其一身抵一人之死,斯足矣;有天下者无故而杀人,虽百其身不足以抵其杀一人之罪。是何也?天子者,天下之慈母也,人所仰望以乳育者也。乃无故而杀之,其罪岂不重于匹夫!①

指出大将、偏将、士卒、官吏杀人,实际上都是按照天子的旨意行事。所以在唐甄看来,表面上是众手在杀人,实则天子为杀人之大手,尤其在天下已定,非战争的状态下,"百姓死于兵与因兵而死者"还占到了十之五六,这更是天子的罪责。唐甄揭露,一方面是百姓生活极端困苦,暴骨未收,哭声未绝,眼泪未干,统治者放任杀人给民众带来了空前的痛苦,另一方面则是君王穿礼服、戴礼帽、乘法驾、坐前殿、接受朝贺、增高宫室、扩大苑囿、穷奢极欲,为满足个人私欲而贵其妻妾、肥其子孙。百姓的苦难与天子的奢侈富贵形成鲜明的对照,以致唐甄发出"彼诚何心,而忍享之"的谴责。并借上帝的权威假设让他来处理杀人讼案的话,就主张把封建王朝杀人的总祸根——天子处死,并认为即使处死天子一百次也不足以抵其无故而杀天下人之罪。可谓是对"君为臣纲"权威的颠覆。

---

① (清)唐甄:《潜书·室语》,吴泽民编校,第197页。

唐甄对自秦以来封建帝王皆为贼的批判，与他看到君主治天下的决定作用分不开。他认为"治天下者惟君，乱天下者惟君。治乱非他人所能为也，君也"①，治乱均非他人所能为，而是在君王的掌控之中。因此唐甄既一般地讲天地、君臣、夫妻的上下关系，更强调以君下于臣、夫下于妻为德。他说："盖地之下于天，妻之下于夫者，位也；天之下于地，夫之下于妻者，德也。古者君拜臣；臣拜，君答拜。……君不下于臣，是谓君亢；君亢，则臣不竭忠，民不爱上。夫不下于妻，是谓夫亢；夫亢，则门内不和，家道不成。施于国，则国必亡；施于家，则家必丧，可不慎与！"②唐甄赞赏古代君臣相互尊重的关系，认为古代是君拜臣，君臣互拜，臣拜君时君也会答拜，君并非脱离臣而高高在上，而应以君下于臣为美德。以此批评君亢、夫亢之流弊；认为如果君主、丈夫过分强势，在君臣关系上就会出现臣不竭忠，民不爱上的局面；在夫妻关系上，就会出现门内不和，家道不成的局面。这体现了唐甄对三纲中的"君为臣纲"和"夫为妻纲"这两纲提出的批判和对君、夫提出新的要求。并对"夫为妻纲"进一步展开批评而主张男女平等。他说："今人多暴其妻，屈于外而威于内。……盖今学之不讲，人伦不明；人伦不明，莫甚于夫妻矣。人若无妻，子孙何以出？家何以成？"③认为暴其妻是丈夫无能而逞于内的表现。这为唐甄所不齿。他强调明人伦最重要的莫过于处理好夫妻关系。如果没有妻子，子孙无法延续，家也不成其为家。表现出其同情妇女和男女平等的思想。

唐甄在批判封建帝王专制的过程中，看到君主对于天下治乱的重要性，为了使国家得到治理，唐甄提出"天下之主在君，君之主在心"④的思想，既客观地看到君为天下之主这个封建社会的现实，又指出君之主在心，强调君心乃为君之主，看到君心对于治天下的重要性。并且这个君心要与治天下的各个地方的实际结合起来，不可脱离实际专执身心。

---

① （清）唐甄：《潜书·鲜君》，吴泽民编校，第66页。
② （清）唐甄：《潜书·内伦》，吴泽民编校，第77页。
③ （清）唐甄：《潜书·内伦》，吴泽民编校，第77页。
④ （清）唐甄：《潜书·良功》，吴泽民编校，第52页。

二　重视事功，道不离欲

明清之际，封建社会危机日益严重，作为社会正宗思想的宋明理学，盛极而衰，其末流弊端已充分暴露出来，阻碍了社会的进一步发展。从理学中分化出一种新的经世致用思潮，"崇实黜虚"成为时代之风尚。唐甄重视事功，批评舍欲求道的思想体现了当时的这一社会时尚。

唐甄批评宋明儒脱离事功的虚言。他说："圣贤之言，因时而变，所以救其失也；不模古而行，所以致其真也。昔者先师既没，群言乖裂。自宋以来，圣言大兴，乃从事端于昔，树功则无闻焉。不此之辨，则子之美言，犹为虚言也夫！"① 唐甄强调，即使圣贤之言，也是因时而变，须与社会发展的实际相结合，所以救其失。从与时俱进，联系社会发展的实际出发，唐甄主张"不模古而行"，即不模仿、照搬照抄圣贤原文，而是要因时而变通；不以文本为中心，而是要重视实践，开拓出由圣贤之言到社会生活的真实实践，目的是"所以致其真也"。由此，唐甄批评宋明儒所追求的对古昔之圣言的解析，而对于事功则无所闻，认为这不过是"虚言"罢了。对脱离事功的学问，唐甄提出批评：

> 大瓠曰："吾闻儒者不计功。"曰："非也。儒之为贵者，能定乱，除暴，安百姓也。若儒者不言功，则舜不必服有苗，汤不必定夏，文武不必定商，禹不必平水土，弃不必丰谷，益不必辟原隰，皋陶不必理兵刑，龙不必怀宾客远人，吕望不必奇谋，仲尼不必兴周，子舆不必王齐，荀况不必言兵。……事不成，功不立，又奚贵无用之心。"②

唐甄反对所谓"儒者不计功"的说法，他认为，儒之所以为贵，正是在于能够做出定乱、除暴、安百姓的事功。如果说儒者不言事功，那么儒家所推崇的圣人舜就不必服有苗，汤、武也不会革暴君桀、纣之命而推

---

① （清）唐甄：《潜书·辨儒》，吴泽民编校，第1页。
② （清）唐甄：《潜书·辨儒》，吴泽民编校，第3页。

翻残暴的夏、商王朝，禹也不必治理河流水土，弃、益、皋陶、龙、吕望、仲尼、子舆、荀况等也都不会做出各自的事功修为。所以说诸圣贤都是有所作为的，否则与匹夫匹妇有何异？对于所谓"心者事之本"的说法，唐甄指出，如果只是一味地强调心，而不把心建立在事功的基础上，那将是"事不成，功不立"的无用之心，不足为取。这是对阳明心学空谈心性弊端的修正。

受时代思潮"崇实黜虚"的影响，唐甄也提倡"实"，把道德原则建立在实事实功的基础上。他说："古人多实，今人多妄。"① 以古人的"实"来批评今人的虚妄。并指出："天下莫强于仁。有行仁而无功者，未充乎仁之量也。"② 仁是儒家思想的核心，但唐甄则明确把仁与事功联系起来。在唐甄看来，仁的内涵就包括了事功，无功则不足以体现仁之量。强调"仁义礼智俱为实功"③。这是对儒家仁说的发展，也是对脱离功利而空谈仁义的理学流弊的针砭。并指出程朱理学乃"精内而遗外"④，批评程朱只重视内在的心性修养，而忽视外在的客观事物。以致后儒所言"皆空理，无实事也……皆空言，非实行也"⑤，表现出唐甄批判空理、空言，提倡实事、实行的思想倾向。并宣称"我不喜道学，有以道学进者，我必廷辱之"⑥。如此使得表面标榜孔孟者望风沮丧。而对于名节的立与否，关键要看其物质生活能否得到满足。他说："节之立不立，由于食之足不足。"⑦ 在道义与物质生活的关系问题上，唐甄更看重衣食等物质生活之实事。

唐甄重视事功，把仁义道德原则建立在"丰谷"、衣食等客观物质利益的基础上，与此相关，他批评了遏制人的感情欲望的"舍欲求道"的倾向。他说："人皆以欲为心。……舍欲求道，势必不能。谓少壮之时不能学道者，以是故也。"⑧ 唐甄客观地看到"人皆以欲为心"这一人之常

---

① （清）唐甄：《潜书·尊孟》，吴泽民编校，第5页。
② （清）唐甄：《潜书·尊孟》，吴泽民编校，第6页。
③ （清）唐甄：《潜书·宗孟》，吴泽民编校，第9页。
④ （清）唐甄：《潜书·有为》，吴泽民编校，第50页。
⑤ （清）唐甄：《潜书·良功》，吴泽民编校，第53页。
⑥ （清）唐甄：《潜书·除党》，吴泽民编校，第164页。
⑦ （清）唐甄：《潜书·养重》，吴泽民编校，第91页。
⑧ （清）唐甄：《潜书·七十》，吴泽民编校，第37页。

情,所以他指出离开了人的物质欲望去求道,是不可能做到的事,尤其是当人少壮之时,五欲为之主,此时学道就更加难。唐甄自认"向以从身之欲而远于道",以及"血气方壮,五欲与之俱壮;血气既衰,五欲与之俱衰"① 这些实情,即承认自己以往受人身物质欲望的影响而离道较远,这是因为,自己当少壮之年,血气方刚,因而五欲也比较强烈;而到了年老血气既衰之后,欲望减退,心归于寂,"五蔽既撤,一心渐露。如素坠于泥中,湔之而易复;如珠遗于室中,求之而易获。是故老而学成"② 。在唐甄看来,人的身、目、口、耳、鼻之五蔽既撤,排除了人身物质欲望的干扰,就会使一心得以显露出来,进而达到"老而学成",掌握人心之道。由此可见,对待人欲,唐甄持一种客观承认的态度,认为不能舍欲求道,当人们追求自己的物质欲望时,不能废弃不讲。表现出唐甄对人欲的重视。

但唐甄在承认人欲的客观性,主张不可舍欲求道的同时,也看到了人欲的危害,故提出"欲为乱根"的观点。他说:"道为治本,欲为乱根。世之攘攘藉藉者,皆由欲起。有欲不除,除之不尽,而欲治天下,欺天下乎!"③ 指出就治理国家而言,道是治国之本,而欲则为乱世之源。世道之所以难治,就在于贪欲横流。贪欲不除,或除之不尽,想平治天下,那是不可能的。这里唐甄所说的人欲,当指满足人的客观物质欲望之外的贪欲,因从唐甄的"舍欲求道,势必不能"的思想看,他是主张满足人们的基本物质欲求的。他反对的只是那些给社会治理带来危害的过分贪欲。就此,唐甄指出:"贪财淫色,小人之欲也。"④ 对于小人的这种"贪财淫色"之欲,唐甄是反对的。

三 "阳明子有圣人之学"

对待宋明理学,唐甄批评程朱,而"不喜道学",但对王阳明却赞赏

---

① (清)唐甄:《潜书·七十》,吴泽民编校,第37页。
② (清)唐甄:《潜书·七十》,吴泽民编校,第37页。
③ (清)唐甄:《潜书·格定》,吴泽民编校,第57页。
④ (清)唐甄:《潜书·格定》,吴泽民编校,第57页。

有加，认为其学为圣人之学。他说："阳明子有圣人之学，有圣人之才，自孟子而后，无能及之者。"① 认为王阳明是孟子之后无人能企及的掌握了圣人之学的人物。对王阳明的良知说，唐甄甚为赞赏。他说："阳明子以死力格外物，久而不得，乃不求于外，反求于心。一朝有省，会众圣人之学，宗孟子之言，而执良知以为枢。……阳明子以良知辅教，如引迷就路。若仲尼复起，必不易阳明子之言矣。此真圣人之学也。"② 指出王阳明治学的道路开始时受程朱格物致知说的影响，致力于格外物，但格廷前竹数日而不得，反遭其困，乃不再向外探索，而是反求之内心。一朝豁然有省，龙场悟道，始知道当自求诸心，不当求诸外物。于是宗孟子之言，融会圣人之学，而以致良知说为枢机。唐甄充分肯定王阳明的良知说对于辅教的重要性，认为它可以指点迷津，导人入正路，即使孔子在世，也不会改易阳明之言，所以阳明学可真称得上是圣人之学。并指出："阳明子专致良知，一以贯之，明如日月，涉险履危，四通八辟而无碍也。"③ 对致良知说倍加赞赏，认为它一以贯之，乃指路明灯，可引导人们跨越险阻，而通达无碍。

唐甄不仅盛赞阳明之致良知说，而且亦充分认同王阳明的知行合一说。他说：

> 甄虽不敏，亦愿学阳明子而不敢谢不及者，盖服乎知行合一之教也。知行为二，虽知犹无知，虽致犹不致。知行合一者，致知之实功也；虽弱者亦可能焉，虽愚者亦可及焉。何也？善如甘食暖衣……知其甘者，知也；知其甘而食之，即行矣。知其暖者，知也；知其暖而衣之，即行矣。若知其甘而忍饿不食，以待明日乃食；知其暖而忍寒不衣，以待明日乃衣，天下岂有是哉！……以此譬知行，则合一者，自然之势也；分而为二者，自隔之见也。我瞻此图，反求于心，不假于外。知之所在，即行之所在，不移时，无需事，以从息关之后，或庶几乎！④

---

① （清）唐甄：《潜书·法王》，吴泽民编校，第9页。
② （清）唐甄：《潜书·法王》，吴泽民编校，第10—11页。
③ （清）唐甄：《潜书·法王》，吴泽民编校，第11页。
④ （清）唐甄：《潜书·知行》，吴泽民编译，第14页。

认为知之所在，即行之所在，知行是自然合一的，这便是致知之实功，无论强弱还是智愚之人都能做到。为此他做出举证，就像是甘食暖衣一样，知其甘是知，知其甘而食，就是行；知其暖是知，知其暖而穿衣，即是行。可见知行一体，不可分开。如果说知其甘而忍饿不食，等待明日才食；知其暖而忍寒不穿衣，等待明日才穿衣，天下岂有这样的事！唐甄以此来譬喻知行合一乃自然之势，如果将知行分二，则是"自隔之见"。这体现了唐甄对王阳明知行合一说的认同。

然而唐甄在赞赏阳明学的同时，亦对阳明有所批评。他说："阳明子有圣人之学，有圣人之才，而无圣人之德，不可以不察也。谓其无圣人之德者何也？以其小仲尼而自擅为习兵也。"[①] 即批评王阳明对孔子有所小觑。这主要是指：一是王阳明说"尧舜为黄金万两，孔子为黄金九千两"[②]，而在唐甄看来，应该是"尧舜禹汤武不及孔子"[③]，王阳明说孔子不及尧舜，这为唐甄所不满；二是王阳明说"对刀杀人之事，非身习不能；孔子谓军旅未学，亦非谦言"[④]。而唐甄则认为，王阳明说孔子未习于兵，这是其自傲的表现，所以说王阳明"无圣人之德"。

四 "五经者心之迹""四书者皆明言心体"

与其心学思想相关，唐甄提出心为本，经为末，五经不过是明心之助，四书重于五经的经学思想。他认为，五经不过是心之迹，是心的表象，而不是心。他说："五经者，心之迹，道之散见，非直心也。"[⑤] 五经既是心之迹，又是道的散见，其地位在心、道之下。这既与二程的"经所以载道"[⑥] 的思想相关，又受到王阳明"六经者，吾心之记籍"[⑦] 思想

---

① （清）唐甄：《潜书·虚受》，吴泽民编译，第11页。
② （清）唐甄：《潜书·虚受》，吴泽民编译，第11页。
③ （清）唐甄：《潜书·虚受》，吴泽民编译，第11页。
④ （清）唐甄：《潜书·虚受》，吴泽民编译，第12页。
⑤ （清）唐甄：《潜书·五经》，吴泽民编译，第61页。
⑥ （宋）程颢、程颐：《河南程氏遗书》卷六，《二程集》，王孝鱼点校，中华书局1981年版，第95页。
⑦ （明）王阳明：《稽山书院尊经阁记》，《王阳明全集》，吴光、钱明、董平、姚延福编校，上海古籍出版社1992年版，第255页。

的影响。在唐甄看来，五经从属于心、道，心为本，经为末，五经中包含着各种事物，通过博学而求之，加以会通，这可起到明心的作用，但并不能直接把经说成心。他说：

> 五经何可已也。于《易》观阴阳，于《书》观治法，于《诗》观美恶，于《春秋》观邪正，于《礼》观言行。博而求之，会而通之，皆明心之助；第不可务外忘内，舍本求末耳。若务外忘内，舍本求末；三五成群，各夸通经；徒炫文辞，骋其议论；虽极精确，毫无益于身心。则讲五经者，犹释氏之所谓戏论，庄周之所谓糟粕也，与博弈何异？是故阳明子曰："心如田，经则田之籍也。心已亡矣，而日穷经，犹祖父之遗田已鬻于他人，而抱空籍以为我有此田，可乎？"此学经之准也。①

唐甄看到五经中所求得的阴阳、治法、美恶、邪正、言行等有助于明心，但他强调的仍是心。而心为内，为本，反对务外忘内，舍本求末，舍心而专务于治经。如果是那样，满足于传统的以经书文本为中心，三五成群，以通经相夸，炫耀文辞，恣意议论，即使所论甚为精确，但对于身心而言却毫无裨益。唐甄指出，这种讲五经的途径与释氏、庄子的所谓戏论、糟粕，以及不讲义理的博弈又有什么区别呢？由此，他引用王阳明的话来说明心与经的关系，认为心如田，经则是记录田之多少和状况的登记册。如果只顾穷经而不顾本心，致使心已亡，那么你穷经还有什么用？就像你祖父的遗田已卖给了别人，你还抱着空籍以为我有此田，难道这样可以吗？即强调心为本，经不过是记录心的形式。所以应以心为本，而不应以经为重，主体之心的权威在经典之上，这就是唐甄所说的学经、治经之准则。

在四书与五经的关系问题上，唐甄认为四书重于五经，四书与心体有着较为直接的关系。他说："至于直指其心，因人善诱，则在《论语》一书，而继之者又有《大学》《中庸》《孟子》。此四书者，皆明言心体，直探道原；修治之方，犹坦然大路。学者幸生仲尼之后，入其门者，随

---

① （清）唐甄：《潜书·五经》，吴泽民编校，第61页。

其力之大小，取之各足，尚何藉于五经乎！取而譬之：五经如禾稼，四书如酒食。酒食在前，即可醉饱；乃复远求之五经，是舍酒食而问之禾稼也，岂不迂且劳哉！"①认为四书是明言心体，直接探讨道的，与五经相比，四书更为重要。这是因为四书直指其心，比五经更加贴近于道，五经与道只有间接的联系。所以他把五经譬之于禾稼，而把四书比作酒食。认为四书在前，五经在后。批评舍四书而专事五经。

对于当时以五经为对象的专门的穷经之学，唐甄认为不可。他说："今人于五经，穷搜推隐，自号为穷经。此尤不可。"②对穷经之学不以为然，而重视心性。他说："夫心之不明，性之不见，是吾忧也；五经之未通，非吾忧也。"③强调心性的地位在五经之上。不忧五经未通，而忧心之不明，性之不见。

虽然唐甄对以五经为解释对象的穷经之学不以为然，但他又对传五经学的周汉诸儒加以肯定。他说：

> 近世之于五经，群疑多端，众说蜂起，不可以不定所从。子思之后世，有哲人孔安国，仲尼之十一世孙也。仲尼既没，诸儒则讲习于冢上，自汉不绝。安国尤长于《书》，乃其家学，而又得闻于诸儒之言。其所作《书传》，必得其真。学《书》者，舍安国其奚从！《诗》之《序》，必仲尼之徒为之。以《序》言绎《诗》意，论世论人，言隐而义显。大毛公及事荀卿，其去仲尼之世未远也。其创为传也，尊《序》如尊《经》。小毛公又继成之；郑氏遵畅厥旨，《诗》之义大明。学《诗》者，舍毛郑其奚从！至于左丘明，身为鲁史，其所记述，本末周详，典礼彰明。仲尼取之以修《春秋》，丘明即史为传，以明仲尼之褒贬，更无可疑。杜氏又推五体，触类而长之，以发传所未发，《春秋》之义大明。学《春秋》者，舍左氏其奚从。④

---

① （清）唐甄：《潜书·五经》，吴泽民编校，第61页。
② （清）唐甄：《潜书·五经》，吴泽民编校，第62页。
③ （清）唐甄：《潜书·五经》，吴泽民编校，第63页。
④ （清）唐甄：《潜书·五经》，吴泽民编校，第61—62页。

指出虽然近世对五经的怀疑多端，但仍不能抹杀周汉以来学者在传授五经中的作用。认为孔安国长于《书》，传其家学，所作《书传》必为真，所以学《书》者，不舍孔安国之言；认为《诗》之《序》，必是仲尼之徒所作。肯定以《序》解说《诗》意，对西汉毛亨、毛苌大小毛公所传之《毛诗》，以及东汉郑玄所作《毛诗传笺》加以肯定，因而主张学《诗》者，不得离开《诗》之《序》和郑笺所作《毛诗传笺》的主导；认为左丘明即史而作《左传》，明孔子褒贬之义，无可怀疑，而西晋杜预又推论《春秋》记述史事隐寓褒贬的五种手法，撰《春秋左氏经传集解》和《春秋释例》，明《春秋》之义，所以学《春秋》者，不舍左氏之传。以此可见唐甄对传《书》《诗》《春秋》等五经之学的周汉诸儒及汉学家的肯定和表彰。

就中国经学的发展演变的脉络分为五经学系统和四书学系统而言，五经学系统的汉唐学者比较重视训诂考据，而四书学系统的宋明学者则比较重视义理和天理，以己意解经。但对于重四书轻五经的唐甄来说，他又对宋明儒的以己意说经的治学倾向提出批评。他说："自宋及明，世之学者，好争讼而骂人，为创见以立异；以其意断百世以上之事，繁引曲证以成其自是。凡周汉以来授受之有本者，皆草刈而粪除之。暴秦烧之于前，世儒斩之于后，其亦甚悍矣哉！"[1] 既崇汉儒，肯定其在传授儒家经典中的作用，批宋明儒以己意解经，但他又重四书，重心性，推崇阳明心学，而阳明心学即是以己意解经，不重视经典文本的典范。在对四书学和五经学的评价中，唐甄既批评以五经为解释对象的穷经之学，又肯定传五经学的周汉诸儒；既认为四书重于五经，四书与心体有着较为直接的关系，又批评宋明儒以己意解经，妄断百世以上之事，这表现出唐甄经学思想的自相矛盾之处。亦是当时思想界汉宋杂陈、朱王对峙局面在唐甄思想中的反映。

唐甄在当时明末清初社会大动荡的时代背景中，以儒家仁政思想批判封建帝王专制，颠覆三纲观念，强调以君下于臣、夫下于妻为德，表现出对君主权威的挑战、对妇女的同情和男女平等的思想。重视事功，批评程朱理学，主张道不离欲，把道德原则建立在实事实功和客观物质

---

[1] （清）唐甄：《潜书·五经》，吴泽民编校，第62页。

欲望的基础上。批判程朱，不喜道学，而赞赏阳明心学，然站在维护孔子的立场，亦对阳明有所批评。提出以心为本，以经为末，五经不过是明心之助，四书重于五经的经学思想，既批评以五经为对象的穷经之学，又认同汉儒对经典的传授，批评宋儒对周汉诸儒的怀疑。反映了时代的变迁和社会风尚由重心性之学向事功之学和关注人生日用的转移，具有时代和个人思想的特点。这些方面体现了唐甄的启蒙、社会批判和革新求实思想，这在当时思想界产生了重要影响，亦对后世产生了深远影响，在巴蜀哲学史上占有重要地位，值得认真探讨和进一步深入研究。

刘沅对理学的批评[*]

刘沅以清代学人的眼光，对理学之名、理学道统论、理学心性论、理学知行观及其流弊提出了批评，在对理学批评的过程中他阐发自己的新思想，创造性地提出先天、后天说。同时刘沅也一定程度地受到理学的影响，并不完全反理学，对理学价值观有所认同。

刘沅（1768—1855年），字止唐，一字讷如，号清阳居士。四川双流人。清代中后期著名蜀学学者、思想家。刘沅传经讲学，弟子遍布各地，世称"槐轩学派"。清国史馆为刘沅立传，被人尊称为"川西夫子"。刘沅遍注群经，颇有新意。其著作主要有：《易经恒解·诗经恒解》、《书经恒解》、《礼记恒解》、《春秋恒解》、《四书恒解》（包括《论语恒解》《孟子恒解》《大学恒解》《中庸恒解》）、《周官恒解》、《仪礼恒解》、《大学古本》、《拾余四种》、《正讹》、《槐轩约言》、《槐轩杂著》、《蒙训》等，今收入《槐轩全书》，有巴蜀书社2006年9月出版的《槐轩全书》（增补本），共十册。

刘沅的学术思想很丰富，本书仅就其与理学的关系加以探讨。作为清代中后期的学者，刘沅有条件用后来者的眼光审视前代学术文化，对盛行一时，影响中国思想文化甚大的宋明理学提出批评。

一　批理学之名

在刘沅的著作《正讹》里，刘沅列"理学之名"作为正讹的对象。他说："无端而标理学之名，似天下人不尽有天理，凡人皆不可学圣，遥

---

[*] 本文系国家社会科学基金项目"蜀学与经学研究"（编号：11BZX044）的阶段性成果。

遥千古止有数人能学理,其薄视群人等凡民于贱恶抑又甚焉。道莫大于五伦,五伦本于五性,五性实止一性,性即天理,人之所以可配天者,为其同此理也。舍是而言德业勋名,岂可得哉?故修其在己,无愧为人便好,不必高理学之名也。"① 批评理学家无端而标举理学之名,好像天下人都不明白天理似的,在凡人与圣人之间划了一条不可逾越的界限,遥遥千古以来只有数人能学理。刘沅认为理学家轻视黎民百姓等凡民过甚。强调道于五伦为大,五伦本于五性,五性不过一性,而性即是天理,人之所以可与天相配,是因为同具此理。如果离开了理而谈论什么德业勋名,那是不可得的。故刘沅主张修己为人,不必高谈理学之名。并指出:"理学之儒纷纷辨论,亦不得天人合一之故,而孔孟之学难免尚隔一层。"② 认为理学未得天人合一之旨,即不明先天、后天说,而与孔孟之学间隔了一层。刘沅对理学之名的批评,在一定程度上反映了清儒的思想,他所主张的性、道、理乃至天理与理学家的理论立异而不同,尽管他不能完全摆脱理学的影响。

刘沅从自己提出的先天、后天说出发,对理学缘起于佛教加以辨析和批评。他说:"濂溪之学本由禅宗,程朱相沿,以养后天之心为明明德,又不知存心养性必止于至善之地。……何乃轻议圣人之学,擅为改窜遗经。"③ 认为理学开山周濂溪之学原出于佛教之禅宗,程朱相沿,亦受佛教影响,以后天之心为明明德,而不知存养心性必以止于至善为宗旨。并批评朱熹轻议圣人之学擅为改窜经书,要求学者"不得屈从朱子"④。这体现了对理学的批评。

二 批理学道统论

刘沅不仅批评倡理学之名,而且在他的著作《正讹》里,刘沅亦列"道统之名"作为正讹的对象。他说:

---

① (清)刘沅:《槐轩全书》(增补本,下同)九《正讹》卷一,巴蜀书社2006年版,第3481页。
② (清)刘沅:《槐轩全书》二《四书恒解·孟子·告子上》,第541页。
③ (清)刘沅:《槐轩全书》九《大学古本质言叙》,第3290页。
④ (清)刘沅:《槐轩全书》九《大学古本质言叙》,第3290页。

道者，天理。惟人得其全，故异于禽兽。学道止是全生人之理，人人有天理，则人人皆可为圣人，非绝异事也。自韩昌黎创为异说，宋儒宗之，遂有道统之名，天下古今止有数人知道，止有数人才算得人，已可笑矣。且其言尧以传舜，舜以传禹，禹传之汤，递传至孔孟者，所传何事？却未言明。且舜禹之圣非学于尧而得十六字相告诫，特以敬慎不替，乃修己治人之常。不是才做功夫，以为传授心法已谬。舜禹与尧同时，谓其传受犹可强通。禹与汤、汤与文武，文武、孔孟，相去数百年，从何而传？其说盖误解孟子见知闻知之义而然。愚于《孟子恒解》附解已详。……不以道为人所共有之理，而以为一人独得之奇，其见已为太妄。天止此理，人亦此理，人人皆有天理，则人人皆有道，必求道之所统，其惟天地乎！圣人纯全天理，亦不敢自言道为己私。学者以天为统，以圣为师，实求其所以为人之理，而践行圣人，则在天之道皆人之道，无所谓统，实未尝不分道之绪，孔孟所以为万世师也。①

刘沅批评理学道统论及其超越时代的心传思想，认为在道统论中，尧舜禹汤至孔孟相传什么，所传何事，却未言明。并认为尧舜禹相传并非以"十六字心传"相告诫，以为传授心法已谬。指出舜禹与尧同时，如果说是相传授受尚可强通，但禹与汤、汤与文武，文武与孔孟之间，均相去数百年，从何而传？认为道统说误解了孟子的见知闻知之义，不以道为人所共有之理，而以为一人独得之奇，其见解已是太妄。强调天人皆是此理，人人同具天理，则人人皆有道，如果必求道之所统，那只有天地。指出圣人都不敢自言道为己私，道无所谓统，也不分道之传授统绪，只是强调孔孟为万世师表即可。从而否定了宋明理学基本理论之一的道统论。

刘沅认为，道统的确立与理学之名的标举是相互联系的。他说："后世标理学之名而道统以立。"② 但却使得世人只守宋儒之说而不知孔孟之说。"世人恪守先儒反不尊孔孟之说，将道说得太远，将学圣人说得太

---

① （清）刘沅：《槐轩全书》九《正讹》卷一，第3481—3482页。
② （清）刘沅：《槐轩全书》九《大学古本贡言》，第3291页。

难,人不知圣人从何学起,以为必如先儒始可学道。即如先儒亦不能至圣,于是以先儒为别有奇妙,圣人更不待言。"① 他以圣人之道作为判断是非的标准,对理学道统论将道说得太远,将学圣人说得太难,人不知圣人从何学起的治学倾向提出批评,由此主张尊孔孟之说。刘沅的思路是去先儒道统,直接求之于孔孟之说,论道不必曰统,也不必言绪。这是他处于清代中期对理学道统论的审视,具有其时代的特色,但对理学道统论形成的历史必然性却缺乏应有的把握。

三 批理学心性论

刘沅对理学心性论提出一定的批评。他说:"自宋以来,朱陆分门,以阳明为陆派。其实朱陆皆以心为性者也。特象山教人,先静心而后学问;朱子教人先穷理而后静心。门人各执师说,遂分党类,继而竟如仇敌。"② 指出自宋以来,理学分为朱陆两个门派,而以王阳明为陆氏心学一派。但他认为朱陆在心性论上皆是以心为性,均持心性一元的观点。只不过陆象山教人,是先静心而后学问;朱子教人,则是先穷理而后静心。刘沅创造性地提出先天、后天说,这是对理学的扬弃和发展,也是刘沅思想的创新之处。宋明理学家除继承孟子,讲先天性善论,以及在易学方面,邵雍讲先天象数学外,基本上不讲先天说,也谈不上讲与之相应的后天说。在刘沅看来,正因为宋儒混淆了先天之性与后天之心的界限,使得圣人经书之义不明,所以他提出了有关心性的先天、后天说。他说:"心性原无二,而人自二之。愚之必分言心性,非于心外求性,正欲人以正心复性,毋偏任其心,遂谓为性耳。……后儒因不明先、天后天之义,以后天知觉之心为性,而不得天人合一之原,遂令此等书义不明。"③ 刘沅提出先天、后天说的理论针对性是"宋儒以心为性,出于禅家……但以后天之心为性"④。他批评宋儒不明先天后天之义,而以后天

---

① (清) 刘沅:《槐轩全书》九《正讹》卷一,第3480页。
② (清) 刘沅:《槐轩全书》二《四书恒解·孟子·尽心上》,第579页。
③ (清) 刘沅:《槐轩全书》一《四书恒解下论》下册,第359页。
④ (清) 刘沅:《槐轩全书》一《四书恒解·大学凡例》,第13页。

知觉之心为先天义理之性，混淆了二者的区别。宣称自己提出先天、后天说的目的是要人们正其心而复其性，纠正偏任其心的毛病，错误地把后天知觉之心视为性，不明天人合一之大原。他说："人皆知心为一身之主，而不知心有先天、后天之分。未生以前秉天地理气之正，而后为人物则偏驳矣。故人心之量原是粹然，在先天则浑然无名象，如天地太极之浑含，此时心即是性。迨既生以后，则气质之心足以梏其浩然之气，而心之本体非旧矣。"① 强调心有先天、后天之分，先天之心为性，后天之心杂于气质而非先天之本。

刘沅提出先天、后天说，强调先天之心是以天理为内涵，此先天之心也就是性，而后天之心则或明或暗，不得以后天知觉之心为性。他说："盖人之所以承天而不朽者，心也，其实则性也。心与性辨在毫厘。自宋儒以心为性，后之论者谓心外别无性，不知性非心比也。先天心即性，后天心夹阴识不尽为性。人秉父母之精气而育，实禀天地之理气而生，天之理气浑然粹然者，太极也，人得之以为性，孟子曰人性皆善者，此也。"② 认为心性有别，批评宋儒（应是心学一派）以心为性。强调先天心即性，后天心不尽为性。天之理气浑然、粹然为太极，但气质有纯杂之分。并指出："朱子解仁字，只说心存而不放，不知心有先天后天之分。先天之心即仁，后天之心拘于质，蔽于欲。故孟子言存其心，养其性，存有觉之心，养虚明之性，以养气为基，神化为极，其功夫次第，非旦夕可几。后人以守空空之心为尽性，不知心本。"③ 认为心有先天之心与后天之心的分别，这是刘沅的创新之处。就心而言，他认为心分为先天之心和后天之心，先天之心即仁，也就是性；后天之心则拘于质，蔽于欲。所以孟子要人存心养性，但后人却忽视存养，但守空空知觉之心为尽性，而不知先天之心即仁，此乃心本。并指出就是朱熹也不知心有先天后天之分，不知先天之心为仁，后天之心蔽于欲。这是对朱熹心性论的批评。

由此，刘沅进一步指出先天之心与后天之心的区别："万物皆天所

---

① （清）刘沅：《槐轩全书》二《四书恒解·孟子·尽心上》，第571页。
② （清）刘沅：《槐轩全书》二《四书恒解·孟子·公孙丑上》，第430页。
③ （清）刘沅：《槐轩全书》一《四书恒解下论》下册，第383—384页。

生，惟人得此天理以为心，此先天之心，即所谓性也。迨后天气拘物蔽，则性梏而情扰。然此不忍人之良必不能尽斩，故无论智愚，感触皆有此心，第或明或暗，不常不真。"① 指出先天之心是以天理为内涵，亦即是性。而后天之心则由于拘于气、蔽于物，使其先天之善性、不忍之良心受到情和气质的干扰和影响而不能尽，以至于或明或暗，不常不真。所以先天之心与后天之心的区别就在于性与情的区分。"愚尝曰：先天之心，情中之性；后天之心，性中之情。……自先儒言心而不分先、后天，是以沦于即心即佛之说而越椒羊舌之生，即朱子不能无疑。"② 尽管性与情不相分离，但先天之心是指情中之性，而后天之心则是指性中之情，性与情本身是有严格区别的。因为"先儒"即宋儒理学家言心而不分先、后天，以致沦于佛教以知觉之心为性的心即性之说。

刘沅提出先天、后天说，其重要目的是在看到后天之心蔽于物的情况下，制其私妄之情，以复其性，回归人的善良本性。他说："人之所以虚灵于物者心，而心在后天则囿于质，蔽于物，非先天之本。然仁即天理，心之所以异于禽兽也。既生以后，虽气质多驳，然天良即在此身之中，养其虚静之体，制其私妄之情，此复性之学所以有许多功夫。"③ 认为仁即天理，这是人之心所以异于禽兽的根据。这当指人的先天之本心。而现实中的人既生以后，其心就成了后天之心。后天之心之所以不同于先天之本心，是因为"心在后天则囿于质，蔽于物"，就会日与先天之本心隔远，于是刘沅要求制情复性，通过修养，由后天之心向先天浑然之性转化。他说："性即天理，而人得之以为心。心蔽于欲则先天浑然之性不全，人遂日与天远。能知其性，则天之理体备无遗，而洞然于人之所以为人，即天之所以为天，则知天矣。舍性言心，而以为天命之本然，可乎？惟性为心之质，而后天之心常足以扰其先天之性，故圣人教人存其知觉之灵，不使逐物而纷；养其本然之性，不使为心所役，久久则后天有觉之心皆纯乎义理，而为先天浑然之性。"④ 认为心性有别，心不可

---

① （清）刘沅：《槐轩全书》二《四书恒解·孟子·公孙丑上》，第436页。
② （清）刘沅：《槐轩全书》二《四书恒解·孟子·离娄下》，第501页。
③ （清）刘沅：《槐轩全书》二《四书恒解·孟子·告子上》，第552页。
④ （清）刘沅：《槐轩全书》二《四书恒解·孟子·尽心上》，第571页。

脱离性而为天命之本然，即刘沅不同意以心为宇宙之本原。性即天理才是宇宙的本原。主张存心养性，久而久之，后天有觉之心与义理相合，而为先天浑然之性。即通过修养，使后天有觉之心符合先天之本性，后天之心向先天之性（天理）转化。刘沅既提出先天、后天说，区分先天浑然之性与后天知觉之心，又主张通过存养，使后天有觉之心纯乎义理，从而转化为先天浑然之性。在这里，刘沅提出的先天、后天的区别与联系及转化的理论，是其先天、后天说的重点，在一定程度上体现了其思想的深刻之处，亦是在心性论上超出程朱及宋儒的地方。

　　刘沅批评朱陆两家门人各执师说，于是分为两党相对立如仇敌。刘沅认为朱陆双方皆以心为性有误。他说："阳明良知及紫阳格物，虽各张一帜，而以心为性实同。则以先天后天之义不明也。"① 认为王阳明提出致良知，朱熹提出格物说，虽各持一说，相互区别，但双方皆不明先天、后天之义，而同主以心为性之说。在这里，尽管刘沅对"心即性"之说提出批评，但认为朱王双方皆是"以心为性"，却是有问题的。如果说陆王一派心学家主以心为性之说，还确是如此。但说朱熹一派也主以心为性之说，则是刘沅对朱熹理学心性论理解不深的表现。事实上，受张载"性无意"、心有觉思想的影响，朱熹持心性有别的观点。朱熹强调道德理性的超越性，其性是超越主、客体之上的绝对理性。其"性即理"，性、理均为宇宙本体。虽然理在心中，性在心中，但心以理为存在的根据，并是理气结合的产物。朱熹在肯定心性紧密联系的前提下，强调心性二元，心性有别。他说："心与性自有分别。灵底是心，实底是性。灵便是那知觉底。"② "谓性便是心，则不可；谓心便是性，亦不可。"③ 十分明确地反对把主体本体化和把本体主体化的倾向。朱熹本人并未说过"心即理"或心即性这样的话，这与陆九渊、王阳明心性不分、心即性的思想有严格区别。在回答"灵处是心，抑是性"的问题时，朱熹说："灵处只是心，不是性，性只是理。"④ 朱熹强调道德理性的超越性，一方面

---

① （清）刘沅：《槐轩全书》二《四书恒解·孟子·尽心上》，第580页。
② （宋）黎靖德编：《朱子语类》卷一六，中华书局1986年版，第323页。
③ （宋）黎靖德编：《朱子语类》卷一八，第411页。
④ （宋）黎靖德编：《朱子语类》卷五，第85页。

是为了给儒家伦理提供本体论的哲学依据；另一方面是为了批佛，以心性二元来否定佛教的心性一元。朱熹批评佛教以心之"知觉运动"为性的思想，提倡"识心见性"，反对佛教以心为性，不假存养。他认为佛教所谓性，其性空无理，只是觉，与儒家性中有仁义之实理不同。他说："吾儒以性为实，释氏以性为空。若是指性来做心说，则不可。"[1] 批判佛教性即心、心性一元的思想，并援天理以论性，把佛教的佛性改造为儒家的实理，即世俗化的道德理性。要之，朱熹心性有别的思想，以性为最高原则，以发挥主体的能动性来认识道德理性为主要目的。在这个过程中，强调内外结合，先知后行，由知识积累到道德践履，其前提是心性有别，反对"指性来做心说"，因心性有别，故有认识论与价值论的结合。

刘沅看到"孟子因异端言心而外仁义，儒士言学而昧人心，故特为指明人以为心即是性，不知性无为，心有觉，动而当理，由静而无为。无为者非无为也，浑然粹然未发之中，乃为天命之全体耳"[2]。指出孟子之所以指明心即是性，以仁为心，是因为"异端言心而外仁义，儒士言学而昧人心"，故强调心与性、心与仁的联系，提出"仁，人心也"（《孟子·告子上》）的命题。但刘沅认为性无为，心有觉，心性是有区别的，然性虽然无为，但无为者非无为也，性的浑然粹然未发之中，乃为天命之全体。实际上刘沅的观点与朱熹的思想比较接近，均主张心性有别，批评心即性之说，但刘沅却把朱熹混同于陆王而认为他们都持"以心为性"的观点，导致"先天后天之义不明"，对他们的心性论都提出了批评。

四 批理学知行观

刘沅认为，《大学》论述了知行问题，《大学》之道注重知行二者不可偏废。而宋儒重在先知，圣人"孔子不遇于时，仅得私以诲其弟子而又虑不能永传，遂为此篇以授曾子。秦火以后，文献无徵，而此书尚存。

---

[1] （宋）黎靖德：《朱子语类》卷四，第64页。
[2] （清）刘沅：《槐轩全书》二《四书恒解·孟子·告子上》，第553页。

盖诸儒抱残守缺，其功苦矣。流传至宋程子昆季，倡为改窜，而朱子继之。此书遂非其旧。然圣人之书非等寻常文字，可有可无，固将使人实体于身，为成己成人之本。此书综前圣之法，为后学之津梁，字字皆有实功，次第不容稍紊，岂可未践其功，遽以私心窜易？"①批评程朱均对《大学》做了改动，强调不应以私心窜易《大学》。并指出："《大学》之道，知行不可偏废。人知之而其用功，知行一时并到，人或不知也。先儒重在先知，圣人则曰：知之匪艰，行之维艰。盖天下事物不能尽知，亦不必尽知。盖不必行者则不必知。夫子所以言有弗学问思辨行也，知之无益于行，或反有害于德，安可不慎之？惟其有弗知弗行者，所以为择善，而何乃以物物穷理为知哉？"②刘沅引《古文尚书·说命中》"非知之艰，行之维艰"的话强调重行，认为天下事物不必尽知，不必行则不必知。以是否需要行，作为有没有必要去知的前提，掌握了弗知弗行的道理，懂得了哪些需要知，哪些需要行，哪些不必知，哪些不必行，才为择善。即对知行都需有选择地去知去行。由此反对朱熹以物物穷理为知，对理学知先行后的思想和对朱熹即物穷理的知行观提出批评。

刘沅论述了致知与格物的关系，并批评宋儒把注意力放在"物物而穷其理"上，而成无用之学。他说：

格物之法内外交致其功，志气清明，义理自然昭著，所以致知在格物也。先儒改为物物而穷其理，格读各额反，释曰至也，物犹事也，至物至事，岂成文理邪？增一字解之曰穷至事物之理，已觉牵强，况事物之理既不胜穷，穷之亦多无用。子曰：女以予为多学而识之者，与非也，君子多乎哉？博文亦必约之以礼，何尝教人物物而穷究？……一念之动，即有是非，不知何以能行？故知者知身心性命之理、日用伦常之道而已。……夫致知与力行岂为二事？致知在格物岂外身心而格哉？若必物物而穷究，逐逐于事为，忽忽于方寸。日用伦常，当知者不知；名物技术，不必知者求知。道在迩而求诸远，事在易而求诸难，《大学》之道不将至如画饼乎？……先

---

① （清）刘沅：《槐轩全书》九《大学古本质言叙》，第3290页。
② （清）刘沅：《槐轩全书》九《大学古本质言》，第3307页。

刘沅对理学的批评

儒不知此理，则不知一贯之义，擅改古本，添格物之说，孔曾实义将何由而明邪？故愚不得不反复辨之也。①

认为"致知在格物"不能离开身心而格，如果追求物物都去穷究，逐于事而忽视方寸日用伦常，那么就会导致当知者不知，不必知的名物技术却去求知，而道在迩而求诸远，就会背离《大学》之道。批评朱熹擅改《大学》古本，而增添格物之说。强调应以身心为重，不必追求外事外物。刘沅对"格物而后知至"的解释是：

上文言致知而此言知至，先儒误以至为极至，遂谓必物物而穷究，知始造乎其极，不知此至字训达也，由此至彼之意。……所知者不过心性伦常，与凡成己成人之理，其它不必知者，不在其内，且心性伦常之理无穷，知之原不易尽，惟圣人非礼之礼、非义之义不为，始得为知之至，岂有初学穷究物理便可一旦豁然，表里精粗无不到者乎？先儒疑事物之理，必一一穷究，又泥有物有则之义，故以格物为物物穷理，然有物有则，非谓凡事物也。……岂万物万事皆一一穷究邪？夫子言择善，必云有弗学问思辨，正恐人误认耳，奈何反失夫子之志。②

刘沅认为朱熹误解了《大学》的"格物而后知至"，将"知至"的"至"错误地理解为"极至"之义，而不是由此至彼之意，遂提出物物而穷究物理的思想，导致扩大求知的范围，把不必知的事物纳入认知的对象，而有违于孔子之志。刘沅对朱熹增加的《大学》之《格物致知补传》提出质疑，认为朱熹以穷究物理作为格物的目的，最终一旦豁然贯通，使对万物的认识无所不到。但在刘沅看来不必去一一穷究万事万物及事物之理，而应择善而行，有所选择，不必物物而穷究。只有非礼之礼、非义之义的事不去做，才能达到知之至的地步，这也是圣人才能做到的。刘沅对宋儒及朱熹《格物致知补传》的批评，反映了他与理学主要是朱

---

① （清）刘沅：《槐轩全书》九《大学古本质言》，第3309页。
② （清）刘沅：《槐轩全书》九《大学古本质言》，第3309—3310页。

学不同的知行观。

五 结语

　　刘沅作为清中后期著名蜀学学者、思想家，他遍注群经，名曰"恒解"，既借鉴吸取汉学和宋学，又对汉学、宋学提出一定的批评，并以此阐发自己的新思想。刘沅以其独到的学术思想教人，其学术在其身后流传尤盛，产生了较大的影响，以至人们称其为"川西夫子"。在蜀学史及清代学术史上占有重要地位。

　　刘沅以清代学人的眼光，对理学之名、理学道统论、理学心性论、理学知行观及其流弊提出了批评，在对理学批评的过程中，他阐发自己的新思想，一定程度上反映了清儒的思想观点。刘沅的思路是去理学之道统，直接求之于孔孟之说，论道不必曰统，也不必言绪。这是他身处清代中后期对理学道统论的审视，具有其所处时代的特色。刘沅对宋儒及朱熹《格物致知补传》提出批评，反映了他与理学主要是朱学有不同的知行观。刘沅既对传统理学提出批评，同时也在对理学批评和扬弃的基础上，予以继承和发展，并非一味反对。这表现在他对理学价值观的认同等方面。刘沅把天理建立在人情的基础上，强调在人们基本的物质生活之中体现天理，但人情又必须符合天道即天理的准则。他说："盖养生送死，人情所同即天理所肇。……天道固不外乎人情，人情必准于天道。"① 既认为天理肇端于人所同有的养生送死之人情，天道不脱离人情，又强调人情必以天道为准，以天理为指导。天理是人情物理的主宰。他说："盈世间事不过人情物理二端，而天理为之宰。故圣人制礼节文，其太过不及而适合乎中。正于理，安于情，顺则五伦浃洽，万物和畅，乐在其中矣。常人纵其情逐于物，不准天理，但图逞一时私心。"② 强调人情物理以天理为主宰。认为世间事不过人情物理两端，以天理宰制人情物理，使之适合中，才能正于理，安于情。批评常人纵情逐物，违背天理，但图逞一时私心的行为。最终人情以天理为指导，这是他对理学价

---

① （清）刘沅：《槐轩全书》四《礼记恒解》卷四九，第 1625 页。
② （清）刘沅：《槐轩全书》五《春秋恒解》卷二，第 1685 页。

值观的认同。刘沅重视人情和人情以天理为指导的思想，体现了他本人的思想和当时社会价值观的特点，有别于前代及近代社会发生变迁后的思想观念。这些方面表明，不论自觉与否，刘沅都不能完全摆脱一代学术思潮——理学对他的影响，客观上对理学有所继承和发展，使之具有了新的时代特色。

（原载《中国哲学史》2011年第4期）

廖平与蒙文通

——以经学为中心

晚清今文经学大师廖平（1852—1932），四川井研人，在中国经学史和近代思想史上占有重要地位。国学大师蒙文通（1894—1968），四川盐亭人，以廖平为师，继承发扬师说，受到廖平思想的深刻影响。但在对待古文经的真伪、《公羊》学的"托古改制说"及与之相关的今文经学之"革命说"等问题上，廖、蒙二人的思想却存在着一些分歧和差异。与其师说有所不同，蒙文通把清代今文经学分为两派，其中继承西汉今文经学，讲《公羊》学的一派遭到蒙文通的批评，而他对晚清今文《公羊》学的批评是与对西汉董仲舒今文经学的批评联系在一起的。他以今文经学的"革命说"作为判断是非的标准，凡继承、沿袭汉代《公羊》学，宣扬"改制说"的便遭到蒙文通的批评，这与晚清近代以来康有为等借今文经学以宣传变法改制、主张君主立宪与孙中山、章太炎等主张共和、民主革命相互之间的政治斗争有关。弄清廖平经学对蒙文通思想的影响，以及两人经学思想的相同相异之处，对于把握中国经学在近代的发展、演变，以及在社会转型时期经学受时代政治的影响，具有重要意义。

一 廖平经学对蒙文通的影响

蒙文通受廖平经学的影响主要体现在继承廖平的思想，阐发师说并加以发展等方面。晚清今文经学的著名人物廖平在经学研究上提出以礼制平分今、古文经学，后又尊今抑古，这在当时产生了重要影响。蒙文通继承廖平的思想，阐发师说，亦提出己见，加以发展。

蒙文通以廖平为师，其经学受到廖平思想的深刻影响。廖平是晚清今文经学的著名人物，对康有为思想产生了重要影响。廖平早年习宋学和八股文，后入尊经书院习汉学，注重字义考证和音训。光绪五年（1879），治《公羊》的今文经学家王闿运入川主讲于尊经书院，廖平改从师王闿运治今文经学，尤重《春秋》，然与其师王闿运重《公羊》有所不同，廖平重《谷梁》，但对廖平经学产生重要影响的仍然是《公羊》。廖平早期思想发生过两次转变：第一次是否定宋学，接受干嘉汉学；第二次是否定干嘉汉学，接受今文经学。经过这两次转变之后，廖平思想进入了他的经学六变时期。

廖平经学思想凡六变：第一变是平分今古，即平分今文经学和古文经学，认为今文经学与古文经学区分的根本在礼制，今文经学所言礼制是以殷礼为主的四代（虞、夏、殷、周）之制，集中见于孔子所著的《王制》；古文经学所言礼制为周礼，主要见于《周礼》。周礼本于周公，《王制》为孔子手定，故有古文经学宗周公，今文经学祖孔子之说。第二变是尊今抑古，认为只有今文经学才是孔子真传，中国学术从战国到西汉哀平以前，全是今文经学的派别，尊孔子，宗《王制》，无有不同。古文经学则是刘歆在西汉末年的伪篡，《周礼》是刘歆作伪的主要经典，目的在迎合王莽篡汉，刘歆作伪后，才有所谓的古文经学，而今存《汉书》等书中有关古文经学的记载，实为刘歆及其弟子的改窜。第三变是小统、大统说，异于二变之论，认为孔子经说有小统、大统之分。今文经学所宗《王制》，不过是孔经的小统说，只讲中国治法；古文经学所祖的《周礼》，则是孔经的大统说，以治全球为本。第四变是天学、人学说，认为孔经中有天、人两种制度，小统、大统都是对孔经人学的阐发，而孔经中还有高于人学的天学。"六经"中《春秋》《周礼》《尚书》为人学，《乐》《诗》《易》为天学。人学为人类社会立法，天学为宇宙立法。第五变是天人大小说，将天学之神游、形游与人学之小统、大统加以贯通。这也是对第三、第四变的细化。第六变是以《黄帝内经》五运六气解《诗》《易》，相互比附，以证《诗》《易》天学。廖平经学的六变，较有意义的是第一变区分今、古文经学和第二变尊今抑古，以及讲孔经人学与天学。其后三变，附会离奇，多遭学者批评。一定程度上反映出近代今文经学的流弊。①

廖平经学对思想史的重要影响主要有两点：一是认为孔子"微言大义"的真谛是"托古改制"；二是认为古文经学乃刘歆等所伪造。这两点见解的政治意义要大于它的学术价值。古文经学在历史上长期占统治地位，也是清王朝专制统治的重要理论基础，一旦被廖平宣布为伪造，这对打破两千年来无人敢疑、无人敢违的旧传统，把人们的思想从禁锢中解放出来，具有思想启蒙的积极作用。廖平根据时代的要求，强调"托古改制"，因时救弊，这是具有重要政治意义的。他说："《周礼》到晚末，积弊最多。孔子以继周当改，故寓其事于《王制》。……凡其所改，专为救弊。此今学所以异古之由。"② 他指出，孔子面对"春秋时礼坏乐崩"的局面，深感不安，"乃思垂教"，"笔削《春秋》"，对《周礼》进行因革损益，以成《王制》，"孔子意在改制救弊"③。既然历史上的圣人孔子都可以对传统的礼制进行改革，加以"增减"，"孔子翻经，增减制度，变易事实，掩其不善而著其善"④，那么后世的人们为什么不可以这样做呢？于是廖平把春秋时改周礼之弊与现实的政治改革联系起来，相提并论。他说："春秋时，有志之士皆欲改周文，正如今之言治，莫不欲改弦更张也。"⑤ 这样，现实社会改革弊政、"改弦更张"的政治要求就与孔子"改制救弊"的主张相符合。今文经学经过廖平的这样一改造，孔子就不仅是两千多年前的孔子，而且亦是近代的孔子了。廖平所提出来的孔子"托古改制"，以及"改制救弊"的思想，只不过是借孔子这个历史权威来表达现实社会的政治主题罢了。

蒙文通在经学研究方面，继承了廖平以礼制平分今古、尊今抑古的思想，并积极阐发师说，扩大廖平经学的影响。他说：

> 自井研廖先生据礼数以判今、古学之异同，而二学如冰炭之不

---

① 参见陈德述、黄开国、蔡方鹿《廖平学术思想研究》，四川省社会科学院出版社1987年版。
② 廖平：《廖平学术论著选集》（一）《今古学考》卷下，巴蜀书社1989年版，第78页。
③ 廖平：《廖平学术论著选集》（一）《今古学考》卷下，第75页。
④ 廖平：《廖平学术论著选集》（一）《知圣篇》，第182页。
⑤ 廖平：《廖平学术论著选集》（一）《今古学考》卷下，第85页。

可同器,乃大显白。谓二学之殊,为孔子初年、晚年立说之不同者,此廖师说之最早者也。以为先秦师法与刘歆伪作之异者,廖师说之又一变也。以《大戴》《管子》之故,而断为孔子小统与大统之异者,廖师说之三变也。①

蒙文通阐述廖平经学的前三变,认为其经学一变是依据礼数来分判今、古文经学的异同,使得今、古文经学区分的内在根据大白于天下。其经学二变则是尊今抑古,指出古文经学与先秦师法有异,系刘歆作伪。其经学三变是提出小统、大统之说。关于以礼制分判今、古文经学这一师说中的重要创见,蒙文通阐述说:"言汉学而不知今古文之别者,不足以语汉学;言今古文而不知归本礼制者,不足以语今古文。……井研廖师,长于《春秋》,善说礼制,一屏琐末之事不屑究,而独探其大源,确定今古两学之辨,在乎所主制度之差,以《王制》为纲,而今文各家之说悉有统宗;以《周官》为纲,而古文各家莫不符同。"② 认为廖平于今、古文经学的诸多分歧中,独探大源,抓住了今、古文经学在礼制上的不同这一基本差异,即今文经学以《王制》为纲,古文经学以《周礼》为纲,并肯定廖平著《今古学考》一书,以礼制区分今、古文经学之论,将其与顾炎武对于古音的研究、阎若璩之于《古文尚书》的考辨并列为"三大发明",给以很高的评价。他说:"井研廖先生崛起斯时,乃一屏碎末支离之学不屑究,发愤于《春秋》,遂得悟于礼制,《今古学考》成,而昔人说经异同之故纷纭而不决者,至是平分江河,若示诸掌,汉师家法,秩然不紊。盖其识卓,其断审,视刘、宋以降,游谈而不知其要者,固倜乎其有辨也。故其书初出,论者比之亭林顾氏之于古音,潜邱阎氏之于《古文尚书》,为三大发明。于是廖氏之学,自为一宗,立异前哲,岸然以独树而自雄也。"③ 由此可见蒙文通对其师说的肯定与宣扬。

关于经学史上的今、古文经学之争,学术界一般认为二学的差异主

---

① 蒙文通:《经史抉原·经学抉原·序》,《蒙文通文集》第3卷,巴蜀书社1995年版,第46页。
② 蒙文通:《经史抉原·井研廖师与汉代今古文学》,《蒙文通文集》第3卷,第120页。
③ 蒙文通:《经史抉原·经学抉原》,《蒙文通文集》第3卷,第101页。

要表现在：西汉今文经学专明经书中的微言大义，东汉古文经学则重视经书文字的训诂；西汉今文经学重师法，东汉古文经学重家法等。对此，廖平亦提出了自己的见解。他说：

> 今、古学之分，师说、训诂亦其大端。今学有授，故师说详明。古学出于臆造，故无师说。刘歆好奇字，以识古擅长，于是翻用古字以求新奇。盖今学力求浅近，如孔安国之'隶古定'、太史公之易经字是也。古学则好易难字以求古，如《周礼》与《仪礼》古文是也。古学无师承，专以难字见长，其书难读，不得不多用训诂；本无师说，不得不以说字见长。师说多得本源实义；训诂则望文生训，铢称寸两，多乖实义。西汉长于师说，东汉专用训诂。惠、戴以来，多落小学窠臼。①

认为之所以"西汉长于师说，东汉专用训诂"，是因为西汉今文经学"有授"，所以"师说详明"；而古文经学"出于臆造"，所以"无师说"。与此相关，今文经学力求浅近，以今文隶写古字；而古文经学则由于无师承，其古文又难读，不得不多用训诂，以说字见长，这即是廖平所分析的今文经学重师说，古文经学重训诂的原因。不仅如此，廖平更提出了以礼制区分今、古文经学，这确是他的一大创见。蒙文通继承廖平，阐发师说，力将此说发扬推广，扩大其影响。他推阐其师说：

> 今古文之争，起于汉代，亦烈于汉代。清世经学，以汉学为徽帜，搜讨师说，寻研家法，遂亦不能不有今古文之辨。……本师井研廖季平先生初治《谷梁》，有见于文句、礼制为治《春秋》两大纲，后乃知《谷梁》之说与《王制》相通，以为《王制》者孔氏删经自定义一家之制、一王之法，与曲园俞氏之说出门合辙。然俞氏惟证之《春秋》，廖师则推之一切今文家说而皆准。又推明古文家立说悉用《周官》，《周官》之制，反于《王制》，求之《五经异义》、

---

① 廖平：《廖平学术论著选集》（一）《古学考》，第138页。

《白虎通义》而义益显。又知郑康成遍注群经，兼取今古，而家法始乱。推阐至是，然后今古立说异同之所在乃以大明。以言两汉家法，若振裘之挈领，划若江河，皎若日星。故仪征刘左庵师称廖师为"长于《春秋》，善说礼制，洞彻汉师经例，自魏晋以来未之有也"①。

指出其师廖平从治《谷梁》入手，洞见文句、礼制为治《春秋》的两大纲，以后又认识到《谷梁》中所言礼制与《王制》相通，故以为《王制》乃孔子删经损益因革而自定义的一家之制、一王之法，此与清经学家俞樾之说有相合之处，但俞樾之说只取证于《春秋》，而廖氏师说则在一切今文家说中都能得到印证。可见廖平师说更胜人一筹。蒙文通对廖平师说的继承和阐发，客观上起到了扩大廖平经学影响的作用。他在继承阐发廖平师说的过程中，也结合时代的变化，时时提出己见和新意，由此创新、丰富和发展了师说。

在以礼制分今古的基础上，蒙文通对今文经学作了探讨。他说："盖西汉初年只齐、鲁之争，齐、鲁合而后《王制》出，有今文。刘歆以来始有今古之争，而齐、鲁之争息。"② 认为西汉初年只有齐学、鲁学之争，齐学、鲁学合后《王制》出，而有了今文经学。到刘歆以后，才开始有今、古文经学之争，这时齐学、鲁学之争息。也就是说，在蒙文通看来，组成今文经学的齐学、鲁学在西汉初相互争论，以后合而有今文经学的出现，而古文经学则是在刘歆时才有，有了古文经学，才有了今、古文经学之间的争论。

破弃今、古家法，通过剖析今、古文经学家所依据的典籍，上追晚周儒学之旨，是蒙文通超越两汉，向先秦讲论思想的体现。蒙文通之子蒙默先生在谈论蒙文通经学第二变时指出：

---

① 蒙文通：《经史抉原·井研廖季平师与近代今文学》，《蒙文通文集》第 3 卷，第 104—105 页。
② 蒙文通：《经史抉原·井研廖季平师与近代今文学》，《蒙文通文集》第 3 卷，第 112 页。

后又见今、古文所据周秦典籍，各书有各书之面目，各书有各书之旨意，以今、古之学及汉师就此诸书不合理之强制组合。……今、古之学固已自相矛盾，欲执今、古家法以明周秦之学，殆绝不可能。故主于破弃今、古家法，而'剖析今古家所据之典籍，分别研讨，以求其真，则晚周学派之实庶乎可见。'况于汉师所据者外之晚周典籍尚多，更非汉师家法所能概括，更何家法之足守？于是截然将汉代经学与周秦划分为二。与廖氏六变之皆归于孔氏者已大不侔，然与廖氏破弃今、古，上追周秦之旨则仍相合。此先君之二说也。①

正因为两汉经学，包括西汉今文经学和东汉古文经学均有不足，才使得儒学之道丧，微言大义绝，儒学衰微，发展停滞，而今、古文经学在传授儒家典籍的过程中，各有其家法，相互之间自有不同。故蒙文通认为，不能以今、古文家法来明周秦之学，先秦典籍之旨也非两汉经师之家法所能概括，因而他主张破弃两汉经师的今、古文家法，将汉代经学与周秦儒学划分开，以周秦为宗，上追晚周儒学之旨。这也是对廖平"舍两汉而探晚周"的弃两汉、宗周秦思想的发挥。他说：

文通昔受今文之义于廖师，复受古文学于左庵刘师，抠衣侍席，略闻绪论，稍知汉学大端，及两师推本齐鲁上论周秦之意。自壬子、癸丑迄于癸亥，十年之间，寻绎两师之论，未得尽通，然廖师之论每以得刘师之疏疑释滞而益显，中困于匪窟，而作《经学导言》，略陈今古义之未可据，当别求之齐、鲁而寻其根，以扬师门之意。时左庵师已归道山，而廖师犹于病中作书欣许以诲勉之，不以稍异于己说为嫌。旋以寻绎师门五帝尧舜之训而作《古史甄微》，更为《天问本事》以辅之，乃觉周秦学术谅有三系之殊，复改定《经学导言》旧稿为《经学抉原处违论》，略陈汉师今古学之未谛，以思究宣师门，

---

① 蒙文通：《经史抉原·论经学遗稿三篇·后记》，《蒙文通文集》第3卷，第154—155页。

弃两汉、宗周秦之微旨，师皆见之也。及再绎五运之训，而略见周秦之学复如彼其曲折，按古官之沿革，而又确知今古家各据《王制》《周官》以为宗者为可议。今古学之纲宗本可疑，故依以成之今古学，持之以衡两汉固若纲之在网，无往而不协；若持之以通周秦，则若凿之于枘无往而有当，无怪其然也。廖师之揭齐鲁以易今古之学而召后进，其义固确然不可易，而以五帝五运之说命文通，其训亦深微也。文通既钻研师门之义，由礼数之故以求两汉之学、今古之事殆十年，始于《公》《谷》之异同见《王制》为杂取齐、鲁之书。《王制》之为齐、鲁糅合而成，亦犹郑康成之糅合今古两学，于是舍今古之异同而上求之齐、鲁。于是略窥师门舍两汉而探晚周之意。①

蒙文通分别受学于廖平和刘师培，得今、古两家之义。廖、刘二人都有"推本齐鲁上论周秦"之意，这对蒙文通思想产生了影响。后蒙文通进一步寻绎探讨两师之论，求之于齐学、鲁学而寻其根源。此时蒙文通已与廖平师说有异，在研究过程中他认为今、古文经学家各据《王制》《周官》以为宗之说有可议之处。即拿它来衡量两汉今、古文经学则可，但如果以此说来通周秦，则"若凿之于枘无往而有当"，指出即使《王制》也是糅合齐、鲁而成，犹如郑玄之糅合今、古两学。于是蒙文通舍今古之异同而上求之齐、鲁，将师门"舍两汉而探晚周之意"作了进一步发挥。

蒙文通还批评今、古文经学乃汉人不合理强制组成之学，不能持之以概先秦之学。他说："苟知今古学实为汉人不合理强制组成之学，而剖析今古家所据之典籍，分别研讨，以求其真，则汉人今古学之樊篱立即动摇，徒究心于今古已成之后，而不思求于今古未建之前……徒争今古学，而不知今古之自身本即是不一致之学，即学术中绝无所谓今古学，尤不能持之以概先秦。"② 即今、古文经学乃汉人之学，各有其所依据的

---

① 蒙文通：《经史抉原·井研廖师与汉代今古文学》，《蒙文通文集》第3卷，第135页。
② 蒙文通：《经史抉原·井研廖师与汉代今古文学》，《蒙文通文集》第3卷，第114页。

典籍，通过研讨，可知其来历，但不能以汉人不合理的强制之学为依据，来概先秦儒学。蒙文通破弃今、古家法，剖析今、古文经学家所依据的典籍，上追晚周儒学之旨，是他超越两汉，向先秦讲论思想的体现，亦是他受廖平影响而对其思想的发挥。

二 廖平、蒙文通经学思想之差异

除继承廖平师说外，蒙文通思想中也有与廖平明显的不同之处，如他不赞成廖平所说的古文经学本于刘歆作伪的说法；廖平批评废经"革命说"，蒙文通则批《公羊》学之"改制说"而主今文经学的"革命说"等。

蒙文通不同意廖平关于古文经学乃刘歆伪造之观点，他认为古文经决不会尽是刘歆伪造的。一定程度上肯定古文经学的历史地位，认为从史学言之，古文经学倒无大错，其特点是专心致志从事经文的训诂考证，用力至诚，脚踏实地，严谨固守，而敦于笃行，这是其长处。当然他也批评了古文经学的弊端。

廖平认为古文经学本于刘歆作伪，康有为亦以为古文经学的典籍《周礼》《古文尚书》《毛诗》《左传》等均是刘歆作伪的伪经，刘歆作伪是为了用经义助王莽新朝篡汉，故将自己批评刘歆的著作名为《新学伪经考》。该书不守经师家法，而以考证、辨伪见长，其见解主要包括，一是认为所有古文经典，甚至古文本身，皆属伪作；二是认为无论古文经、古字之伪，皆出于刘歆一人；三是认为刘歆伪学，首推《周官》，盖以"欲附成莽业而为此书"，"其伪群经，乃以证《周官》者"；四是认为刘歆伪作群经，《左传》开其先河，继之以《乐经》《逸礼》《古书》《毛诗》《周官》《尔雅》，《费氏易》与《论语》《孝经》为最晚出，又以古文经出于古文，自必先伪造古文。以为古文经学的典籍《周礼》《古文尚书》《毛诗》《左传》等均是刘歆作伪的伪经，刘歆作伪是为了用经义助王莽新朝篡汉，古文经则是刘歆为"佐莽篡汉"而作的"伪经"。①

---

① 参见康有为《新学伪经考》，北京古籍出版社1956年版。

廖平与蒙文通

蒙文通对其师廖平及康有为等关于古文经学本于刘歆作伪的观点持有不同意见，他认为古文经学决不会尽是刘歆伪造的。他说：

> 近代的今文家都说古文是刘歆伪造的，何至如此！不过古文到了刘歆，他想把古文振兴起来，他借着王莽的势力，把古文经传通通立在博士，征聘天下通知佚经古记的人，前后数千，让他们都住中央廷中去讨论，《莽传》说他"将令正乖谬、壹异同"。是王莽也照石渠的办法做过。他的结果，后人无从知，大概是古文家占胜利。古文与王莽、刘歆的关系不过是如此，决不会尽是刘歆伪造的。这一部分书，从汉武帝起，已经在经师间讨论了，但是当时何以会完全排斥不用，其中也自有个原故。凡是《周官》《左传》《毛诗》《古文尚书》这部分书，都在河间献王那里。……《佚书》《佚礼》《周官》《左氏》《雅乐》等，献王一齐都向武帝进献去，武帝把这几种书訾议了一阵子，便一齐藏之内府，不要人讲。刘歆说《佚礼》《佚书》《左传》"皆藏于秘府，伏而未发"。马融说《周官》"伏于秘府，五家之儒莫得见焉"。《礼乐志》说《雅乐》"天子下大乐，惟以备数"。①

可见在古文经是否为伪的问题上，蒙文通与其师说存在着不同的见解。他不同意廖平、康有为等近代今文经学家关于古文经是刘歆为了迎合王莽篡汉，"饰经佐篡"而伪造的观点，认为古文经与王莽、刘歆的关系不过是刘歆为了把古文经振兴起来，借助王莽的势力把古文经传立在博士，并前后征聘了数千知晓佚经古记的人，集中起来讨论，亦依照石渠阁会议的做法来"正乖谬、壹异同"，其结果"大概是古文家占胜利"，所以古文经学决不会尽是刘歆伪造的。即古文经基本上不是伪造的。他认为这部分古文经书，从武帝起就已经在经师中讨论了，河间献王曾把其所收藏的《佚书》《佚礼》《周官》《左氏》《雅乐》等古文经书进献给武帝，只不过武帝不喜欢这些书，将其一齐藏于内府，不要人讲，所以诸

---

① 蒙文通：《经史抉原·经学导言》，《蒙文通文集》第3卷，第15—16页。

·301·

儒莫得其知。蒙文通分析了古文经书之所以藏之秘府，而遭排斥的原因。他说：

> 河间献王献上的书，武帝一概排斥，究竟是为什么呢？看杜业说，武帝见河间献王很有学问，应对如流，他说了句"汤以七十里，文王以百里，王其勉之"。献王回去，就不再讲学，不久就死了。可见武帝因为忌刻献王，才一并排斥这一部分书。古文一部分书，都是受了河间献王的影响。古文学的内容，本来是熔合许多不相同的成分来冶为一炉的，其中有些是古史，有些是孔壁的佚经，有些是散在民间的经传，献王把他们一齐集合在河间来，后因武帝忌刻献王，他们同遭排斥，一同失败，于是结合起来自成一派，和博士反抗，这便是他们结合的缘起，是和今文学的结合是一样的。……古学的结合，当然是起自献王，新莽不过随着他走罢了。①

指出武帝忌刻献王，是古文经书遭排斥的原因，也是古文经学被排斥的原因。认为古文经学的内容是熔铸多种不同的成分于一炉，是在献王时由古史、孔壁的佚经、散在民间的经传结合而成的。因为献王把组成古文经学的内容一齐集合到河间来，后献王遭武帝排斥，献王收集的古文经书也遭排斥，一同失败。但古文经学派并没有消失，而是结合起来自成一派，同博士对抗，蒙文通认为，这即是古文经学结合的缘起。他强调，古文经学的结合，当然是起自献王。其目的在于认定古文经学在献王时已有，其经书在献王时已献给武帝，所以不能说古文经学是到了刘歆、新莽时才有，其古文经典是由刘歆所伪造的。以此否定近代今文经学家关于古文经学是为了迎合王莽篡汉、由刘歆所伪造的观点。在这里，蒙文通关于古文经学派结合起来，与博士对抗，即古文经学的结合，起自献王的观点，与他本人后来所言古文经学由刘歆所创立的观点多少有些出入。在《经学抉原》写作时，蒙文通说："刘歆之创立古学，发端于

---

① 蒙文通：《经史抉原·经学导言》，《蒙文通文集》第3卷，第16页。

《左氏》，归重于《周官》。方其初起，尚近今文，后乃益去而益远。"①认为古文经学乃刘歆所创立，这与他在《经学导言》所讲的有所不同。或者说，古文经学在献王时已开始结合、逐步形成，到刘歆时则正式创立。

虽然蒙文通肯定刘歆创立古文经学的贡献，但对刘歆所言古文经典出自孔壁，由孔安国献于朝廷，藏于秘府的说法却持不同意见。他认为这种说法是刘歆挟古文以自重。他说：

> 至孔壁得《逸书》十六篇，孔安国以今文读之，儿宽受学于孔安国，欧阳、大、小夏侯三家皆出于宽，则壁中《尚书》《礼经》，古文经学家见之，今文经学家固亦见之也。刘歆必曰："天汉之后，安国献之，遭巫蛊仓卒之难，未及施行，藏于秘府，伏而未发。"然《史记》终于太初元（前104）年，而《儒林传》已言"安国至临淮太守，早卒。"是安国已卒于太初之前，乌得天汉之后，巫蛊祸起，而安国尚于时献书，此刘歆曲为博士不见壁书全经之说，而挟古文以自重也。②

即是说孔子十一世孙孔安国得到鲁恭王坏孔子旧宅时在孔子住宅壁中发现所藏的《逸书》十六篇等古文经书，以今文读之。儿宽曾受学于孔安国，其后欧阳、大小夏侯三家今文《尚书》学皆出于儿宽。如此，蒙文通认为壁中经书，古文经学家和今文经学家均见之。但认为刘歆所说的武帝天汉之后，孔安国将壁中书献给朝廷，遇巫蛊之难，未及施行，将其藏于秘府的说法也不可信。这是因为，《史记》所记，终于太初元年（前104），而孔安国在太初之前已卒，不可能在天汉之后的巫蛊祸起之时，已去世的孔安国尚能献书。蒙文通认为，这是刘歆以博士未见壁中书全经之说，而挟古文经书以自重而已。然鲁恭王得孔壁古文的记载见于《汉书》，而不见于《史记》本传，故引起后来学者的怀疑。即壁中书

---

① 蒙文通：《经史抉原·经学导言》，《蒙文通文集》第3卷，第78页。
② 蒙文通：《经史抉原·经学抉原》，《蒙文通文集》第3卷，第70—71页。

和刘歆所说孔安国将其献给朝廷之说,均有所疑。对此,蒙文通说:"古文之学,以有壁中佚经而兴,然古学者乃不传佚经,古学之大异于今学者,为独宗《周官》《左氏》,而《周官》《左氏》固自不出于壁中,孔壁佚经果有足为古学之根据者,古文家宁不传之。则知孔壁古文,实非贾、郑古学家之所本,汉魏之交,其籍犹存,而刘歆以后之古学,其所据以立义者,固在彼不在此也。"①虽然蒙文通称,古文经学以有壁中佚经而兴,但他对孔壁古文佚经不甚看重,原因在于佚经并未被古文经学者所传,而古文经学大异于今文经学的地方,正是在于其独宗《周官》和《左氏传》,然而这两部书却不出于壁中。壁中古文据《汉书·艺文志》所言,有《古文尚书》《礼记》《论语》《孝经》数十篇。如果说孔壁佚经真有足以为古学之根据的经书,古文家难道不传它吗?既然孔壁中没有最具古文经学派特色的《周官》和《左氏传》两书,那么就可知孔壁古文实非贾、郑等古文经学家之所本,虽然在汉魏之交,其壁中古文犹存,但刘歆以后的古文经学,其所据以立义的经书,自然不是壁中古文佚经,而是《周官》《左氏传》等其他经书了。结合上面蒙文通所说的河间献王搜集古史、孔壁佚经、散在民间的经传,并把所收藏的《佚书》《佚礼》《周官》《左氏》《雅乐》等古文经书进献给武帝,武帝将其藏于内府。河间献王所收藏的古文经书倒是包括了古文经学所独宗的经典《周官》和《左氏》,这倒可以弥补壁中古文佚经之不足。

除肯定古文经学为两汉经学之一脉,反对将古文经说成伪造的外,蒙文通也对古文经学的流弊提出了批评。认为从史学言之,古文经学倒无大错,但如果站在儒学发展的角度看,则古文经学立而儒道衰。他说:

> 井研廖师以今文为哲学,古文为史学,诚为不易之论。若以史言,则贾、马之俦固无大失;若以儒言,今文已远于孟、荀之绪,又况古文之学哉!自今文之学起而儒以微,至古文之学立而儒以衰。考之先秦学术之变,而知儒之日益精卓者,以其善取于诸子百家之言而大义以恢宏也;儒之日益僿陋者,以其不善取于旧法世传之史

---

① 蒙文通:《经史抉原·经学抉原》,《蒙文通文集》第3卷,第72页。

而以章句训诂蓠之也。自孔、孟以下，儒者也；今文章句之学，则经生也；古文训诂之事，则史学也；三变而儒道丧、微言绝、大义乖，皆汉师之罪也。①

指出其师廖平的"以今文为哲学，古文为史学"的见解乃为不易之论，如果以史学的角度看，贾逵、马融等古文经师亦无大的过失；然以儒学发展的眼光看，则今文经学已远离了先秦孟、荀之学的端绪，又何况古文经学呢！由此，蒙文通直把儒学微丧的原因归罪于汉代经学，认为西汉今文经学起，使得儒学衰微；至东汉古文经学立，更使儒道丧。在蒙文通看来，先秦孔孟之学，乃是儒学；而今文章句之学，则为经生之术；至于古文训诂之事，只能算史学。如此"破碎大道，孟、荀以来之绪殆几乎息矣。……自儒学渐变而为经学，洙泗之业，由发展变而为停滞"②。为了纠正汉学这种儒道丧、微言绝、大义乖的流弊，蒙文通主张超越两汉，上溯周秦以广其学，而不能以章句经训自限。

在对汉学流弊的批评中，蒙文通既指出先秦儒学与汉代经生之学的差异，更于两汉经学中，集中批评了东汉古文经学，正因为古文经学唯以训诂考证为学，才使得孔氏儒学晦而不明。他说："晚周之儒学，入秦汉为经生，道相承而迹不相接。孟、荀之术若与伏生、申公之业迥殊。……而古文家因之以兴，刊落精要，反于索寞，惟以训诂考证为学，然后孔氏之学于以大晦。道之敝，东京以来之过也，贾、马、二郑之侪之责也。"③ 认为学晦、道敝是东汉古文经学的过错，亦是贾逵、马融、郑兴、郑众等古文经学家的责任。

在对古文经学的批评中，蒙文通还揭示了古文经学的特点是敦于笃行，而疏于思究，缺乏理想。他说："古文之学，缘隙奋兴。舍传记之博、师说之奥，专事经文，视如旧法世传之史。刊落精要，反于悃愊，徒以考证训诂为学。复以《周官》之侪，旧法之史为主，而义以特异。

---

① 蒙文通：《经史抉原·论经学遗稿三篇·甲篇》，《蒙文通文集》第3卷，第147页。
② 蒙文通：《经史抉原·论经学遗稿三篇·甲篇》，《蒙文通文集》第3卷，第146页。
③ 蒙文通：《经史抉原·论经学遗稿三篇·乙篇》，《蒙文通文集》第3卷，第148—149页。

然后儒者之学，于是再变，而道以大晦。故东京之学，不为宏言卓论，谨固之风足尚，而恢宏之致顿消。士敦于笃行，而暗于思究。"① 客观地指出古文经学的长处和短处：专心致志于经文的训诂考证，用力至诚，脚踏实地，严谨固守，而敦于笃行，是其长处；但由此而转化为以对经书的考证训诂代替了对儒道的探究，使得"道以大晦"，而暗于思究，这是其短处。并且古文经学缺乏哲学思辨和政治理想。他说："自古文之学盛而经术晦、哲学绝，乱师儒之微言于姬周之史迹，凡经训所陈'革政'之义，其为建国宏观、政治理想，体大而思精者，说且不明，安望见之于行事？"② 认为古文经学的盛行造成了"经术晦、哲学绝"，以对史迹的考证替代了师儒之微言大义，由此不明于儒学的政治理想和体大思精的道理，学说不明，则难以行之于事。这些都是训诂之学兴，使经学失其思想内容，反映了古文经学的流弊。

廖平、蒙文通经学思想的差异还表现在蒙文通对清代今文《公羊》学及其"改制说"的批评上。与此相关，廖平从尊孔尊经出发，批评革命派的"废经革命说"，而蒙文通则主今文经学的"革命说"。

清中叶后，今文经学复兴，一直延续到晚清。今文学者在治经学的过程中，注意发挥经书中的"微言大义"，予以新解，为维新变法提供了理论依据，他们议论世事，干预时政，宣传变易改制，这在当时产生了重要的社会影响。

清代今文经学主要是复兴西汉今文经学，而超越东汉古文经学，其经典的依据主要是《春秋公羊传》，通过《公羊》发明经义，所以亦称"公羊学派"。其创始人庄存与、刘逢禄是常州人，其弟子也多为常州人，故又称为"常州学派"。

清代今文经学继干嘉汉学而起，并对干嘉汉学汲汲于文字训诂，名物考证，而脱离实际，少有阐发新义的学风加以修正，侧重于研究和发挥今文经传的"微言大义"，具有通经致用的特点。清代今文经学的代表人物早期有庄存与、刘逢禄、宋翔凤等，中期有龚自珍、魏源等，晚期

---

① 蒙文通：《古学甄微·儒学五论题辞》，《蒙文通文集》第1卷，第240页。
② 蒙文通：《古学甄微·儒家政治思想之发展》，《蒙文通文集》第1卷，第194—195页。

有廖平、康有为等。他们的学术活动和学术思想不仅是清代新汉学的重要组成部分,而且在中国经学史上占有重要地位。

蒙文通对清代今文经学的研究,把清代今文经学分为两派,其中继承西汉今文经学,讲《公羊》学的一派遭到蒙文通较多的批评,而廖平以礼制分今、古的一派则为蒙文通所认同。他一方面继承其师廖平的今文经学思想;另一方面又批评《公羊》学,甚至将其视为伪今文经学,予以否定。批评清代今文经学之"改制说",认为其未能领会"革命"之旨,徒言改制。但他认同的廖平今文经学也是讲改制,以致康有为亦受到廖平此说的影响,而著《孔子改制考》,宣传维新变法。就此而言,研究经学不能脱离当时的时代背景,无论是汉代还是清代,都有"革命说"不宜在任何时间、任何背景下全然推行的客观情况。也有"改制说"在一定时代背景下提出和适宜推行的理由。随时代变迁和社会发展,思想学说也随之改变,不能套用"革命说"适合于任何时代和地点,也不能说"改制说"在任何情况下皆一定错误。蒙文通对"革命说"的认同,对《公羊》学及"改制说"的否定,是他评价从汉代到清代今文经学的一个重要标准,从中亦可见蒙文通今文经学观的一个特点。

对清代今文学,蒙文通将其分为不成熟之今文经学(包括伪今文经学)和成熟之今文经学两派。不成熟之今文经学包括庄存与、刘逢禄、宋翔凤、龚自珍、魏源,以及受龚、魏影响的康有为等人之今文经学,而其中龚、魏之学被蒙文通视为伪今文经学。成熟之今文经学即以其师廖平为代表,廖平也受到其师王闿运及为蒙文通所称道的陈寿祺、陈乔枞父子等人的影响。通过探讨清代今文经学的兴起及其发展演变,蒙文通阐述了自己的清代今文经学观。他说:

> 孔广森之治《公羊春秋》,为二千年来不传之绝学,盖各家之师法,至是而略明。然治《公羊》者亦治《周官》,治虞《易》者亦治《左氏》,庄存与、惠栋之流皆是。……刘、宋不足以言成熟之今文学,然其区分今古,对垒抗行,自此之后遂有整个之今文学,功实不可没。……廖师推本清代经术,常称二陈著论,渐别古今。廖师之今文学固出自王湘绮之门,然实接近二陈一派之今文学,实综

合群言而建其枢极也。他若魏源、龚自珍之流，亦以今文之学自诩，然《诗·书古微》之作，固不必求之师说，究其家法，汉宋杂陈，又出以新奇臆说，徒以攻郑为事，究不知郑氏之学已今古并取，异郑不必即为今文。……故龚、魏之学别为一派，别为伪今文学，去道已远。激其流者，皆依傍自附者之所为，固无齿于今古文之事。故有见一隅而不窥全体之今文学，有知其大概而不得其重心之今文学，此皆未成熟之今文学，而又别有魏、龚一派漫无根荄之今文学；是汉代之今文学惟一，今世之今文学有二。至廖师而后今文之说乃大明，道以渐推而渐备，故廖师恒言：踵事增华，后来居上，然不有庄、张、刘、宋、二陈之启辟途径于前，虽廖师亦未易及此。而龚、魏以狂惑之说乱于前，扬其波者又淆之于后，致求今文者亦非，击今文者亦非，能远绍二陈、近取廖师以治今文者，近世经师惟皮鹿门一人而已。①

认为清中叶孔广森治《春秋公羊传》，使得两千年不传之绝学而略明。但清中叶今文经学初兴之时，并不排斥古文经学，所以当时还难分、今古经文学，如庄存与等既治今文《公羊》，又治古文《周官》。至刘逢禄、宋翔凤，虽然他们的学问是不成熟的今文经学，但其区分今、古，使今、古文经学对垒抗衡，自此而后有了整个今文经学，功实不可没，尤其是刘逢禄，他主西汉董仲舒、东汉何休之学说，确守今文师法，反对东汉许慎、郑玄的琐屑考证，主张发挥"微言大义"，通过研究何休的《春秋公羊解诂》，从阐发何休的"三科九旨"入手，对"张三世"（据乱世、升平世、太平世）、"通三统"（夏、商、周）等《春秋》义例作了系统阐释，主张发挥"张三世"的改制思想。为清代《公羊》学的复兴奠定了基础，由此形成"公羊学派"，并对近代改良主义产生了重要影响。但蒙文通却认为刘、宋之学乃不成熟的今文经学，只不过在区分今、古文经学上，有他们的功劳。而廖平以王闿运为师，在陈寿祺、陈乔枞父子

---

① 蒙文通：《经史抉原·井研廖季平师与近代今文学》，《蒙文通文集》第 3 卷，第 104—105 页。

"渐别今古"及陈立"知礼制为要"① 思想的影响下,"综合群言而建其枢极",提出以《王制》《周礼》区分今、古文经学的思想。在蒙文通看来,廖平一派才是成熟之今文经学,所以说"汉代之今文学惟一,今世之今文学有二。至廖师而后今文之说乃大明"。而"龚、魏之学别为一派,别为伪今文学"。把与己说有异,注重发挥《公羊》的"公羊三世说",主张"更法改图",改革弊政,以及继承董仲舒的《公羊春秋》说,发挥《公羊》的"微言大义",将经术为治术服务的龚自珍、魏源之今文经学说成"伪今文学"。认为龚、魏一派"去道已远""漫无根荄",是以"狂惑之说乱于前,扬其波者又淆之于后"。对龚、魏今文经学本身及其产生的影响予以否定,这包括"以龚、魏为依归"② 的康有为之今文经学。这反映了蒙文通的清代今文经学观。

进而,蒙文通批评清代今文经学者皆主《公羊》,是以支庶而继大统。认为若按以礼说经,则《谷梁》鲁学为大宗,鲁学应为经学之嫡传。并认为《公羊》学的"改制说"也非经学之本义,乃无根之说。对组成清代今文经学重要内涵的《公羊》学及其改制说加以否定,即使其师廖平认为孔子改制,其意在救弊,但这也在蒙文通的否定之列。他说:

> 清世言今学者皆主于《公羊》,遂以支庶而继大统,若言学脉,则固不如此。由《谷梁》以礼说今文者,鲁学之遗规,由《公羊》以纬说群经者,齐学之成法,此今文中二派对峙之主干。经学者固鲁人为嫡传,纬书者固齐学之大本,齐学且不必专言经,治经者其余事耳。自经学既盛,齐人亦起而说六典,遂以阴阳五行之论入之,其学自不必以经为主。况以何休之义言之,改制之说推本于王鲁,王鲁之说推本于隐公元年,以为诸侯不得有元年,鲁隐之有元年,实孔子王鲁之义,亦即改制之本。然《左氏》称惠之二十四年,惠之十八年,《晋语》自以献公以下纪年,诸侯之得改元,《春秋》著

---

① 蒙文通:《经史抉原·井研廖季平师与近代今文学》,《蒙文通文集》第3卷,第105页。
② 蒙文通:《经史抉原·井研廖季平师与近代今文学》,《蒙文通文集》第3卷,第108页。

其实。《白虎通义·爵篇》谓:"王者改元,即事天地,诸侯改元,即事社稷。"则礼家断其义。安在隐公元年即是王鲁,而衍其说于改制?故改制者实不根之说,非经学之本义也。……由改制故言托古,改制之事不实,则托古之说难言。①

认为今文经学中有齐、鲁两派的对峙:由《谷梁》以礼说今文,此为鲁学之遗规;由《公羊》以纬说群经,此为齐学的成法。而蒙文通以《谷梁》鲁学为大宗,鲁人为经学之嫡传;而以《公羊》齐学为巨擘,齐学以纬书为大本。尽管清代今文经学者皆主于《公羊》之齐学,但蒙文通认为这不过是支庶占据了大统的地位,分枝之巨擘取代了嫡传之正统地位。类似于现代新儒家代表人物牟宗三先生所说的"别子为宗"。虽然蒙文通在这里主张以《谷梁》鲁学为大宗,为经学之正统嫡传,而以《公羊》齐学为支庶,齐学本之于纬书,重鲁学而斥齐学,但在他本人所作的代表著作《儒家政治思想之发展》里,却又盛赞作为齐学的《齐诗》学,并引纬书以证《齐诗》之"五际四始说",认为今文经学的"革命说"的理论依据在西汉今文《齐诗》学的"五际说"中就可找到。以《齐诗》"五际说"之"革命说"来批评晚清《公羊》学派宣传的"改制说",这恐怕有些自相矛盾。如果说蒙文通要批判齐学及其所依据的纬书,借以树立鲁学作为经学的正统嫡传地位,那么,就不应盛赞作为齐学重要组成部分的以纬书为依据的《齐诗》学之"五际"说。既批判齐学之《公羊》学,又盛赞齐学之《齐诗》学,对纬书并不排斥,甚至有所引用,恐前后难以自圆其说。

并且,蒙文通对清代《公羊》学为批判没落的封建君主专制主义,要求改革,实行君主立宪制而提出的理论基础——"改制说"加以否定。认为按何休所说,改制之说推本于王鲁,王鲁之说推本于隐公元年,以为诸侯不得有元年,鲁隐公之有元年,表明孔子王鲁之义,亦即是改制之本。但依《左传》、《国语》之《晋语》都有诸侯改元的记载,并引

---

① 蒙文通:《蒙文通文集》第3卷《经史抉原·井研廖季平师与近代今文学》,第106—107页。

《白虎通义·爵篇》之语,既有王者改元,也有诸侯改元,所以不能说记载了鲁隐公元年,就表明了孔子王鲁之义,王鲁就成了改制的依据。蒙文通认为,建立在鲁隐公元年、王鲁基础上的改制之说是没有根据的"不根之说",亦非经学之本义。其说或有一定的道理,而何休及运用"改制说"的廖平、康有为或许有解说不清的地方,但包括清代今文经学及其"改制说"在内的任何思想文化既然是时代的产物,就应适应时代变迁和社会历史发展的客观需要,而不是让社会的发展去适应某种在历史上产生的思想文化。也就是说,历史研究不是为了发思古之幽情,而是为了探讨和总结历史上思想文化发展的客观规律、发展线索、历史经验教训及对后世和现代社会的影响,为现代社会的发展提供一定的借鉴。因此,对清代今文学包括《公羊》学及其"改制说"的研究,应把历史的观点与现实的观点结合起来,即把历史上的经学考证与现实社会发展变革的实际需要结合起来,以探讨今文经学与清代社会发展的关系。主要看今文经学及其"改制说"有没有提供当时社会变革所需要的进步的思想理论,是否为社会进步、社会发展作出了贡献。对今文经学及其影响作现代审视、反思,挖掘其现代意义。应客观历史地看到,廖平、康有为根据时代的要求,强调"托古改制",因时救弊,是具有其重要政治意义的。廖平认为《周礼》到晚末积弊最多,孔子以继周当改,故寓其事于《王制》。凡其所改,专为救弊。这是今文经学之所以与古文经学不同的原因。他指出,孔子面对春秋时礼坏乐崩的局面,深感不安,乃思垂教,笔削《春秋》,对《周礼》进行因革损益,以成《王制》,孔子其意在改制救弊。受廖平思想的影响,康有为著《孔子改制考》,大力宣传"托古改制"思想,把"托古改制"与现实政治结合起来,为维新变法运动提供了理论依据。康有为将《公羊》学的三世说与《礼运》的小康、大同说相结合,认为由据乱世进入升平世(小康),进而发展为太平世(大同)是社会进化的普遍规律。他认为当时中国仍处于乱世,应当改革为君主立宪制,而以后再实行民主共和制。康有为以"托古改制说"为依据,大力提倡进步的民主和民权平等思想,宣传历史进化论和社会进步论,批判没落的封建君主专制主义,要求改革,实行君主立宪制,这反映了新兴资产阶级反对封建专制主义的时代精神,在当时产生了重要影响，因而孔子"托古改制说"也遭到了封建顽固派的攻击。到后来，随着时代的进一步发展，康有为领导的维新变法运动及其"托古改制"理论渐趋落后，已不适应新时代发展的要求，被孙中山领导的资产阶级民主革命运动及其革命理论所取代。但不能因此而否定在一定历史时期内，廖平、康有为所提倡的今文经学理论的进步性及其为社会发展所作出的贡献。

与廖平提出的孔子"托古改制"及"改制救弊说"相比，康有为的孔子"托古改制"的思想更具时代性和政治性。如果说，廖平的孔子"托古改制说"主要从历史上的今文经学的《公羊》学出发，来阐述孔子"微言大义"的真谛是"托古改制"，较少联系现实政治，也少有论述西方近代资产阶级政治理论的话，那么，康有为则着眼于现实政治改革的需要，通过"古为今用"的手法，把孔子塑造为其"圣意"在"改制"的现代维新主义者，康有为这样做的目的在于证明自己的政治主张和变法思想是合乎古训、与圣人孔子的改制主张相符合的，如此可以减轻传统的压力，以保护自己的变法改制主张。不难看出，康有为的思想更具时代特色和现实政治意义，是通古经为现实政治服务的典型。而廖平则少有近代资产阶级民主意识和民权平等思想，只是一般的主张改文从质，学习西方。其学习西方主要是学习西方的经济、工程技术和管理方法，少有学习西方的政治。虽然康有为的变法改制思想也有其局限性，到后来他的思想渐趋保守，但康有为讲的孔子"托古改制"，是带一种政治革命、社会改造的意味。这也体现了与廖平思想的区别，尽管他曾吸取借鉴过廖平的《公羊》学思想，但廖平的思想主要不是讲政治革命、社会改造，而是依据《公羊》学的素王"改制说"，讲尊孔尊经，这与康有为借"孔子改制说"之名，行资产阶级维新变法之实的主张有所不同，这也是康有为之思想渊源颇出自井研廖平，其思想影响又远大于廖平的原因。蒙文通对廖平与康有为两人的关系作了一定的论述，认为双方存在着相互影响。他说：

（廖平）及既与南海康有为见于广州，康氏遂本廖师之《今古学考》、《古学考》作《新学伪经考》，本其《知圣篇》作《孔子改制考》，康氏之学实以龚、魏为依归，而未穷廖师之柢蕴。梁启超谓康氏之学非自廖氏，而盛推龚、魏以及于南海，是为实录，知师固莫如弟子。惟《伪经》、《改制》两考，不能谓非受影响于廖师，特自有廖氏学，不得以康氏之言概廖氏学耳。廖师闻康氏以《左氏》《周官》诸古经皆刘歆所伪作，信而用之，遂有《周礼删刘》，此当廖氏学之一变，是为康氏之学影响于廖氏。然刘歆胡能悉伪诸经，又胡为必悉伪诸经？①

指出康有为于廖、康广州之会后，依据廖平所著《今古学考》和《古学考》作《新学伪经考》，依据廖平所著《知圣篇》作《孔子改制考》。《新学伪经考》和《孔子改制考》两书均为康有为的代表著作，通过这两本书，康有为宣传"托古改制"思想，为维新变法运动制造舆论。并把《公羊》传的"三世"之说与《礼运》的"大同"思想结合起来，作为维新变法的理论根据。这也表现出康有为受到了廖平思想的影响并将其思想加以发展。除肯定康有为受廖平思想的影响外，蒙文通也指出廖平也曾受到康有为思想的影响。这主要指廖平闻康有为以《左传》《周官》等古文经典皆出自于刘歆作伪，而采纳其说，于是作为《周礼删刘》一文。其实廖平在其著作《辟刘篇》及由《辟刘篇》修订而成的《古学考》里，就已提出古文经学本于刘歆作伪这一思想，这是其经学第二变"尊今抑古说"的重要内容。后来这一思想通过《古学考》影响到康有为，于是康有为作《新学伪经考》。可见是廖平影响康有为在先，而不是康有为先影响了廖平。由于蒙文通对古文经出自刘歆伪作这一师说并未认同，或将其说成康有为的思想，而影响了其师廖平，以便于驳斥。他说：

> 今刘歆胡为而作伪，又胡能一人而悉伪群经！古文之起在先，古学之成在后，则先有伪书而后有伪学，本末倒置。刘歆实为作伪

---

① 蒙文通：《经史抉原·井研廖季平师与近代今文学》，《蒙文通文集》第3卷，第108页。

而作伪,又能一手作伪而掩尽天下之目,此皆事之不可能者。……有一家之学,然后有一家伪作之书,后则徒激辨伪之流,而不知求学派所据,则康氏流毒所被,又康氏所不及料也。故伪经之说,世之明者,自莫之信。廖师于此久而不自安,后由《大戴》《管子》上证《周官》之非诬,则又易而为大统、小统之说,以今文为小统,孔子所以治中国方三千里之学也,以古文为大统,孔子所以理世界方三万里之学也。由《小戴》言小统,由《大戴》言大统,小统主《春秋》,大统主《尚书》《周礼》,推而致之,文字孔作也,《诗》《易》以治六合也,其道益以幽妙难知。既收《周礼》为孔书,则亦不废《左氏》,《公羊》之外,兼治丘明。故廖师之学,《春秋》其大宗,礼制其骨干,及学益宏远,世之讥笑亦因之。①

蒙文通对"刘歆作伪说"提出疑问:为何刘歆要作伪,刘歆一人又如何能伪造群经?他认为,先有一家的学问,然后才有一家的伪作之书,说伪造的古文经在先,而古文经学成于后,先有伪书而后有伪学,这是本末倒置。到后来辨伪之风流行,而不知探求学派所依据的理据,致使康有为所言刘歆造伪经之说的流毒盛行,为康氏始料不及。然而对于刘歆造伪之说,明白的人自然不信。把批评"刘歆作伪说"的矛头主要指向了康有为,而不是始作俑者的廖平。并认为廖平对于"刘歆作伪说",到后来一直不自安,作了某种修正,以证《周礼》之非诬。并提出"小统、大统说",认为孔子经说有小统、大统之分。今文经学所宗《王制》,不过是孔经的"小统说",只讲中国治法,是孔子所以治中国方三千里之学;古文经学所祖的《周礼》,则是孔经的"大统说",以治全球为本,是孔子所以治世界方三万里之学。又提出"天学、人学说",认为孔经中有天、人两种制度,小统、大统都是对孔经人学的阐发,而孔经中还有高于人学的天学。"六经"中《春秋》《周礼》《尚书》为人学,《乐》《诗》《易》为

---

① 蒙文通:《经史抉原·井研廖季平师与近代今文学》,《蒙文通文集》第3卷,第109页。

天学。把曾被自己否定的伪书《周礼》作为大统人学的典籍，是孔书的一部分，并于《公羊》之外，亦兼治古文学的《左氏传》，表明廖平斥古文经典为伪书的立场已有变化。之后廖平的思想又发生了若干变化，世之人也因此而讥笑他。

戊戌变法的失败，表明资产阶级改良主义维新理论的局限性。一部分先进的资产阶级代表人物从改良主义阵营中分化出来，走上了共和、民主革命的道路，成为资产阶级革命派。另一部分保守人士则沦为保皇派，反对"革命说"。廖平即成为反对革命的一员。当时的革命派在戊戌变法后掀起了一股批判封建君权、批判三纲五常的思想浪潮。那时，以宣传革命、批判专制为宗旨的报刊相继问世，其中包括《民报》《新中国》《浙江潮》等。廖平站在保守的立场上，通过对《公羊》的研究，提出反对革命的主张。他惊呼："讲革命，废三纲，用夷变夏，其风甚炽。"[①] 为了反对革命，廖平把批评的目标指向《新中国》《浙江潮》等民主报刊。他说："近有《新中国》《浙江潮》等报以为非革命不足以存中国，三纲之说论之详矣。"[②] 为了维护封建帝制，廖平宣扬"非纲常，国无以立"[③] 的观点，反对用民主代替封建帝王的"家天下"的统治。他说："说者以为大一统必用民主，不能家天下……说者盖因桀纣，遂欲废弃君纲，不知首出庶物，元首万不可少。"[④] 认为封建帝王——元首"万不可少"，其保皇态度十分鲜明。这时的廖平已和康有为、梁启超等人一样，成为保皇、反对革命的人物。在对《公羊》的研究中，廖平联系实际，反对当时的革命运动，如义和团反帝爱国运动和唐才常领导的自立军运动，称义和团是"拳匪"。他说："拳匪情形本与革命相同，不教而战，虽不畏死，血流漂杵，究竟何益？"[⑤] 不仅如此，他还批评革命运动是"蹂躏其乡邦，祸延宗社"。他说："小则如唐才常，大则如拳匪"，是所谓"二三少年逞其血气，遂欲流血以成大事。同类相杀，伏尸

---

① 廖平：《公羊补证》卷九，六译馆丛书本。
② 廖平：《公羊补证》卷八，六译馆丛书本。
③ 廖平：《公羊补证》卷一，六译馆丛书本。
④ 廖平：《公羊补证》卷十，六译馆丛书本。
⑤ 廖平：《公羊补证》卷八，六译馆丛书本。

百万，蹂躏其乡邦，祸延宗社。"① 把暴力革命视为洪水猛兽，反对以革命的手段推翻清王朝的封建统治。表现出廖平在经学研究中对革命所持的批评立场。

针对革命派提出的"六经"，在两三千年前，古不可治今的废经言论，廖平认为孔学"六经"，"则日月经天，江河行地，万古不失，与地球相始终"②。只要按照孔学"六经"之道办事，则天下无不大治。当时革命派为了铲除封建主义，宣传以新的思想代替过时的孔学"六经"，"废经之说遂遍中土"③。廖平起而反对，他认为孔学"六经"万不可废，如果废经，不但中国无法治理，而且将来大一统的世界政治也无所凭借。他说："废经以后中土何所依归？将来大一统，政教何所凭借？实无术以善其后。"④ 廖平对革命派废经言论的批评，是与他反对革命的政治立场联系在一起的。

在这方面，蒙文通则与其师说明显不同，而对"革命说"持赞赏态度。他在对清代今文经学的研究中，是以对《齐诗》"革命说"的认同，和对《公羊》学及"改制说"的否定，来作为他评价从汉代到清代的今文经学的一个重要标准。他说："'革命'之说不著，于是'三世'之说张惶一世，而'五际'之说独湮没而无闻。《京易》《齐诗》，长为世之诟病。"⑤ 正因为《齐诗》"五际说"中的"革命"之旨不明，使得《公羊》学"张三世"的改制思想盛行一世，而片面以董、何之《公羊》学概括今文之宏义。这在蒙文通看来，是需要纠正的。从中亦可见蒙文通经学的今文经学观。

在清末民初以来的社会转型时期，"革命说"盛极一时，流行于世。受其影响，蒙文通在经学体系内论政治主要表现在他对今文经学"革命说"的探寻阐发、对晚清《公羊》学及所推崇的今文经学大家董仲舒的批评等方面，由此可见社会转型时期政治对经学的影响。虽然蒙文通经

---

① 廖平：《公羊补证》卷八，六译馆丛书本。
② 廖平：《公羊补证》卷四，六译馆丛书本。
③ 廖平：《公羊补证》卷一，六译馆丛书本。
④ 廖平：《公羊补证》卷一，六译馆丛书本。
⑤ 蒙文通：《古学甄微·儒家政治思想之发展》，《蒙文通文集》第1卷，第169页。

学体系内包含着的政治思想存在着一些可议之处和值得商榷的地方，但蒙文通对政治的关注及他的经学思想受到时代政治的影响是可以肯定的。

关于儒家及今文经学中的革命思想，蒙文通加以阐发。他认为，清代今文经学家如庄存与、刘逢禄、宋翔凤、魏源等人未能明今文经学的革命之旨，独推崇"三科""九旨"之说，而忽视"五际""三期"之说，片面以董仲舒、何休之浮文来概括"六艺"之义，孤树《公羊》，而招致非常可怪之讥，表面上是尊今文之说，而实际上违背了今文之旨。于是蒙文通通过考经证史，并引纬书，以探究今文之"绝学"，追寻儒家革命之义。他说：

> 世之争今古文学者何纷纷也，盖古以史质胜，今以理想高，混之不辨，未解今文之所谓也，而漫曰"王鲁"、曰"新周"，说益诡而益晦，庄、刘、宋、魏之俦，殆亦有责焉。不慧遍涉《齐诗》、《京易》、伏生之《书》、戴氏之《礼》，而后知"一王大法"者，自有其经纬万端，在制而不在义，在行事而不在空言。制备也，则"继周损益""素王受命"非复徒言。苟不省礼家之新制已大异周人之旧规，独张惶于"三科""九旨"，而昧忽于"五际""三期"，抗董、何之浮文，以概六艺之宏义，孤树《公羊》，欲张赤帜，以召非常可怪之讥，是欲尊之，适以窒之，斯皆不解儒家"革命"之旨，不求历史蜕变之迹，正厚儒而不以其道者之罪，而岂侮经毁孔者之过哉？爰搜讨史证，旁稽诸子，勘比经义，以探绝学。①

蒙文通通过考察今文经学的典籍《齐诗》、《京易》、伏生之《书》、戴氏之《礼》，知晓了汉代今文经学所说的"一王大法"，即认为《春秋》是为新兴王者立法。孔子作《春秋》，垂空文以断礼义，当一王之法。其"在制而不在义，在行事而不在空言"，而清代今文经学家却不省察其时之礼之新制已不同于周礼，结果导致片面推崇"三科""九旨"，而不讲"五际""三期"，致使今文经学的"革命说"不彰，儒道晦而不明。对

---

① 蒙文通：《古学甄微·儒家政治思想之发展》，《蒙文通文集》第1卷，第165—166页。

此，蒙文通考察了西汉今文经学的"革命说"，并上溯其来源及其变迁，以批评晚清今文经学家的"改制说"。他说：

> 《齐诗》言"五际"、言"四始"，以"改制""革命"为依归，而原本于孟、荀，舍是则"王鲁""素王"之说无所谓。《孟子》书：问汤放桀、武王伐纣，"'弑其君，可乎？'曰：'贼仁者谓之贼，贼义者谓之残，残贼之人，谓之一夫，闻诛一夫纣矣，未闻弑君也。'"荀子书："世俗之为说者曰：桀、纣有天下，汤、武篡而夺之。是不然。以桀、纣为尝有天下之籍则然，天下谓在桀、纣则不然。……孟、荀以桀、纣为一夫而汤、武不弑，其言凛凛其严而昭昭其晢也。然在汉代，世俗之说未熄，黄生以"汤、武非受命，乃弑也。""冠虽敝，必加于首；履虽新，必贯于足，何者？上下之分也。今桀、纣虽失道，然君上也；汤、武虽圣，臣下也。夫主有失行，臣下不正言匡过以尊天子，反因过而诛之，代立践南面，非弑而何也？"辕固曰："不然，夫桀、纣荒乱，天下之心皆归汤、武，汤、武与天下之心而诛桀、纣，桀、纣之民不为之使而归汤、武，汤、武不得已而立，非受命为何？"盖黄生不免世俗之言，而辕生为能守孟、荀之统。辕生传《齐诗》，其说即本《诗》义也。《齐诗》之义有"五际"："卯酉之际为改政，午亥之际为革命。……卯，《天保》也；酉，《祈父》也；午，《采芑》也；亥，《大明》也。"《大明》者，牧野之事也，则辕固生之义，本于是也。许芝言："周官反政，尸子以为孔子非之，以为周公其不圣乎，以天下让，不为兆民也。"京房作《易传》曰："凡为王者，恶者去之，弱者夺之，易姓改代，天命不常，人谋鬼谋，百姓与能。"知尸子、《京易》亦主"受命"之说。《尸子·贵言》云："臣天下，一天下也，一天下者，令于天下则行，禁焉则止。桀、纣令天下而不行，禁天下而不止，故不得臣也。"此尸子之意合于孟、荀。……干宝传京氏《易》，而与"三期""六情"之说相应，是《齐诗》《京易》同法。"五际"以"午亥之际为革命"，"四始"以"大明在亥为水始"。……孙盛述《易》，本之干宝，其曰："古之立君，所以司牧群黎。……若乃

淫虐是纵，酷彼群生……加其独夫之戮。是故汤、武抗钺，不犯不顺之讥，汉高奋剑，而无失节之义，何者？诚四海之酷仇，而神人之所摈故也。"是《京易》之传，犹孟、荀、《齐诗》之说也。晚清之学，急于变法，故侈谈《春秋》，张"改制"之说，而《公羊》之学，显于一时。然"改制"之义，才比于"五际"之"革政"，而"五际""革命"之说，未有能恢宏之者。①

西汉今文《齐诗》学以善说阴阳灾异、推论时政著称，其创始人辕固生为齐人，以治《诗》，汉景帝时为博士。辕固生坚持"汤武革命"说，在汉景帝面前与黄老学派的学者黄生辩论汤武革命之是非。黄生认为汤武革桀纣之命，乃弑也。辕固生则认为，桀纣虐乱，失去天下人心，汤武顺天应人而诛桀纣，正是受命之举。而黄生从维护君主的绝对权威出发，强调即使桀纣失道，也不可君臣易位。辕固生反驳说，若按黄生所言，汉高祖刘邦代秦以即天子之位，那也是非法的了。景帝处于两难境地，赞成哪一方，都比较为难。如反对汤武革命，那汉家的天下就属逆篡，得之不正；而如果赞成汤武革命，那以后汉家的天下也可以同样的理由被异姓革命夺去。景帝作为执政者，从维护汉王朝封建统治的根本利益和现实既得利益的角度出发，还是倾向于反对汤武革命的。这使得后来的学者都不敢明言汤武受命而诛杀桀纣之事，即对汤武革命不再讲了，否则将招致祸害。在汉王朝封建专制的威严统治下，学者罕言革命，这是受统治者强制的结果，不能仅将其归咎于学者。

蒙文通认为，反对汤武革命的黄生不免流于世俗之言，而坚持汤武"革命说"的辕固生则能守孟、荀之统。即认为孟、荀、《齐诗》、辕固生一脉相承，都与《易传》提倡之汤武"革命说"为同道。辕固生治《齐诗》，今文《齐诗》学有"五际说"，认为卯、酉、午、戌、亥当阴阳终始际会之时，政治上就必然发生大变动。蒙文通引纬书以述《齐诗》之"五际四始说"，其所谓"五际说"出自《春秋纬·演孔图》之《泛历枢》，而"四始说"则出自《诗纬·泛历枢》，其所论都保存在纬书里。

---

① 蒙文通：《古学甄微·儒家政治思想之发展》，《蒙文通文集》第1卷，第166—168页。

其文如下：

> 《诗纬·泛历枢》云：《大明》在亥，水始也；《四牡》在寅，木始也；《嘉鱼》在巳，火始也；《鸿雁》在申，金始也。与此不同者，纬文因金木水火有四始之义，以诗文托之。又郑作《六艺论》，引《春秋纬·演孔图》云：《诗》含五际六情者。郑以《泛历枢》云："午亥之际为革命，卯酉之际为改正，辰在天门，出入候听，卯，《天保》也；酉，《祈父》也；午，《采芑》也；亥，《大明》也。"然则亥为革命，一际也；亥又为天门，出入候听，二际也；卯为阴阳交际，三际也；午为阳谦阴兴，四际也；酉为阴盛阳微，五际也。其六情者，则《春秋》云：喜、怒、哀、乐、好、恶是也。《诗》既含此五际六情，故郑于《六艺论》言之。[①]

蒙文通认为今文《齐诗》学之"五际四始说"，是以"革命说""改制说"为依归的，即"革命说""改制说"的依据来自于"五际四始说"，但它们却出自于纬书《诗纬·泛历枢》，以及郑玄的《六艺论》，而郑玄的《六艺论》也是引自于纬书《春秋纬·演孔图》和《泛历枢》。可见今文《齐诗》学的"革命说"是建立在引证纬书的基础上，蒙文通所引也出自于纬书。[②] 尽管如此，蒙文通认为，今文《齐诗》学的"革命说"也比晚清变法派的"改制说"更高明。他认为，晚清变法派为了急于变法，过分谈《春秋》，其《公羊》学以孔子"改制说"为理论指导，宣传变法，然而，《公羊》学所宣传的"改制"之义，仅相当于《齐诗》"五际说"中的较低层次的"革政"（改正），还未能达到"五际说"中的革命之说，即未能恢宏革命之旨。以《齐诗》的"五际说"来批评晚清《公羊》学的"改制说"，认为"革命说"的理论依据在西汉今文《齐诗》学中，并引纬书作论据。这反映出蒙文通经学思想一定的局

[①] 《毛诗正义》卷一之一《诗大序疏》，《十三经注疏》，中华书局1979年据原世界书局缩印阮元刻本影印本，上册，第272页。

[②] 蒙文通：《古学甄微·儒家政治思想之发展》，《蒙文通文集》第1卷，第201页。

限性。

蒙文通在他晚年所作的《孔子和今文学》（1961年）中，对今文学的"革命说"继续作了阐发。他说："今文学思想，应当以《齐诗》《京易》《公羊春秋》的'革命''素王'学说为其中心，礼家制度为其辅翼。'革命'学说，当导源于孟子。"① 把革命学说作为今文经学思想的中心，导源于孟子。蒙文通指出："孟荀是先否认桀纣所受的天命，然后提出汤武不弑篡。《易传》则是承认桀纣所受的天命，但是却认为这个天命是可以革去的，明确提出了'革命'的概念。这便是现在所用'革命'一词的语源。很显然，这种思想是对当时君主专制残暴的反抗。《易传》的思想虽和孟、荀是一致的，但是它在提法上比孟、荀更明确也更尖锐。"② 对今文经学之"革命说"的来源作了探讨，肯定孟、荀及《易传》的思想。但蒙文通在论述今文经学之"革命说"在汉代的流传演变时，仍是充分肯定《齐诗》之"五际四始说"，他所借以作为论据的材料仍出自纬书。他说："辕固所说'汤武受命'的理论正是和'五际''革命'的理论是一致的。统治者不准讲论汤武受命，就只好透过《大明》之诗披着阴阳五行的外衣来讲论了。"③ 对《齐诗》学者通过纬书及所论"阴阳五行说"，来讲"五际"之"革命说"的原因和外在压力作了解释。尽管对蒙文通的思想有可议之处，但他在经学研究中，把经学与政治紧密联系起来，以阐发今文《齐诗》《京易》学之"革命说"，这体现了蒙文通经学与政治密切联系的特点。

蒙文通之所以提倡"革命说"，批评"改制论"，有其一定的时代背景。他说："清末康有为等借今文学以言变法，今文学成了君主立宪的工具。孙中山、章太炎主张民主革命，反对君主立宪。章太炎、刘师培对立宪派的根本理论进行批判，指责今文学家讲阴阳五行，这是可以的，是有进步意义的，是政治斗争的需要。……今文学别有个精神，就是

---

① 蒙文通：《经史抉原·孔子和今文学》，《蒙文通文集》第3卷，第166页。
② 蒙文通：《经史抉原·孔子和今文学》，《蒙文通文集》第3卷，第167页。
③ 蒙文通：《经史抉原·孔子和今文学》，《蒙文通文集》第3卷，第169页。

'革命'。"① 对蒙文通所说"今文学成了君主立宪的工具",也要辩证地看,在当时维新变法运动中,维新派以"托古改制说"为依据,大力提倡进步的民主和民权平等思想,宣传"历史进化论"和"社会进步论",批判没落的封建君主专制主义,要求改革实行君主立宪制,这反映了新兴资产阶级反对封建专制主义的时代精神。这应该说是进步的,否则也不会遭到封建顽固派的极力反对,也不会出现为变法而流血牺牲的谭嗣同等"戊戌六君子"。但随着时间的推移,康有为领导的维新变法运动及其"托古改制"理论已由进步转向保守,已适应不了新时代发展的要求,而被孙中山领导的资产阶级革命运动及其革命理论所取代。此时革命派对立宪派的理论进行批判,这当然符合时代发展的需要。但也不能因此而否定在一定历史时期内,康有为所提倡的今文经学理论的进步性。今文经学除了有革命精神以外,还是一个内涵十分丰富的思想体系,而革命精神也有它一定的适用范围,并不是放之四海而皆准,可以适合于一切时间、空间的。蒙文通对今文经学"革命说"的强调,当与其所处的时代背景和政治环境有关,他的思想之所以与廖平对废经"革命说"的批评存在着差异,也与其所处的时代背景和政治环境不同于廖平所处时代相关。

廖平在经学研究上提出以礼制平分今、古文经学,后又尊今抑古,对蒙文通产生了重要影响。蒙文通继承廖平,积极阐发师说,扩大廖平经学的影响。他在继承阐发廖平师说的过程中,也结合时代的变化,时时提出己见和新意,由此创新、丰富和发展了师说。除继承廖平师说外,蒙文通思想中也有一些与廖平思想明显的不同之处,他不赞成廖平所说的古文经学本于刘歆作伪的说法,认为古文经决不会尽是刘歆所伪造,即古文经基本上不是伪造的,认定古文经学在河间献王时已有,或者说古文经学在河间献王时已开始逐步形成,到刘歆时则正式创立,肯定古文经学为两汉经学之一脉。廖平、蒙文通二人经学思想的差异还表现在,廖平批评废经"革命说",蒙文通则批《公羊》学之"改制说"而主今

---

① 蒙文通:《治学杂语》,载蒙默编《蒙文通学记》,生活·读书·新知三联书店1993年版,第16页。

文经学的"革命说"。蒙文通对《齐诗》"革命说"的认同,对《公羊》学及"改制说"的否定,是他评价从汉代今文经学到清代今经文学的一个重要标准,从中亦可见蒙文通经学与廖平思想的区别。蒙文通在经学研究中对今文经学"革命说"的强调,以"革命说"作为评判学术是非的标准,与他当时所处的时代背景和政治环境有关。反映了社会转型时期的时代政治对经学的深刻影响,这是廖平、蒙文通经学思想之所以出现相同相异之处的重要原因。

[原载《经学研究集刊》2007年第3期,台湾高雄师范大学经学研究所]

蒙文通经学思想探析

蒙文通（1894—1968年），四川盐亭人，中国现代著名学者，先后执教于成都大学、北京大学、四川大学等，兼任中国科学院历史研究所一所研究员、学术委员。其学术由经入史，经史贯通。其经学思想承著名经学家廖平而来，又加以发展，在现代经学思想史上应占有重要地位。然以往学术界对蒙文通经学论述较少。本书就蒙文通经学思想的几个方面加以探析，以就正于方家。

晚清今文经学的代表人物廖平（1852—1932年）在经学研究上提出以礼制平分今、古文经学，后又尊今抑古，这在当时产生了重要影响。蒙文通继承廖平，阐发师说，亦提出己见，加以发展。主张超越两汉，向先秦讲经；批评汉学流弊，倡鲁、齐、晋之学，以地域分今、古；破弃今、古文经家法，而宗周秦儒学之旨。其后，蒙文通又提出汉代经学乃融会百家，而综其旨要于儒家而创立的新儒学的见解，推崇西汉今文经学。后于晚年著《孔子和今文学》，又对今文经学提出批评与评价，认为今文经学乃变质之儒学。蒙文通的经学思想内涵丰富，深刻而富于创见，深深打上了时代发展的烙印，值得认真总结与探讨研究。

一　继承廖平，阐发师说

蒙文通以廖平为师，其经学受到廖平思想的深刻影响。廖平经学对思想史的重要影响主要有两点：一是认为孔子"微言大义"的真谛是"托古改制"；二是认为古文经学乃刘歆等所伪造。这两点见解的政治意义要大于它的学术价值。古文经学在历史上长期占统治地位，也是清王朝专制统治的重要理论基础，一旦被廖平宣布为伪造，这对打破两千多年来无人敢疑、无人敢违的旧传统，把人们的思想从禁锢中解放出来，具有思想启蒙的积极作用。廖平根据时代的要求，强调"托古改制"，因时救弊，具有重要的政治意义。今文经学经过廖平的改造，孔子就不是两千多年前的孔子，而是近代的孔子了。廖平所提出来的孔子"托古改制"，以及"改制救弊"的思想，只不过是借孔子这个历史权威来表达现实社会的政治主题罢了。

蒙文通在经学研究方面，继承了廖平以礼制平分今古，尊今抑古的思想，并积极阐发师说，扩大廖平经学的影响。他说：

> 自井研廖先生据礼数以判今、古学之异同，而二学如冰炭之不可同器，乃大显白。谓二学之殊，为孔子初年、晚年立说之不同者，此廖师说之最早者也。以为先秦师法与刘歆伪作之异者，廖师说之又一变也。以《大戴》《管子》之故，而断为孔子小统与大统之异者，廖师说之三变也。①

蒙文通阐述廖平经学的前三变，认为其经学一变是依据礼数来分判今、古文经学的异同，使得二学之所以区分的内在根据大白于天下。而其经学二变则是尊今抑古，指出古文经学与先秦师法有异，系刘歆作伪。而其经学三变是提出小统、大统之说。关于以礼制分判今、古文经学这一师说中的重要创见，蒙文通阐述说："言汉学而不知今古文之别者，不足以语汉学；言今古文而不知归本礼制者，不足以语今古文。……井研廖师，长于《春秋》，善说礼制，一屏琐末之事不屑究，而独探其大源，确定今古两学之辨，在乎所主制度之差，以《王制》为纲，而今文各家之说悉有统宗；以《周官》为纲，而古文各家莫不符同。"②认为廖平于今、古文经学的诸多分歧中，独探大源，抓住了今、古二学在礼制上的不同这一基本差异，即今文经学以《王制》为纲，古文经学以《周礼》

---

① 蒙文通：《经学抉原·序》，《蒙文通文集》第3卷，巴蜀书社1995年版，第46页。
② 蒙文通：《经史抉原·井研廖师与汉代今古文学》，《蒙文通文集》第3卷，第120页。

为纲,并肯定廖平著《今古学考》一书,以礼制区分今、古文经学之论,将其与顾炎武对于古音的研究、阎若璩之于《古文尚书》的考辨并列为"三大发明",予以很高的评价。他说:"井研廖先生崛起斯时,乃一屏碎末支离之学不屑究,发愤于《春秋》,遂得悟于礼制,《今古学考》成,而昔人说经异同之故纷纭而不决者,至是平分江河,若示诸掌,汉师家法,秩然不紊。盖其识卓,其断审,视刘、宋以降,游谈而不知其要者,固倜乎其有辨也。故其书初出,论者比之亭林顾氏之于古音,潜邱阎氏之于《古文尚书》,为三大发明。于是廖氏之学,自为一宗,立异前哲,岸然以独树而自雄也。"① 经学史上的今、古文经学之争,学术界一般认为二学的差异主要表现在:西汉今文经学专明经书中的微言大义,东汉古文经学则详对经书文字的训诂;西汉今文经学重师法,东汉古文经学重家法等。对此,廖平亦提出了自己的见解。他说:"今、古学之分,师说、训诂亦其大端。今学有授,故师说详明。古学出于臆造,故无师说。刘歆好奇字,以识古擅长,于是翻用古字以求新奇。盖今学力求浅近,如孔安国之'隶古定'、太史公之易经字是也。古学则好易难字以求古,如《周礼》与《仪礼》古文是也。古学无师承,专以难字见长,其书难读,不得不多用训诂;本无师说,不得不以说字见长。师说多得本源实义;训诂则望文生训,铢称寸两,多乖实义。西汉长于师说,东汉专用训诂。惠、戴以来,多落小学窠臼。"② 认为之所以"西汉长于师说,东汉专用训诂",是因为西汉今文经学"有授",所以"师说详明";而古文经学"出于臆造",所以"无师说"。与此相关,今文经学力求浅近,以今文隶写古字;而古文经学则由于无师承,其古文又难读,不得不多用训诂,以说字见长,这即是廖平所分析的今文经学重师说,古文经学重训诂的原因。不仅如此,廖平更提出了以礼制区分今、古文经学,这确是他的一大创见。蒙文通继承廖平,阐发师说,力将此说发扬推广,扩大其影响。他推阐其师说云:

---

① 蒙文通:《经史抉原·附:议蜀学》,《蒙文通文集》第3卷,第101页。
② 廖平:《廖平学术论著选集》(一)《古学考》,巴蜀书社1989年版,第138页。

> 今古文之争,起于汉代,亦烈于汉代。清世经学,以汉学为徽帜,搜讨师说,寻研家法,遂亦不能不有今古文之辨。……本师井研廖季平先生初治《谷梁》,有见于文句、礼制为治《春秋》两大纲,后乃知《谷梁》之说与《王制》相通,以为《王制》者孔氏删经自订一家之制、一王之法,与曲园俞氏之说出门合辙。然俞氏惟证之《春秋》,廖师则推之一切今文家说而皆准。又推明古文家立说悉用《周官》,《周官》之制,反于《王制》,求之《五经异义》、《白虎通义》而义益显。又知郑康成遍注群经,兼取今古,而家法始乱。推阐至是,然后今古立说异同之所在乃以大明。以言两汉家法,若振裘之挈领,划若江河,皎若日星。故仪征刘左庵师称廖师为"长于《春秋》,善说礼制,洞彻汉师经例,自魏晋以来未之有也"①。

指出其师廖平从治《谷梁》入手,洞见文句、礼制为治《春秋》的两大纲,以后又认识到《谷梁》中所言礼制与《王制》相通,故以为《王制》乃孔子删经损益因革而自订的一家之制、一王之法,此与清经学家俞樾之说有相合之处,但俞樾之说只取证于《春秋》,而廖氏师说则在一切今文家说中都能够得到印证。可见廖平师说更胜人一筹。蒙文通并指出:"这不能不承认是近代经学上的重大发现。虽然廖先生的学说后又迭有改变,但以《周官》《王制》分判今、古文学的基本论点从未动摇。"②蒙文通对廖平师说的继承和阐发,客观上起到了扩大廖平经学影响的作用。

二 超越两汉,向先秦讲论

蒙文通在经学探讨中,不仅继承廖平,阐发师说而且在其师说的基

---

① 蒙文通:《经史抉原·井研廖季平师与近代今文学》,《蒙文通文集》第3卷,第104—105页。
② 蒙文通:《经史抉原·孔子和今文学》,《蒙文通文集》第3卷,第215—216页。

础上加以发挥和发展，进一步深化了对经学的研究。超越两汉，向先秦讲论，就是蒙文通对其师说的继承发展。对此，蒙文通云："我是说现在讲经，是不能再守着两汉今古文那样讲，是要追向先秦去讲。"① 蒙文通在其作于1923年的《经学导言》的"绪论"中提出了讲论今、古文经，要追向先秦去讲，而不能再守着两汉今、古文经那样去讲的见解，并称自己的意见可能有些地方会与其师廖平的观点不同。这些不同即可视为对廖平思想的发挥和发展。具体而言，蒙文通超越两汉，向先秦讲论的思想主要体现在两个方面。

第一，对两汉经学的流弊提出批评。他认为两汉今、古文经学之弊使得儒道丧、微言绝、大义乖，这些都是汉代经师的罪过。他说：

> 井研廖师以今文为哲学，古文为史学，诚为不易之论。若以史言，则贾、马之俦固无大失；若以儒言，则今文已远于孟、荀之绪，又况古文之学哉！自今文之学起而儒以微，至古文之学立而儒以丧。考之先秦学术之变，而知儒之日益精卓者，以其善取于诸子百家之言而大义以恢宏也；儒之日益僿陋者，以其不善取于旧法世传之史而以章句训诂蔀之也。自孔、孟以下，儒者也；今文章句之学，则经生也；古文训诂之事，则史学也；三变而儒道丧、微言绝、大义乖，皆汉师之罪也。②

指出其师廖平的"以今文为哲学，古文为史学"的见解乃为不易之论，如果以史学的角度看，贾、马古文经师亦无大的过失；然以儒学发展的眼光看，则今文经学已远离了先秦孟、荀之学的端绪，又何况古文经学呢！由此，蒙文通直把儒学微丧的原因归罪于汉代经学，认为西汉今文经学起，使得儒学衰微；至东汉古文经学立，更使儒道丧。在蒙文通看来，先秦孔孟之学，乃是儒学；而今文章句之学，则为经生之术；至古文训诂之事，只能算史学。如此"破碎大道，孟、荀以来之绪殆几乎息

---

① 蒙文通：《经史抉原·经学导言·绪论》，《蒙文通文集》第3卷，第13页。
② 蒙文通：《经史抉原·论经学遗稿三篇·甲篇》，《蒙文通文集》第3卷，第147页。

矣。……自儒学渐变而为经学，洙泗之业，由发展变而为停滞"[1]。为了纠正汉学造成的这种道丧、言绝、义乖的流弊，蒙文通主张超越两汉，上溯周秦以广其学，而不能以章句经训自限。

在对汉学流弊的批评中，蒙文通既指出先秦儒学与汉代经学的差异，更于两汉经学中，集中批评了东汉古文经学。正因为古文经学唯以训诂考证为学，才使得孔氏儒学晦而不明。他说："晚周之儒学，入秦汉为经生，道相承而迹不相接。孟、荀之术若与伏生、申公之业迥殊。……而古文家因之以兴，刊落精要，反于索寞，惟以训诂考证为学，然后孔氏之学于以大晦。道之敝，东京以来之过也，贾、马、二郑之侪之责也。"[2] 认为学晦、道敝是东汉古文经学的过错，亦是贾逵、马融、郑兴、郑众等古文经学家的责任。蒙文通对汉学流弊的批评，目的在于超越两汉，向先秦讲论儒家之学。

第二，倡鲁、齐、晋之学，以地域分今、古。以地域分今、古文经学的思想创自廖平。廖平在其代表著作《今古学考》中，以鲁学为今文经学，以燕赵学为古文经学，以齐学为参杂于今、古之间。他说："鲁为今学正宗，燕赵为古学正宗。……齐学之参杂于今古之间。"[3] 蒙文通对此思想加以发展，并提出己见，而倡鲁、齐、晋之学。他说：

> 乃确信今文为齐、鲁之学，而古文乃梁、赵之学也。古文固与今文不同，齐学亦与鲁学差异。鲁学为孔、孟之正宗，而齐、晋则已离失道本。齐学尚与邹、鲁为近，而三晋史说动与经违，然后知梁、赵古文，固非孔学，邹、鲁所述，斯为嫡传。……丁卯春初，山居多暇，乃作《古史甄微》。戊辰夏末，又草《天问本事》。则又知晚周之学有北方三晋之学焉，有南方吴楚之学焉，有东方齐晋之学焉。乃损补旧稿以为十篇，旧作《议蜀学》一篇并附于末。……文通幼聆师门之教，上溯博士今文之义，开以为齐学、鲁学，下推

---

[1] 蒙文通：《经史抉原·论经学遗稿三篇·甲篇》，《蒙文通文集》第 3 卷，第 146 页。
[2] 蒙文通：《经史抉原·论经学遗稿三篇·乙篇》，《蒙文通文集》第 3 卷，第 148—149 页。
[3] 廖平：《廖平学术论著选集》（一）《今古学考》卷下，第 73—83 页。

梁、赵古文之义，开以为南学、北学。推本邹、鲁，考之燕、齐，校之晋，究之楚，岂敢妄谓于学有所发。使说而是，斯固师门之旨也；说之非，则文通之罪也。①

在这里，蒙文通把其师廖平所说的以燕赵学为古文经学的观点改为"古文乃梁、赵之学也"，而认为今文经学来源于鲁学、齐学，是合鲁学、齐学而成；古文经学依据三晋学而立，来自晋学，所以对今、古文经学均要超越，以复先秦鲁学、齐学、晋学之旧。他在《经学抉原》一书中具体作了论述：

今文之学源于齐、鲁，而古文之学源于梁、赵也。……古文之学来自梁、赵，孔氏学而杂以旧法世传之史，犹燕、齐之学，为孔氏学而杂以诸子百家之言，其离于孔氏之真一也。……井研先生以今学统乎王，古学帅乎霸，齐、鲁为今学，燕、赵为古学，详究论之，赵魏三晋为古学。……今文之学，合齐、鲁学而成者也，古文学据三晋学而立者也。今古学门户虽成立于汉，然齐、鲁以并进而渐合，晋学以独排而别行，则始于秦。言今、言古，终秦汉以后事，皆无当于晚周之旨也。②

蒙文通发挥师说并加以一定的修正。廖平以鲁学为今文经学，以燕赵学为古文经学，齐学杂有今、古文经学。廖平以地域分今、古文经学的思想虽有一定的道理，但也不尽然。他以齐鲁之地的鲁学、齐学、为今文经学，还是比较符合事实的。但以燕赵为古文经学之地，却少有根据。如燕人韩婴传《韩诗》，董仲舒治《公羊》，皆为今文经学。蒙文通将其师说"详究论之"，而将"燕、赵为古学"，改为"赵魏三晋为古学"。这一改动虽与廖说有异，但却体现了蒙文通所主张的超越秦汉之后的今、古文经学，直求晚周儒学之旨的思想。蒙文通倡鲁、齐、晋之学，以地

---

① 蒙文通：《经学抉原·序》，《蒙文通文集》第 3 卷，第 47—48 页。
② 蒙文通：《经史抉原·晋学楚学第九》，《蒙文通文集》第 3 卷，第 94—97 页。

域分今、古的思想,其重要目的还在于"由明经进而明道"①,通过探明地域流传的儒学流派,来分辨孰为孔孟正宗、孔学嫡传,推本邹、鲁正学之宗以明道,修正齐、晋派及受其影响的汉人之今、古文经学"离失道本"的偏差。他说:

> 孟子是邹鲁的嫡派,他说的礼制都是和鲁学相发明的,《孟子》和《谷梁传》这两部书,真要算是鲁学的根本了。……孟子以后还有两个大儒,便是荀子、董子。荀子是三晋派的学问大家,董子又是齐派的大家,他们是齐、晋派里面讲孔学的特出者,但是于道之大源不免见得不很明白,便也是齐、晋两派不及邹鲁嫡派的地方。汉人的今文学是齐派占势力,古文学是晋派占势力,孔学的真义自然是表现不出来的了。也和《左传》《公羊》杂取霸制,不及《谷梁》独得王道的一样。今文派是主《公羊》,古文派是主《左传》,这那里还见得出什么王道来!②

在弄清今、古文经学的地域思想文化传承的基础上,超越今、古文经学,复归孔学正宗,以明经学之道,这即是蒙文通当年倡鲁、齐、晋之学,以地域分今、古思想的重要目的。

破弃今、古家法而宗周秦儒学之旨,是蒙文通超越两汉,向先秦讲论思想的又一表现。在经学史上,今、古文学在传授儒家典籍的过程中,各有其家法,相互之间各有不同。蒙文通认为,不能以今、古文家法来明周秦之学,先秦典籍之旨也非两汉经师之家法所能概括,因而他主张破弃两汉经师的今、古文家法,将汉代经学与周秦儒学划分开,以周秦为宗,上追晚周儒学之旨。这也是对廖平"弃两汉,宗周秦"思想的发展。他说:

> 文通昔受今文之义于廖师,复受古文学于左庵刘师,抠衣侍席,略闻绪论,稍知汉学大端,及两师推本齐鲁上论周秦之意。自壬子、

---

① 蒙文通:《经史抉原·经学导言·结语》,《蒙文通文集》第3卷,第44页。
② 蒙文通:《经史抉原·经学导言·结语》,《蒙文通文集》第3卷,第45页。

癸丑迄于癸亥，十年之间，寻绎两师之论，未得尽通，然廖师之论每以得刘师之疏疑释滞而益显，中困于匪窟，而作《经学导言》，略陈今古义之未可据，当别求之齐、鲁而寻其根，以扬师门之意。时左庵师已归道山，而廖师犹于病中作书欣许以诲勉之，不以稍异于己说为嫌。旋以寻绎师门五帝尧舜之训而作《古史甄微》，更为《天问本事》以辅之，乃觉周秦学术谅有三系之殊，复改定《经学导言》旧稿为《经学抉原处违论》，略陈汉师今古学之未谛，以思究宣师门弃两汉、宗周秦之微旨，师皆见之也。及再绎五运之训，而略见周秦之学复如彼其曲折，按古官之沿革，而又确知今古家各据《王制》《周官》以为宗者为可议。今古学之纲宗本可疑，故依以成之今古学，持之以衡两汉固若纲之在网，无往而不协；若持之以通周秦，则若凿之于枘无往而有当，无怪其然也。廖师之揭齐鲁以易今古之学而召后进，其义固确然不可易，而以五帝五运之说命文通，其训亦深微也。文通既钻研师门之义，由礼数之故以求两汉之学、今古之事殆十年，始于《公》《谷》之异同见《王制》为杂取齐、鲁之书。《王制》之为齐、鲁糅合而成，亦犹郑康成之糅合今古两学，于是舍今古之异同而上求之齐、鲁。于是略窥师门舍两汉而探晚周之意。[1]

蒙文通分别受学于廖平和刘师培，得今、古两家之义。廖、刘二人都有"推本齐鲁上论周秦"之意，这对蒙文通思想产生了影响。后蒙文通进一步寻绎探讨了两师之论，求之于齐、鲁之学而寻其根源。此时蒙文通已与廖平师说有异，在研究过程中他认为今、古文经学家各据《王制》《周官》以为宗之说有可议之处。即拿它来衡量两汉今、古文经学则可，但如果以此说来通周秦，则"若凿之于枘无往而有当"，指出即使《王制》篇也是糅合齐、鲁而成，犹如郑玄之糅合今、古两学。于是蒙文通舍今、古之异同而上求之齐、鲁，将师门"舍两汉而探晚周之意"作了进一步发挥。

---

[1] 蒙文通：《经史抉原》，《蒙文通文集》第3卷，第135页。

三 汉代经学融会百家而综其旨要于儒家

蒙文通经学思想的又一次变化是在倡鲁、齐、晋之学,以地域分今、古和破弃今、古家法而宗周秦儒学之旨之后,又于 1944 年在其所作的《儒学五论》中提出汉代经学,尤其是"先汉经说"乃融会百家之学,出入"六经",综其旨要于儒家而创立的新儒学。认为宗儒(家)之学取代宗道(家)之学是汉代学术发展的趋势,汉代新儒学不仅超越诸子学,于百家之学、"六艺"之文,弃驳而集其醇,从而集其大成,而且其学有优于孟、荀之处,发展了先秦儒学,给汉代新儒学以较高评价;并认为今文经学是东汉以下思想的根本,"先汉经说"不仅是子史之中心,而且是中国文化之中心,充分肯定西汉今文经学的历史地位。蒙文通思想的第三变已与其早期超越两汉,向先秦讲论的思想有所不同。体现了随时间推移他本人思想所发生的变化。

在探讨儒家思想发展的轨迹和汉代"六艺"经传之学即汉代经学产生的原因时,蒙文通着眼于中华文化发展的大背景,从不同思想文化流派的交流融会中产生新思想、促进中国文化发展的角度,分析了周秦、汉代各种不同思想文化间交流融会的重要意义。他说:

> 苟究论于儒家思想发展之迹,出入异家之故,足知"六经"传记者诚百氏之渊海也。盖周秦之季,诸子之学,皆互为采获,以相融会。韩非集法家之成,更取道家言以为南面之术,而非固荀氏之徒也。荀之取于道、法二家,事尤至显。邹生晨曦谓:"《庄书》有诋訾孔氏者,为漆园之本义。《杂篇》之乃颇有推挹孔氏者,为后来之学,有取于儒家。"亦笃论耶!《吕览》《管书》,汇各派于一轨,《淮南子》沿之,其旨要皆宗道家。司马迁之先黄老而后"六经",亦其流也。"六艺"经传之事,盖亦类此,汇各家之学,而综其旨要于儒家。宗道者综诸子以断其义,纯为空言;宗儒者综诸子而备其制,益切于用。自宗儒之经术继宗道之杂家而渐盛,遂更夺其席而代之,于是孔氏独尊于百世。罢黜百家,表彰"六经",仲舒之说,建元之事,其偶然耶!窃尝论之,"六艺"之文,虽曰邹鲁之故典,

而篇章之盈缺，文句之异同，未必即洙泗之旧。将或出于后学者之所定也。故经与传记，辅车相依，是入汉而儒者于百家之学、"六艺"之文，弃驳而集其醇，益推致其说于精渺，持义已超绝于诸子，独为汉之新儒学，论且有优于孟、荀，讵先秦百氏所能抗行者哉？百川沸腾，朝宗于海，殊途之事，纳于同归，斯先汉经说者，又百家之结论也。此余本论之所为作也。①

蒙文通历述先秦、汉代包括儒家在内的诸子之学，互为采获，以相融会而推动中国文化发展的历史事实。指出韩非虽集法家之大成，但他也吸取了道家的南面之术，不仅是儒学代表人物荀子的弟子。而荀子作为战国末儒家著名人物，他也明显吸取了道家和法家的思想，融儒、道、法于一体。拿《庄子》一书来说，其书中既有批评孔子儒家之处，这应是《庄子》书的本义，但《庄子》之《杂篇》又有推崇孔子的地方，这是其后学受儒学影响，有取于儒家之处。此外，《吕氏春秋》《管子》也是"汇各派于一轨"，融会诸家思想的产物。至西汉初《淮南子》沿袭之，虽"以道绌儒"，而宗道家，但也杂取先秦诸家学说，并对儒家经典多次称引。司马迁则先受到黄老道家的影响，后又返之于儒学"六经"，这些都是不同思想文化流派之间交流融会的表现。正是在这种文化交流融通，相互取长补短的时代背景下，汉代经学才得以产生和发展起来，是"汇各家之学，而综其旨要于儒家"的产物。其时，西汉初黄老之学盛行，汉文帝、景帝及窦太后皆好黄老之言，尊其术，不任儒者。至后来，宗儒者亦综诸子而备其制度，益加切于日月。使得宗儒家的经术继宗道家的黄老之学后而逐渐兴盛，以至取代汉初黄老之学的地位而成为社会意识形态的指导思想，于是表彰"六经"，罢黜百家，而独尊儒术。蒙文通认为，董仲舒的学说被汉武帝采纳，不是偶然的。并指出，儒家"六艺"之文在其流传的过程中，存在着篇章盈缺、文句异同的现象，未必是经典的原貌，有可能出自后学所定。所以经书与传记可相依互补，西汉时儒家学者对于诸子百家之学和儒家"六经"之文，均作了研究整理，弃

---

① 蒙文通：《古学甄微·儒学五论题辞》，《蒙文通文集》第 1 卷，巴蜀书社 1987 年版，第 238 页。

驳集醇，去短取长，把儒家学说加以发展，使之更为精妙，不仅超出诸子学，成为汉代的新儒学，而且其思想更有优于孟、荀等先秦儒学代表人物之处，这岂是先秦诸子百家之学所能比拟的。直把"先汉经说"，即西汉今文经学，说成对诸子百家之学的总结，是融会了百家之学，而综其旨要于儒家而创立的新儒学，体现了殊途而同归的学术走向。蒙文通强调，这正是他立论之所在。由此他反对所谓先秦学术卓越，而到了汉代则暗淡无光的说法。蒙文通认为，汉代经术乃学术之根底，而诸子百家之学则为其枝叶，西汉今文经学虽导源于先秦诸子之学，然又出入百氏，反求诸"六经"而得之，集先秦思想之大成。他说：

> 殆以诸子之义既萃于经术，则经术为根底，而百氏其柯条。支义奇词，胥就董理，诸子之于经术，倘正辩证法发展之谓欤！此则孟、荀儒者之术，入汉而为经生之业，以恢诡无方之诸子，转而为湛深纯一之经术，道之相承，固宜如此。……汉师之所论者亦约也，先秦之所究者则博也。不以今文之旨要探先秦之归宿，则诸子之术散漫无统宗；不以诸子之博衍，窥汉儒之宏肆，则今文之说终嫌于枯窘。故必经与子交相发，而后义可备也。纲条既张，枝叶自傅。举凡西汉之籍，其有事非释经，而陈义精卓者，莫不与纲条相通贯。其导源于诸子之迹，亦灼然可明。诚以今文之约，求诸子之约，以诸子之博，寻今文之博。究于嬗变之迹，立义之由，则本末兼该，而始终之故亦举。所谓出入于百氏，反求诸"六经"而后得之者，亶其然乎！是先秦以往之思想，至汉而集其成。故后汉而下之思想，亦自西京而立其本。虽后来义有显晦，学有偏精，然其或出入者，为事亦仅。"六经"之道立，而百世楷模以定。由是观之，先汉之业，顾不盛与！①

作为经学家的蒙文通，此时（作《儒学五论》时）确对汉代经学很看重，而与他以往超越两汉，向先秦讲论，以及破弃今、古家法的思想有所不同。此时他认为诸子百家之义荟萃于经术，汉代经术为根本，而先秦诸

---

① 蒙文通：《古学甄微·儒学五论题辞》，《蒙文通文集》第1卷，第239—240页。

子学仅为枝叶。先秦孟、荀之儒学,入汉后也发展为经学。从先秦"恢诡无方"的诸子学演进到汉代"湛深纯一"的经学,是一"道之相承"、辩证发展的过程和"固宜如此"的趋向。蒙文通并指出,汉代经学与先秦诸子学各有其学术特点,汉代经学为约,先秦诸子学为博,如果不以今文经学的旨要去探究先秦诸子学的归宿,那么诸子学就会散漫无所统宗;反之,如果不以诸子学的广博去反观汉儒的立意宏大,则今文之说就会枯竭贫乏。所以蒙文通主张经术与诸子交相互发,以经为纲、为本;以子为末,为枝叶。强调西汉经术导源于诸子,出入于百氏,反求诸"六经"而后得之,是对先秦以往思想的总结发展而集其大成。并盛赞西汉今文经学,认为西汉今文经学为汉以后中国思想文化之根本,儒学"六经"之道立,定百世楷模,直为后世所效法。不仅如此,蒙文通还推崇西汉今文经学,把它视为子史之中心,乃至整个中国文化之中心。他说:"既以先汉经说为子史之中心,亦即中国文化之中心。"[①] 对西汉今文经学在中国文化史上的重要地位,给予了充分肯定和很高的评价。

四 《孔子和今文学》对西汉今文经学的批评

蒙文通晚年作《孔子和今文学》,发表于 1961 年,此时他的经学思想又发生了一些变化,对西汉今文经学提出批评和评论,认为今文经学乃变质之儒学。这与其以往的思想有所不同。蒙文通本人指出:"《孔子和今文学》,也可说是我的经学研究告一段落,比之《经学抉原》是有改变。"[②] 这不仅与他作于 1927 年的《经学抉原》,倡鲁、齐、晋之学,以地域分今、古的思想有所改变,而且与他作于 1944 年的《儒学五论》中提出的汉代经学,尤其是"先汉经说"乃融会百家之学,出入"六经",综其旨要于儒家而创立的新儒学的观点有异。反映了他经学研究晚期的观点。

在《孔子和今文学》里,蒙文通对今文经学作了严厉的批评,认为

[①] 蒙文通:《古学甄微·儒学五论题辞》,《蒙文通文集》第 1 卷,第 241 页。
[②] 蒙文通:《治学杂语》,载蒙默编《蒙文通学记》,生活·读书·新知三联书店 1993 年版,第 39 页。

今文经学是变了质的儒学。他说：

> 凡坚持儒家学说的人，无论是六国之君或秦始皇、汉武都是不能容忍的。而儒之为汉代社会上多数人所推崇，正在于此等人物和他们所坚持的大义。至于汉武帝时所谓以儒显的，首先是公孙弘这种曲学阿世者。"罢黜百家，立学校之官，皆自仲舒发之。"这是后世所称为大有功于儒学的人。但"汤、武革命"，岂非今文学一大义吗？董仲舒却变汤、武"革命"为三代"改制"。"易姓受命"是禅让的学说，但董仲舒何以又要说"继体守文之君"（即世及之君）"不害圣人之受命"，同时又把今文学主张的井田变为限田呢？实际上，儒家最高的理想与专制君主不相容的精微部分，阿世者流一齐都打了折扣而与君权妥协了，今文学从此也就变质了。董仲舒又何尝不是曲学阿世之流。儒学本为后来所推重，这时经董仲舒、公孙弘之流的修改与曲解之后，这样变了质的儒学，却又是专制帝王汉武帝乐于接受而加以利用的了。①

文中提到的"曲学阿世"的儒者，包括公孙弘和董仲舒。蒙文通以往在作《儒学五论》时，对西汉今文经学曾给予较高的评价，此时作《孔子和今文学》，则对西汉今文经学提出较为严厉的批判，认为董仲舒将儒学的革命改为改制，把井田改为限田，又未能坚持"禅让说"，把儒家限制君权，与封建专制君主不相容的思想打了折扣，与君权妥协。因此，蒙文通认为"今文学从此也就变质了"，儒学成为被董仲舒、公孙弘之流修改与曲解之后的变了质的儒学，所以被专制帝王所接受并加以利用。进而，今文经学分为讲微言大义、阴阳五行、谶纬的内学，和讲"分文析字，烦言碎辞"章句训诂的外学，今文大义也就从此湮没了。到了后来，更有甚者将今文经学成为御用品，实不足道。他说：

> 今文学本是富有斗争性的，而董仲舒放弃了这一点，降低了儒家的理想要求，因而对专制君主没有危害反而有益，所以董仲舒的

---

① 蒙文通：《经史抉原·孔子和今文学》，《蒙文通文集》第3卷，第159页。

儒学是妥协的、让步的了。这就无怪乎汉武不但能接受反而要加以推崇。……所以今文大义也就从此湮没了。到石渠、白虎两次会议，专论礼制，由皇帝称制临决以后，就成为御用品了。这种儒学本是不足道的。古文家起来专讲训诂那也是卑卑不足道的，专去考察怎样才是古代史迹，对于今文学的理想、孔子学术的真谛也就沉晦不明了。①

蒙文通批评董仲舒放弃了今文经学的斗争性，因而对专制君主没有危害反而有益。所以认为董仲舒的儒学是妥协的、让步的，由此能被汉武帝接受并加以推崇。然而在董仲舒的天谴说和"有道伐无道"的思想里仍有对封建君权加以限制的成分，他认为，正是由于夏桀王、殷纣王无道，故被有道的商汤王、周武王伐之，这体现了天理。蒙文通则批评董仲舒说："自董仲舒出来以后，变素王为王鲁，变革命为改制，变井田为限田，以取媚于武帝，又高唱'《春秋》大一统'以尊崇王室，因而搅乱了今文学思想。"② 认为"董仲舒的今文学，已经是被阉割了的学说。于此然后知汉武帝之所以能够接受董仲舒的建议而表彰六经、独尊儒术，并不是偶然的。于此然后知以董仲舒作为论述西汉今文经学的代表是绝对不妥当的"③。甚至认为董仲舒"变节"，导致学术阵营的混乱，更增加了后人对西汉今文经学了解的困难。如此用"御用品""取媚""阉割""变节"等字眼来表达董仲舒的学说乃变了质的儒学，这与他本人先前对西汉今文经学的较高评价形成鲜明的对照。体现了蒙文通经学思想至晚年的又一变。这与当时大讲阶级斗争，强调学术思想的政治色彩相关。

如上所述，蒙文通的经学思想承廖平而来并加以发展，前后共有多次变化。先是倡鲁、齐、晋之学，以地域分今、古，并将其师廖平所说的以燕、赵之学为古文经学的观点改为梁、赵之学为古文经学。随后提出破弃今、古家法，而宗周秦儒学之旨，通过剖析今、古文经学家所依据的典籍，上追晚周儒学之旨，这是他超越两汉，向先秦讲论思想的体

---

① 蒙文通：《经史抉原·孔子和今文学》，《蒙文通文集》第3卷，第160页。
② 蒙文通：《经史抉原·孔子和今文学》，《蒙文通文集》第3卷，第213页。
③ 蒙文通：《经史抉原·孔子和今文学》，《蒙文通文集》第3卷，第175页。

现。后来又提出汉代经学尤其是"先汉经说"乃融会百家之学，出入"六经"，综其旨要于儒家而创立的新儒学。认为汉代新儒学不仅超越诸子学，而且其学有优于孟、荀之处，发展了先秦儒学，并认为"先汉经说"不仅是子史之中心，而且是中国文化之中心，充分肯定西汉今文经学的历史地位。这已与其早期超越两汉，向先秦讲论的思想有所不同。随时间的推移，蒙文通经学思想到后期又发生了变化，即在晚年对西汉今文经学提出了较为严厉的批评，认为今文经学乃变了质的儒学，因为董仲舒将儒学的革命改为改制，把井田改为限田，又未能坚持"禅让说"，把儒家限制君权与封建专制君主不相容的思想打了折扣，而与君权妥协了。所以被专制帝王所接受并加以利用。今文大义也就从此湮没了。到了后来，今文经学成为御用品，不足为道。要而言之，蒙文通的经学思想大致经历了从早期超越两汉，向先秦讲论，破弃今、古家法，宗先秦儒学之旨，到中期充分肯定西汉今文经学，认为它是中国文化之中心，再到晚年批评今文经学是变了质的儒学的演变过程，即经历了对两汉经学尤其是对西汉今文经学的否定、肯定，再否定的两次大转折和思想变化。

综观蒙文通经学思想的形成发展及其变化，可以看出其经学思想还是比较深刻而富于创见的。他继承廖平又不囿于师说，提出自己的新见解，加进了不少在廖平之后随时代变迁而阐发的新思想，为经学研究作出了自己的贡献。但蒙文通的经学思想还需要进一步研究和发掘，以探讨其与时代政治和社会发展变迁的关系。

（原载《中国哲学史》2005年第2期）

贺麟先生论失节

在失节问题上，贺麟先生（1902—1992 年，字自昭，四川金堂人）力排众议，从民族大义和保持民族气节着眼，肯定程颐提出的"饿死事极小，失节事极大"[①] 这一理学名言的价值。同时也批评程颐误认妇女当夫死后再嫁为失节。探讨贺麟先生对这一议题的评价及所反映出来的思想，对于当今既克服理学流弊，又弘扬理学思想中蕴含着的中华民族精神具有重要意义。

自北宋理学家程颐（1033—1107 年）提出"饿死事极小，失节事极大"的观念以来，它便对中国伦理文化产生了深远影响。除对其肯定和认同，贯彻于行外，由宋至今，也有一些人不断对其提出批评。

魏了翁（1178—1237 年）不盲从程颐提出的理学格言"饿死事极小，失节事极大"，认为不应责备因饥寒而再嫁的妇女，妇女再嫁也不能归罪于妇女，"此岂妇人之责也，抑为士也之戒"[②]。陈独秀对程颐"饿死事极小，失节事极大"思想的流弊提出批评，认为"妻殉夫"的封建礼教将随着人类进步，应在废弃之列。他说："若夫礼拜耶和华，臣殉君，妻殉夫，早婚有罚，此等人为之法，皆只行之一国土一时期，决非普遍永久必然者。"[③] 主张破除封建礼教，以科学代替孔教。

在反对旧礼教方面，鲁迅先生对二程思想作了激烈批判。由于他运用小说的形式，对社会影响很大。发表于 1924 年的小说《祝福》，描写了在"饿死事极小，失节事极大"说教的压抑下折磨而死的寡妇祥林嫂

[①] （宋）程颢、程颐：《河南程氏遗书》卷二二下，《二程集》，王孝鱼点校，中华书局 1981 年版，第 301 页。
[②] （宋）魏了翁：《鹤山集》卷七三《顾夫人墓志铭》，影印文渊阁《四库全书》本。
[③] 陈独秀：《独秀文存》第 1 卷，上海亚东图书馆 1923 年版，第 129 页。

的悲惨形象。祥林嫂是一个年轻善良的寡妇，由于生活所迫而再嫁，不久男人病死，儿子被狼衔走。妇女一生两次嫁人，这在讲理学的鲁四老爷看来，是"败坏风俗"的，其根据就在于鲁四老爷案头摆着的《近思录集注》中所记载的程颐"饿死事极小，失节事极大"的理学名言。于是，在历代封建统治者编织的礼教之网的束缚下，祥林嫂生活在死后将被两个死鬼男人争夺的阴影下，并在世俗偏见的笼罩下，最后沦为乞丐，惨死街头。鲁迅塑造的祥林嫂这个典型形象，把二程理学之流弊做了深刻的揭露。

胡适也批判了程颐"饿死事极小，失节事极大"的理学名言所造成的危害。他说："程颐说，'饿死事极小，失节事极大。'那种武断的论调，在这八百年中，不知害死了多少无辜的男女。"① 并且胡适批评了"宋以来的理学有几个大毛病：第一，不近人情；第二，与人生没大交涉；第三，气象严厉，意气陵人"②。以"不近人情"来批评理学的流弊。

当代著名哲学家贺麟先生客观、全面、辩证地评价了程颐提出的这一失节问题。贺麟早在1944年就指出："他（程颐）所提出的'饿死事小，失节事大'这个有普遍性的原则，并不只限于贞操一事，若单就其为伦理原则而论，恐怕是四海皆准、百世不惑的原则，我们似乎仍不能根本否认。因为人人都有其立身处世而不可夺的大节，大节一亏，人格扫地。"③ "今日很多爱国之士，宁饿死甚至宁被敌人迫害死而不失其爱国之节，今日许多穷教授，宁贫病致死，而不失其忠于教育和学术之节，可以说是都在有意无意间遵循着伊川'饿死事小，失节事大'的遗训。"④ 他还指出："伊川的错误，似乎不在于提出'饿死事小，失节事大'这一概论的伦理原则，只在于误认妇女当夫死后再嫁为失节。……不过伊川个人的话无论如何有力量，亦必不能形成宋以后的风俗礼教。"⑤ 贺麟先生的这一分析令人信服。程颐的"饿死事极小，失节事极大"说教，既可批评，亦可肯定。如果放在寡妇改嫁问题上，应该批评。但如

---

① 胡适：《胡适文存》第1卷，上海亚东图书馆1924年版，第二集，第129页。
② 胡适：《胡适文存》第1卷，上海亚东图书馆1924年版，第二集，第132页。
③ 贺麟：《宋儒的新评价》，《文化与人生》，上海人民出版社2011年版，第193页。
④ 贺麟：《宋儒的新评价》，《文化与人生》，第193页。
⑤ 贺麟：《宋儒的新评价》，《文化与人生》，第192页。

果用在保持民族气节上，则应大力提倡，发扬光大。

程颐的"饿死事极小，失节事极大"所体现的贵理贱欲、重义轻利、尊公蔑私的伦理思想，对中华伦理思想，进而对中国传统文化产生了重要影响。受程颐伦理思想的影响，在宋代及宋以后的中国历史上，出现了一批批保持气节，忧国忧民，以天下为己任的仁人志士。他们爱国爱民，公而忘私，国而忘家，重义轻利，廉洁正直，重操守，讲气节，集中体现了中华民族的传统美德。如"精忠报国"的爱国民族英雄岳飞；如程颐的三传弟子张栻及其岳麓书院诸生，奋勇抗击元兵，挥戈守长沙，死者十九，民族气节，实为可敬；如留下千古绝唱："人生自古谁无死，留取丹心照汗青"的朱熹四传弟子文天祥；如以理抗势，以身殉道的东林诸贤；如坚守扬州，杀身成仁的史可法；如为维新变法而勇于献身的谭嗣同；如提倡天下为公，不断追求救国救民真理的孙中山。

不仅这些著名的历史人物不可否定地受到程颐思想的习染和影响，而且众多不知名的下层民众也深受程颐思想的影响。比如抗日民族英雄马本斋的母亲就是一个典型的代表。马母被日军抓去，要她劝降马本斋领导的回民支队。马母为了保持民族气节，宁愿饿死，也不屈从，绝食七天七夜，直至饿死，也不失节。这些民族仁人志士所表现出来的"饿死不失爱国之节"的崇高操守和气节，正是在程颐思想的影响下，所产生的社会效果。这不仅表明，程颐的伦理思想经统治者宣扬、提倡，以及士阶层和广大国民的认同，已成为中华伦理的重要组成部分，对中国文化和中国社会产生了客观的影响，而且在很大程度上体现了中华民族精神。因此，不能因为程颐伦理思想具有消极因素和流弊，就把它与封建主义完全画等号，而忽略它作为中华伦理的主流对中华民族精神和中国文化所产生的积极影响和正面作用。须知如果全盘否定了程颐的伦理思想，也就在一定程度上否定了中华民族精神。这种对待民族文化的虚无主义态度是不足取的。

贺麟先生指出，程颐"饿死事极小，失节事极大"之论与儒家成仁取义的思想是一脉相承的。他说："凡忠臣义士，烈女贞夫，英雄豪杰，矢志不二的学者，大部愿牺牲性命以保持节操，亦即所以保持其人格。伊川此语之意，亦不过是孟子'舍生取义，贫贱不能移'的另一说法。因为'舍生取义'实即'舍生守节'，'贫贱不能移'实即'贫贱或饿死不能移其节操'之意。……当然凡事以两全为最好，不饿死，也不失节，最为美满，但当二者不可得兼之时，当然宁饿死而不愿失节，宁牺牲性命而不愿失掉人格，这亦是孟子舍鱼而取熊掌之通义。"[1] 所以程颐的思想与儒家的伦理原则互涵互动，一脉相传，实有如贺麟先生所说的，人人应该遵循的"立身处世而不可夺的大节"而不可失。

（原载《蜀学与中国哲学》，四川文艺出版社2013年版）

---

[1] 贺麟：《宋儒的新评价》，《文化与人生》，第193页。

蔡方鹿巴蜀哲学与文化研究成果目录

一 专著：

《一代学者宗师——张栻及其哲学》，巴蜀书社1991年版，独著。

《魏了翁评传》，巴蜀书社1993年版，独著。

《宋代四川理学研究》，线装书局2003年版，独著。

《廖平学术思想研究》，四川省社会科学院出版社1987年版，陈德述、黄开国、蔡方鹿合著。

《蒙文通经学与理学思想研究》，巴蜀书社2007年版，蔡方鹿、刘兴淑合著。

二 主编：

《首届张栻学术讨论会专辑》（论文集），《天府新论》1992年第2期，胡昭曦、唐永进、蔡方鹿主编。

《书院与理学——纪念鹤山书院创建800周年国际论坛暨宋明理学与东方哲学国际学术研讨会论文集》，四川文艺出版社2012年版，89万字。

《存古尊经 观澜明变——萧萐父先生与蜀学研究学术研讨会论文集》，四川文艺出版社2012年版，郭齐勇、蔡方鹿主编。

《蜀学与中国哲学》，四川文艺出版社2013年版。

《张栻与理学》，人民出版社2015年版。

三 项目：

国家社会科学基金项目"蜀学与经学研究"，2011—2017年，主持人。

"巴蜀文化通史·哲学思想卷"，四川省繁荣发展哲学社会科学协调小组重点项目，2007—2017年，哲学思想卷主持人。

2002年四川省社会科学规划项目"宋代四川理学研究",主持人。

四川省"七五"规划重点科研项目"四川思想家研究",主要参研人员。

四川省巴蜀文化研究中心科研规划重点项目"蒙文通经学与理学思想研究",2005—2006年,主持人。

四 获奖:

《魏了翁评传》独著,获四川省哲学社会科学成果三等奖。

《廖平学术思想研究》合著,获四川省哲学社会科学成果三等奖。

《中国经学与宋明理学研究》独著,入选首届"国家社会科学成果文库",获四川省哲学社会科学成果一等奖。(其中"张栻治经而兴发义理的思想""魏了翁求之于'圣经'的活精神"两节系巴蜀哲学内容)

2017年获"张浚张栻思想研究会"颁发"研究和弘扬张栻思想特别贡献奖"。

五 学术论文(共九十九篇,巴蜀范围以外的成果不计入):

《试论张栻的哲学思想》,《社会科学研究》1983年第6期,被人大复印报刊资料《中国哲学史》1984年第2期全文转载。

《费密的反理学思想初探》,《四川师院学报》(社会科学版)1984年第1期。被人大复印报刊资料《中国哲学史》1984年第6期全文转载。

《独具新风的思想家——杨慎》,《中国哲学史研究》1984年第2期,与贾顺先合著,本人署名"方陆",第二作者。被人大复印报刊资料《中国哲学史》1984年第7期全文转载。

《赵蕤的朴素辩证法思想》,《中国哲学史研究》1984年第2期,与陈德述合著,第二作者。

《赵蕤的法律思想》,《贵州社会科学》1984年第5期,与陈德述合著,第二作者。

《略论赵蕤的思想》,《西南师范学院学报》(人文社会科学版)1984年第4期,与陈德述合著,第二作者。

《魏了翁与宋代理学》,《社会科学研究》1985年第1期,与贾顺先合著,第二作者。

《试论魏了翁的政治思想》，四川省社科院《哲学文集》（一），1983年。

《杨慎学术思想研究近况综述》，《四川哲学通讯》1984年第2期。

《廖平早期进步的政治思想》，《四川师范大学学报》（社会科学版）1987年第1期。

《二苏论"道"及蜀学学风》，《社会科学研究》1987年第3期，被人大复印报刊资料全文转载。

《张栻的政治思想》，《新时代论坛》1988年第1期。

《赵蕤》，载《四川思想家》，巴蜀书社1988年版。

《魏了翁》，载《四川思想家》，巴蜀书社1988年版。

《张栻与宋代理学》，《船山学报》1988年第2期。

《朱熹与张栻的关于仁的讨论》，《江西社会科学》1989年第2期。

《朱熹与张栻的中和之辩》，《重庆社会科学》1989年第2期，被人大复印报刊资料《中国哲学史》1989年第8期全文转载。

《费密的弘道论》，载《明清实学思潮史》，齐鲁书社1989年版。

《张栻与湖湘文化》，《湖南社会科学》1989年第5期。

《张栻与岳麓书院》，《社会科学研究》1991年第4期。

《首届张栻学术讨论会综述》，《哲学研究》1991年12期，被人大复印报刊资料《中国哲学史》1992年第1期全文转载。

《张栻思想对现实的借鉴意义》，《天府新论》1992年第2期。

《张栻研究简述》，《哲学动态》1992年第3期，被人大复印报刊资料《中国哲学史》1992年第4期全文转载。

《魏了翁的经学思想及其在中国经学史上的地位》，《孔孟月刊》第31卷第2期，1992年10月。

《魏了翁与宋代蜀学》，《社会科学研究》1992年第6期。

《魏了翁集宋代蜀学之大成》，《文史杂志》1993年第2期。

《魏了翁对朱熹学说的超越》，《孔孟月刊》第32卷第4期，1993年12月。

《魏了翁在宋明理学史上的地位》，《成都大学学报》（社会科学版）1994年第3期。

《费密的弘道论（简写）》，载《明清实学简史》，社会科学文献出版社1994年版。

《"易学在蜀"析》,载《四川省巴蜀文化研究会会刊》1995年专号。

《李杞〈用易详解〉的易学特点及其在易学史上的地位》,《周易研究》1996年第2期。

《提纲挈领,钩沉索隐——评〈宋代蜀学研究〉》,《天府新论》1998年第4期。

《魏了翁的实学思想及其开考据学之风》,载《东方实学研究》(第二届东方实学学术讨论会论文集),中国实学研究会1998年版。

《四川省中国哲学研究20年的回顾及未来发展思考》,《社会科学研究》增刊,2000年7月。

《〈苏氏易传〉研究序》,载金生杨《〈苏氏易传〉研究》,巴蜀书社2002年版。

《宋代四川理学的兴起与发展》,载四川省社会科学院哲学所编《巴蜀文化的多维视野》,四川人民出版社2002年版。

《魏了翁年谱序》,载彭东焕《魏了翁年谱》,四川人民出版社2003年版。

《对巴蜀哲学的系统总结——评黄开国、邓星盈著〈巴山蜀水圣哲魂——巴蜀哲学史稿〉》,《杭州师范学院学报》(人文社会科学版),2003年第6期。

《张浚的易学思想及其影响》,《周易研究》2004年第1期。

《三苏蜀学与理学的相近处》,载《萧萐父教授八十寿辰纪念文集》,湖北教育出版社2004年版。

《蒙文通经学四变述论》,《四川大学学报》(哲学社会科学版)2004年第6期。

《巴蜀哲学之特色》,《文史哲》2005年第1期,被人大复印报刊资料《中国哲学》2005年第3期全文转载。

《蒙文通经学思想探析》,《中国哲学史》2005年第1期。

《张栻、魏了翁的实学思想及对湘蜀文化的沟通》,《湖南大学学报》(社会科学版)2005年第1期。

《周敦颐的理学思想及对宋代四川理学的影响》,载梁绍辉主编《濂溪学研究》,湖南大学出版社2005年版。

《蒙文通经学思想的特点》,《中华文化论坛》2005年第4期。

《发扬蜀学传统,开展儒学研究——"四川大学儒藏工程"笔谈摘要》,《四川大学学报》(哲学社会科学版)2005年第6期。

《蒙文通的今古文经学观》,《齐鲁学刊》2006年第3期。

《蒙文通对六经皆史说的批评及其经史观的时代意义》,《中国社会科学院研究生院学报》2006年第3期。

《论中原洛学对宋代蜀学的辐射和影响》,《学习论坛》2006年第7期。

《国学大师蒙文通论儒家经学与诸子学》,《社会科学战线》2006年第2期。

《蒙文通对晚清公羊学及董仲舒的批评——兼论社会转型时期政治对经学的影响》,《孔子研究》2006年第5期。

《张栻易学之特色》,《西南民族大学学报》(人文社会科学版)2007年第6期。

《魏了翁对理学的继承和发挥》,《朱子文化》2007年第4期。

《〈汉唐巴蜀易学研究〉序》,载金生杨《汉唐巴蜀易学研究》,巴蜀书社2007年版。

《宋代蜀学与宋代理学——地域文化与时代思潮的互动及其意义》,《社会科学研究》2007年第5期。

《张栻经学探析》,《四川大学学报》(哲学社会科学版)2007年第5期。

《廖平与蒙文通——以经学为中心》,载台湾高雄师范大学经学研究所《经学研究集刊》第3期,台湾永景文化事业有限公司2007年版。

《廖平经学对蒙文通的影响及两人经学思想之差异》,载《儒藏论坛》第2辑,四川大学出版社2007年版。

《宋代蜀学的特征及影响》,载《中国西南文化研究》第12辑,云南科技出版社2007年版。

《蒙文通先生经学研究之贡献》,载《儒家文化研究》第2辑,生活·读书·新知三联书店2008年版。

《张商英三教"鼎足之不可缺一"的思想》,《宗教学原理》2010年第2期。

《纪念鹤山书院创建 800 周年魏了翁经学思想与经典观回顾》,《中国社会科学报》2010 年 12 月 16 日第 19 版,笔名方路。

《魏了翁思想的现代价值》,《四川师范大学学报》(社会科学版) 2011 年第 2 期。

《北宋蜀学三教融合的思想倾向》,《江南大学学报》(人文社会科学版) 2011 年第 3 期。

《融贯博通,会归于道——从虞集思想看元代理学的走向》,北京大学《哲学门》2010 年第 2 册,第 22 辑,北京大学出版社 2011 年版。

《魏了翁的和谐思想》,《第四届寒山寺文化论坛国际和合文化大会论文集》,上海三联书店 2011 年版。

《刘沅对理学的批评》,《中国哲学史》2011 年第 4 期。

《成昆铁路修路回忆》,《西昌文史》第 23 辑,2011 年 11 月。

《来知德对理学的疑辨及其易学的特点》,《福建论坛》(人文社会科学版) 2012 年第 1 期,被人大复印报刊资料《中国哲学》2012 年第 6 期全文转载。

《刘沅的先天后天说》,《社会科学战线》2012 年第 4 期。

《朱熹与刘沅》,《哲学与时代——朱子学国际学术研讨会论文集》,华东师范大学出版社 2012 年版。

《巴蜀哲学思想的发展脉络》,蔡方鹿、刘俊哲、金生杨三人合著,本人为第一作者,《社会科学研究》2013 年第 2 期。

《范镇、范百禄以儒为本的思想》,载《蜀学》第 7 辑,巴蜀书社 2012 年版。

《巴蜀哲学对中国哲学发展的贡献》,蔡方鹿、刘俊哲、金生杨三人合著,本人为第一作者,《哲学动态》2013 年第 1 期。

《巴蜀哲学、蜀学、巴蜀经学概论》,载《地方文化研究辑刊》第 6 辑,巴蜀书社 2013 年版。

《巴蜀哲学的贡献与价值》,蔡方鹿、刘俊哲、金生杨三人合著,本人为第一作者,《蜀学与中国哲学》,四川文艺出版社 2013 年版。

《贺麟先生论失节》,《蜀学与中国哲学》,四川文艺出版社 2013 年版。

《论三苏蜀学的哲学思想》,《四川师范大学学报》(社会科学版)

2013年第6期。

《张栻"异端"观研究》,《湖南大学学报》(社会科学版)2014年第1期,蔡方鹿、胡长海二人合著,本人为第一作者。

《张栻的经世致用思想探讨》,《船山学刊》2014年第1期,被人大复印报刊资料《中国哲学》2014年第6期全文转载。

《张栻反对"四风"的思想及其现实意义》,载《斯文:张栻、儒学与家国建构》,光明日报出版社2016年版。

《谯定、晁渊与程朱学的传播》,载《宋代文化研究》第23辑,四川大学出版社2016年版。

《扬雄的道统思想及其在道统史上的地位》,《四川师范大学学报》(社会科学版)2017年第4期,被人大复印报刊资料《中国哲学》2017年第10期全文转载。

《李鼎祚易学新探》,与陈帅合著,本人为第二作者,《周易研究》2018年第1期。